# L'Électronique POUR LES NULS

Cathleen Shamieh et Gordon McComb

FIRST
Interactive

**L'Électronique pour les Nuls**

Titre de l'édition originale : *Electronics For Dummies 2nd Edition*



Collection dirigée par Jean-Pierre Cano
Traduction : Marc Rozenbaum
Mise en page : maged

Edition française publiée en accord avec Wiley Publishing, Inc.
© Éditions First, un département d'Édi8, 2014
Éditions First, un département d'Édi8
12 avenue d'Italie
75013 Paris
Tél. : 01 44 16 09 00
Fax : 01 44 16 09 01
E-mail : firstinfo@efirst.com
Web : www.editionsfirst.fr
ISBN : 978-2-7540-6426-2
Dépôt légal : 2e trimestre 2014

Imprimé en Italie par La Tipografica Varese Srl - Via Cherso 2 - 21100 VARESE

# Sommaire

# Introduction

Seriez-vous curieux de savoir comment est conçu votre baladeur MP3 ? À moins que vous vous demandiez comment fonctionnent votre téléphone mobile, votre ordinateur portable, votre chaîne stéréo, votre caméscope, votre écran de télévision plasma de 46 pouces, bref, tous ces appareils électroniques qui égayent votre quotidien ?

S'il vous est déjà arrivé de vous interroger sur le fonctionnement des transistors, des condensateurs et autres éléments des circuits électroniques, ou si vous avez déjà eu envie d'assembler vos propres appareils électroniques, vous ne pouviez pas tomber mieux !

*L'Électronique pour les Nuls* est votre ticket d'entrée dans l'univers électrisant de l'électronique moderne. Le livre que vous tenez entre vos mains, loin d'être austère, ennuyeux ou incompréhensible, vous permettra de comprendre, de créer et de réparer vos propres appareils électroniques.

## À propos de ce livre

Bien trop souvent, l'électronique semble être un domaine mystérieux, car c'est une discipline qui consiste à contrôler quelque chose d'invisible – le courant électrique – dont on vous a souvent répété que vous deviez absolument vous tenir à distance. Il n'en faut pas plus pour effrayer la plupart des gens. Pourtant, à force de profiter tous les jours des progrès de l'électronique, vous avez peut-être commencé à vous demander comment il était possible d'obtenir tant de résultats incroyables avec des engins aussi petits.

Ce livre est conçu pour vous permettre de comprendre l'électronique en l'étudiant de façon attrayante. Il vous explique ce qu'elle est exactement, il détaille le fonctionnement des principaux composants électroniques et vous apporte la connaissance nécessaire pour pouvoir assembler et tester des circuits électroniques et des systèmes pratiques. Si ce livre n'a pas la prétention d'apporter des réponses à toutes vos questions sur l'électronique, il vous donne cependant des bases solides.

Nous espérons qu'après avoir lu ce livre, vous vous rendrez compte que l'électronique n'est pas aussi compliquée que ce que vous pensiez. Notre intention est de vous transmettre la connaissance et l'assurance dont vous avez besoin pour pouvoir vous lancer tête baissée dans ce monde passionnant.

## Pourquoi l'électronique ?

L'électronique est partout. L'électronique est présente dans vos systèmes de communication, dans vos appareils audio et vidéo et dans votre électroménager. Ce sont des systèmes électroniques qui commandent les feux de signalisation, les transmissions sur Internet, des appareils médicaux, et même, un certain nombre de jouets et de jeux. Essayez, ne serait-ce qu'une minute, d'imaginer ce que serait votre existence sans l'électronique : autant revenir au Moyen Âge !

Finalement, qu'allez-vous tirer d'utile de ce livre ? Vous ne pensez tout de même pas être en mesure de concevoir des systèmes de communication par satellite après avoir potassé ce livre pendant une heure ou deux. D'un autre côté, il est vrai que même les systèmes électroniques les plus compliqués ne sont jamais constitués qu'à partir d'un petit nombre de types différents de composants, et que le fonctionnement de chaque circuit reste toujours déterminé par le même ensemble de règles. Par conséquent, pour pouvoir comprendre quelque chose aux systèmes électroniques compliqués, vous devez commencer par assimiler les bases. C'est précisément de cette manière qu'ont débuté ceux qui ont conçu ces systèmes.

Plus important, la compréhension des bases de l'électronique peut vous permettre de construire des dispositifs électroniques simples, mais véritablement utiles. Vous pourrez fabriquer des circuits qui allument des lumières à un moment très précis, qui déclenchent une alarme dès qu'ils détectent un intrus, ou même, qui contrôlent le déplacement d'un objet dans une pièce. Enfin, quand vous saurez vous servir des circuits intégrés, qui sont constitués de circuits miniaturisés faciles à utiliser, vous serez capable de monter des systèmes relativement compliqués avec lesquels vous impressionnerez vos amis et vos ennemis – et tout cela, moyennant une dépense très raisonnable.

Le contexte technologique actuel se caractérise par des progrès toujours plus rapides, une miniaturisation toujours plus poussée et des coûts en baisse d'année en année. Les composants des systèmes électroniques perfectionnés tiennent à présent dans le creux de votre main. Avec quelques connaissances et un peu de curiosité scientifique, vous pouvez mettre au point un système qui commandera l'éclairage de l'ensemble de votre maison, un robot qui passera l'aspirateur dans votre salon ou un système d'alarme qui vous avertira que quelqu'un essaie d'ouvrir votre réfrigérateur.

Les connaissances que vous allez acquérir en électronique pourront vous servir pour un autre hobby. Si vous êtes un mordu des trains électriques, par exemple, vous pourrez fabriquer votre propre système de commande des aiguillages. Si vous jouez avec une voiture radiocommandée, vous pourrez rendre votre mini bolide plus performant et battre votre meilleur ami lors de la prochaine course.

Enfin, et ce n'est pas le moins important, l'électronique est une occupation amusante. En savoir davantage et vous amuser à faire des expériences, voilà déjà en soi une bonne raison de vous y intéresser.

## Idées reçues

Ce livre s'adresse à des personnes curieuses de découvrir l'électronique, mais qui n'y connaissent rien, ou pas grand-chose. Si vous avez choisi ce livre plutôt qu'un manuel expliquant uniquement comment monter des circuits électroniques, nous supposons que vous aimeriez en savoir davantage sur le fonctionnement des résistances, des condensateurs et des transistors. Nous prenons donc le temps (et nous y consacrons plus de la moitié du livre) de vous expliquer tout cela, en vous présentant une information à caractère technique sous forme de notions facilement compréhensibles. Inutile d'être un crack en physique ou en mathématiques pour tirer parti de la lecture de ce livre, encore que quelques rudiments d'algèbre du lycée puissent aider (mais nous ferons de notre mieux pour vous rappeler, de la manière la moins pénible possible, les notions nécessaires).

Vous aurez peut-être envie de sauter des paragraphes ou des chapitres et de vous plonger directement dans un ou deux sujets qui vous intéressent particulièrement. De nombreux renvois vous permettront de retrouver l'information qui vous manque ou de vous rafraîchir la mémoire sur un sujet. Enfin, dans la première moitié du livre, qui est consacrée au fonctionnement des circuits électroniques et de leurs différents composants, vous trouverez des renvois à propos de chacun des circuits et de chacune des applications dont il sera question. Ainsi, dès que vous aurez assimilé les caractéristiques d'un composant, vous pourrez, si vous le souhaitez, interrompre votre lecture pour passer directement à la construction d'un circuit utilisant ce composant.

Le sommaire, au début de ce livre, est très pratique pour trouver rapidement ce que vous cherchez. Vous trouverez aussi le glossaire utile, lorsque vous aurez besoin d'une définition. Enfin, l'éditeur s'est donné la peine de constituer un index complet à la fin de l'ouvrage, afin que vous puissiez plus facilement trouver les passages que vous voulez lire en particulier.

## La sécurité d'abord

La *lecture* d'un texte consacré à l'électronique ne présente aucun danger. Le pire qui puisse vous arriver, c'est la fatigue consécutive à plusieurs nuits passées à potasser ce livre. Il n'en est pas de même de la *réalisation* d'applications électroniques. C'est un hobby amusant mais qui n'est pas sans risques. Vous pouvez vous électrocuter avec des tensions qui sont parfois élevées, vous pouvez vous brûler en soudant des circuits, et vous risquez de vous envoyer des petits bouts de fil métallique dans les yeux quand vous sectionnez des câbles à l'aide de lames aiguisées. Aïe !

Quand on fait de l'électronique, la sécurité passe en premier. C'est pourquoi nous y consacrons une section importante du Chapitre 9, et vous trouverez tout au long de l'ouvrage des renvois à cette section. Si vous débutez dans l'électronique, ne manquez surtout pas de lire cette partie. Ne la sautez pas, même si vous êtes persuadé d'être la personne la plus prudente du monde. Même si l'électronique est votre passion, un rappel concernant la sécurité ne fait jamais de mal. Quand on respecte les précautions qui s'imposent, l'électronique est une occupation saine et sans danger. C'est cet esprit qu'il faut cultiver !

N'OUBLIEZ PAS

Même si nous nous efforçons toujours de vous donner des conseils pour votre sécurité, nous ne pouvons pas mentionner toutes les précautions possibles et imaginables. Lisez nos conseils, mais faites aussi preuve de bon sens. Chaque fois que vous devez manipuler un nouveau composant ou un nouvel outil, lisez d'abord les instructions données par le fabricant, et restez attentif en permanence.

## Ce que vous trouverez dans ce livre

Ce livre est conçu de telle sorte que vous puissiez rapidement trouver, lire et comprendre l'information que vous voulez. Si vous avez déjà une certaine expérience de l'électronique ou si vous voulez approfondir vos connaissances dans un domaine particulier, vous pouvez sauter des chapitres et lire uniquement ceux qui vous intéressent.

Les chapitres de ce livre sont regroupés en parties, pour plus de facilité d'accès à l'information utile.

## Première partie : Les bases de l'électronique

En lisant cette Première partie, vous pourrez acquérir une bonne connaissance théorique de l'électronique. Le Chapitre 1 vous explique ce qu'est exactement l'électronique et vous donne un aperçu des choses étonnantes qu'elle peut faire pour vous. Le Chapitre 2 expose les principes de fonctionnement des circuits électroniques et comporte une introduction aux notions de tension, de courant et de sources d'énergie électrique. Dans les chapitres 3 à 6, vous étudierez l'un après l'autre chacun des principaux composants électroniques : résistances, condensateurs, inducteurs, transformateurs, diodes et transistors. Vous découvrirez la manière dont fonctionne chaque composant, la façon dont il réagit au courant électrique et le rôle qu'il joue dans les circuits électroniques. Le Chapitre 7 est une introduction aux circuits intégrés (CI). Vous y trouverez aussi quelques explications concernant la logique numérique et le fonctionnement de trois des CI les plus couramment utilisés. Le Chapitre 8 est consacré aux capteurs, haut-parleurs, sonnettes et ronfleurs, interrupteurs, câbles et connecteurs. Dans toute la Première partie, nous vous présentons des exemples de circuits que vous pourrez assembler en vous référant à la Troisième partie, pour avoir une démonstration du fonctionnement de chaque composant.

## Deuxième partie : Les mains dans le cambouis

La Deuxième partie est consacrée aux applications pratiques, à la construction de circuits réels et aux méthodes de test du fonctionnement (et du non-fonctionnement) des circuits – avec des mises en garde pour éviter toute électrocution. Le Chapitre 9 vous montre comment installer un atelier d'électronique et vous précise quels composants, outils et fournitures vous sont nécessaires pour assembler des circuits. Ce chapitre vous indique aussi comment vous protéger et comment protéger vos composants électroniques lorsque vous travaillez sur vos circuits. Le Chapitre 10 vous explique comment interpréter les schémas de circuits (ce que l'on appelle la *schématique*). C'est ce qui vous permettra de savoir comment connecter les composants. En lisant le Chapitre 11, vous découvrirez plusieurs méthodes pour câbler des circuits temporaires et permanents, et vous apprendrez aussi à souder. Enfin, les chapitres 12 et 13 vous expliquent comment utiliser trois des outils de test les plus importants en électronique – le multimètre, l'analyseur logique et l'oscilloscope – pour étudier et analyser le comportement des circuits.

### Troisième partie : De la théorie à la pratique

Si vous êtes impatient de brancher des circuits et d'y faire passer du courant, c'est ici. Le Chapitre 14 vous présente quelques circuits élémentaires que vous pourrez monter pour mettre en évidence les principes de l'électronique et pour observer et commander le fonctionnement de tel ou tel composant spécifique. Intéressez-vous à ce chapitre si vous voulez parfaire vos connaissances théoriques ou acquérir de l'expérience dans le montage de circuits simples. Une fois que vous serez prêt à essayer des circuits plus compliqués, passez au Chapitre 15 où vous trouverez plusieurs projets intéressants à réaliser et à étudier. Peut-être même ces projets trouveront-ils une application pratique chez vous ou sur votre lieu de travail.

## Icônes utilisées dans ce livre

Ce livre utilise différentes icônes pour attirer l'attention sur certains types d'informations :

Information pouvant vous éviter de perdre du temps, d'attraper des maux de tête ou de gaspiller votre argent (ou les trois à la fois !). Si vous faites attention à ces conseils, votre découverte de l'électronique vous sera bien plus profitable.

Quand on bricole des circuits électroniques, on se retrouve tôt ou tard dans des situations qui nécessitent que l'on prenne les plus grandes précautions. Cette icône est à prendre très au sérieux, elle vous rappelle les précautions particulières que vous devez prendre pour ne pas risquer de vous blesser, d'abîmer vos outils, vos composants ou vos circuits.

Précision qu'il est important de ne pas oublier, quand vous vous aventurez dans le monde fascinant de l'électronique. Cette icône signale, par exemple, l'apparition d'un concept ou d'une définition pour la première fois dans ce livre.

Bien qu'il soit question de technique d'un bout à l'autre de ce livre, cette icône est utile pour attirer votre attention sur une notion technique plus approfondie, ou plus difficile à assimiler, mais qui n'est pas indispensable à la compréhension de ce qui suit. Vous pouvez toujours passer outre si vous le souhaitez.

# Première partie

# Les bases de l'électronique

« Tu aurais dû me dire qu'avant de percer les trous, il fallait retirer les composants. »

## Dans cette partie...

Vous êtes impatient de comprendre comment fonctionnent toutes ces petites choses bariolées ? Vous êtes curieux de savoir comment un haut-parleur peut parler, comment un moteur peut tourner, comment un ordinateur peut calculer ? Pas de doute, vous avez frappé à la bonne porte !

Dans les chapitres qui suivent, nous vous expliquons ce qu'est exactement l'électronique, à quoi elle sert et comment fonctionnent ses diverses applications. Ne vous inquiétez pas, nous n'allons pas vous ennuyer avec des cours détaillés de physique et de mathématiques – même si nous en aurions été tout à fait capables. Nous avons préféré recourir à des analogies et à des exemples concrets et vous raconter des histoires d'eau, de marbre et de bons gâteaux pour que vous progressiez facilement, et même, pour que vous vous amusiez. Vous pourrez donc, tout en vous distrayant, parvenir à une bonne compréhension du fonctionnement des composants électroniques et de ce que leur association permet d'obtenir.

# Chapitre 1

# L'électronique, qu'est-ce que c'est et à quoi ça sert ?

### *Dans ce chapitre*

- Ce qu'est vraiment le courant électrique
- Le pouvoir des électrons
- Les conducteurs et la circulation (des électrons)
- Faire les bons branchements dans un circuit
- Utiliser l'énergie électrique pour diverses applications

Vous avez probablement une idée de ce qu'est l'électronique. Vous avez l'habitude d'utiliser des baladeurs, des chaînes stéréo, des ordinateurs individuels, des caméscopes, des téléviseurs et autres produits de ce que l'on appelle « l'électronique grand public », mais ce ne sont peut-être pour vous que des boîtes magiques avec des boutons, qui vous obéissent au doigt et à l'œil, mais dont le contenu reste mystérieux.

Vous savez que chacune de ces façades bien lisses et harmonieuses cache un incroyable et savant assemblage de minuscules composants, conçu pour produire des résultats bien précis. Aujourd'hui, vous avez envie de comprendre un peu comment tout cela fonctionne.

Dans ce chapitre, vous allez découvrir que le courant électrique est le résultat d'une circulation harmonieuse des électrons et que le contrôle de ce courant est la base même de l'électronique. Vous allez apprendre ce qu'est réellement le courant électrique et ce qu'il faut pour qu'il « passe ». Ce chapitre vous donnera aussi un aperçu de ce que vous pouvez faire avec l'électronique.

## L'électronique, qu'est-ce que c'est, exactement ?

Quand vous allumez la lumière, chez vous, vous établissez une liaison entre une source d'énergie électrique (une terminaison du réseau de la compagnie d'électricité qui dessert l'endroit où vous habitez) et l'ampoule d'une lampe. Cette liaison se matérialise par un chemin ininterrompu, ce que l'on appelle un *circuit électrique*. En ajoutant à ce circuit un variateur d'intensité ou un programmateur, vous pouvez *contrôler* le fonctionnement de l'ampoule d'une façon plus intéressante qu'en actionnant simplement l'interrupteur pour l'allumer ou pour l'éteindre.

Les systèmes électriques, comme ce genre de circuit installé dans votre maison, pour alimenter des lampes par exemple, utilisent un courant électrique pur, inaltéré. Avec les *circuits électroniques*, les choses sont un peu plus compliquées : les circuits électroniques *contrôlent* le courant, créent ou modifient ses fluctuations, en changent le sens ou le rythme de différentes manières pour remplir diverses fonctions. Il peut s'agir aussi bien de varier la luminosité d'une ampoule que de communiquer avec des satellites (et les autres possibilités sont très nombreuses) (voir Figure 1-1). Ce contrôle est ce qui différencie les systèmes électroniques des systèmes électriques.

Pour comprendre cette notion de contrôle du courant électrique, il faut d'abord que vous ayez une vision claire de ce qu'est le courant électrique et de la façon dont il alimente les ampoules et autres appareils.

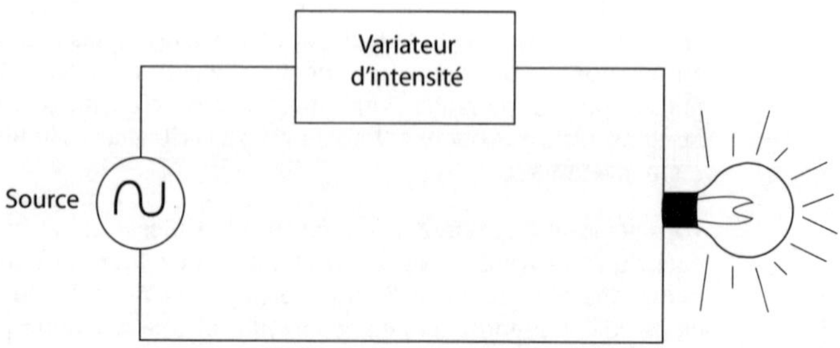


**Figure 1-1 :** Le variateur d'intensité incorporé au circuit contrôle le flux de courant électrique traversant l'ampoule.

## Le courant électrique, qu'est-ce que c'est ?

Le courant électrique, souvent appelé familièrement électricité (voir l'encadré « L'électricité, qu'est-ce que c'est ? ») est un flux d'infimes particules porteuses d'une charge électrique et appelées les *électrons*. Où trouve-t-on ces électrons, et comment se déplacent-ils ? Pour le savoir, intéressons-nous un peu à la physique des atomes.

### L'électricité, qu'est-ce que c'est ?

La notion d'électricité n'est pas aussi simple qu'on le croit généralement. Le terme « électricité » est ambigu et son emploi prête à confusion, même chez les scientifiques. De façon générale, « l'électricité » est un phénomène d'interaction entre des particules qui existent dans la nature et qui se produit lorsqu'un certain nombre de ces particules se retrouvent en un même endroit. Au lieu de parler d'électricité, il est préférable d'utiliser une terminologie plus précise :

- **Charge électrique :** Propriété fondamentale (ce qui signifie qu'on ne la remet pas en question) de certaines particules qui interagissent d'une certaine manière. Une charge peut être soit positive, soit négative. Des particules de même type se repoussent, tandis que des particules de type opposé s'attirent.
- **Énergie électrique :** Forme d'énergie résultant du comportement de particules porteuses d'une charge électrique. C'est ce que vous fournit cette fameuse compagnie qui vous envoie régulièrement une facture.
- **Courant électrique :** Flux de particules porteuses d'une charge électrique. Il s'agit sans doute de ce que vous avez le plus souvent tendance à appeler électricité, et c'est bien ce dont nous allons parler dans ce chapitre.

Lorsque vous discutez avec des amis autour d'une machine à café, vous pouvez utiliser le mot électricité pour évoquer le système qui alimente votre ordinateur. Cependant, si vous articulez imprudemment ce vocable devant des physiciens, vous risquez fort de passer pour un béotien.

## La charge des électrons

Les *atomes* sont les éléments de base constituant toute matière dans l'univers, qu'elle soit naturelle ou fabriquée par l'homme. Ils sont si minuscules qu'il en existe des millions dans un seul grain de poussière. Imaginez, dans ces conditions, de combien d'atomes votre belle-mère est constituée ! Chaque atome de l'univers possède ses propres électrons qui gravitent autour de son centre ou *noyau*, mais à distance de celui-ci. Les électrons sont porteurs d'une charge électrique négative et sont attirés par d'autres particules infimes appelées les *protons*, qui constituent le noyau de l'atome et qui sont porteurs d'une charge électrique positive.

La *charge électrique* est une propriété de certaines particules comme les électrons, les protons et les quarks. Cette propriété décrit la façon dont ces particules interagissent. On distingue deux types de charge électrique, les charges « positives » et les charges « négatives » (on aurait pu aussi bien les appeler « vanille » et « fraise » si ces termes n'étaient pas déjà utilisés dans un autre contexte). De façon générale, des particules porteuses du même type de charge se repoussent, tandis que des particules porteuses de charges de type différent s'attirent. C'est ce qui explique que les électrons et les protons s'aiment tant.

Dans des circonstances normales, chaque atome comporte le même nombre de protons que d'électrons. On dit que l'atome est *électriquement neutre*. La force d'attraction entre les protons et les électrons agit comme une colle invisible et assure la cohésion des particules atomiques, de la même manière que la force de gravité de la Terre maintient la Lune à proximité. Les électrons les plus proches du noyau sont plus fortement attachés à l'atome que ceux qui en sont plus éloignés. Certains atomes savent mieux que d'autres conserver leurs électrons les plus éloignés.

## Quand les électrons se laissent conduire

Une matière dont les atomes conservent bien leurs électrons, comme l'air ou les matières plastiques, est considérée comme un *isolant*. Une matière dans laquelle les électrons externes sont faiblement attachés aux atomes, comme le cuivre, l'aluminium et les autres métaux, est un *conducteur*.

Dans un métal, les électrons les plus éloignés des noyaux leur sont si peu attachés qu'ils ont tendance à circuler d'un atome à un autre. Ces électrons « libres » sont comme des moutons qui paissent sur le versant d'une colline : ils se promènent au hasard, mais ne s'éloignent pas beaucoup et ne partent pas dans une direction particulière. Cependant, si on les pousse dans une certaine direction, ils se laissent entraîner sans se faire prier. Le *courant électrique* (souvent appelé familièrement électricité) est le mouvement en masse des électrons à travers un conducteur sous l'effet d'une force extérieure.

Ce flux apparaît instantanément, car d'une extrémité à l'autre du conducteur, tout électron libre se met en mouvement de façon plus ou moins immédiate.

Pensez à une chaîne de seaux : des hommes sont alignés côte à côte, chacun tenant un seau d'eau. À une extrémité de la chaîne, quelqu'un remplit un seau, tandis que la personne située à l'autre extrémité vide son seau. Au signal, chacun passe son seau à son voisin de gauche puis reçoit un seau de son voisin de droite. Chaque seau parcourt donc une distance très courte (d'une personne à une autre), mais tout se passe comme si un seau rempli à une extrémité de la chaîne passait en un instant à l'autre extrémité. De la même manière, dans un courant électrique, chaque électron prend la place qu'occupait l'électron voisin, et tout se passe comme si les électrons se déplaçaient instantanément d'une extrémité à l'autre du conducteur (voir Figure 1-2).

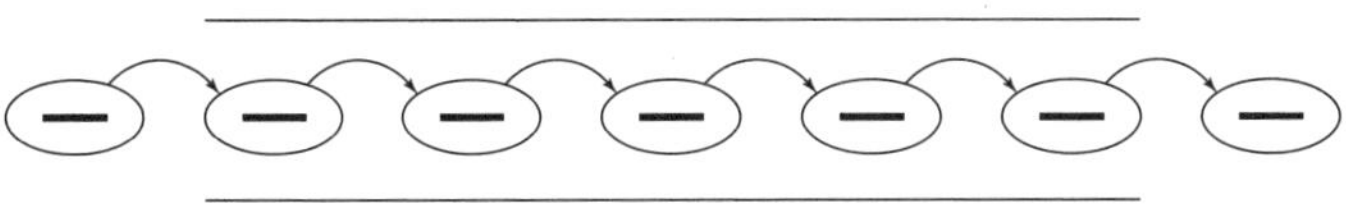

**Figure 1-2 :** Le flux des électrons dans un conducteur peut être comparé à une chaîne de seaux.

Le courant électrique est caractérisé par des interactions entre particules infinitésimales, souvent en quantités colossales. C'est pourquoi des unités de mesure spécifiques sont nécessaires. Un *coulomb*, par exemple, est la charge portée par $6{,}24 \times 10^{18}$ électrons (624 suivi de 16 zéros). Le déplacement d'un coulomb correspond à un courant d'un *ampère* (en abrégé, 1 A). Cela fait beaucoup d'électrons à la fois, bien plus que le déplacement habituel des électrons dans un système électronique. En électronique, le courant sera donc plus souvent mesuré en *milliampères* (mA). Un milliampère est égal à un millième d'ampère.

## Qu'est-ce qui fait courir les électrons ?

Le courant électrique est le flux d'électrons chargés négativement à travers un conducteur, lorsqu'une certaine force est appliquée. Mais quelle est donc cette force capable d'entraîner ce mouvement harmonieux des électrons ? Dans cette chaîne des seaux, qui est le chef de chantier ?

La force qui déplace les électrons le long d'un conducteur est la *tension*, qui se mesure en volts (V en abrégé). Quand on applique à un conducteur une certaine tension, les électrons libres qu'il contient se déplacent dans un même sens, comme les moutons que le berger conduit vers un enclos (mais bien plus rapidement).

La tension peut se comparer à une pression. De même que l'eau circule à travers les tuyaux et les valves sous l'effet de la pression, les électrons traversent les conducteurs sous l'effet de la tension. De même que la poussée de l'eau est proportionnelle à la pression, la force du courant électrique est proportionnelle à la tension.

À propos de tension, vous entendrez aussi parler de *différence de potentiel*, de *potentiel de tension* ou de *chute de tension* (voir Chapitre 2).

### De l'électricité, où ça ?

Pour sentir un flux d'électrons, frottez vos semelles sur un tapis, par temps sec, puis touchez une poignée de porte. Le petit choc que vous allez sentir (et l'étincelle que vous allez peut-être voir) est le résultat d'un flux de particules porteuses d'une charge électrique qui transitent entre l'extrémité de vos doigts et la poignée de la porte. C'est ce que l'on appelle l'*électricité statique*. Il s'agit de l'accumulation de particules chargées qui restent statiques (immobiles) jusqu'à ce qu'elles soient rapprochées d'un ensemble de particules de charge opposée.

La foudre et les éclairs sont un autre exemple d'électricité statique (mais que vous ne chercherez pas à connaître de trop près). Des particules chargées passent d'un nuage à un autre ou d'un nuage au sol, tout en dégageant de l'énergie (d'où les éclairs ou les étincelles).

Quand on obtient suffisamment de particules en mouvement et quand on parvient à exploiter l'énergie qu'elles libèrent, on peut utiliser cette énergie pour alimenter une ampoule électrique ou d'autres appareils.

## Exploiter l'énergie électrique

Benjamin Franklin aura été l'un des premiers à porter son attention sur l'électricité et à en faire le sujet de ses expériences. On lui doit un certain nombre de notions aujourd'hui familières (par exemple, la notion de *courant*). Contrairement à une croyance répandue, Franklin ne *tenait* pas la poignée de son cerf-volant pendant cette fameuse tempête, en 1852 (s'il l'avait tenue, il n'aurait jamais pu faire état de son expérience). Il a peut-être vraiment réalisé cette expérience, mais sans tenir lui-même le cerf-volant.

Benjamin Franklin savait que l'électricité était dangereuse et qu'elle recelait un grand pouvoir. Des savants comme Michael Faraday, Thomas Edison et d'autres se sont inspirés de ses travaux pour en trouver des applications pratiques.

Soyez attentif à cette icône qui vous avertit d'un danger. N'oubliez pas qu'il y a plus de deux cent cinquante ans, Benjamin Franklin avait déjà compris que l'électricité naturelle pouvait être dangereuse et que des précautions étaient nécessaires. Dans certaines circonstances, même un faible courant peut être dangereux, voire même fatal. Au Chapitre 9, nous vous expliquons plus en détail le mal qu'un courant électrique peut provoquer et les précautions que vous devez prendre pour vous adonner à l'électronique sans risques. Dans tout ce qui suit, restez attentif à cette icône !

Dans cette section, nous allons voir comment les électrons transportent l'énergie et comment cette énergie peut servir à faire fonctionner des appareils.

## L'énergie électrique : tout est dans le mouvement

Les électrons transportent de l'énergie d'une extrémité à l'autre du conducteur qu'ils parcourent. Des charges de même signe se repoussent, si bien que chaque électron exerce une force répulsive sur l'électron qui le précède et le pousse. C'est ainsi que l'énergie électrique se propage à travers le conducteur.

Dès lors que l'on peut faire transiter de l'énergie vers un dispositif capable de l'utiliser, comme une ampoule, un moteur ou un haut-parleur, cette énergie est exploitable. L'énergie véhiculée par les électrons est absorbée par le dispositif en question et transformée en une autre forme d'énergie : lumière, chaleur ou énergie mécanique. C'est ainsi que le filament de l'ampoule brille, que le moteur tourne et que la membrane du haut-parleur vibre.

Sachant que vous ne pouvez pas voir les électrons circuler (et qu'il vaut peut-être mieux pour vous ne pas chercher à les sentir passer en touchant un conducteur), faisons une fois de plus une analogie avec l'eau. Une seule goutte d'eau qui tombe ne peut pas être d'une grande utilité (ni faire du mal), mais une grande quantité d'eau qui tombe d'un seul coup et qui est recueillie dans une canalisation peut faire tourner un moulin. De même que des millions de gouttes d'eau qui se déplacent en même temps dans le même sens constituent un courant, des millions d'électrons qui se déplacent dans le même sens produisent un courant électrique. Benjamin Franklin lui-même avait exprimé cette idée que l'électricité était comparable à un fluide, en raison du courant et de la pression (mais il ne vous aurait sans doute pas conseillé d'en boire).

Quelle est donc l'origine de cette énergie ? Au départ, qu'est-ce qui provoque ce mouvement des électrons ? L'origine de l'énergie électrique est ce que l'on appelle une *source*, ce peut être par exemple une pile (les sources d'énergie électrique sont abordées au Chapitre 2).

## Pour que les électrons arrivent à destination

Le courant électrique ne se dirige pas n'importe où (si c'était le cas, vous recevriez des chocs à tout moment). Les électrons ne circulent que le long d'un chemin conducteur fermé, c'est-à-dire le long d'un *circuit*, et encore faut-il que cette circulation soit engendrée par une pile ou autre source. Des matériaux conducteurs comme le cuivre servent généralement à fabriquer des fils dans lesquels les électrons libres circuleront vers un objet qui consommera l'énergie électrique, une ampoule par exemple. De même que le débit de l'eau dépend du diamètre des canalisations, la libre circulation des électrons dépend de la largeur de section du fil électrique.

Lorsque le chemin est interrompu (*circuit ouvert*), les électrons ne circulent plus. Les atomes du métal dont le fil conducteur est constitué reprennent rapidement une existence paisible et électriquement neutre. Imaginez une quantité de quelques litres d'eau circulant dans un tuyau ouvert. Cette quantité d'eau circulera pendant un court moment, jusqu'à ce que toute cette eau soit sortie du tuyau. Au contraire, si vous pompez de l'eau dans un circuit fermé, l'eau continuera de circuler tant que vous la soumettrez à une force au moyen de la pompe. De même, pour que les électrons ne cessent pas de circuler, il faut que tous les éléments devant être traversés par le courant soient reliés sous la forme d'un *circuit électrique*. Comme le montre la Figure 1-3, tout circuit doit comporter au minimum trois éléments pour que les électrons transportent de l'énergie :

- **Une *source* :** La *source* fournit la force qui déplace les électrons à travers le circuit. Vous entendrez aussi parler de *source électrique*, de *générateur (de tension)* ou de *source d'énergie*. Les sources d'énergie électrique sont décrites au Chapitre 2.
- **Un *récepteur* :** Un récepteur est un élément ou un appareil qui absorbe l'énergie électrique dans un circuit (par exemple, une ampoule ou un haut-parleur). C'est pour ainsi dire la destination du flux d'énergie.
- **Un *chemin* :** Un chemin conducteur est ce qui permet aux électrons de circuler entre la source et le récepteur.

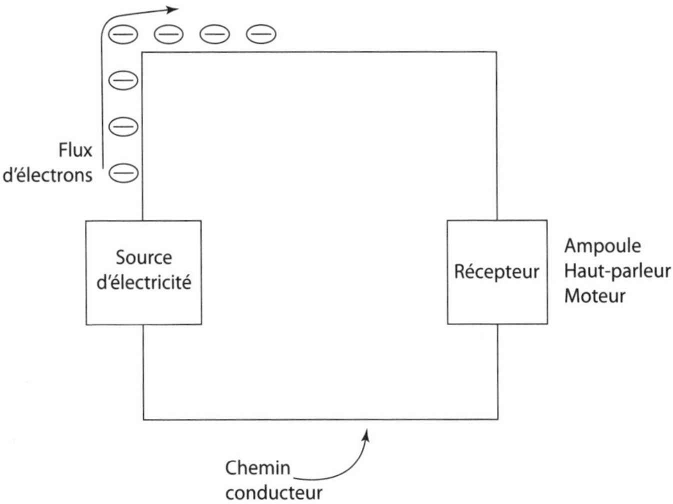


**Figure 1-3 :** Un circuit comprend une source, un récepteur et un chemin conducteur du courant.

## Le travail par lequel les électrons délivrent l'énergie

Le mot « travail » a une signification particulière en physique. Le *travail* est la mesure de l'énergie consommée par un appareil pendant un temps donné quand une force (une tension) est appliquée aux électrons qui le traversent. L'énergie électrique disponible et le travail utilisable (la luminosité de la lampe ou la vitesse de rotation du moteur, par exemple) sont fonction du nombre d'électrons poussés et de la force qui les pousse. L'énergie totale consommée pendant un temps donné est appelée la *puissance*, et cette puissance se mesure en *watts*. La puissance se calcule en multipliant la force (la tension) par l'intensité du flux d'électrons :

Puissance = Tension × Intensité

Dans le domaine de l'électronique, les calculs de puissance ont une grande importance car il s'agit de savoir quelle quantité précise d'énergie chaque composant peut absorber sans dommage. Si vous faites passer un flux d'électrons excessif à travers un composant donné, cela entraîne la production d'une forte chaleur, et le composant risque de griller. La puissance maximale admise par un composant est souvent indiquée, ce qui vous permet d'éviter un certain nombre de désagréments. Ce point sera rappelé dans les chapitres qui suivent, lorsque les composants seront étudiés l'un après l'autre.

Le courant électrique commence par une « impulsion » à partir de la source et circule le long du chemin vers le récepteur, au niveau duquel l'énergie produit un effet déterminé : par exemple, l'émission de lumière.

## *C'est fou ce que l'on peut faire faire à des électrons !*

Imaginez que l'on applique un courant électrique à une paire de haut-parleurs, sans utiliser quoi que ce soit pour contrôler ou « moduler » ce courant. Qu'allez-vous entendre ? Cela ne produira certainement pas de la musique ! Au contraire, avec un assemblage d'éléments électroniques approprié, il est possible de contrôler la façon dont vibrera la membrane de chaque haut-parleur, de telle sorte que ce haut-parleur produise des sons bien particuliers, ceux d'un discours ou d'une certaine musique. Dès que l'on sait contrôler le flux des électrons, il y a une infinité de choses que l'on peut faire avec un courant électrique.

N'OUBLIEZ PAS

L'électronique consiste à utiliser des éléments bien particuliers appelés *composants électroniques* (tels que résistances, condensateurs, inducteurs et transistors, présentés respectivement aux chapitres 3, 4, 5 et 6) pour contrôler le courant (ou flux d'électrons) de manière à remplir une fonction spécifique. Les composants élémentaires des circuits sont des *dipôles*, c'est-à-dire des éléments comportant deux *pôles* ou extrémités conductrices ou *bornes*.

Dans les dispositifs électroniques simples, le nombre de composants qui contrôlent le courant est réduit. Il peut s'agir, par exemple, d'un rhéostat permettant de faire varier le courant alimentant une ampoule. Cependant, la plupart des systèmes électroniques sont bien plus compliqués : ils comportent un certain nombre de composants reliés les uns aux autres par un ou plusieurs circuits, le tout permettant d'atteindre un objectif déterminé. Ce qui est bien avec l'électronique, c'est qu'il suffit d'avoir compris comment fonctionnent certains types de composants et comment s'appliquent quelques principes élémentaires pour pouvoir commencer à comprendre
et à assembler des circuits intéressants.

Cette section présente simplement un échantillon de tout ce que vous pouvez faire grâce aux circuits et au contrôle du flux des électrons.

## Créer de bonnes vibrations

Les composants électroniques de votre baladeur MP3 comme ceux de votre autoradio et de votre chaîne hi-fi convertissent l'énergie électrique en énergie sonore. Dans chacun de ces exemples, les haut-parleurs sont des récepteurs, c'est-à-dire la destination de l'énergie électrique. Le rôle des composants électroniques du système consiste à donner une « forme » particulière au courant dirigé vers les haut-parleurs, à le « moduler » de telle sorte que les vibrations de la membrane de chaque haut-parleur reproduisent le son original.

## Le voir, c'est le croire

Dans les systèmes de visualisation, le rôle des composants électroniques est de contrôler la périodicité et l'intensité d'émissions lumineuses. Un système de télécommande comme celui de votre téléviseur, par exemple, émet des rayons infrarouges quand vous appuyez sur un bouton. L'appareil commandé réagit en fonction des caractéristiques particulières du signal lumineux émis.

La surface intérieure du tube cathodique d'un téléviseur classique (quelqu'un en possède-t-il encore un ?) est recouverte d'une couche de phosphore qui scintille sous l'effet d'un faisceau d'électrons émis à l'intérieur de ce tube. Les circuits électroniques du téléviseur contrôlent la direction et l'intensité des faisceaux d'électrons qui conditionnent l'image apparaissant sur l'écran, cette image que vous regardez. Vous voilà un peu plus éclairé sur la question, n'est-ce pas ?

## Capter et réagir

L'électronique peut aussi permettre le déclenchement automatique d'un événement en réponse à un niveau particulier de lumière, de chaleur, de bruit ou de mouvement. Un *capteur* électronique produit ou modifie un courant électrique en réponse à un stimulus. Microphones, détecteurs de mouvement, sondes de température et capteurs de lumière peuvent servir à déclencher le fonctionnement d'autres éléments qui activeront, par exemple, un système d'ouverture de porte ou une alarme.

## Contrôler le mouvement

Une des applications les plus courantes de l'électronique consiste à contrôler la mise en marche, l'arrêt et la vitesse des moteurs. Vous pouvez ainsi contrôler le mouvement d'une hélice, d'un volet roulant ou d'un jouet télécommandé, par exemple. C'est le genre d'application électronique que l'on retrouve dans la robotique, dans les avions, dans les engins spatiaux, dans les ascenseurs, *etc.*

### Résoudre des problèmes

Pour effectuer des opérations mathématiques, les savants de l'Antiquité se servaient de bouliers. Aujourd'hui, nous utilisons pour cela des calculatrices électroniques et des ordinateurs. Sur un boulier, les calculs se faisaient en manipulant des boules qui représentaient des nombres. Dans un système informatisé, les nombres, les caractères et autres informations sont représentés par de l'énergie électrique stockée selon des séquences particulières. Les calculs sont effectués en manipulant ces séquences par l'intermédiaire des composants électroniques (bien entendu, les électrons qui travaillent pour vous, à l'intérieur des circuits, ne savent pas qu'ils additionnent des nombres !). À l'aide d'un décodeur, vous pouvez convertir le signal résultant en chiffres (mais vous pouvez simplement laisser le système d'affichage le faire pour vous).

### Communiquer

Les circuits électroniques de votre téléphone cellulaire convertissent le son de votre voix en signaux électriques, compriment et codent ces signaux, les convertissent en signaux radio et envoient ces signaux radio dans l'atmosphère. Ces signaux sont captés par une tour de communication. D'autres circuits contenus dans votre téléphone détectent les messages entrants, en provenance de la tour de communication, décodent ces messages et convertissent les signaux électriques obtenus de manière à reconstituer le son de la voix de votre correspondant (*via* un haut-parleur).

Les systèmes de communication de données que vous utilisez chaque fois que vous effectuez un achat en ligne convertissent, grâce à des circuits électroniques, vos désirs de consommateur en bons de commande, et prélèvent le paiement sur votre compte en banque.

# Chapitre 2

# Manipuler le courant électrique pour obtenir un effet particulier

***Dans ce chapitre***

- Faire circuler les électrons
- Trouver une source d'électricité
- Aller dans le sens du courant
- Explorer un circuit en action
- Prendre le contrôle d'un flux d'électrons
- Faire passer le courant dans un sens ou dans un autre

L'électronique se résume à contrôler le flux des électrons (le courant électrique) qui circule à travers des conducteurs sur un chemin complet (un circuit), de telle sorte que l'énergie électrique délivrée à un récepteur (ampoule, moteur ou haut-parleur) prenne la « forme » qui convient. En modifiant le flux d'électrons, les composants électroniques vous donnent la possibilité d'obtenir d'incroyables résultats avec l'électricité. Vous pouvez modifier le son produit par des haut-parleurs, changer le sens de rotation ou la vitesse d'un moteur, faire varier la luminosité d'une lampe ou programmer son allumage et faire bien d'autres choses encore. En d'autres termes, l'électronique n'est pas ce qui produit l'électricité mais ce qui permet de mieux l'utiliser.

Dans ce chapitre, vous allez découvrir le moyen de faire circuler des électrons dans un circuit, et vous allez comprendre pourquoi le courant conventionnel peut être considéré comme le déplacement d'électrons à l'envers. Vous étudierez aussi en profondeur un circuit électronique simple et vous apprendrez les différentes manières de relier des composants électroniques pour pouvoir commencer à moduler et à diriger le courant selon ce qui conviendra à vos propres circuits. Enfin, vous verrez comment deux types d'appareils électroniques que vous connaissez bien, votre poste de radio et votre téléviseur, transforment et utilisent le courant électrique pour apporter un peu plus de piment dans votre existence.

## Comment obtenir de l'énergie électrique ?

Si vous recourbez les extrémités d'un fil de cuivre jusqu'à en faire un cercle, pensez-vous que les électrons libres circuleront ? Peut-être gigoteront-ils un peu, sachant qu'ils ont la bougeotte, mais en l'absence d'une force pour les entraîner dans un sens ou dans l'autre, il n'y aura pas de courant.

Reprenons l'analogie avec le tuyau rempli d'eau : l'eau pourra fluctuer, mais elle ne circulera pas d'elle-même. Pour établir une circulation d'eau dans le tuyau, il faut de l'énergie, et cette énergie sera produite par une différence de pression.

De manière analogue, dans un circuit, une *source d'électricité* (d'énergie) est nécessaire pour déplacer les électrons. Cette source pourra être, par exemple, une pile ou une cellule photovoltaïque. Quant à l'énergie électrique délivrée par vos prises de courant, elle est produite par votre compagnie d'électricité et peut provenir de différentes sources. Une source d'électricité, qu'est-ce que c'est, exactement ? Comment peut-on « fabriquer » de l'énergie électrique ?

Toute source d'électricité convertit une autre forme d'énergie (mécanique, chimique, thermique, ou lumineuse par exemple) en énergie électrique. La technique utilisée pour produire l'énergie électrique n'est pas sans importance, sachant que des sources de type différent ne produiront pas toutes le même type de courant électrique. Il existe en effet deux types de courant :

- **Le courant continu :** Il s'agit d'un flux constant d'électrons dans un sens unique, la force du courant variant très peu. Les piles et les accumulateurs (appelés couramment batteries) produisent du courant continu, et c'est le type de courant qu'utilisent la plupart des circuits électroniques.

- **Le courant alternatif :** Il s'agit d'un flux d'électrons dont le sens s'inverse périodiquement, à une fréquence élevée. C'est le type de courant que vous fournit votre compagnie d'électricité.

## Le courant continu fourni par une pile

Une pile convertit l'énergie chimique en énergie électrique grâce à un processus appelé *réaction chimique*. Quand deux métaux différents baignent dans un certain type de substance chimique, leurs atomes réagissent avec les atomes de cette substance pour produire des particules chargées. Des charges négatives s'accumulent sur l'un des deux morceaux de métal, et des charges positives s'accumulent sur l'autre. La différence de charge entre les deux terminaisons métalliques ou bornes (une *borne* étant tout simplement un morceau de métal sur lequel on peut accrocher ou souder un fil métallique) est ce qui crée une tension. Cette tension est la force qui permet de déplacer les électrons le long d'un circuit.

Pour utiliser une pile, on relie une borne du récepteur – par exemple une lampe électrique – à la borne négative de la pile (appelée *anode*) et l'autre borne du récepteur à la borne positive (appelée *cathode*). On crée ainsi un chemin par lequel les charges vont circuler. Dans un circuit, les électrons se déplacent de l'anode vers la cathode. Au passage des électrons dans le filament de l'ampoule électrique, une partie de l'énergie électrique fournie par la pile est convertie en chaleur, et c'est cette chaleur qui fait briller le filament.

Sachant que les électrons ne se déplacent que dans un sens (de l'anode à la cathode, le long du circuit), le courant électrique produit par la pile est un courant continu (voir Figure 2-1). Une pile continue de produire du courant jusqu'à ce que toute la substance chimique qu'elle contient ait été épuisée par le processus électrochimique. Les piles de formats AAA, AA, C et D que vous avez sans doute l'habitude d'acheter produisent une tension d'environ 1,5 volt. De leur différence de taille dépend la quantité de courant qu'elles peuvent délivrer. Plus une pile est grosse, plus elle peut fournir de courant et plus longtemps elle durera. Un appareil plus gros a besoin d'une pile plus grosse, ce qui revient à dire qu'une pile plus grosse donne davantage de puissance (n'oubliez pas : puissance = tension × courant).

D'un point de vue technique, une batterie est un groupement d'unités, en l'occurrence, des piles ou des accumulateurs. Une batterie de voiture est constituée de six accumulateurs de 2 volts, reliés ensemble pour produire une tension de 12 volts. Les différents types de piles et d'accumulateurs, ainsi que la façon dont on peut les relier ensemble pour obtenir une tension plus forte, seront étudiés au Chapitre 8.

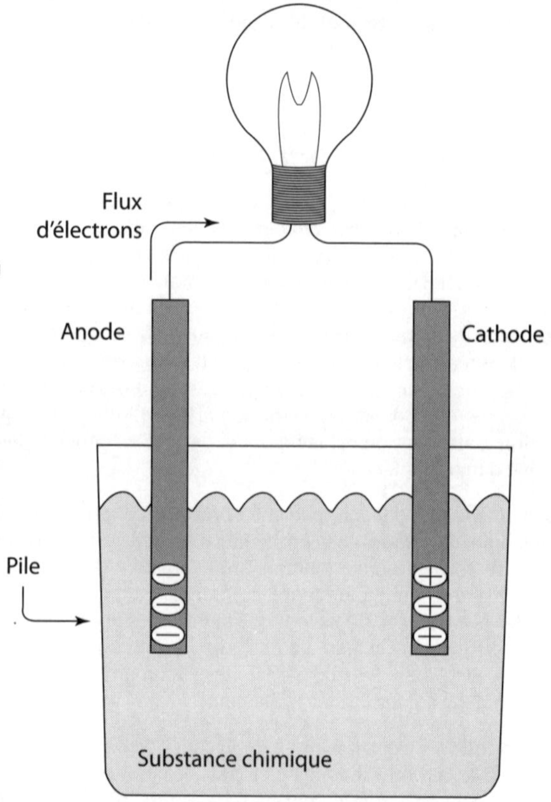


**Figure 2-1 :** Dans une pile électrique : une réaction chimique provoque un déplacement des électrons à travers le circuit dans un seul sens, de l'anode à la cathode. Ce mouvement des électrons est ce que l'on appelle un courant continu.

Ce symbole est couramment utilisé sur les schémas de circuits pour représenter une batterie. Le signe + désigne la cathode, le signe – désigne l'anode. Le voltage (indication de la tension) est généralement inscrit à côté du symbole.

## *Le courant alternatif produit par une centrale électrique*

Quand vous branchez une lampe sur une prise de courant, vous vous servez de l'énergie électrique produite par une centrale. Une centrale utilise une ressource naturelle – eau, charbon, fioul, gaz naturel ou uranium – pour produire de l'énergie électrique, selon un procédé en plusieurs étapes. C'est la raison pour laquelle l'énergie électrique est considérée comme une source d'énergie *secondaire* : elle provient de la conversion d'une source d'énergie primaire.

La plupart des centrales électriques sont des centrales thermiques, ce qui signifie qu'elles utilisent la chaleur produite par des réactions nucléaires ou par la combustion d'un combustible fossile pour transformer de l'eau en vapeur d'eau. La vapeur produite exerce une pression sur les ailettes d'une turbine, ce qui fait tourner celle-ci. Pour faire tourner des turbines, les barrages hydroélectriques utilisent la pression de l'eau, tandis que les éoliennes utilisent l'énergie du vent. Dans tous ces types de centrales, les turbines entraînent des générateurs électromécaniques qui convertissent l'énergie mécanique (en l'occurrence, la rotation de la turbine) en énergie électrique. Un générateur est constitué d'une bobine de fil métallique placée à l'intérieur d'un énorme aimant permanent. La rotation de la turbine entraîne la rotation de la bobine, et un courant électrique est ainsi *induit* dans le fil métallique. On parle d'*induction* à propos d'un procédé permettant de faire circuler les électrons sans contact direct avec le conducteur.

Un flux d'électrons peut être induit par le mouvement d'un fil conducteur à proximité d'un aimant ou par le mouvement d'un aimant à proximité du fil conducteur. Le terme *induction électromagnétique* fait référence au lien étroit entre magnétisme et électricité. Nous y reviendrons au Chapitre 5, à propos des inducteurs.

Lorsque la bobine tourne à l'intérieur de l'aimant, celui-ci provoque d'abord un déplacement des électrons dans un seul sens, mais au moment où la bobine a pivoté de 180 degrés, l'aimant attire les électrons en sens inverse. Pour ainsi dire, les électrons font demi-tour ! C'est ainsi que se crée un *courant alternatif.*

En Europe, dans les centrales électriques, la bobine effectue 50 rotations par seconde, si bien que le flux d'électrons change de sens cent fois par seconde. Chaque rotation correspond à un *cycle*, et le nombre de cycles par seconde est la *fréquence* du courant alternatif, mesurée en *hertz* (Hz). Aux États-Unis et au Canada, la fréquence du courant alternatif est de 60 Hz, tandis qu'en Europe, elle est de 50 Hz.

Ce symbole est utilisé dans les schémas de circuits pour représenter une source de courant alternatif. La tension alternative produite par les centrales est variable d'un pays à un autre. Sur les lignes de transport d'énergie électrique, la tension est généralement de plusieurs dizaines de milliers de volts pour la distribution urbaine ou régionale, et de cent à cinq cent mille volts pour les longues distances. Dans les habitations, la tension distribuée est de 220 à 240 volts (120 volts aux États-Unis et au Canada).

Certains appareils comme les radiateurs électriques, les sèche-cheveux et les rasoirs électriques utilisent directement le courant alternatif du secteur. Si vous vous rendez dans un pays où la tension et la fréquence du courant alternatif ne sont pas les mêmes que chez vous, vous aurez peut-être besoin d'un *transformateur* ou d'un *changeur de fréquence*.

De nombreux appareils électroniques (comme par exemple les ordinateurs portables) ne peuvent fonctionner qu'alimentés par un courant continu. Il est donc nécessaire de convertir le courant alternatif du

## L'onde et le courant

Le courant alternatif étant caractérisé par un changement incessant, il n'est pas possible d'attribuer à sa force une valeur unique comme dans le cas du courant continu. On caractérise généralement le courant alternatif en fonction de sa *forme d'onde*. La représentation graphique du courant alternatif montre ses fluctuations, le « courant positif » représentant le flux d'électrons dans un sens et le « courant négatif » le flux d'électrons en sens inverse. Le *courant instantané* est l'intensité à un instant donné, et le *courant de crête* est la valeur absolue de l'intensité aux points extrêmes. Le courant instantané se calcule à l'aide d'une fonction trigonométrique, c'est pourquoi on parle d'*onde sinusoïdale*. Ne vous inquiétez pas, vous ne serez pas obligé de ressortir vos livres de mathématiques du lycée ! Nous nous devons simplement de mentionner certains termes qui sont utilisés en électronique.

À propos de courant alternatif, on parle aussi de *tension alternative sinusoïdale*. La *tension de crête* ($U_p$) est la tension maximale, tandis que la *tension de crête à crête* ($U_{pp}$) est la différence entre tension maximale et tension minimale, elle est donc égale à deux fois la tension de crête. La *tension efficace* ($U_{rms}$) est la racine carrée de la valeur moyenne de la tension au carré. Elle intervient dans des calculs permettant de comparer les effets du courant alternatif à ceux du courant continu. Il existe une formule mathématique pour calculer cette valeur, qui est finalement égale à 0,7071 fois la tension de crête.

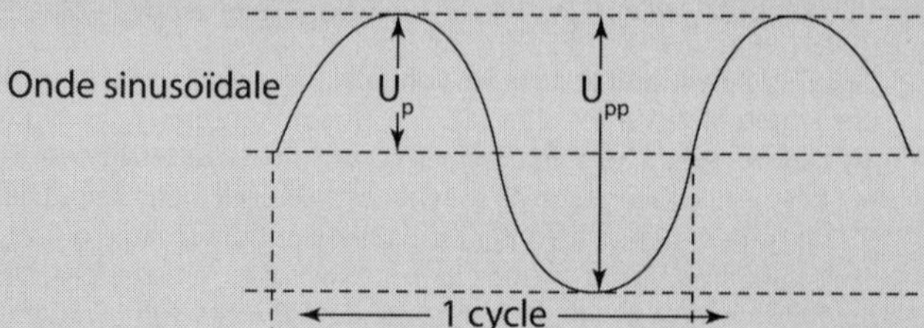

secteur en courant continu, à l'aide d'un *transformateur redresseur* ou *adaptateur*. De la même manière, le chargeur de votre téléphone portable convertit le courant alternatif en courant continu pour alimenter la batterie rechargeable de l'appareil.

### Transformer la lumière en électricité

Les sources d'énergie solaire sont constituées de *cellules photovoltaïques*, qui produisent une tension électrique de faible voltage quand elles reçoivent des rayons lumineux. Ces cellules sont constituées de *semi-conducteurs*, c'est-à-dire de matériaux à mi-chemin entre les conducteurs et les isolants, en termes de propension à relâcher les électrons (les semi-conducteurs sont abordés plus en détail au Chapitre 6). La tension produite par une cellule photovoltaïque est constante, quelle que soit la quantité de lumière qu'elle reçoit. En revanche, l'*intensité* du courant produit dépendra de la luminosité.

Une cellule photovoltaïque est pourvue de deux bornes entre lesquelles les électrons circulent le long d'un circuit. Vous avez sans doute déjà vu des petits panneaux solaires alimentant des horodateurs, par exemple, mais peut-être pas ces vastes panneaux solaires qui alimentent les satellites. L'énergie solaire est de plus en plus utilisée pour fournir de l'électricité. Sur Internet, vous trouverez d'abondantes informations sur les panneaux solaires. Vous pouvez même en fabriquer vous-même.

## Le bon et le mauvais sens : flux réel des électrons et sens conventionnel du courant

Les premiers chercheurs ont cru que le courant électrique était un flux de charges positives, c'est pourquoi ils l'ont représenté comme un flux d'une borne positive vers une borne négative. Ce n'est que bien plus tard que l'on devait découvrir les électrons et établir qu'ils se déplaçaient de la borne négative vers la borne positive. La convention initiale a cependant été conservée, si bien qu'on représente le courant électrique à l'aide d'une flèche dans le sens opposé au flux réel des électrons.

Le *courant conventionnel* est le flux d'une charge positive du positif vers le négatif, en sens inverse du flux réel des électrons (voir Figure 2-2). Dans tous les schémas de circuits électroniques, on respecte cette convention. Si vous voyez sur un schéma une flèche représentant le courant, elle indique donc le sens du courant conventionnel. Le symbole *I* représente le courant conventionnel, mesuré en ampères

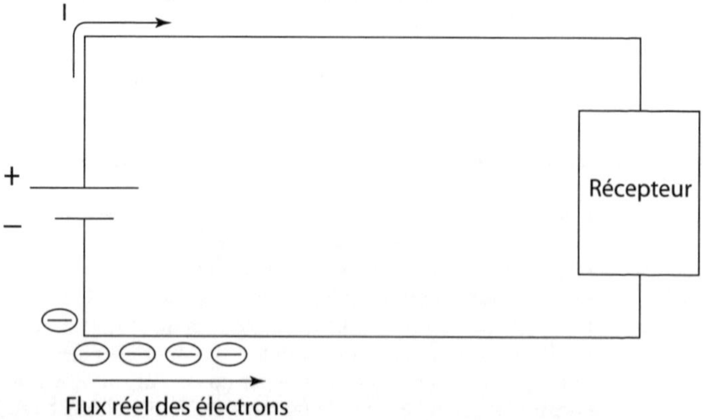


**Figure 2-2 :** Le courant conventionnel, I, circule de la borne positive à la borne négative de la source ; en réalité, les électrons circulent de la borne négative vers la borne positive.

(A), mais sur les schémas des circuits électroniques que vous pourrez construire, l'unité de mesure sera plutôt le *milliampère* (mA).

TRUC

*Dans les circuits fonctionnant en courant alternatif, le courant change constamment de sens.* Par conséquent, comment représenter le courant sur un schéma ? Dans quel sens faut-il orienter la flèche ? Peu importe, vous pouvez choisir le sens du courant de la façon la plus arbitraire et en faire le *sens de référence*. Si la valeur du courant I est négative, cela signifiera simplement que le courant conventionnel est dans le sens opposé à celui de la flèche.

# Étude d'un circuit simple avec une ampoule

Le schéma de la Figure 2-3 représente un circuit dans lequel une pile alimente une ampoule. C'est le type de circuit que vous retrouverez dans une lampe de poche (la *schématique* est abordée plus en détail au Chapitre 10).

La pile fournit au circuit un courant continu de 1,5 volt. Le signe + indique la borne positive de la pile, point de départ du courant conventionnel. Le signe – indique la borne négative, à laquelle aboutit le courant (conventionnel) à la fin de son parcours. La flèche représente le sens de référence du courant. Compte tenu du sens de la flèche, le courant devrait être positif.

Les lignes qui constituent le circuit sur le schéma indiquent la façon dont les éléments sont reliés à l'aide de fils ou autres conducteurs. Les différentes sortes de fils et de conducteurs sont traitées au Chapitre 8.

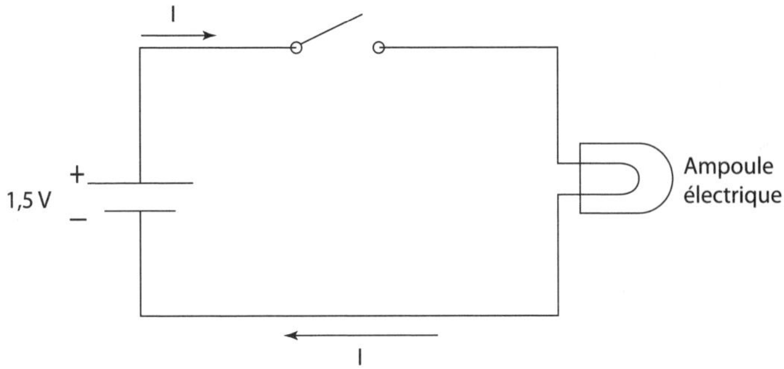


**Figure 2-3 :** Le courant délivré par la pile parcourt le circuit et alimente la lampe en énergie électrique, laquelle est soumise à une tension de 1,5 V.

Les interrupteurs et autres composants essentiels des circuits sont généralement constitués ou pourvus de fils conducteurs qui assurent la liaison avec les autres éléments.

À proximité de la pile se trouve un interrupteur, dont le rôle est d'ouvrir et de fermer le circuit. Quand le circuit est fermé, le courant circule à travers l'ampoule, laquelle transforme l'énergie électrique en lumière et en chaleur. Quand le circuit est ouvert, il n'y a plus de courant.

La pile *alimente* le circuit en énergie électrique et l'ampoule *consomme* cette énergie électrique (en réalité, elle la transforme en énergie calorique). C'est une relation d'échange : la tension est la force donnée par la pile pour entretenir le courant, et cette énergie est absorbée lors du passage du courant à travers l'ampoule.

La tension est plus forte là où le courant arrive au récepteur que là où il en sort. La tension est en réalité une notion relative, puisqu'elle est la force résultant d'une différence de charge entre deux points distincts. La tension aux bornes de la pile est la différence de charge entre la borne positive et la borne négative, et cette différence de charge possède un potentiel de déplacement à travers un circuit. Le circuit absorbe l'énergie produite par cette force lorsque le courant circule, ce qui entraîne une baisse de tension. C'est la raison pour laquelle la tension est parfois appelée *chute de tension*, *différence de potentiel* ou *chute potentielle*.

N'OUBLIEZ PAS

Une tension mentionnée *en un point unique* du circuit fait toujours référence à la tension en un autre point du circuit, généralement la terre de référence (souvent appelée simplement la *terre*), un point du circuit considéré (arbitrairement) comme étant à 0 volt. Souvent, le point de référence utilisé pour mesurer les tensions dans tout le circuit est la borne négative de la pile.

Une analogie utile pour comprendre la mesure des tensions est la mesure des distances. Si l'on vous demandait à quelle distance vous vous trouvez, vous répondriez sans doute par une question : « À quelle distance d'où ? » De même, si l'on vous demande quelle est la tension au point du circuit où le courant arrive à l'ampoule, vous serez obligé de répondre par une question : « Par rapport à quel autre point du circuit ? » Si vous dites que vous vous trouvez à dix kilomètres de chez vous, votre point de référence est votre domicile. De même, vous pourrez affirmer, par exemple, que la tension là où le courant arrive à l'ampoule est de 1,5 volt par rapport à la borne négative de la pile.

Si vous partez de la borne négative de la pile pour mesurer les tensions tout au long de ce circuit, vous constaterez que la tension à la borne positive de la pile est de 1,5 V et que cette tension est entièrement absorbée par l'ampoule (en réalité, l'interrupteur en absorbe une infime quantité, sachant que même les meilleurs conducteurs consomment de l'énergie, mais cette quantité est négligeable par rapport à la tension absorbée par l'ampoule.

Ici, il est important de remarquer qu'à mesure que l'on parcourt un circuit alimenté en courant continu en partant de la borne négative de la pile pour terminer à la borne positive, on « gagne » en tension (c'est ce que l'on appelle un *accroissement de tension*), tandis qu'il y a chute de tension quand on traverse les composants du circuit. En revenant à la borne négative, la tension retombe à 0 volt. Dans tout circuit (alimenté en courant continu ou alternatif), en partant de n'importe quel point et en additionnant les accroissements et les chutes de tension, on termine là où on avait commencé. La somme nette des accroissements et des chutes de tension sur un circuit est nulle (c'est la *loi de Kirchhoff*).

Cette notion de chute de tension a une signification réelle d'un point de vue physique. L'énergie électrique fournie par la pile est absorbée par l'ampoule. La pile continue à fournir de l'énergie électrique et l'ampoule à absorber cette énergie jusqu'à ce que la pile soit « morte », c'est-à-dire jusqu'à ce que toute la substance chimique contenue dans la pile ait été consommée lors des réactions chimiques produisant les charges positives et négatives. En effet, toute l'énergie chimique de la pile est convertie en énergie électrique, et l'énergie électrique est absorbée par le circuit.

Une des lois fondamentales de la physique veut que l'énergie ne soit jamais créée ni détruite : elle ne peut que changer de forme. L'exemple du circuit constitué d'une pile et d'une ampoule en est une bonne illustration : l'énergie chimique est transformée en énergie électrique, et l'énergie électrique est transformée en énergie calorique et lumineuse.

La chute de tension à travers l'ampoule peut se mesurer à l'aide d'un voltmètre (voir Chapitre 12). Enfin, en multipliant la *tension aux bornes de l'ampoule* (expression courante pour désigner la « chute de tension ») par l'intensité du courant qui traverse cette ampoule, on obtient la puissance de l'ampoule en watts.

### Ici la Terre

En électronique, le mot « terre » fait référence à la connexion avec le sol. La borne en saillie de votre prise de courant dite « prise de terre » est reliée à la Terre, c'est-à-dire à un pieu métallique fiché dans le sol. La liaison à la terre est une protection supplémentaire pour les circuits qui consomment un courant important. C'est une façon de se débarrasser du courant une fois qu'il a servi. C'est le principe du paratonnerre de Benjamin Franklin : offrir à la foudre un chemin vers la terre, pour éviter qu'elle n'atteigne une habitation ou une personne. Dans certains cas, un point du circuit est relié à une canalisation métallique, sachant que celle-ci est en contact avec la terre.

Un circuit *isolé de la terre* est un circuit qui n'est pas relié à la terre, ce qui peut être dangereux. Mieux vaut rester à distance d'un tel circuit tant qu'il n'est pas relié à la terre ou à une masse.

## Contrôler le courant électrique à l'aide de composants de base

Supposons que vous vouliez assembler le circuit simple dont il a été question dans la section précédente et que vous ne disposiez d'aucune pile de 1,5 V, mais d'une pile de 9 V. Que se passera-t-il si vous utilisez cette pile à la place d'une pile de 1,5 V ? Votre petit circuit sera traversé par un courant bien plus intense, mais l'ampoule ne le supportera pas. Si trop d'électrons circulent, l'énergie électrique dissipée produira une chaleur excessive et le filament éclatera.

Pour éviter que votre ampoule ne soit soumise à un courant excessif, vous pouvez intercaler entre la pile et l'ampoule un composant supplémentaire, par exemple une *résistance*. La résistance fait partie des divers types de composants qui contrôlent le flux électrique à travers un circuit. Elle diminue ce flux, c'est pourquoi elle sert couramment à protéger d'autres composants, par exemple des ampoules.

## Comment contrôler le courant ?

Le contrôle du courant électrique peut se comparer au contrôle d'un flux hydraulique. Quelles sont les différentes façons de contrôler le débit de l'eau ? Vous pouvez restreindre ce débit, le stopper complètement, varier la pression, permettre à l'eau de ne circuler que dans un seul sens, ou retenir l'eau (cette analogie peut être utile, toutefois elle n'est pas valable à 100 % : en effet, l'eau peut circuler même dans un système ouvert, contrairement au courant électrique qui suppose un système fermé.

Il existe une foule de composants électroniques permettant de contrôler et de réduire l'énergie électrique dans les circuits (voir Figure 2-4). Les *résistances*, qui restreignent le flux d'électrons, font partie des plus connus, de même que les *condensateurs* qui stockent l'énergie électrique (les résistances sont étudiées en détail au Chapitre 3 et les condensateurs au Chapitre 4). Les *inducteurs* et les *transformateurs* sont des dispositifs qui stockent l'énergie électrique dans des champs magnétiques (pour plus de détails, consulter le Chapitre 5). Les *diodes* servent à autoriser la circulation du courant dans un seul sens, comme les valves dans un circuit hydraulique, et les *transistors* sont des composants qui peuvent être utilisés pour ouvrir et fermer les circuits ou pour amplifier le courant (les diodes et les transistors sont étudiés au Chapitre 6).

### Attention aux puissances adverses

Si une puissance maximum est indiquée pour chaque ampoule ou autre composant, ce n'est pas sans une bonne raison. Un élément qui reçoit trop de courant chauffe excessivement et se met à brûler ou à fondre. Sachant que la puissance est le produit de la tension et de l'intensité, et sachant mesurer ces deux grandeurs, vous pouvez estimer la puissance des composants que vous allez choisir pour assembler vos circuits, c'est-à-dire le nombre de watts que ces composants pourront supporter sans griller.

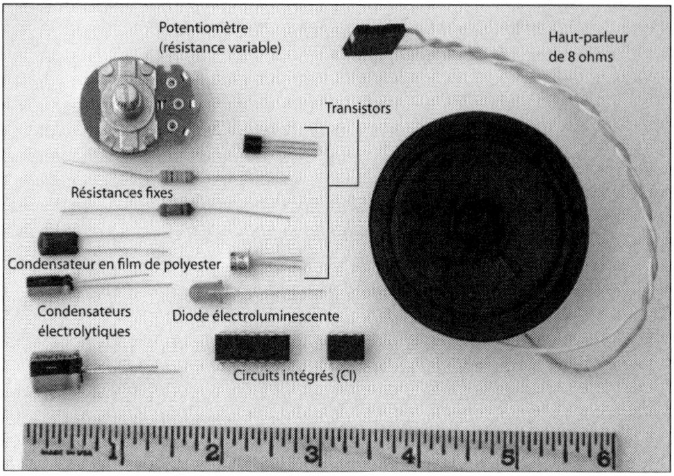


**Figure 2-4 :** Divers composants électroniques.

## Composants actifs et passifs

Parmi les composants électroniques, on distingue souvent *composants actifs* et *composants passifs*. Les *composants actifs* (transistors et diodes) accroissent ou dirigent le courant. On parle aussi de *semi-conducteurs*, ce terme faisant référence au type de matériau dont ils sont constitués. Les *composants passifs* (résistances, condensateurs, inducteurs et transformateurs) n'amplifient pas et ne dirigent pas le courant, mais ils peuvent le ralentir ou le stocker (les transformateurs survolteurs, ou élévateurs de tension, augmentent la tension tout en diminuant le courant). Un circuit ne comportant que des composants passifs est appelé un *circuit passif* ; un circuit comportant *au moins un* composant actif est appelé un *circuit actif*.

# Branchements en série et branchements en parallèle

De même que vous pouvez construire des structures de formes et de tailles diverses avec des briques de Lego ou avec d'autres jeux de construction, vous pouvez assembler toutes sortes de circuits en reliant entre eux, de différentes façons, des composants électroniques. De la manière précise dont vous reliez ces composants dépendront la circulation du courant et la répartition de la chute de tension dans votre circuit.

## Les branchements en série

Dans le circuit simple étudié précédemment dans ce Chapitre (voir Figure 2-3), le courant circule de la borne positive à la borne négative de la pile en passant par l'interrupteur fermé et par l'ampoule. Il s'agit d'un *circuit en série*, ce qui signifie que le courant traverse les composants l'un après l'autre (ils sont branchés l'un à la suite de l'autre).

N'OUBLIEZ PAS

Il importe de ne pas oublier deux choses à propos des circuits en série :

- Chaque composant est traversé par le même courant.
- La tension fournie par la source est divisée (pas nécessairement de façon égale) en tensions aux bornes de chaque composant. En additionnant les chutes de tension des différents composants, on obtient la tension totale fournie par la source.

TRUC

Le problème des circuits en série est qu'une défaillance d'un seul composant suffit à ouvrir le circuit et à interrompre le courant traversant tous les autres composants. Supposons que l'enseigne lumineuse d'un restaurant soit constituée de deux cents ampoules branchées en série et formant l'expression « L'AUBERGE DU CHEF » : il suffira qu'une seule ampoule soit cassée pour que toute l'enseigne reste éteinte.

## Les branchements en parallèle

La solution à ce problème que présentent les circuits branchés en série consiste à brancher plutôt les composants en parallèle, comme l'illustre la Figure 2-5. Ainsi, même si un ballon vient malencontreusement briser quelques ampoules, le reste sera toujours illuminé (certes, on lira peut-être « L'AUBE DU CHE », mais aucune solution n'est parfaite).

Dans un montage en parallèle comme celui de la Figure 2-5, le courant se répartit entre les différentes branches du circuit et alimente chaque ampoule. Le courant qui traverse une ampoule ne traverse pas les autres. Si votre enseigne est constituée de deux cents ampoules et si une ampoule claque, les 199 autres resteront allumées.

Dans un montage en parallèle, la tension est la même aux bornes de chacune des branches du circuit. Quand vous saurez calculer l'intensité du courant traversant chacune des branches (Chapitre 3), vous constaterez qu'en additionnant ces chiffres, vous obtenez le courant total fourni par la source.

**Figure 2-5 :** Les ampoules électriques sont souvent montées en parallèle, si bien que si une ampoule claque, les autres continuent de produire de la lumière.

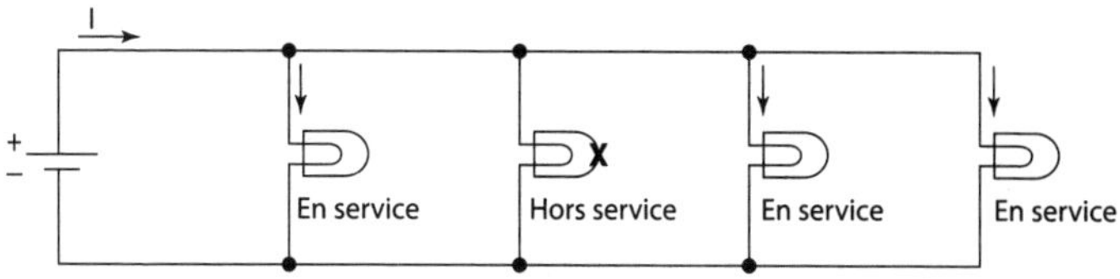


Il importe de ne pas oublier deux choses à propos des circuits en parallèle :

- La tension est la même aux bornes de chaque branche.
- Le courant fourni par la source est réparti entre les branches du circuit. Le courant total est la somme des courants traversant les différentes branches.

Les mêmes composants sont traversés par un courant plus fort lorsqu'ils sont montés en parallèle que lorsqu'ils sont montés en série. Si votre circuit est alimenté par une pile, il faut que vous sachiez pendant combien de temps exactement cette pile pourra alimenter le circuit. Comme l'explique le Chapitre 8, chaque pile porte une indication en *ampères-heure*. Une pile d'un ampère-heure, par exemple, fournira du courant à un circuit pendant une heure si ce circuit tire un courant d'un ampère (du moins en théorie, car dans la pratique, même les nouvelles piles ne délivrent pas toujours précisément ce qui est indiqué). Par conséquent, pour alimenter un circuit, vous devez tenir compte à la fois du courant que demande ce circuit et du temps pendant lequel vous voulez l'alimenter.

## *Les circuits combinés*

Le plus souvent, un circuit comprend à la fois des composants branchés en série et des composants branchés en parallèle. Tout dépend de ce que vous voulez obtenir. Sur la Figure 2-6, vous pouvez voir une résistance (symbolisée par un zigzag) branchée en série avec la source, puis trois branches parallèles constituées chacune d'un montage en série d'un interrupteur et d'une ampoule. Quand les trois interrupteurs sont fermés, le courant délivré par la source traverse

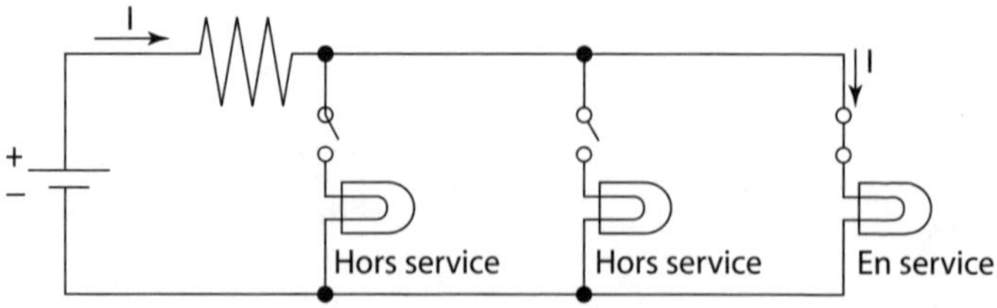


**Figure 2-6 :** En ouvrant et en fermant les interrupteurs de ce circuit, on peut diriger le courant vers ses différentes branches.

la résistance et se répartit sur les trois branches. Quand les trois interrupteurs sont ouverts, il n'y a plus de chemin complet, si bien que plus aucun courant ne circule. Quand un seul des trois interrupteurs est fermé, tout le courant fourni par la source circule à travers une seule ampoule et les deux autres ampoules sont éteintes. Dans cet exemple, l'état de chaque ampoule dépend de la position de l'interrupteur qui lui est associé. Ce type de circuit peut servir, par exemple, à faire fonctionner un feu de signalisation (avec quelques composants supplémentaires pour contrôler l'alternance des signaux dans le temps et l'ordonnancement des basculements des interrupteurs).

Pour analyser les circuits combinés, il est nécessaire d'appliquer les « règles » relatives aux tensions et aux intensités point par point, en distinguant celles applicables aux montages en série et celles applicables aux montages en parallèle. À ce stade, vous ne disposez pas encore de l'information nécessaire pour pouvoir calculer tous les courants et toutes les tensions dans les circuits présentés jusqu'ici. Il vous faut connaître une règle supplémentaire, la loi d'Ohm, et dès lors, vous serez en mesure d'analyser les circuits simples (la loi d'Ohm et l'étude des circuits élémentaires sont traitées au Chapitre 3).

# Créer des systèmes électroniques

Pour vous donner une idée de tout ce que vous pouvez réaliser en assemblant divers composants électroniques sous forme de circuits associant montages en série et en parallèle, nous vous présentons maintenant deux systèmes électroniques élaborés. Ne vous inquiétez pas, vous n'êtes pas censé suivre le flux des électrons à travers un circuit compliqué. Il s'agit simplement de vous montrer que tout système électronique, du plus simple au plus compliqué, fait essentiellement la même chose : modifier un courant électrique pour accomplir une certaine tâche.

Nous allons prendre comme exemples le système de réception de votre autoradio et votre téléviseur.

## Un son qui est dans l'air

Dans un récepteur radio, les composants électroniques contrôlent le courant qui circule vers les haut-parleurs, de telle sorte que le son émis par votre chaîne de radio préférée soit reconstitué chez vous. Comme la plupart des systèmes électroniques compliqués, un récepteur de radio est constitué de plusieurs strates qui effectuent chacune une fonction spécifique, le produit de chaque strate alimentant la strate suivante. Pour permettre à vos haut-parleurs de reproduire le son initialement créé en studio, les circuits électroniques de votre système de radio stéréo remplissent les fonctions suivantes :

- **L'antenne** capte les ondes radio (signaux invisibles transmis par différentes chaînes de radio) dans l'atmosphère et les transforment en *signal électrique*, c'est-à-dire en flux variable de courant électrique (voir l'encadré « Déchiffrer les signaux électriques »).
- **Le tuner** ou **syntoniseur** sélectionne un des signaux captés par l'antenne et élimine les autres.
- **Le détecteur** sépare le signal audio (reproduction du son original) du signal radio (lequel comprend non seulement le signal audio mais aussi une « porteuse », c'est-à-dire un signal transportant le signal audio dans l'air).
- **L'amplificateur** amplifie le signal audio pour qu'il devienne audible.
- **Les haut-parleurs** transforment le signal audio amplifié en son.

Chaque strate est constituée d'un ensemble de composants électroniques assemblés de façon à traiter le signal comme il se doit. À l'issue de toute cette manipulation, le signal est envoyé aux haut-parleurs qui le transforment en son. De la façon dont le signal fait vibrer la membrane du haut-parleur dépendent très précisément la nature du son que vous entendez et son volume.

Pour décrire le fonctionnement des systèmes électroniques compliqués, on utilise souvent des *schémas blocs*. La Figure 2-7 est un schéma bloc de notre récepteur de radio. Chaque bloc représente un circuit qui utilise comme signal d'entrée ce qui sort du bloc précédent, ac-

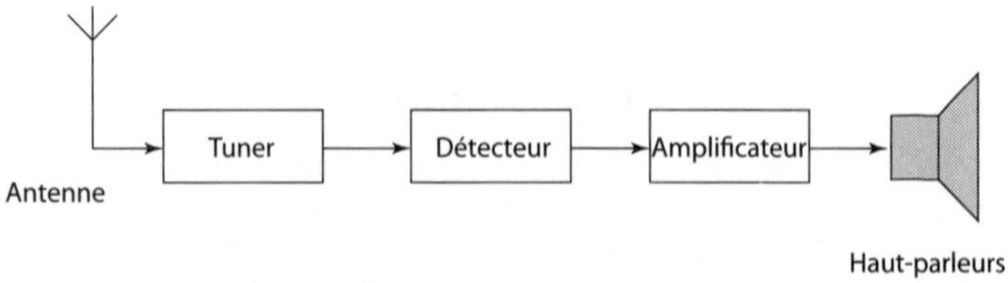


**Figure 2-7 :** Schéma bloc d'un système de réception de radio. Le courant électrique est transformé de différentes façons par le système électronique avant d'alimenter les haut-parleurs.

## Déchiffrer les signaux électriques

Un *signal électrique* est la forme mesurable, variable dans le temps et répétitive d'un courant électrique. La façon dont ce signal change de forme reflète souvent une grandeur physique comme l'intensité lumineuse, la chaleur, le son ou la position d'un objet qui peut être, par exemple, la membrane d'un microphone ou l'axe d'un moteur. Le signal électrique peut être assimilé à un code permettant d'envoyer et de recevoir des messages secrets déchiffrables seulement par celui qui en connaît la clef.

Un *signal analogique* reflète la grandeur physique qu'il représente. Ainsi, par exemple, quand une musique est enregistrée en studio, les fluctuations de la pression d'air (le son n'est pas autre chose) font vibrer la membrane d'un microphone qui produit des variations correspondantes dans un courant électrique. Ce courant fluctuant est une représentation du son original, c'est-à-dire un signal électrique analogique.

Les systèmes numériques, entre autres les ordinateurs, ne gèrent pas les signaux analogiques. Ces signaux doivent être convertis en signaux numériques pour pouvoir être traités. Le *format numérique* est simplement un autre système de codage qui n'utilise que deux valeurs, 0 et 1, pour représenter l'information (c'est ce que l'on appelle le mode binaire). C'est un peu comme les points et les traits du code Morse. Le *signal numérique* est créé en échantillonnant la valeur d'un signal analogique à intervalles réguliers et en convertissant les valeurs obtenues en chaînes de chiffres binaires ou *bits*.

complit une certaine fonction et produit un *signal de sortie* qui alimente le bloc suivant.

## Quand les électrons forment des images

Votre téléviseur, qu'il s'agisse d'un modèle ancien à tube cathodique, d'un écran plasma ou d'un écran à cristaux liquides (LCD), reconstitue les images à l'aide de circuits électroniques qui déterminent les éléments de l'image (*pixels*) devant apparaître sur l'écran à tout moment. Le signal électrique qui entre dans votre téléviseur contient l'information nécessaire sur l'image à afficher (cette information pouvant provenir soit de votre télédiffuseur, soit d'un autre appareil, par exemple un lecteur de DVD). Les composants électroniques de votre téléviseur « décodent » le signal et contrôlent la couleur et l'intensité de chaque pixel en fonction de l'information contenue dans ce signal.

L'affichage des pixels n'est pas géré de la même manière selon le type de téléviseur. Dans un poste de télévision couleur à écran cathodique, par exemple, les circuits électroniques gèrent trois faisceaux d'électrons distincts qui viennent frapper une couche de phosphore colorée sur la surface interne de l'écran. L'électronique gère aussi le statut de chaque faisceau, allumé ou éteint, lorsqu'il balaye chaque pixel. Par la suite, la surface de phosphore visée par le faisceau est soit bombardée par les électrons, soit ignorée. Quand un faisceau d'électrons frappe le phosphore, celui-ci s'illumine. La coordination du mouvement et de l'état instantané des faisceaux d'électrons « rouge », « bleu » et « vert » permet de faire apparaître sur l'écran des images en couleurs.

# Chapitre 3

# Premiers pas vers la résistance

## Dans ce chapitre

- Utiliser la résistance à votre profit
- Doser correctement la résistance à l'aide d'éléments fixes et variables
- Comprendre comment le courant, la tension et la résistance sont soumis à la loi d'Ohm
- Mettre en application la loi d'Ohm pour analyser les circuits
- Choisir les composants d'un circuit sur des considérations de puissance

Si vous lancez une bille dans un bac à sable, elle n'ira pas loin, mais si vous la lancez sur la surface d'un lac gelé, elle roulera sur une certaine distance avant de s'immobiliser. Sur toute surface, une force mécanique appelée le frottement arrête la bille : simplement, le frottement est bien plus important sur le sable que sur la glace.

La *résistance* est l'équivalent dans les systèmes électroniques du frottement dans les systèmes mécaniques : elle freine les électrons (ces infimes particules dont le déplacement constitue le courant électrique) qui la traversent.

Ce chapitre vous explique précisément ce qu'est une résistance, où vous pouvez trouver une résistance (partout), comment une résistance peut vous être utile et comment vous pouvez choisir des résistances (des composants qui offrent une quantité de résistance bien précise) pour vos circuits électroniques. Vous découvrirez ensuite la relation entre la tension (cette force électrique qui déplace les électrons) et le courant dans les composants qui offrent une certaine résistance. Cette relation se présente sous la forme d'une équation très simple : il s'agit de la loi d'Ohm. Vous apprendrez à appliquer la loi d'Ohm pour étudier des circuits élémentaires. Enfin, vous aurez un aperçu du rôle de la loi d'Ohm et des calculs de puissance pour la conception des circuits électroniques.

## Résister au courant

La *résistance* d'un objet est la mesure de son opposition à la circulation des électrons. Cette notion peut sembler avoir une connotation négative, mais en réalité, elle est extrêmement utile. La résistance électrique est ce qui permet de produire de la chaleur et de la lumière, de réduire la circulation des électrons lorsque c'est nécessaire et de faire en sorte qu'un élément ou un appareil soit soumis à une tension correcte. Ainsi, par exemple, quand les électrons traversent le filament d'une ampoule, ils sont soumis à une résistance qui les ralentit considérablement. Comme ils essaient de franchir le filament, les atomes de celui-ci s'entrechoquent furieusement, ce qui produit de la chaleur, et c'est cette chaleur qui engendre la lumière avec laquelle l'ampoule éclaire.

Tout objet et toute matière – même les meilleurs conducteurs – présentent une certaine résistance à la circulation des électrons (en réalité, il existe des matériaux appelés *supraconducteurs* qui peuvent transmettre du courant sans aucune résistance, mais à condition de les porter à des températures extrêmement basses : en étudiant l'électronique classique, vous n'en entendrez pas parler). Plus la résistance est forte, plus le courant est réduit. La résistance d'un objet dépend de plusieurs facteurs :

- **Le matériau :** Dans certains matériaux, les électrons circulent librement, tandis que dans d'autres, ils sont très liés aux atomes. Les conducteurs ont une *résistivité* relativement faible, tandis que les isolants présentent une résistivité relativement forte.
- **La section du matériau :** La résistance est inversement proportionnelle à la section du matériau : plus le diamètre du conducteur est grand, plus les électrons peuvent facilement le traverser, autrement dit, plus la résistance à leur déplacement diminue. Si l'on reprend l'analogie avec l'eau circulant dans un tuyau, plus large est le tuyau, mieux l'eau circule. La résistance d'un fil de cuivre de grand diamètre est donc moindre que celle d'un fil de cuivre de petit diamètre.
- **La longueur :** Plus l'élément est long, plus sa résistance est importante car les électrons ont davantage de possibilités de rencontrer d'autres particules sur leur trajet. La résistance est proportionnelle à la longueur.

- **La température :** Pour la plupart des matériaux, la résistance augmente avec la température. Quand la température du matériau est plus élevée, les particules à l'intérieur du matériau ont davantage d'énergie et s'entrechoquent davantage, ce qui implique un ralentissement du flux des électrons. Une exception notable est la *thermistance*, dont la valeur de résistance diminue de façon tout à fait prédictible quand la température augmente (ce qui est très utile dans les circuits servant à mesurer une température). Les thermistances sont étudiées au Chapitre 8.

Le symbole *R* désigne une résistance dans un circuit électronique. Ce symbole est parfois accompagné d'un indice faisant référence à une partie quelconque du circuit, par exemple $R_{amp}$ pour désigner la résistance d'une ampoule. La résistance se mesure en *ohms*, unité notée en abrégé Ω (la lettre grecque Omega).

TRUC

L'ohm est une petite unité, c'est pourquoi des unités multiples sont souvent utilisées : le *kilo-ohm* (kΩ) qui vaut mille ohms, et le *méga ohm* (MΩ). Nous avons donc : 1 kΩ = 1 000 Ω et 1 MΩ = 1 000 000 Ω.

# Les résistances : passives mais puissantes

Une *résistance* est un composant électronique passif spécialement conçu pour fournir une résistance bien précise (par exemple, 470 Ω ou 1 kΩ). Elle n'a pas d'effet d'augmentation ni de direction du flux d'électrons (étant un élément passif), mais elle peut être très utile car elle permet de freiner le courant de façon très contrôlée. En choisissant soigneusement des résistances et en les incorporant judicieusement en divers endroits de votre circuit, vous pouvez contrôler la quantité de courant qui traversera ses différentes parties.

## À quoi servent les résistances ?

Les résistances font partie des composants électroniques les plus utilisés. Elles servent souvent à limiter le courant dans certaines parties d'un circuit, mais elles peuvent servir également à limiter la tension aux bornes de ces parties.

### Limiter le courant

Dans le circuit de la Figure 3-1, une pile de 9 V fournit du courant à un petit objet appelé *diode électroluminescente* (LED, pour *light-emitting diode*), et ce courant traverse une résistance (symbolisée par un zigzag). La diode électroluminescente fait partie de ces composants qui

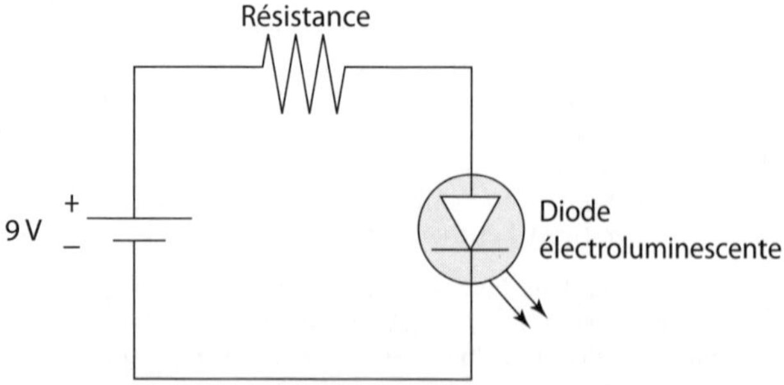


**Figure 3-1 :** La résistance limite la quantité de courant traversant des composants sensibles comme la diode électroluminescente dans ce circuit.

absorbent le courant comme un enfant mange des bonbons : elle absorbe tout ce que vous lui donnez. Le problème est que la diode grille lorsqu'elle absorbe trop de courant. La résistance est donc bien utile, puisqu'elle limite la quantité de courant envoyée à la diode (comme de bons parents limitent la quantité de bonbons que leur enfant peut manger).

Un courant excessif peut détruire un certain nombre de composants électroniques sensibles, comme les transistors (voir Chapitre 6) et les circuits intégrés (voir Chapitre 7). Une solution simple consiste à placer une résistance devant chaque composant sensible (sauf que, si vous utilisez une résistance trop forte, par exemple de 1 MΩ, la lumière ne sera plus visible). Cela vous permet d'éviter de procéder trop souvent à des réparations dans vos circuits, par suite d'incidents. Vous économisez ainsi du temps et de l'argent.

## *Réduire et contrôler la tension*

Les résistances peuvent servir à réduire la tension à laquelle seront soumises certaines parties d'un circuit. Supposons que vous disposiez d'une pile de 9 V et que vous vouliez faire fonctionner un circuit intégré pour lequel une tension de 5 V soit appropriée. Vous pouvez alors assembler un circuit comme celui de la Figure 3-2, dans lequel la tension sera partagée de telle sorte que la tension à la sortie soit de 5 V. La tension de sortie $U_{out}$, obtenue grâce à ce *diviseur de tension*, pourra ainsi être appliquée à votre circuit intégré (pour plus de détails sur le fonctionnement de ce montage, voir plus loin dans ce chapitre).

Vous pouvez aussi associer une résistance à un autre composant – un condensateur (voir Chapitre 4) – pour produire des variations de tension bien spécifiques. Au Chapitre 4, vous découvrirez que cette

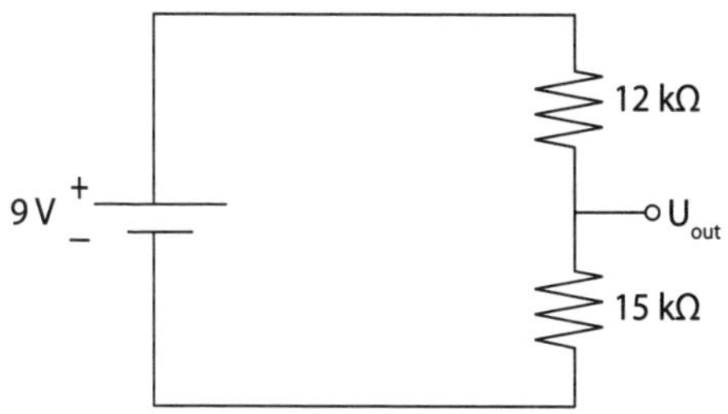


**Figure 3-2 :** Deux résistances utilisées pour créer un diviseur de tension, une technique courante pour obtenir deux tensions différentes pour deux parties différentes d'un circuit.

association d'une résistance à un condensateur vous permet de créer une sorte de programmateur utile pour les circuits devant fonctionner en fonction du temps (comme par exemple une signalisation lumineuse à trois feux).

## Choisir une résistance fixe ou une résistance variable

On distingue fondamentalement deux types de résistances, les résistances fixes et les résistances variables :

- Une **résistance fixe** fournit une résistance constante et déterminée (comme son nom l'indique). Cependant, la résistance réelle d'un tel composant peut varier d'un certain pourcentage par rapport à sa valeur nominale. C'est ce que l'on appelle la *tolérance* d'une résistance. Si vous utilisez, par exemple, une résistance de 1 000 Ω dont la tolérance est de 5 %, la résistance *réelle* fournie par cet élément sera comprise entre 950 Ω et 1 050 Ω. Ce sera donc une résistance de 1 000 Ω à 5 % près. On distingue deux catégories de résistances fixes :

- Les **résistances haute précision**, dont la tolérance ne dépasse pas 1 % de la valeur nominale, sont utilisées dans des circuits pour lesquels une grande précision est nécessaire, par exemple pour des fonctions d'horlogerie ou pour obtenir des tensions de référence.

- Les **résistances de précision standard**, dont la tolérance peut varier de 2 % à 20 % (aïe !) de la valeur nominale (selon l'indication généralement donnée sur l'emballage, par exemple ±2 %, ±5 %, ±10 % ou ±20 %), sont utilisées dans la plupart des applications non professionnelles car elles servent le plus souvent à limiter le courant ou à diviser la tension dans une fourchette acceptable. Dans les circuits électroniques, on utilise couramment des résistances dont la tolérance est de 5 ou 10 %.
- Une **résistance variable**, dite aussi *potentiomètre* ou *rhéostat* selon le cas, peut être réglée à tout moment à n'importe quelle valeur comprise entre pratiquement zéro ohm et une valeur maximale fixée par le fabricant. Un potentiomètre vous permet de faire varier la quantité de courant ou de tension alimentant un circuit. Les potentiomètres sont utilisés comme variateurs dans certaines lampes et comme dispositifs de réglage du volume dans les systèmes audio. On les retrouve également dans un certain nombre d'autres applications comme les jeux électroniques et les commandes des avions.

Sur les schémas de circuits (la *schématique*, expliquée au Chapitre 10), on représente une résistance fixe par un symbole en zigzag, sans indication de polarité (+ ou –) car le courant peut la traverser aussi bien dans un sens que dans l'autre. On ajoute à ce symbole une flèche qui le traverse lorsque l'on veut représenter un *rhéostat* (c'est-à-dire une résistance variable à deux bornes), et une flèche pointant sur le zigzag pour représenter un *potentiomètre* (une résistance variable à trois bornes) (voir Figure 3-4). La différence entre rhéostat et potentiomètre est expliquée dans l'encadré « Question de terminologie », plus loin dans ce chapitre.

## Savoir lire les spécifications des résistances fixes

Les résistances fixes sont la plupart du temps des petits éléments cylindriques munis de deux fils conducteurs qui permettent de les relier à d'autres éléments d'un circuit (à propos des exceptions, voir l'encadré « Reconnaître les résistances sur les circuits imprimés »). Vous serez sans doute heureux d'apprendre que vous pouvez insérer une résistance fixe dans un circuit sans vous préoccuper de son orientation, car avec ces amusants petits zizis à deux extrémités, il n'y a ni gauche ni droite, ni haut ni bas, ni sens du courant.

Les couleurs bariolées qui égayent la plupart du temps ces petites résistances ne servent pas seulement à attirer l'œil. Ce sont des codes de couleurs qui permettent d'identifier leur *valeur nominale* et leur

**Figure 3-3 :** Des bandes de couleurs codées indiquent la valeur d'une résistance fixe, tandis qu'un potentiomètre porte souvent l'indication de sa valeur de résistance la plus forte.

**Figure 3-4 :** Symboles de résistances.

*tolérance*. D'autres modèles, cependant, sont ternes et tristes, leur valeur étant indiquée par des chiffres. Le code de couleurs se trouve près d'une des deux extrémités et comporte plusieurs *bandes*. Chaque couleur représente un chiffre, et la position de la bande indique la façon dont ce chiffre s'utilise. Une résistance de précision standard porte quatre bandes de couleur : les trois premières bandes indiquent la valeur nominale de la résistance, et la quatrième indique la tolérance. Une résistance haute précision porte cinq bandes de couleur : les quatre premières indiquent la valeur, la cinquième indique la tolérance (généralement ±1%).

Pour déchiffrer la valeur nominale d'une résistance de précision standard, vous pouvez utiliser un anneau magique. Je plaisante, il vous suffit de vous reporter au Tableau 3-1 :

**Tableau 3-1 : Code de couleurs des résistances**

| Couleur | Chiffre | Tolérance |
|---|---|---|
| Noir | 0 | ± 20 % |
| Brun | 1 | ± 1 % |
| Rouge | 2 | ± 2 % |
| Orange | 3 | ± 3 % |
| Jaune | 4 | ± 4 % |
| Vert | 5 | n/a |
| Bleu | 6 | n/a |
| Violet | 7 | n/a |
| Gris | 8 | n/a |
| Blanc | 9 | n/a |
| Or | 0,1 | ± 5 % |
| Argent | 0,01 | ± 10 % |

- La **première bande** indique le premier chiffre.
- La **deuxième bande** indique le deuxième chiffre.
- La **troisième bande** indique le multiplicateur sous forme d'un nombre de zéros, sauf si la couleur est or ou argent.
  - Si la troisième bande est de couleur **or**, il faut multiplier par 0,1 (diviser par 10).
  - Si la troisième bande est de couleur **argent**, il faut multiplier par 0,01 (diviser par 100).
- ***Résultat :*** Vous obtenez la valeur nominale de la résistance en associant le deuxième chiffre au premier et en appliquant le multiplicateur.

La quatrième bande (la tolérance) utilise un code de couleurs différent, comme l'indique la troisième colonne du Tableau 3-1. En l'absence de quatrième bande, vous pouvez supposer que la tolérance est ±20 %.

Examinez ces deux exemples :

- **Rouge-rouge-jaune-or :** des bandes rouge (2), rouge (2), jaune (4 zéros) et or (±5 %) indiquent une résistance nominale de 220 000 Ω, ou 220 kΩ, cette valeur pouvant en réalité varier de 5 % dans un sens ou dans un autre. Il s'agit donc d'un élément dont la résistance est comprise entre 229 kΩ et 231 kΩ.
- **Orange-blanc-or-argent :** des bandes orange (3), blanc (9), or (0,1) et argent (±10 %) indiquent une valeur de 39 × 0,1 = 3,9 Ω, cette valeur pouvant varier de 10 %. La résistance réelle est donc comprise entre 3,5 kΩ et 4,3 kΩ.

Concernant les résistances à haute précision, les trois premières bandes de couleur indiquent les trois premiers chiffres, la quatrième bande donne le multiplicateur et la cinquième bande indique la tolérance.

TRUC

La plupart des schémas de circuits indiquent quelle tolérance il est prudent de retenir, soit pour chaque résistance, soit pour l'ensemble des résistances du circuit. Cette précision figure dans la liste des composants ou en note, au bas du schéma. Si la schématique ne précise pas la tolérance, vous pouvez supposer que des résistances de tolérance standard (±5 % ou ±10 %) feront l'affaire.

## Les potentiomètres

Un potentiomètre est constitué d'une piste résistive terminée par deux bornes, une à chaque extrémité, et d'un *curseur* qui se déplace sur cette piste quand on règle la résistance sur une échelle de 0 (zéro) Ω à une valeur maximum (voir Figure 3-5). Le plus souvent, cette valeur maximale est indiquée, (10 k, 50 k, 100 k, 1 M, *etc.*) avec ou sans le symbole Ω.

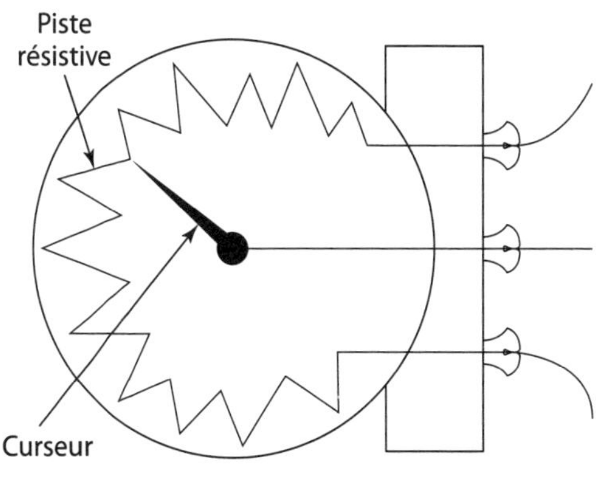


**Figure 3-5 :** Dans un potentiomètre, un curseur se déplace sur une piste résistive.

## Question de terminologie

Le mot *potentiomètre* est souvent utilisé pour désigner toutes les sortes de résistances variables, mais il existe en réalité une différence entre rhéostat et potentiomètre. Un rhéostat possède deux bornes, l'une reliée au curseur et l'autre à une extrémité de la piste résistive. Du point de vue technique, un potentiomètre possède trois bornes, l'une reliée au curseur et les deux autres aux *deux* extrémités de la piste résistive. On peut se servir d'un potentiomètre comme si c'était un rhéostat (c'est une pratique courante) en n'utilisant que deux de ses trois bornes, ou bien, on peut relier les trois bornes au circuit et obtenir ainsi à la fois une résistance fixe et une résistance variable : deux résistances pour le prix d'une !

De façon générale, un rhéostat supporte des tensions plus élevées et des courants plus forts qu'un potentiomètre. Le rhéostat est donc particulièrement indiqué pour des applications industrielles, par exemple pour contrôler la vitesse d'un moteur électrique sur une grosse machinerie. Cependant, de nos jours, les rhéostats ont été en grande partie remplacés par des circuits à base de semi-conducteurs (voir Chapitre 6), moins gourmands en énergie.

ATTENTION !

La variation d'un potentiomètre n'est qu'approximative. Si votre potentiomètre ne comporte pas de graduation chiffrée, utilisez un multimètre pour connaître sa valeur (le Chapitre 12 vous montre comment tester des résistances à l'aide d'un multimètre).

Un potentiomètre vous permet de régler une résistance à tout moment. On distingue les potentiomètres rotatifs, les potentiomètres rectilignes et les potentiomètres d'ajustage :

- Les *potentiomètres rotatifs* comportent une piste résistive circulaire et se commandent en tournant un bouton ou une tige. Couramment utilisés dans les applications électroniques, les potentiomètres rotatifs sont conçus pour être montés sur une boîte contenant un circuit et percée d'un trou, de telle sorte que le bouton fixé à l'extérieur permette d'agir sur le circuit. Ce type de potentiomètre est souvent utilisé pour régler le volume des appareils audio.
- Les *potentiomètres rectilignes* comportent une piste résistive rectiligne et se commandent en déplaçant un curseur. Ce type de potentiomètre équipe les tables de mixage utilisées par les ingénieurs du son, ainsi que certains luminaires dont l'intensité est réglable.
- Les *potentiomètres d'ajustage*, de plus petite taille, sont conçus pour être montés sur des circuits imprimés. La résistance se

règle à l'aide d'une vis. Ces potentiomètres sont généralement utilisés pour ajuster les paramètres d'un circuit, et non pour exercer des variations (de volume par exemple) au cours de son utilisation.

Si vous utilisez un potentiomètre dans un circuit, n'oubliez pas que si le curseur reste toujours en position « neutre », il n'y aura aucune résistance et cet élément ne jouera nullement son rôle de limiteur de courant. Une technique courante consiste à monter une résistance fixe en série avec un potentiomètre pour limiter le courant. On choisit simplement une valeur pour la résistance fixe, qui, conjointement avec la résistance variable, produira la résistance voulue (à propos de la résistance totale obtenue en branchant plusieurs résistances en série, voir détails plus loin dans ce chapitre).

Pour mesurer la résistance d'un composant que vous ne connaissez pas ou la résistance variable d'un potentiomètre, vous pouvez toujours utiliser un multimètre (pour plus de détails sur la façon de procéder, voir Chapitre 12).

## Reconnaître les résistances sur les circuits imprimés

En découvrant l'électronique, vous aurez peut-être la curiosité de chercher à examiner les circuits de certains appareils ou équipements de votre domicile (attention, il importe d'être prudent : observez les règles de sécurité du Chapitre 9). Vous aurez peut-être envie d'ouvrir, par exemple, la télécommande de votre téléviseur pour en examiner les composants. Sur certains *circuits imprimés* (un concept qui permet de produire en masse des circuits que vous retrouverez dans les ordinateurs et autres systèmes électroniques), vous aurez sans doute des difficultés à reconnaître les différents composants. En effet, les fabricants recourent à des techniques diverses pour produire des circuits imprimés à moindre coût et pour économiser de la place sur les supports en résine. Une de ces techniques, la SMT (*surface-mount technology*, ou technique de montage en surface), consiste à fixer les composants directement sur la surface du support. Les composants assemblés selon cette technique n'ont pas le même aspect que ceux que vous utiliseriez pour construire un circuit chez vous, car leur intégration dans un circuit ne nécessite pas de longs fils conducteurs aux extrémités. Sur ces éléments, un système de codage différent est utilisé pour indiquer les valeurs.

## La puissance annoncée n'est pas indiquée

Que se passe-t-il quand trop d'électrons traversent une résistance en même temps ? Vous l'avez sans doute deviné : la résistance grille. Un flux d'électrons à travers un élément offrant une résistance engendre inévitablement de la chaleur, et plus il y a d'électrons, plus la chaleur sera importante. La chaleur que peut supporter un composant dépend de sa dimension et de son type. La chaleur étant une forme d'énergie et la puissance une mesure de l'énergie consommée dans le temps, la *puissance* d'un composant électronique est le nombre de watts (W) qu'il peut supporter.

À toute résistance est attribuée une puissance déterminée. Une résistance ordinaire peut supporter 1/8 W ou 1/4 W, mais on trouve facilement des résistances de 1/2 W et de 1 W – et certaines sont même résistantes au feu (au cas où vous auriez encore des appréhensions). Bien sûr, la puissance n'est pas indiquée sur la résistance même (ce serait trop facile), si bien que vous devez la deviner d'après sa taille (plus la résistance est grosse, plus la puissance qu'elle supporte est élevée) ou poser la question à votre fournisseur.

Sachant que vous devez tenir compte de la puissance lorsque vous devez choisir une résistance pour votre circuit, comment allez-vous vous y prendre ? Vous allez calculer la puissance maximale que votre résistance doit pouvoir supporter, et vous choisirez un élément dont la puissance annoncée est égale ou supérieure à cette valeur. La formule de calcul est la suivante :

$$P = U \times I$$

U représente la tension aux bornes de la résistance, exprimée en volts (V), et I représente l'intensité du courant qui traverse la résistance, exprimée en ampères (A). Si, par exemple, la tension est de 5 V et si vous voulez que votre résistance soit traversée par un courant de 25 mA (milliampères), la puissance sera 5 × 0,025 = 0,125 W, soit 1/8 W. Vous savez donc qu'une résistance de 1/8 W fera l'affaire, mais vous pouvez surtout être sûr qu'une résistance de 1/4 W ne chauffera pas trop.

Pour la plupart des assemblages non professionnels, des résistances de 1/4 W ou de 1/8 W conviennent. Des résistances de plus forte puissance sont nécessaires pour les applications à *charge élevée*, celles qui comportent des récepteurs tels que moteurs ou systèmes d'éclairage dont le fonctionnement nécessite un courant plus fort. Il existe diverses formes de résistances de forte puissance, mais comme vous vous en doutez, elles n'ont pas les mêmes dimensions que les résistances que vous utiliserez dans vos circuits. Les résistances de plus de 5 W sont recouvertes d'époxy (ou d'un autre type de revêtement étanche et ignifugeant) et leur forme n'est pas cylindrique mais rectangulaire. Elles comportent même parfois un *dissipateur* en métal, dont les ailettes servent à dissiper la chaleur produite par la résistance.

# Association de résistances

Quand vous commencerez à acheter du matériel, vous vous apercevrez qu'en matière de résistances, par exemple, il n'est pas toujours possible de trouver exactement ce que l'on désire. Les fabricants ne peuvent pas produire une infinité de composants différents, avec tous les degrés de résistance imaginables. Ils en proposent donc une gamme limitée, dont vous pouvez vous contenter (comme nous allons le voir). Ainsi, par exemple, vous aurez sans doute des difficultés à trouver une résistance de 25 kΩ, tandis que vous n'aurez aucun problème pour trouver des résistances de 22 kΩ ! Il s'agit donc de trouver votre bonheur parmi les articles standard disponibles.

Vous pouvez associer des résistances de diverses manières de façon à obtenir une *résistance équivalente* à ce que vous vouliez. Sachant que la précision standard des résistances est de 5 ou 10 % de leur valeur nominale, ce système est tout à fait satisfaisant.

Quand on associe plusieurs résistances, certaines « règles » doivent être respectées. C'est ce que nous allons voir dans cette section. Ces règles doivent vous servir non seulement à choisir les résistances que vous utiliserez dans vos propres circuits, mais aussi à analyser les circuits des autres. Si vous connaissez la résistance d'une ampoule, par exemple, et si vous l'associez à une résistance dans un montage en série pour limiter le courant, vous aurez besoin de savoir quelle est la résistance totale de ce montage pour pouvoir calculer le courant qui le traversera.

## Les résistances en série

Associer deux ou plusieurs résistances en série consiste à les brancher bout à bout (comme sur la Figure 3-6), de telle sorte que chacune sera traversée par le même courant. En procédant de cette manière, vous limitez quelque peu le courant avec la première résistance, vous le limitez davantage encore avec la deuxième, et ainsi de suite. Un montage en série *augmente* donc la résistance globale.

Pour calculer la résistance combinée (ou équivalente) d'un ensemble de résistances montées en série, il suffit d'additionner leurs valeurs respectives :

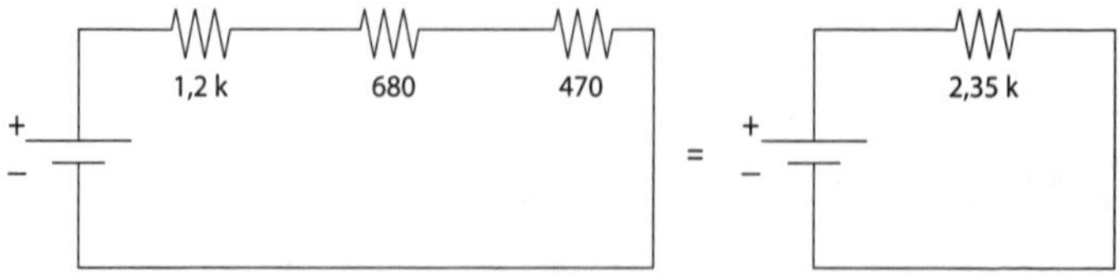


**Figure 3-6 :** La résistance du montage en série de deux ou plusieurs résistances est la somme des résistances.

$$R_{série} = R1 + R2 + R3 + R4 + \ldots$$

R1, R2, R3, *etc.* sont les valeurs des résistances et $R_{série}$ représente la résistance totale équivalente. N'oubliez pas que dans un montage en série, le même courant traverse toutes les résistances.

Vous pouvez appliquer cette notion de résistance équivalente pour choisir les résistances dont vous avez besoin dans un circuit donné. Supposons que vous ayez besoin d'une résistance de 25 kΩ, mais que vous ne trouviez en magasin aucune résistance de cette valeur. Vous pouvez monter en série deux résistances standard, une de 22 kΩ et une de 3,3 kΩ, ce qui vous donnera une résistance totale de 25,3 kΩ. Par rapport aux 25 kΩ que vous vouliez, cette valeur diffère de moins de 2 %, ce qui est nettement inférieur aux niveaux habituels de tolérance (qui sont compris entre 5 et 10 %).

Quand vous additionnez les valeurs des résistances, évitez de vous tromper dans les unités de mesure. Supposons que vous branchiez en série les résistances suivantes (voir Figure 3-6) : 1,2 kΩ, 680 Ω et 470 Ω. Avant de procéder à l'addition, vous devez convertir ces valeurs dans la même unité, par exemple l'ohm. Dans cet exemple, la résistance totale $R_{totale}$ sera calculée comme suit :

$$R_{totale} = 1\,200\ \Omega + 680\ \Omega + 470\ \Omega = 2\,350\ \Omega \text{ (ou 2,35 k}\Omega\text{)}$$

La résistance totale d'un montage sera *toujours* plus grande que la résistance d'un de ses éléments, ce qui est pratique dans la conception des circuits. Si vous voulez limiter le courant qui traversera une ampoule, par exemple, sans savoir quelle est la résistance de cette ampoule, vous pouvez monter une résistance en série avec cette ampoule et vous serez sûr que la résistance totale sera *au moins* égale à la valeur de la résistance ajoutée. Dans un circuit comportant une résistance variable (par exemple avec une lampe à variateur), le montage d'une résistance fixe en série avec la résistance variable offre la garantie que le courant sera limité même si le potentiomètre est sur la position zéro ohm (à propos du calcul du courant pour une combinaison tension-résistance donnée, voir plus loin dans ce chapitre).

## Les résistances en parallèle

Pour monter deux résistances en parallèle, vous reliez leurs extrémités deux à deux (voir Figure 3-7), si bien que la tension aux bornes de chacune sera la même. En procédant ainsi, vous créez deux parcours différents pour le courant électrique. Par conséquent, même si une résistance restreint le flux des électrons, un courant additionnel peut circuler par un autre chemin. Concernant la tension par rapport à la source, le branchement en parallèle représente une *diminution* de la résistance globale.

Pour calculer la résistance équivalente de deux résistances montées en parallèle, $R_{\text{parallèle}}$, on utilise la formule suivante :

$$R_{\text{parallèle}} = \frac{R1 \times R2}{R1 + R2}$$

où R1 et R2 sont les valeurs respectives des deux résistances.

Dans l'exemple de la Figure 3-7, deux résistances de 2 kΩ sont branchées en parallèle. La résistance équivalente est alors :

$$\begin{aligned} R_{\text{parallèle}} &= \frac{2\,000 \times 2\,000}{2\,000 + 2\,000} \\ &= \frac{4\,000\,000}{4\,000} \\ &= 1\,000 \end{aligned}$$

$$R_{\text{parallèle}} = 1\ \text{k}\Omega$$

Dans cet exemple, les deux résistances sont égales, si bien que leur montage en parallèle donne une résistance équivalente à *la moitié de la valeur de chacune*. En conséquence, par chaque résistance passe la moitié du courant de la source. Quand on monte en parallèle deux résistances de valeur différente, *davantage de courant* passera par la résistance *la plus faible*.

TRUC

Si votre circuit nécessite une résistance plus forte, par exemple 1 W, et si vous ne disposez que de résistances de ½ W, vous pouvez monter deux de ces résistances en parallèle. Il vous suffit de choisir les valeurs des résistances qui vous permettront d'obtenir la résistance dont vous avez besoin. Sachant que chacune des deux résistances

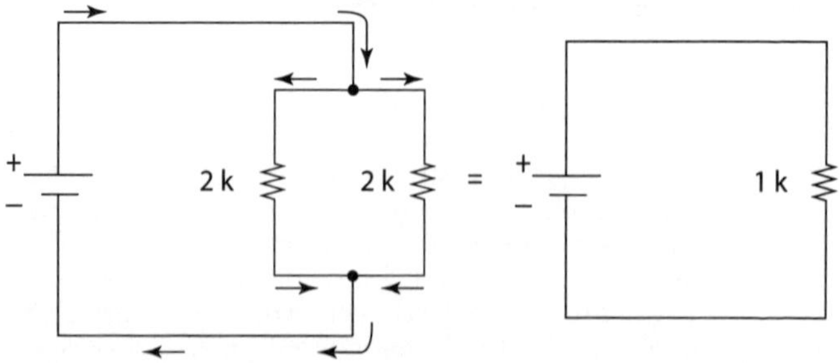


**Figure 3-7 :** La résistance du montage en parallèle de deux ou plusieurs résistances est toujours plus faible que celle de l'un ou l'autre de ces éléments.

tirera la moitié du courant que tirerait une résistance unique, elle dissipera la moitié de la puissance (puissance = courant × tension).

Quand on monte en parallèle plus de deux résistances, la formule se complique un peu :

$$R_{\text{parallèle}} = \frac{1}{\frac{1}{R1} + \frac{1}{R2} + \frac{1}{R3} \ldots}$$

(*etc.*)

Le courant qui traverse une branche est *inversement proportionnel* à la résistance de cette branche. Concrètement, plus la résistance est forte et moins le courant passe, et inversement. Le courant électrique, comme l'eau, préfère le chemin qui offre le moins de résistance.

TRUC

Dans les équations qui concernent l'électronique, le symbole || est souvent utilisé pour représenter de façon simplifiée la formule des résistances en parallèle. Exemple :

$$R_{\text{parallèle}} = R1 \| R2 = \frac{R1 \times R2}{R1 + R2}$$

ou

$$R_{\text{parallèle}} = R1 \| R2 \| R3 = \frac{1}{\frac{1}{R1} + \frac{1}{R2} + \frac{1}{R3}}$$

## Combiner des branchements de résistances en série et en parallèle

Bien souvent, dans un même circuit, des résistances sont montées en série et en parallèle de différentes manières pour limiter le courant dans certaines parties et pour le répartir d'une certaine façon dans d'autres parties. Dans certains cas, on peut calculer la résistance équivalente en combinant les équations pour les résistances en série et en parallèle. Sur la Figure 3-8, par exemple, la résistance R2 (2 kΩ) est montée en parallèle avec la résistance R3 (2 kΩ), et ce montage en parallèle est lui-même assemblé en série avec la résistance R1 (1 kΩ). La résistance totale se calcule comme suit :

$$\begin{aligned} R_{totale} &= R1 + \left(R2 \| R3\right) \\ &= R1 + \frac{R2 \times R3}{R2 + R3} \\ &= 1 + \frac{2 \times 2}{2 + 2} \\ &= 1 + 1 \\ &= 2\ \text{k}\Omega \end{aligned}$$

Dans ce circuit, le courant fourni par la pile est limité par la résistance *totale* du circuit, qui est de 2 kΩ. Le courant circule de la borne positive à la borne négative de la pile en passant par la résistance R1 et en se divisant ensuite entre R2 et R3 (la moitié de chaque côté) pour se recombiner ensuite.

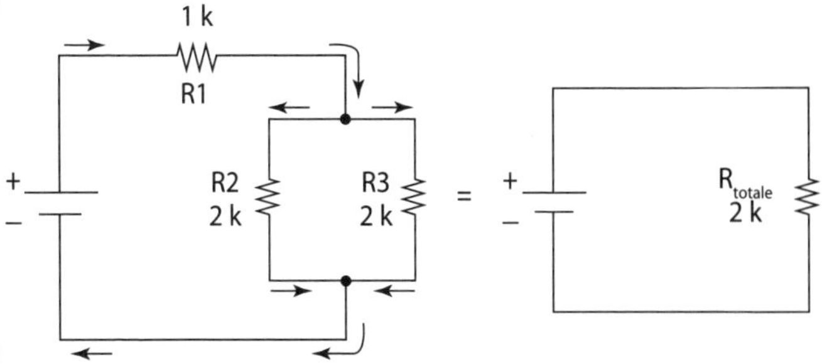


**Figure 3-8 :** De nombreux circuits comportent à la fois des montages de résistances en série et en parallèle.

Souvent, un circuit comporte des combinaisons de résistances plus compliquées que ces simples montages en série et en parallèle, si bien que le calcul des résistances équivalentes n'est pas toujours facile. Pour analyser ces circuits, il faut recourir au calcul matriciel, dont les complexités ne seront pas abordées dans ce livre qui n'est pas un manuel de mathématiques.

# Obéir à la loi d'Ohm

Une des notions les plus importantes à assimiler en électronique est la relation entre tension, courant et résistance dans un circuit. Cette relation se résume à une équation simple, celle de la loi d'Ohm. Sa compréhension vous permettra d'analyser des circuits conçus par d'autres et de concevoir avec succès vos propres circuits. Avant de nous plonger dans la loi d'Ohm, il peut être utile d'évoquer rapidement les fluctuations du courant.

## Le courant qui traverse une résistance

Si l'on branche sur une source un composant électronique dont la résistance est mesurable (par exemple, une ampoule ou une résistance), la tension aura pour effet de déplacer les électrons à travers ce composant. Le mouvement des électrons en grande quantité est ce qui constitue le courant électrique. Quand on applique une tension plus forte, on exerce sur les électrons une plus grande force, ce qui accroît le flux des électrons (le courant) à travers la résistance. L'intensité du courant (I) est proportionnelle à la tension (U).

Le phénomène est analogue à ce qui se produit quand l'eau circule à travers un tuyau d'un certain diamètre. Si l'on exerce une certaine pression sur cette eau, on obtient un certain débit. Plus la pression sera forte, plus le débit sera important, et inversement.

## C'est toujours proportionnel !

La relation entre la tension (U) et l'intensité (I) dans un composant dont la résistance est R a été découverte au début du XIX$^{e}$ siècle par George Ohm (un nom que vous connaissez déjà, n'est-il pas vrai ?), lequel avait constaté que la tension et l'intensité variaient de la même manière pour une résistance donnée : quand on doublait la tension, l'intensité était doublée, *etc.* La loi qui porte son nom se résume à une équation très simple.

La loi d'Ohm dit que la tension est égale à la résistance multipliée par l'intensité du courant, soit

$$U = R \times I$$

Cela signifie que la tension (U) mesurée aux bornes d'un composant dont la résistance est fixe est égale à l'intensité du courant (I) circulant à travers ce composant multipliée par la valeur de la résistance (R).

Dans le circuit simple de la Figure 3-9, par exemple, une pile de 9 V appliquée à une résistance de 1 kΩ produit un courant de 9 mA (c'est-à-dire de 0,009 A) :

$$9\ V = 1\ 000\ \Omega \times 0{,}009\ A$$

L'importance de cette loi est telle que si vous ne l'avez pas encore assimilée, je ne peux que vous conseiller de la répéter comme un mantra, jusqu'à en devenir obsédé. Si vous avez besoin d'un moyen mnémotechnique, pensez à **U**ne **R**ègle **I**mportante.

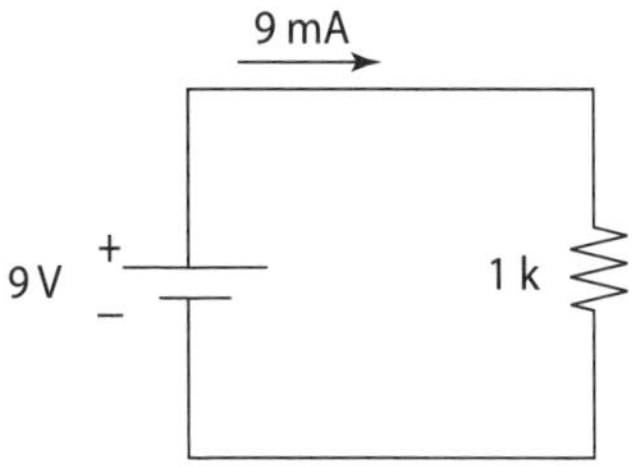


**Figure 3-9 :** Une tension de 9 A appliquée à une résistance de 1 kΩ produit un courant de 9 mA.

ATTENTION !

Quand vous appliquez la loi d'Ohm, faites attention aux unités utilisées. N'oubliez pas de convertir les *kilo*… et les *milli*… avant de vous servir de votre calculatrice. Appliquez la loi d'Ohm sous la forme volts = *ohms* × *ampères*, ou bien, si cela ne vous effraye pas, volts = *kilo-ohms* × *milliampères* (les *milli* annulant les *kilos*). Si vous confondez les unités, vous risquez de recevoir un choc ! Par exemple, une lampe de 100 Ω reçoit un courant de 50 mA. Si vous oubliez de convertir les milliampères en ampères, vous vous tromperez d'un facteur 100 et vous calculerez une tension de 5 000 V ! Pour obtenir le bon calcul, il faut convertir 50 mA, c'est-à-dire exprimer cette valeur sous la forme de 0,05 A, puis multiplier par 100 Ω pour obtenir 5 V.

TRUC

Si le nom de George Ohm est devenu l'unité de mesure des résistances et le nom de sa « loi », c'est en raison de l'importance de ses travaux. L'*ohm* est la résistance entre deux points d'un conducteur quand une tension d'un volt, appliquée entre ces deux points, produit un courant d'un ampère (heureusement qu'il s'appelait Ohm et non pas Wojciechowicz !)

## Une loi, trois équations

Vous reste-t-il quelques souvenirs des cours d'algèbre ? Vous rappelez-vous la façon dont il est possible de réorganiser les termes d'une équation à plus d'une variable (en *x* et en *y*, par exemple) pour trouver la valeur d'une des variables en fonction de celles des autres ? Cela s'applique tout aussi bien à la loi d'Ohm. Vous pouvez écrire cette équation sous deux autres formes, ce qui fait au total trois équations pour une même loi !

$$U = R \times I \quad I = U/R \quad R = U/I$$

Ces trois équations expriment la même chose, mais sous trois formes différentes. Vous pouvez les utiliser pour calculer l'une des trois grandeurs quand vous connaissez les deux autres :

- **Pour calculer la tension**, multipliez l'intensité par la résistance (U = R × I). Par exemple, si un courant de 2 mA parcourt une résistance de 2 kΩ, la tension sera de 2 mA × 2 kΩ (ou 0,002 A × 2 000 Ω) = 4 V.
- **Pour calculer l'intensité**, divisez la tension par la résistance (I = U/R). Par exemple, si une tension de 9 V est appliquée à une résistance de 1 kΩ, l'intensité sera de 9 V/1 000 Ω = 0,009 A, soit 9 mA.
- **Pour calculer la résistance**, divisez la tension par l'intensité (R = U/I). Par exemple, si une tension de 3,5 V est appliquée à une résistance de valeur inconnue avec un courant d'intensité 10 mA, la résistance sera de 3,5 V/0,01 A = 350 Ω.

# Utiliser la loi d'Ohm pour analyser des circuits

Une fois que vous maîtriserez bien la loi d'Ohm, vous pourrez facilement la mettre en pratique, et bientôt les circuits électroniques n'auront plus de secrets pour vous. Cette loi vous permettra de trouver l'origine d'une panne dans un circuit (vous saurez pourquoi une lampe ne s'allume plus, pourquoi la sonnerie ne fonctionne plus ou pourquoi une résistance ne résiste plus), ou de concevoir des circuits et de choisir les bons composants pour les assembler. Nous abordons ce sujet dans la section suivante. Ici, nous allons voir comment appliquer la loi d'Ohm à l'analyse des circuits.

## Calculer l'intensité du courant qui traverse un composant

Dans le circuit simple de la Figure 3-10, une pile de 6 V est appliquée à une résistance de 1 kΩ. L'intensité du courant qui traverse la résistance se calcule comme suit :

$$I = 6\ V/1\ 000\ \Omega = 0{,}006\ A = 6\ mA$$

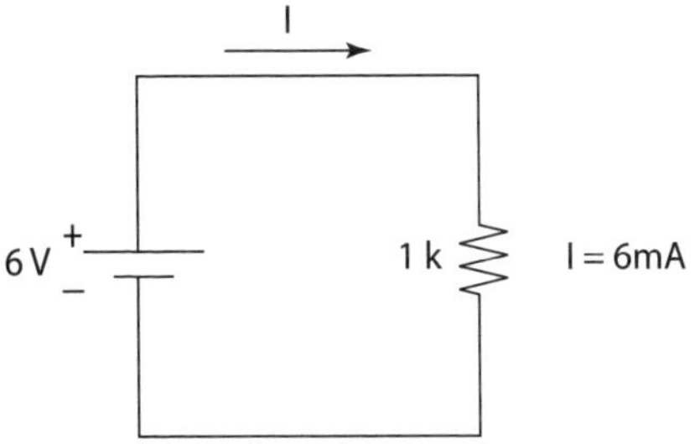


**Figure 3-10 :** Dans ce circuit simple, on calcule l'intensité du courant traversant la résistance en appliquant très simplement la loi d'Ohm.

En montant une résistance de 220 Ω en série avec celle de 1 kΩ, comme l'indique la Figure 3-11, on limite davantage encore le courant. Pour en calculer l'intensité, il faut déterminer la résistance totale du circuit. Compte tenu du montage en série, les résistances s'additionnent, ce qui donne une résistance équivalente de 1,22 kΩ. L'intensité du courant est donc maintenant :

$$I = 6\ V/1\ 220\ \Omega \approx 0{,}0049\ A\ (\text{ou } 4{,}8\ mA)$$

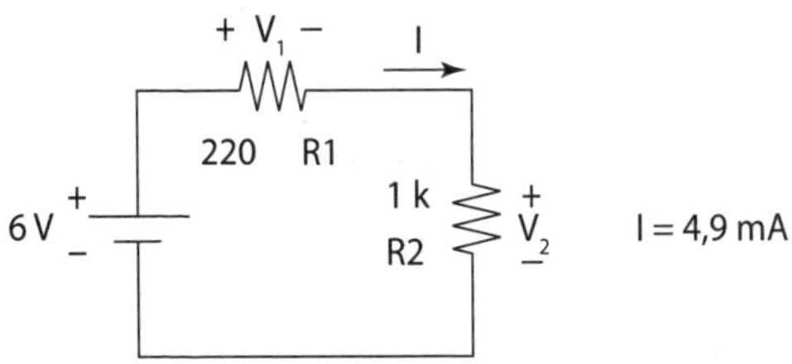


**Figure 3-11 :** Pour calculer l'intensité du courant dans ce circuit, il faut déterminer la résistance équivalente puis appliquer la loi d'Ohm.

Avec l'ajout de la deuxième résistance, l'intensité du courant est donc passée de 6 mA à 4,9 mA.

Le symbole ≈ signifie « est approximativement égal à ». Nous l'avons utilisé ici parce que l'intensité a été arrondie au dixième de milliampère le plus proche. En électronique, on peut généralement arrondir ainsi les décimales – sauf si l'on travaille sur des circuits qui contrôlent un système industriel de haute précision, comme par exemple un accélérateur de particules.

## *Calculer la tension aux bornes d'un composant*

Dans le circuit de la Figure 3-10, la tension aux bornes de la résistance est simplement la tension fournie par la pile : 6 V. Il en est ainsi car la résistance est le seul élément du circuit en dehors de la source. Quand on ajoute une seconde résistance en série (comme sur la Figure 3-11), la situation change : *une partie* de la tension chute à travers la résistance de 1 kΩ (R2), et *le reste* chute sur la résistance de 220 Ω (R1).

Pour savoir quelle tension est délivrée sur chacune des résistances, on applique à chacune la loi d'Ohm. On connaît la valeur de chaque résistance et *on connaît l'intensité du courant qui parcourt chacune d'elle*. En effet, cette intensité (I) est égale au voltage de la pile (6 V) divisé par la résistance totale (R1 + R2, soit 1,22 kΩ), soit environ 4,9 mA. On peut alors appliquer la loi d'Ohm pour calculer la tension aux bornes de chaque résistance :

$$U_1 = R1 \times I$$

$$= 0{,}0049\ \text{A} \times 220\ \Omega = 1\ 078\ \text{V} \approx 1{,}1\ \text{V}$$

$$U_2 = R2 \times I$$

$$= 0{,}0049\ \text{A} \times 1\ 000\ \Omega = 4{,}9\ \text{V}$$

Remarquez qu'en additionnant les tensions aux bornes des deux résistances, vous obtenez 6 volts, c'est-à-dire la tension fournie par la pile. Ce n'est pas une coïncidence : la pile fournit une tension aux deux résistances du circuit et cette tension est répartie à proportion de leur valeur. On appelle ce type de circuit un *diviseur de tension*.

De nombreux systèmes électroniques comportent des diviseurs de tension pour réduire le voltage de la source et alimenter l'entrée d'une autre partie du système qui nécessite un voltage réduit.

## Du bon usage de la loi d'Ohm

La loi d'Ohm est très utile pour analyser la tension et l'intensité du courant pour des résistances et pour d'autres composants qui se comportent comme des résistances, comme les ampoules électriques. Il faut cependant être prudent lorsque l'on applique la loi d'Ohm à d'autres composants électroniques comme les condensateurs (voir Chapitre 4) ou les inducteurs (voir Chapitre 5), qui ne présentent pas une résistance *constante* en toutes circonstances. Pour de tels composants, l'opposition au courant – appelée *impédance* – peut varier et varie en fonction de l'activité du circuit. On ne peut donc pas mesurer la « résistance » d'un condensateur, par exemple, à l'aide d'un multimètre, puis appliquer la loi d'Ohm aussi facilement. Pour plus de détails concernant l'impédance, voir Chapitre 4.

Il existe un moyen plus rapide de calculer les « tensions réparties » ($U_1$ et $U_2$) de la Figure 3-11. Vous savez maintenant que l'intensité du courant traversant le circuit peut être exprimée de la façon suivante :

$$I = \frac{U_{pile}}{R1 + R2}$$

Vous savez aussi que :

$$U_1 = R1 \times I$$

et

$$U_2 = R2 \times I$$

Pour calculer $U_1$, par exemple, vous pouvez remplacer I dans l'équation qui précède, et vous obtenez :

$$U_1 = \frac{U_{pile}}{R1 + R2} \times R1$$

Vous pouvez permuter les termes de l'équation :

$$U_1 = \frac{R1}{R1 + R2} \times U_{pile}$$

En remplaçant R1, R2 et $U_{pile}$ par leur valeur, on obtient : $U_1$ = 1 078 V et $U_2$ = 4,9 V, tout comme dans le calcul précédent.

La même équation est communément utilisée pour calculer la tension aux bornes d'une résistance (R1) dans un circuit diviseur de tension :

$$U_2 = \frac{R2}{R1+R2} \times U_{pile}$$

TRUC

Utilisez l'équation du diviseur de tension pour calculer la tension de sortie,
$U_{out}$, dans le circuit diviseur de tension de la Figure 3-12, comme suit :

$$\begin{aligned} U_{out} &= \frac{15,000\ \Omega}{(12\ 000 + 15\ 000)\ \Omega} \times 9\ V \\ &= \frac{15\ 000}{27\ 000} \times 9\ V \\ &= 5\ V \end{aligned}$$

Le circuit de la Figure 3-12 divise une tension d'alimentation de 9 V pour en faire une tension de 5 V.

### Calculer une résistance

Supposons que vous utilisiez une pile de 12 V pour alimenter une lampe de poche et que vous mesuriez une intensité de 1,3 A (la façon dont on mesure l'intensité du courant est expliquée au Chapitre 12). Vous pouvez calculer la résistance de l'ampoule tout simplement en divisant la tension à ses bornes (12 V) par l'intensité qui la traverse (1,3 A) :

$$R_{ampoule} = 12\ V/1,3\ A = 9\ \Omega$$

## À quoi sert vraiment la loi d'Ohm ?

La loi d'Ohm est pratique aussi pour analyser toutes sortes de circuits, simples ou compliqués. Elle vous servira quand vous devrez concevoir ou modifier des circuits électroniques, pour faire en sorte qu'il y ait la bonne intensité et la bonne tension au bon endroit dans votre circuit. Vous l'utiliserez si souvent qu'elle deviendra pour vous une seconde nature.

### Analyser des circuits compliqués

La loi d'Ohm est vraiment pratique pour analyser des circuits plus compliqués que le circuit simple à une ampoule dont il a été question précédemment. Souvent, pour pouvoir appliquer la loi d'Ohm et pour savoir exactement où passe le courant et quelle tension chute à chaque étape du circuit, la notion de résistance équivalente est également nécessaire.

Ainsi, par exemple, supposons que vous ajoutiez au circuit de la Figure 3-11 une résistance de 2,2 kΩ montée en parallèle avec la résistance de 1 kΩ (voir Figure 3-12). Vous pouvez calculer, par étape, l'intensité du courant traversant chaque résistance :

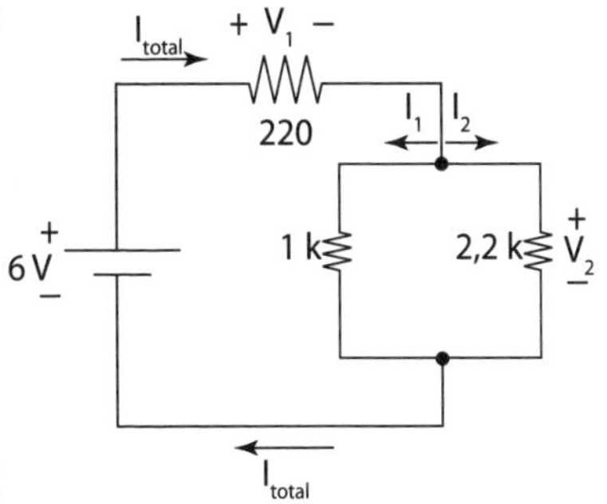


**Figure 3-12 :** Les circuits compliqués peuvent être analysés en appliquant la loi d'Ohm et en calculant des résistances équivalentes.

## *Calcul de la résistance équivalente du circuit.*

Vous pouvez trouver cette valeur en utilisant les règles qui s'appliquent pour les résistances branchées en parallèle et en série :

$$
\begin{aligned}
R_{\text{équivalente}} &= 220 + \frac{1\ 000 \times 2\ 200}{1\ 000 + 2\ 200} \\
&= 220 + 668 \\
&= 908\ \Omega
\end{aligned}
$$

## *Calcul de l'intensité totale du courant fourni par la pile.*

Ici, on applique la loi d'Ohm à partir du voltage de la pile et de la résistance équivalente :

$$
\begin{aligned}
I_{\text{total}} &= 6\ \text{V}/908\ \Omega \\
&= 0{,}0066\ \text{A} \\
&= 6{,}6\ \text{mA}
\end{aligned}
$$

### Calcul de la chute de tension à travers les résistances parallèles.

Deux méthodes peuvent être utilisées :

*On applique la loi d'Ohm aux résistances parallèles.* On calcule la résistance équivalente aux deux résistances montées en parallèle, puis on multiplie le résultat obtenu par l'intensité du courant fourni. La résistance équivalente est de 688 Ω, comme on l'a vu à l'étape 1 ci-dessus. La tension est donc :

$$U_1 = 0{,}0066\ \text{A} \times 688\ \Omega$$

$$= 4{,}55\ \text{V}$$

*On applique la loi d'Ohm à la résistance de 220 Ω, puis on soustrait sa tension de la tension aux bornes de la source.* La tension aux bornes de la résistance de 220 Ω est :

$$U_2 = 0{,}0066\ \text{A} \times 220\ \Omega$$

$$= 1{,}45\ \text{V}$$

La tension aux bornes du montage en parallèle est

$$U_2 = U_{source} - U_1$$

$$= 6\ \text{V} - 1{,}45\ \text{V} = 4{,}55\ \text{V}$$

### Enfin, calcul de l'intensité du courant à travers chaque résistance en parallèle.

On applique la loi d'Ohm à chaque résistance, en utilisant la tension calculée précédemment ($U_2$) :

$$I_1 = 4{,}55\ \text{V}/1\,000\ \Omega \approx 0{,}0046\ \text{A (soit 4,6 mA)}$$

$$I_2 = 4{,}55\ \text{V}/2\,200\ \Omega \approx 0{,}002\ \text{A (soit 2 mA)}$$

Remarquez que l'addition des deux intensités $I_1$ et $I_2$ donne l'intensité du courant fourni par la source, $I_{total}$ : 4,6 mA + 2 mA = 6,6 mA. C'est une bonne chose (et un bon moyen de vérifier que vous avez fait correctement vos calculs).

## Concevoir et modifier des circuits

Vous pouvez vous servir de la loi d'Ohm pour déterminer les composants à inclure dans la conception d'un circuit. Vous pouvez, par exemple, envisager un circuit en série constitué d'un générateur de 9 V, d'une résistance et d'une diode électroluminescente, comme sur la Figure 3-1 au début de ce chapitre. Comme on le verra au Chapitre 6, la tension aux bornes d'une diode électroluminescente reste constante pour une certaine plage de valeurs de l'intensité du courant, mais si le courant devient trop fort, la diode grille. Supposons que vous utilisiez une diode de 2 V pouvant supporter un courant maximum de 25 mA. Quelle résistance devez-vous brancher en série avec cette diode pour que le courant ne dépasse jamais 25 mA ?

Pour répondre à cette question, vous devez d'abord calculer la tension aux bornes de la résistance quand la diode fonctionne. Vous savez déjà que la tension fournie par la source est de 9 V et que la diode prend 2 V. Le seul autre élément du circuit est la résistance, qui doit donc absorber la tension restante, soit 7 V. Pour limiter le courant à 25 mA, il vous faut une résistance d'*au moins* 7 V/0,025 A, soit 280 Ω. Sachant qu'on ne trouve pas sur le marché des résistances de 280 Ω, supposons que vous sélectionniez une résistance de 300 Ω. L'intensité sera alors de 7 V/300 Ω, soit 0,023 A (ou 23 mA). La diode brillera peut-être un tout petit peu moins, mais ce n'est pas un problème.

La loi d'Ohm est utile également lorsqu'il s'agit de modifier un circuit existant. Supposons que votre épouse essaie de s'endormir alors que vous avez envie de lire. Vous allez donc sortir votre lampe de poche. L'ampoule de cette lampe a une résistance de 9 Ω et est alimentée par une pile de 6 V, donc vous savez que l'intensité du courant qui parcourt le circuit de la lampe est de 6 V/9 Ω = 0,65 A. Votre femme trouve que cette lampe éclaire trop fort, par conséquent, pour atténuer sa clarté (et pour sauver votre couple), vous allez faire en sorte de réduire un peu le courant en intercalant une résistance en série entre la pile et l'ampoule. Vous pensez que si vous ramenez l'intensité du courant à 0,45 A, cela fera l'affaire, mais quelle résistance vous faut-il ? Pour le savoir, vous allez appliquer la loi d'Ohm :

- Partant de l'intensité désirée, vous calculez la tension à obtenir aux bornes de l'ampoule : $U_{ampoule}$ = 0,45 A × 9 Ω = 4,1 V
- Vous calculez la part de la tension à la source que vous voulez appliquer aux bornes de la nouvelle résistance. De la tension aux bornes de la source, vous soustrayez la tension aux bornes de l'ampoule : $U_{résistance}$ = 6 V – 4,1 V = 1,9 V

- Vous calculez ensuite la valeur de la résistance nécessaire pour obtenir la tension compte tenu de l'intensité désirée. R = 1,9 V/0,45 A ≈ 4,2 Ω
- Enfin, vous choisissez pour la résistance une valeur qui soit proche de la valeur calculée, en vous assurant qu'elle pourra supporter la dissipation de puissance : $P_{\text{résistance}}$ = 1,9 V × 0,45 A ≈ 0,9 W
- ***Résultat :*** sachant que vous ne trouverez pas sur le marché une résistance de 4,2 Ω, vous pouvez utiliser une résistance de 4,7 Ω et de 1 W. Votre épouse pourra dormir : espérons qu'elle ne vous gênera pas trop dans votre lecture par ses ronflements !

# Le pouvoir de la loi de Joule

James Prescott Joule fait aussi partie des savants qui ont beaucoup compté dans l'histoire de l'électricité au début du XIXe siècle. On lui doit l'équation qui donne la puissance (voir précédemment dans ce chapitre), appelée la *loi de Joule* :

$$P = U \times I$$

Cette loi dit que la puissance (en watts) est égale à la tension (en volts) aux bornes de l'élément concerné multipliée par l'intensité (en ampères) du courant qui le traverse. Ce qui est vraiment plaisant avec cette équation, c'est qu'elle s'applique à n'importe quel composant électronique (résistance, ampoule, condensateur, *etc.*) Elle indique la consommation d'énergie électrique de ce composant : c'est ce que l'on appelle sa puissance.

## Utiliser la loi de Joule pour choisir des composants

Nous avons déjà vu comment choisir, grâce à la loi de Joule, une résistance assez forte pour éviter de faire griller un composant dans un circuit, mais il faut savoir que cette loi est pratique aussi pour choisir d'autres types de composants. Les lampes, les diodes (voir Chapitre 6) et autres composants ont aussi une puissance maximum indiquée. Si vous les faites fonctionner à des puissances plus élevées que la puissance indiquée, vous aurez la désagréable surprise de les voir claquer. Quand vous choisissez un composant, prenez en compte la puissance *maximum possible* qu'il devra gérer. Pour ce faire, déterminez l'intensité maximum du courant qui le traversera ainsi que la tension, puis faites le produit de ces deux nombres. Choisissez un composant dont la puissance indiquée sera supérieure à cette estimation de la puissance maximum.

## Joule et Ohm : la paire idéale

Soyez créatif, combinez la loi de Joule et la loi d'Ohm pour écrire d'autres équations qui vous permettront de calculer la puissance des composants résistifs et des circuits. Ainsi, par exemple, en remplaçant U par R × I dans l'équation de la loi de Joule, on obtient :

$$P = (R \times I) \times I = RI^2$$

On peut ainsi calculer la puissance si l'on connaît l'intensité et la résistance sans connaître la tension. De même, on peut remplacer I par U/R dans l'équation de la loi de Joule :

$$P = U \times U/R = U^2/R$$

Grâce à cette formule, vous pouvez calculer la puissance si vous connaissez la tension et la résistance sans connaître l'intensité.

La loi de Joule et la loi d'Ohm sont si souvent utilisées ensemble qu'on fait parfois l'erreur de les attribuer toutes les deux à Ohm !

# Circuits et résistances, travaux pratiques

Si vous avez envie de mettre les doigts dans le cambouis et de manipuler pour de bon des circuits avec des résistances, jetez un coup d'œil aux exercices pratiques du début du Chapitre 14, dans la Troisième partie. Ces exercices sont des applications concrètes de la loi d'Ohm, et vous aurez la possibilité de faire varier la résistance à l'aide d'un potentiomètre et de diviser la tension. Cependant, avant de vous précipiter aussi loin dans ce livre, nous vous recommandons de lire la Deuxième partie, qui explique comment aménager un atelier d'électronique, ne pas prendre de risques, lire les schémas, construire des circuits et procéder aux mesures nécessaires.

# Chapitre 4

# Les condensateurs au pas de charge

### *Dans ce chapitre*

- Le stockage de l'énergie électrique dans les condensateurs
- La charge et la décharge des condensateurs
- Courant continu, oui… courant alternatif, non !
- Comment les condensateurs réagissent à différentes fréquences
- Appliquer (avec prudence !) la loi d'Ohm dans les circuits à condensateurs
- Constituer un duo de choc : condensateur et résistance
- Utiliser les condensateurs pour bloquer, filtrer, lisser ou retarder des signaux électriques

Si les résistances sont les composants les plus connus, les condensateurs viennent tout de suite après. Capables de stocker l'énergie électrique, les condensateurs jouent un rôle important dans toutes sortes de circuits électroniques ; sans eux, votre existence serait bien moins palpitante.

Les condensateurs permettent de changer la forme des signaux électriques transmis par le courant, une tâche que les résistances seules ne peuvent pas accomplir. Leur fonctionnement n'est pas aussi simple que celui des résistances, mais ils n'en sont pas moins des éléments essentiels d'un grand nombre de systèmes électroniques et industriels dont nous profitons aujourd'hui, comme les récepteurs radio, les systèmes de mémoire informatique ou les systèmes de déploiement des airbags dans les voitures. C'est pourquoi il est vraiment utile de consacrer du temps à comprendre comment ils fonctionnent.

Ce chapitre explique de quoi sont faits les condensateurs, comment ils stockent l'énergie électrique et comment les circuits utilisent cette énergie. Il traite de la charge du condensateur et de sa décharge différée et de la manière dont il réagit à des signaux de différentes fréquences. Nous vous montrons ensuite comment appliquer la loi d'Ohm pour analyser des circuits comportant des condensateurs, et comment les condensateurs sont étroitement associés aux résistances pour des fonctions bien utiles. Enfin, nous vous donnons un… condensé des différentes utilisations des condensateurs dans les circuits électroniques, et nous vous apportons la preuve définitive que ces connaissances ne seront pas pour vous une charge inutile.

## Les condensateurs, des réservoirs d'énergie électrique

Pour boire de l'eau, vous avez généralement deux possibilités : ouvrir un robinet pour recueillir l'eau provenant d'une source et circulant dans des canalisations, ou bien boire une eau stockée en bouteilles. De même, dans un circuit, l'énergie électrique peut être obtenue soit directement à partir d'une source (une pile ou un générateur), soit à partir d'un dispositif qui la stocke : un condensateur.

De même qu'une bouteille d'eau est remplie à partir d'une canalisation reliée à une source, un condensateur se charge en étant relié à une source d'énergie électrique. De même que l'eau reste dans la bouteille jusqu'à ce qu'un consommateur assoiffé la boive, l'énergie électrique reste stockée dans le condensateur jusqu'à ce qu'elle soit sollicitée par un autre composant du circuit.

Un *condensateur* est un composant électronique passif qui stocke l'énergie électrique provenant d'une source de tension (voir Figure 4-1). Si l'on isole le condensateur (pour qu'il ne soit plus relié à la source ni à un circuit complet), il conserve l'énergie électrique stockée. Si on le relie à d'autres composants en fermant le circuit, il se déchargera en partie ou en totalité de cette énergie accumulée. Un condensateur est constitué de deux armatures conductrices séparées par un isolant appelé *diélectrique*.

## Charger et décharger des condensateurs

Si l'on alimente en courant continu un circuit constitué d'un condensateur et d'une ampoule branchés en série (voir Figure 4-2), le courant ne peut pas circuler de façon continue car il n'existe pas de chemin conducteur complet à travers les armatures du condensateur. Il est cependant intéressant de remarquer que les électrons se déplacent bel et bien à travers ce petit circuit – du moins, temporairement.

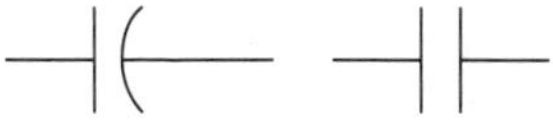

**Figure 4-1 :** Deux symboles utilisés dans les schémas de circuits pour représenter les condensateurs.

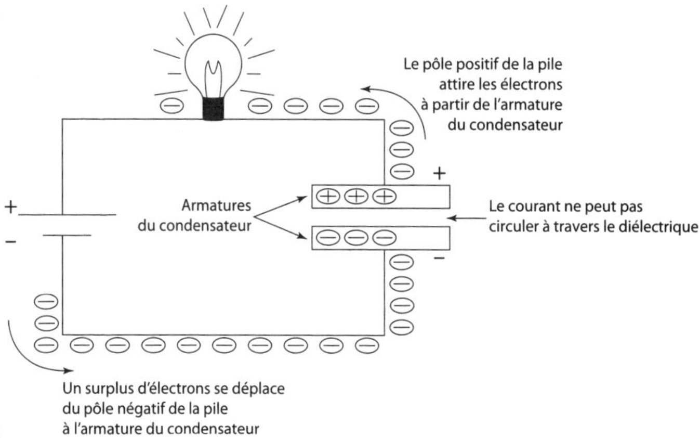


**Figure 4-2 :** Quand un condensateur est branché sur un générateur, il se charge. Un condensateur chargé stocke de l'énergie électrique, comme une pile.

## Condensateurs et piles, quelle différence ?

Les condensateurs stockent l'énergie électrique, mais pas de la même manière que les piles. Nous expliquons au Chapitre 2 qu'une pile produit des particules chargées à partir de réactions chimiques, ce qui crée une tension entre deux bornes métalliques. Un condensateur ne produit pas de particules chargées, mais accumule sur ses armatures des particules chargées qui existaient déjà, ce qui crée une tension entre ces armatures (voir « Charger et décharger des condensateurs »). L'énergie électrique d'une pile est le résultat d'un processus de conversion d'énergie à partir de substances chimiques stockées à l'intérieur de cette pile, tandis que l'énergie électrique d'un condensateur provient d'une source qui lui est extérieure.

N'oublions pas qu'il existe au niveau de la borne négative d'une pile un surplus d'électrons. Par conséquent, dans le circuit de la Figure 4-2, les électrons en surplus commencent à se déplacer de la pile vers une armature du condensateur. Arrivés là, ils ne peuvent pas aller plus loin, faute d'un chemin conducteur à travers le condensateur. On obtient donc un excès d'électrons sur cette armature.

En même temps, la borne positive de la pile attire les électrons depuis l'autre armature du condensateur. L'ampoule, traversée par ces électrons, s'illumine (mais seulement pendant un instant : voir paragraphe suivant). Il se crée ainsi une charge nette positive sur cette armature (en raison d'un manque d'électrons). Une charge nette négative sur une armature et une charge nette positive sur l'autre armature produisent ensemble une différence de potentiel entre les deux armatures. Cette différence de potentiel représente l'énergie électrique stockée dans le condensateur.

La pile continue de déplacer les électrons vers une des deux armatures (et de les détacher de l'autre) jusqu'à ce que la tension entre les deux armatures du condensateur soit égale à la tension aux bornes de la pile. Une fois atteint ce point d'équilibre, il n'y a aucune différence de tension entre la pile et le condensateur, si bien qu'il n'y a plus de déplacement d'électrons de la pile vers le condensateur. Le condensateur cesse de se charger, les électrons cessent de parcourir le circuit et l'ampoule s'éteint.

Lorsque la chute de tension entre les armatures est égale à la tension aux bornes de la pile, on dit que le condensateur est *entièrement chargé* (en réalité, ce sont les armatures du condensateur qui sont chargées : le condensateur lui-même n'a pas de charge nette). Même si la pile reste branchée, le condensateur ne continuera pas à se charger, puisqu'il n'y a plus de différentiel de tension entre la pile et le condensateur. Si l'on débranche la pile du circuit, le courant ne circulera plus et les armatures du condensateur conserveront leur charge. Le condensateur apparaît donc comme une source de tension, puisqu'il retient la charge et stocke l'énergie électrique.

ATTENTION !

Plus la tension de la source, appliquée au condensateur, sera élevée, plus la charge accumulée sur chaque armature sera importante et plus grande sera la chute de tension aux bornes du condensateur, du moins jusqu'à un certain point. Les condensateurs ont des limitations physiques : ils ne peuvent supporter qu'une certaine tension, au-delà de laquelle le diélectrique situé entre les deux armatures, saturé d'énergie électrique, commence à libérer des électrons. Un courant se crée alors entre les deux armatures. Pour en savoir davantage, lisez la partie « Vérifier la tension de service maximale », plus loin dans ce chapitre.

Si vous remplacez la pile par un simple fil conducteur, le surplus d'électrons d'une armature circulera vers l'autre armature (celle qui présente un défaut d'électrons). Les armatures du condensateur *se déchargeront* sur l'ampoule, qui s'éclairera à nouveau pendant un instant – même en l'absence de pile – jusqu'à la neutralisation des charges sur les deux armatures. L'énergie électrique stockée par le condensateur sera donc consommée par l'ampoule. Une fois le condensateur déchargé (en réalité, ce sont les *armatures* qui se déchargent), il n'y aura plus de courant.

Un condensateur peut conserver de l'énergie électrique pendant des heures. Avant de manipuler un condensateur, il est donc prudent de s'assurer qu'il est déchargé, faute de quoi il risque de se décharger sur vous. Pour décharger un condensateur, branchez avec précaution une ampoule sur ses bornes en utilisant une paire de pinces isolées (voir Chapitre 9). Si l'ampoule s'allume, cela signifie que le condensateur était chargé. L'ampoule doit alors s'éteindre progressivement en quelques secondes, le temps que le condensateur se décharge. À défaut de disposer d'une ampoule, branchez une résistance de 10 kΩ et de 1 W aux bornes du condensateur, et attendez au moins trente secondes.

## Opposition aux variations de tension

Parce qu'il faut un certain temps pour que la charge s'accumule sur les armatures du condensateur et ensuite, pour que cette charge disparaisse une fois le condensateur débranché, on dit que les condensateurs s'opposent aux variations de tension. Cela signifie simplement que si l'on change brusquement la tension appliquée aux bornes d'un condensateur, il ne réagit pas de façon instantanée : sa tension change plus lentement que la tension qui lui est appliquée.

Supposons que vous soyez au volant de votre voiture, arrêté à un feu rouge. Au moment où le feu devient vert, vous démarrez et prenez peu à peu de la vitesse. Il vous faut un certain temps pour atteindre la vitesse limite autorisée, tout comme il faut un certain temps pour que le condensateur atteigne un certain niveau de tension. La situation est très différente avec une résistance, dont la tension change de façon pratiquement instantanée.

Le fait qu'il faille un certain temps à un condensateur pour atteindre la tension de la source est plutôt une bonne chose : dans les circuits, on utilise souvent des condensateurs précisément pour cette raison. C'est ce qui fait qu'ils peuvent changer la forme des signaux électriques.

## Le courant alternatif, une alternative

Si le courant continu ne peut pas traverser un condensateur (si ce n'est de façon très brève, comme on l'a vu dans la section qui précède), le diélectrique constituant un obstacle au flux des électrons, le courant alternatif, en revanche, peut le traverser.

Supposons que l'on relie une source de tension alternative à un condensateur. Une tension alternative varie constamment, d'une valeur maximale positive à une valeur maximale négative en passant par zéro volt. Imaginons que vous soyez un atome d'une des deux armatures du condensateur et que vous contempliez la borne de la source la plus proche de vous. Vous sentirez tantôt une force qui éloigne de vous les électrons, tantôt une force qui les pousse vers vous. Cette force varie constamment en intensité. Les atomes de cette armature cèdent et reçoivent des électrons, selon les oscillations de la source de tension.

En réalité, lorsque la source passe de 0 volt à sa tension de crête, le condensateur se charge, de la même manière que lorsqu'on lui applique une tension continue. Quand la tension de la source est à son maximum, le condensateur n'est pas nécessairement chargé complètement (cela dépend d'un certain nombre de facteurs, entre autres la taille des armatures). La tension de la source décroît alors jusqu'à 0 volt. À un instant donné, la tension de la source devient inférieure à celle du condensateur. Le condensateur commence alors à se décharger. La polarité de la source s'inverse et le condensateur continue de se décharger. Pendant que la tension de la source descend pour atteindre sa valeur de crête négative, les charges commencent à s'accumuler *de façon inversée* : l'armature qui portait plus de charges négatives porte à présent plus de charges positives, et celle qui portait plus de charges positives porte à présent plus de charges négatives. Lorsque la tension de la source commence à remonter, le condensateur se décharge à nouveau, mais dans le sens opposé à celui de la décharge précédente, et le même cycle se répète. Ce cycle ininterrompu de charges et de décharges se produit des milliers voire des millions de fois par seconde, le condensateur tâchant pour ainsi dire de « tenir le rythme ».La source alternative changeant de sens constamment, le condensateur est soumis à un cycle ininterrompu de charges et de décharges. Les charges électriques font donc des va-et-vient dans le circuit, et même si pratiquement aucun courant ne traverse le diélectrique (excepté un petit *courant de fuite*), on obtient le même effet que si un courant parcourait le condensateur. C'est la raison pour laquelle les condensateurs sont réputés avoir cette propriété remarquable de laisser passer le courant alternatif tout en bloquant le courant continu.

Si vous ajoutez une lampe à votre circuit constitué d'un condensateur et d'une source de tension alternative, l'ampoule s'allumera et *restera allumée* tant que la source est branchée. Le courant traverse l'ampoule, laquelle est indifférente au sens de ce courant (il n'en serait pas de même avec une diode, bien au contraire). Bien qu'aucun courant ne *traverse* réellement le condensateur, le cycle de charge et de décharge de celui-ci produit l'effet d'un courant effectuant un va-et-vient à travers le circuit.

## À quoi servent les condensateurs ?

Les condensateurs trouvent leur utilité dans la plupart des circuits électroniques que vous côtoyez tous les jours. Leurs propriétés essentielles – le fait qu'ils stockent l'énergie électrique, qu'ils bloquent le courant continu et que leur opposition au courant soit variable en fonction de la fréquence – sont communément exploitées, de différentes manières :

- **Stocker de l'énergie électrique :** Nombreux sont les systèmes dans lesquels les condensateurs servent à stocker l'énergie de façon temporaire, en vue d'une consommation différée. Les onduleurs et les réveils contiennent des condensateurs qui leur permettent de continuer à fonctionner en cas de coupure de courant. L'énergie stockée dans le condensateur est libérée au moment où le circuit de charge est débranché (ce qui est le cas lorsqu'une coupure survient !) Dans un appareil photo, un condensateur stocke temporairement l'énergie nécessaire pour produire un flash, et divers appareils électroniques utilisent des condensateurs pour produire de l'énergie au moment où l'on change les piles. Les systèmes audio des voitures sont équipés de condensateurs pour fournir de l'énergie électrique à l'amplificateur lorsqu'il lui en faut davantage que ce que le système électrique du véhicule peut lui fournir. En l'absence de condensateurs, chaque fois que vous entendriez une note bien sonore à la basse, l'éclairage faiblirait !

- **Bloquer le courant continu :** Branché en série avec la source d'un signal (par exemple un microphone), un condensateur bloque le courant continu mais laisse passer le courant alternatif. C'est ce que l'on appelle le *couplage capacitif* ou *couplage alternatif*. Quand un condensateur est consacré à ce type d'utilisation, on parle de *condensateur de couplage*. Les systèmes audio à plusieurs strates utilisent souvent cette fonctionnalité, pour que seule la composante alternative du signal – celle qui contient l'information sonore codée – passe d'une strate à une autre. Tout courant continu servant à alimenter des composants au stade précédent du processus est ainsi éliminé avant que le signal ne soit amplifié.

- **Lisser la tension :** Les sources qui convertissent le courant alternatif en courant continu tirent souvent parti du fait que les condensateurs ne réagissent pas rapidement à une variation soudaine de tension. Ce sont des dispositifs comprenant de grands condensateurs électrolytiques dont le rôle est de lisser diverses alimentations en courant continu. Ces *condensateurs de lissage* assurent un niveau relativement constant de tension de sortie en se déchargeant au profit du récepteur quand l'alimentation en courant continu diminue au-dessous d'un certain niveau. C'est un exemple classique d'utilisation d'un condensateur pour stocker de l'énergie électrique jusqu'au moment où cette énergie est nécessaire : lorsque la source de courant continu ne peut maintenir plus longtemps la même tension, le condensateur libère une partie de l'énergie accumulée pour compenser cette insuffisance.

- **Créer des signaux :** Parce qu'il leur faut du temps pour se charger et pour se décharger, les condensateurs sont souvent utilisés lorsqu'il s'agit d'obtenir un signal particulier lorsque la tension dépasse ou descend au-dessous d'un certain niveau. Le laps de temps précédant ce signal peut être contrôlé en choisissant les composants les plus appropriés (pour plus de détails, voir la section « Association avec des résistances »).

- **Régler des fréquences :** Les condensateurs sont souvent utilisés pour la sélection de certains signaux électriques en fonction de leur fréquence. Ainsi, par exemple, dans un récepteur de radio, ce sont entre autres des condensateurs qui permettent de ne laisser passer que le signal d'une station vers le système d'amplification, en bloquant les signaux de toutes les autres. Chaque chaîne est diffusée sur une fréquence qui lui est propre, et les circuits de votre poste de radio sont conçus pour capter ces fréquences. Le comportement des condensateurs est fonction des fréquences des signaux, c'est pourquoi ils jouent un rôle essentiel dans ces circuits. Leur fonction revient finalement à assurer un filtrage électronique (pour plus de détails concernant les filtres électroniques simples, voir la section intitulée « Sélectionner les fréquences avec de simples filtres RC »).

# Les caractéristiques des condensateurs

Il existe un grand nombre de façons de fabriquer un condensateur. Divers matériaux peuvent être utilisés pour les armatures et pour le diélectrique, et les armatures peuvent être de différentes tailles. Tout dépend des caractéristiques et du comportement que l'on souhaite.

## Quelle charge un condensateur peut-il stocker ?

La *capacité* d'un condensateur est sa faculté de stocker une charge.

La capacité d'un condensateur dépend de trois facteurs : la surface des armatures métalliques, l'épaisseur du diélectrique qui se trouve entre les deux armatures, et le type de diélectrique utilisé (pour plus de détails sur les diélectriques, voir plus loin dans cette section).

Vous n'aurez pas besoin de savoir calculer la capacité d'un condensateur (il existe bien une formule, rebutante à souhait), car tout condensateur qui se respecte s'accompagne d'indications sur sa capacité, qui vous permettent de savoir quelle charge ses armatures peuvent supporter.

La capacité d'un condensateur se mesure en *farads*. Un farad (F) est la capacité nécessaire pour faire circuler un courant d'un ampère quand la tension change d'un volt par seconde. Ne vous souciez pas des détails de cette définition, il vous suffit de savoir qu'un farad représente une capacité très, très, très grande. La capacité des condensateurs que vous aurez l'occasion d'utiliser si vous assemblez des circuits sera plutôt mesurable en microfarads (μF) ou en picofarads (pF). Un microfarad vaut un millionième de farad, soit 0,000001 farad, et un picofarad vaut un millionième de millionième de farad, soit 0,000000000001 farad :

- 10 μF = 10 millionièmes de farad
- 1 μF = 1 millionième de farad
- 100 pF = 100 millionièmes de millionième de farad, soit 100 millionièmes de microfarad !

Il existe des condensateurs de capacité plus importante (1 F et davantage), qui servent à stocker l'énergie, mais les condensateurs de petite capacité sont utilisés dans des applications variées, comme le montre le Tableau 4-1.

**Tableau 4-1 : Caractéristiques des condensateurs**

| Type | Valeurs type | Application |
|---|---|---|
| Céramique | 1 pF à 2,2 µF | Filtrage, dérivation |
| Mica | 1 pF à 1 µF | Base de temps, oscillateurs, circuits de précision |
| Bobinage métallisé | jusqu'à 100 µF | Blocage de courant continu, alimentation, filtrage |
| Polyester | 0,001 à 100 µF | Couplage, dérivation |
| Polypropylène | 100 pF à 50 µF | Commutation d'alimentation |
| Polystyrène | 10 pF à 10 µF | Circuits de base de temps (minuterie) et de sélection de fréquences |
| Tantale (électrolytique) | 0,001 à 1 000 µF | Dérivation, couplage, blocage de courant continu |
| Aluminium (électrolytique) | 10 à 220 000 µF | Filtrage, couplage, dérivation, lissage |

## Un gros condensateur dans un espace réduit

Depuis peu, il est devenu possible de fabriquer des condensateurs dont la capacité est de l'ordre du farad. Avec les anciennes techniques de fabrication, un condensateur d'un farad serait plus grand qu'un four à micro-ondes, et donc peu pratique à utiliser.

Grâce au recours à de nouvelles technologies et à de nouveaux matériaux, notamment des grains de carbone microscopiques, on sait désormais fabriquer des condensateurs d'un farad ou davantage qui tiennent dans la paume de la main. Dans les mémoires d'ordinateurs, les radioréveils et autres appareils qui doivent pouvoir conserver une petite charge électrique pendant un temps prolongé faute d'être constamment alimentés par le secteur, les condensateurs font souvent office de batteries de secours.

Compte tenu de certaines petites variations lors de sa fabrication, la capacité réelle d'un condensateur peut être différente de sa capacité nominale. Heureusement, cette inexactitude est rarement un problème pour les circuits que vous pouvez assembler vous-même. Il faut cependant que vous en ayez conscience lorsque vous vous procurez des composants. Il se peut qu'un condensateur de haute précision soit nécessaire dans un circuit. Les condensateurs, comme les résistances, peuvent avoir des tolérances différentes. La tolérance est exprimée en pourcentage.

## Vérifier la tension de service maximale

La *tension de service maximale* d'un condensateur est la tension la plus forte qui puisse lui être appliquée sans risque selon les recommandations du fabricant. En dépassant cette tension, vous risqueriez de détériorer le diélectrique et de provoquer un arc entre les armatures (un phénomène comparable à un coup de tonnerre au cours d'une tempête). Un courant indésirable pourrait alors traverser le condensateur, ce qui risque même d'occasionner des dégâts à d'autres composants du circuit.

La tension de service des condensateurs conçus pour les circuits alimentés en courant continu est le plus souvent limitée à 16 V ou à 35 V. Pour ce genre de circuit, généralement alimenté avec une tension comprise entre 3,3 V et 12 V, c'est déjà beaucoup. Si vous construisez un circuit nécessitant une tension plus élevée, prenez la précaution de choisir un condensateur dont la tension de service maximale soit supérieure d'au moins 10 à 15 % à la tension d'alimentation du circuit.

## Choisir le bon type de condensateurs (diélectrique)

Les concepteurs de circuits électroniques caractérisent les condensateurs d'après leur diélectrique. Certains matériaux sont particulièrement adaptés à certaines applications, mais pas à d'autres. Les condensateurs en céramique, par exemple, ne fonctionnent de façon satisfaisante et fiable que pour des fréquences de signal inférieures à 100 000 Hertz, tandis que les condensateurs en mica présentent dans ce domaine des caractéristiques exceptionnelles, si bien qu'ils sont souvent utilisés dans les circuits de minutage et de filtrage de précision.

Les condensateurs les plus fréquemment utilisés sont les condensateurs électrolytiques à l'aluminium et au tantale ainsi que les condensateurs à diélectrique en céramique, en mica, en polypropylène, en polyester et en polystyrène. Si un schéma de circuit mentionne un type particulier de condensateur, veillez à vous procurer un article correspondant aux caractéristiques exigées.

Le Tableau 4-1 présente les types de condensateurs les plus courants, avec leur fourchette de valeurs habituelle et leurs applications.

## Taille et forme des condensateurs

Comme le montre la Figure 4-3, la taille et la forme des condensateurs varient. Les condensateurs électrolytiques à aluminium et à papier ont généralement une forme cylindrique. Les condensateurs électrolytiques au tantale et les condensateurs à céramique, en mica et en polystyrène ont une forme plus bombée, car leur enrobage est généralement réalisé en les trempant dans un bain d'époxy ou de plastique. Cependant, des condensateurs de même type (par exemple, en mica ou en polyester) ne sont pas nécessairement fabriqués de la même manière, si bien que l'aspect extérieur d'un condensateur ne permet pas toujours de dire de quoi il est constitué.

Il se peut que votre fournisseur préféré étiquette les condensateurs en fonction de la disposition de leurs bornes : axiale ou radiale. Dans le

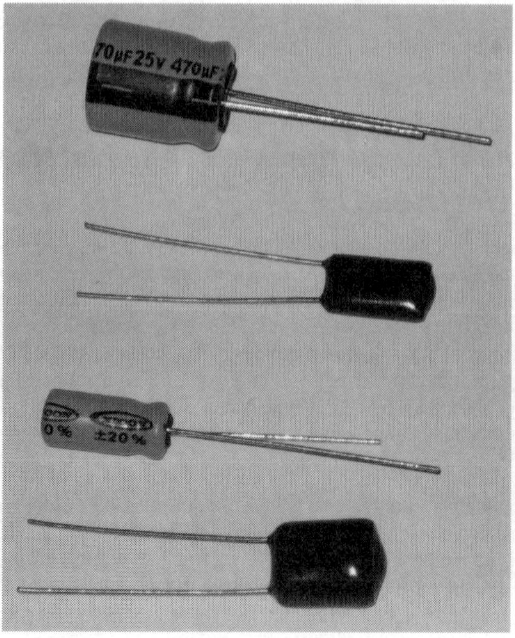


**Figure 4-3 :** Les condensateurs peuvent avoir des formes et des tailles variées et être polarisés ou non.

premier cas, le condensateur est cylindrique et ses deux bornes partent chacune d'une extrémité, dans l'axe. Dans le second cas, les deux bornes sortent du même côté du composant et sont parallèles (tant que vous ne les avez pas tordues pour les implanter dans votre circuit).

Si vous cherchez des condensateurs à l'intérieur de votre ordinateur, vous risquez de ne pas toujours les reconnaître quand vous les verrez. En effet, ils n'ont souvent pas de bornes du tout ! Ce sont des condensateurs *pour montage en surface*, de très petite taille, conçus pour être soudés directement sur les circuits imprimés. Depuis les années 1980, les processus de production de masse utilisent la technologie du montage en surface (TMS) pour brancher les condensateurs et autres composants directement sur la surface des cartes et circuits imprimés, ce qui permet d'économiser de la place et de rendre les circuits plus performants.

## La polarité des condensateurs

Certains condensateurs électrolytiques de plus forte capacité (1 µF et plus) sont *polarisés*, ce qui signifie que la borne positive doit être soumise à une tension plus forte que la borne négative. Le sens dans lequel vous branchez le condensateur est donc important. Les condensateurs polarisés sont faits pour être utilisés dans des circuits à courant continu.

Sur les condensateurs polarisés, on trouve souvent un signe moins (–) ou une flèche pointant vers la borne négative. Sur un condensateur radial, le fil de la borne négative est souvent plus court que le fil de la borne positive.

Si une flèche indique la borne négative sur le condensateur, cela n'implique pas que les schémas de circuits respectent la même convention. En général, si le circuit comporte un condensateur polarisé, un signe plus (+) sur un côté du symbole, comme sur la Figure 4-4, vous indique le sens dans lequel vous devez monter le condensateur.

Si vous devez utiliser un condensateur polarisé, faites *vraiment* attention de bien le monter dans le bon sens. Si vous inversez les polarités, par exemple en branchant le + sur le rail de masse, vous risquez de détruire le diélectrique et de mettre le condensateur en court-circuit, et de ce fait, d'endommager d'autres composants de votre circuit (en leur envoyant trop de courant). Vous risquez même de faire exploser le condensateur.

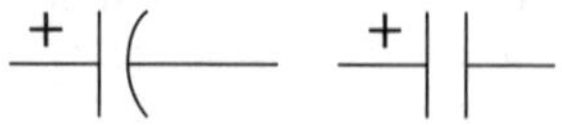

**Figure 4-4 :** Symboles pour représenter les condensateurs polarisés.

## Lire les spécifications des condensateurs

Sur les condensateurs, la capacité est parfois inscrite directement, en farads ou en divisions de farad. C'est souvent le cas pour les condensateurs de plus forte capacité, sur lesquels il y a assez de place pour imprimer la capacité et le voltage.

Pour les condensateurs plus petits (comme les condensateurs disques en mica de 0,1 µF ou 0,01 µF), on indique la capacité à l'aide d'un système de marquage à trois chiffres. La plupart des utilisateurs trouvent ce système pratique, mais il y a un piège (comme toujours) : ce sont des *picofarads* et non pas des microfarads. Le code 103, par exemple, signifie dix suivi de trois zéros, soit 10 000 picofarads. Certains condensateurs portent un code à deux chiffres, correspondant simplement à leur capacité en picofarads. Ainsi, le code 22, par exemple, signifie 22 picofarads. Pas de troisième chiffre signifie pas de zéros à ajouter à droite.

Pour les valeurs supérieures à 1 000 picofarads, votre fournisseur classera sans doute les condensateurs selon des valeurs en microfarads, même si les codes marqués dessus sont en picofarads. Pour convertir les picofarads en microfarads, il vous suffira de déplacer la virgule (ou le point) de six chiffres vers la *gauche*. Un condensateur portant le code 103 (pour reprendre l'exemple du paragraphe précédent) aura donc une capacité de 10 000 pF, soit 0,01 µF.

Supposons que vous ayez besoin, pour votre circuit, d'un condensateur disque de 0,1 µF. Vous pouvez convertir les microfarads en picofarads afin de savoir quel code vous devez rechercher sur l'emballage ou sur l'enrobage du condensateur. Déplacez le séparateur de décimales de six positions vers la *droite*, et vous obtenez 100 000 pF. Sachant que le code à trois chiffres comprend les deux premiers chiffres de votre valeur de capacité en pF
(soit 10) suivis du nombre de zéros à ajouter (4), il vous faut un conden-sateur mica disque portant le code « 104 ».

Vous pouvez vous référer au Tableau 4-2 pour le marquage courant des condensateurs en chiffres.

**Tableau 4-2 : Références pour la capacité des condensateurs**

| Code | Valeur |
|---|---|
| Nn (nombre entre 01 et 99) | nn pF |
| 101 | 100 pF |
| 102 | 0,001 µF |
| 103 | 0,01 µF |
| 104 | 0,1 µF |
| 221 | 220 pF |
| 222 | 0,0022 µF |
| 223 | 0,022 µF |
| 224 | 0,22 µF |
| 331 | 330 pF |
| 332 | 0,0033 µF |
| 333 | 0,033 µF |
| 334 | 0,33 µF |
| 471 | 470 pF |
| 472 | 0,0047 µF |
| 473 | 0,047 µF |
| 474 | 0,47 µF |

Il existe un autre système de codage, moins usité, constitué de chiffres et de lettres, dans lequel une capacité sera notée par exemple 4R1.

La lettre R indique ici la position du séparateur de décimales : 4R1 équivaut à 4,1. Dans ce système de notation, l'unité de mesure n'est pas indiquée. Il peut s'agir de microfarads ou de picofarads.

La capacité d'un condensateur peut être testée à l'aide d'un capacimètre ou d'un multimètre comportant une entrée capacité. Le plus souvent, il faut brancher le condensateur directement sur l'instrument de mesure, car la longueur du conducteur peut accroître la capacité. La lecture en devient moins précise.

Sur les condensateurs, la tolérance est souvent indiquée par une lettre isolée ou placée à la suite d'un code à trois chiffres, comme par exemple 103Z.

Dans cet exemple, la lettre Z indique une tolérance comprise entre +80 % et – 20 %, ce qui signifie que la capacité du condensateur, évaluée à 0,01 µF, peut être en réalité plus élevée de 80 % ou plus faible de 20 %. Le Tableau 4-3 donne la signification des codes alphabétiques usuels indiquant la tolérance des condensateurs. Il est à remarquer que les lettres B, C et D représentent la tolérance exprimée en valeur absolue, et non pas en pourcentage. Ces codes ne sont utilisés que pour les condensateurs les plus petits (capacités de l'ordre du pF).

**Tableau 4-3 : Tolérance des condensateurs**

| Code | Tolérance |
|---|---|
| B | ± 0,1 pF |
| C | ± 0,25 pF |
| D | ± 0,5 pF |
| F | ± 1 % |
| G | ± 2 % |
| J | ± 5 % |
| K | ± 10% |
| M | ± 20 % |
| P | + 100 %, – 0 % |
| Z | + 80 %, – 20 % |

## Capacité variable

Avec les condensateurs variables, on peut régler la capacité en fonction de ce qu'exige un circuit. Le condensateur variable est représenté comme l'indique la Figure 4-5.

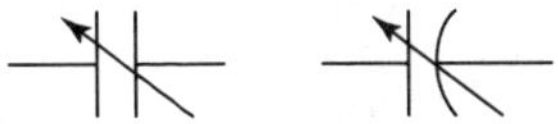

**Figure 4-5 :** Symboles pour représenter les condensateurs variables.

Le type de condensateur variable le plus répandu est le condensateur *ajustable à air* ou *à diélectrique air*. On le retrouve notamment dans les circuits de sélection de fréquences des radios AM. Les condensateurs variables de petite capacité sont souvent utilisés dans la fabrication des appareils récepteurs et transmetteurs d'ondes radio. Ils sont intégrés à des circuits dans lesquels des cristaux de quartz assurent la précision du signal de référence. Leur capacité est généralement comprise entre 5 et 500 pF.

Dans les condensateurs variables à contrôle mécanique, on peut modifier la distance ou bien la surface de recouvrement entre les deux armatures. Il existe des *diodes* (dispositifs semi-conducteurs, voir Chapitre 6) spécialement adaptées qui peuvent fonctionner comme des condensateurs variables à contrôle électronique : ce sont les diodes *varactor* et les diodes *varicap*. Vous pouvez faire varier leur capacité en changeant la tension continue.

Il est fort probable que dans votre quotidien, sans le savoir, vous ayez plus souvent affaire à des condensateurs variables qu'à votre compagne. On trouve en effet des condensateurs variables dans de nombreux appareils et accessoires tactiles comme les touches des claviers d'ordinateur et les tableaux de commande d'un certain nombre d'appareils, derrière les boutons de certains ascenseurs et dans ceux des boîtiers de télécommande que vous avez le plus l'habitude d'utiliser. Il existe aussi des micros qui transforment le son en signaux électriques grâce à un condensateur variable. La membrane de ces micros se comporte comme une armature de condensateur mobile. Elle vibre en fonction des fluctuations sonores, ce qui entraîne des variations de capacité, et, par suite, des fluctuations de tension. C'est ce que l'on appelle le microphone à condensateur.

Association de condensateursIl est possible d'associer plusieurs condensateurs dans un circuit pour obtenir une capacité équivalente, mais comme on va le voir, les règles ne sont pas les mêmes que pour associer des résistances.

## Montage de condensateurs en parallèle

La Figure 4-6 représente deux condensateurs montés en parallèle, les connexions communes étant notées A et B. Il faut noter que le point A est relié à une armature du condensateur C1 et à une armature du condensateur C2. En termes d'électricité, c'est comme si le point A était relié à une plaque métallique de dimension équivalente à celle des deux armatures prises ensemble. De même, le point B est relié à une armature du condensateur C1 et à une armature du condensateur C2. La capacité équivalente augmente en fonction de la surface des armatures des condensateurs.

N'OUBLIEZ PAS

*Les capacités des condensateurs branchés en parallèle s'additionnent* : chaque armature métallique d'un condensateur est reliée électriquement à une armature métallique du condensateur parallèle. Chaque paire d'armatures se comporte comme une armature (ou plaque) unique de plus grande capacité, comme l'indique la Figure 4-6.

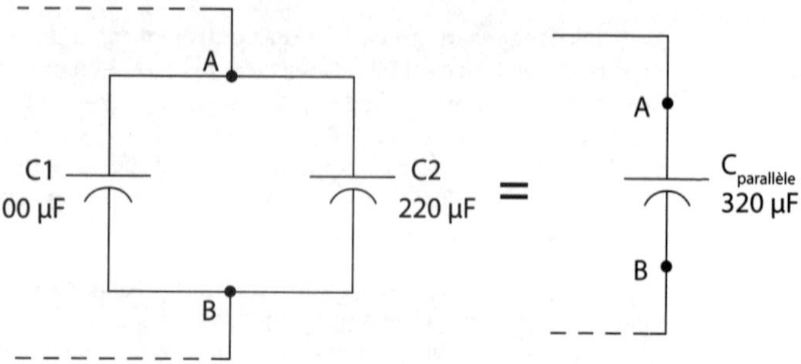


**Figure 4-6 :** Les capacités des condensateurs branchés en parallèle s'additionnent.

La capacité équivalente d'un ensemble de condensateurs branchés en parallèle est :

$$C_{\text{parallèle}} = C1 + C2 + C3 + \ldots$$

C1, C2, C3, *etc.* représentant les capacités respectives des condensateurs et $C_{\text{parallèle}}$ représentant la capacité totale équivalente.

Pour les condensateurs de la Figure 4-6, la capacité totale est :

$$C_{\text{parallèle}} = 100\ \mu F + 220\ \mu F$$

$$= 320\ \mu F$$

Si vous placez les condensateurs de la Figure 4-6 dans un circuit, la tension aux bornes de chaque condensateur sera la même et le courant après le point A se partagera entre les deux condensateurs en deux valeurs d'intensité qui s'additionneront au point B.

## Montage de condensateurs en série

Des condensateurs branchés en série s'opposent, la capacité effective étant réduite de la même manière que la résistance globale est réduite quand on branche des résistances en parallèle :

$$C_{série} = \frac{C1 \times C2}{C1 + C2}$$

C1 et C2 sont les capacités respectives des condensateurs et $C_{série}$ est la capacité équivalente. La capacité totale (en µF) d'un montage en série comprenant un condensateur de 100 µF et un condensateur de 220 µF, comme l'indique la Figure 4-7, est :

$$\begin{aligned} C_{série} &= \frac{100 \times 220}{100 + 220} \\ &= \frac{22\ 000}{320} \\ &= 68{,}75\ \mu F \end{aligned}$$

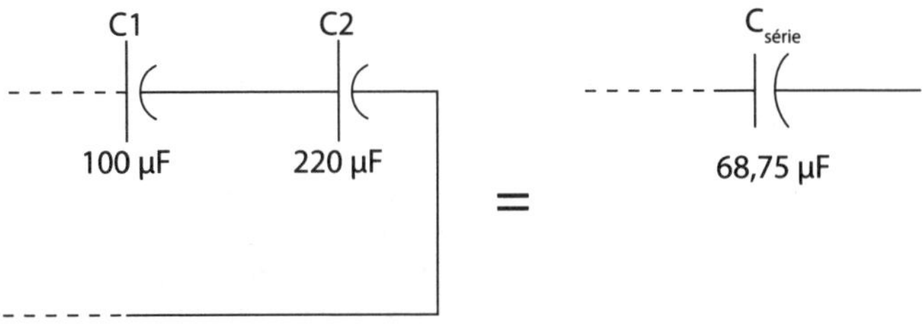


**Figure 4-7 :** Des condensateurs branchés en série se neutralisent, la capacité globale diminue.

TRUC

Dans des calculs comme ceux qui précèdent, vous pouvez ignorer temporairement le « µ » dans l'unité « µF », tant que les capacités sont toutes exprimées en µF et tant que vous n'oubliez pas que la capacité *totale* résultante est aussi en µF.

La capacité équivalente d'un montage de condensateurs en série est :

$$C_{série} = \frac{1}{\frac{1}{C1} + \frac{1}{C2} + \frac{1}{C3} \cdots}$$

Comme pour tout composant dans un montage en série, le courant qui traverse chaque condensateur est le même, mais la tension aux bornes de chaque condensateur peut être différente.

## Qu'est-ce que la réactance capacitive ?

Au Chapitre 3, nous avons défini la résistance comme la mesure de l'opposition d'un objet au flux des électrons, et nous avons dit que la résistance d'un composant de ce nom restait la même, quelle que soit la tension et quel que soit le courant. En revanche, si l'on pouvait mesurer l'opposition d'un condensateur au flux des électrons, on constaterait que cette opposition varie selon la situation.

Plus haut dans ce chapitre, nous avons dit que les condensateurs bloquaient le courant continu (excepté pendant quelques instants, le temps de se charger ou de se décharger) tout en laissant passer le courant alternatif. Quand une tension continue est brusquement appliquée à un condensateur, comme dans le circuit de la Figure 4-2 constitué avec une lampe, il se passe la chose suivante :

Tout d'abord, pendant que le condensateur se charge, le courant circule librement à travers le circuit, si bien que l'ampoule est allumée.

Lorsque la capacité du condensateur approche de la saturation, la circulation du courant se réduit jusqu'à ce que le condensateur soit entièrement chargé et qu'il n'y ait donc plus de courant.

Un condensateur présente très peu d'opposition au flux des électrons au moment où une tension est brusquement appliquée, mais par la suite, il se comporte comme un circuit ouvert et bloque tout flux d'électrons. Quand une tension alternative est appliquée à un circuit capacitif, le courant peut passer. Plus les fluctuations de la source sont rapides, moins le condensateur s'oppose à la circulation des électrons : tout se passe comme lorsqu'on branche une pile sur un condensateur déchargé (Figure 4-2). Inversement, moins les fluctuations de la source sont rapides, plus le condensateur s'oppose à la circulation des électrons.

La résistance apparente au courant, dans le cas d'une tension alternative, est appelée la *réactance capacitive*. Elle se mesure en ohms (mais oui !) : comme la résistance, elle représente l'opposition au courant. La différence avec la résistance est que celle-ci est constante pour tout objet résistif particulier, tandis que la réactance capacitive varie en fonction de la fréquence de la tension alternative appliquée aux bornes du condensateur.

La réactance capacitive, notée $X_c$, est calculée grâce à la formule suivante :

$$X_c = (2 \times \pi \times f \times C)^{-1}$$

Dans cette formule, f est la fréquence en Hertz (Hz) de la tension alternative appliquée, C est la capacité en farads (donc en F, et non pas en µF ni en pF), et π est cette fameuse constante que vous avez rencontrée dans vos cours de géométrie, qui commence par 3,14 avec toute une série de décimales qui ne se répètent pas. On peut arrondir 2π à 6,28 pour simplifier la formule comme suit :

$$X_c \approx (6{,}28 \times f \times C)^{-1}$$

Cette formule permet de voir que la réactance capacitive *décroît* quand la fréquence de la tension appliquée *augmente* (une fréquence plus élevée accroît le dénominateur, ce qui rend la valeur de la fraction plus petite). Vous pouvez calculer, par exemple, la réactance capacitive d'un condensateur de 0,1 µF quand une tension alternative fluctuant à la fréquence de 20 kHz est appliquée :

$$X_c \approx (6{,}28 \times 20\,000 \times 0{,}0000001)^{-1}$$

$$= 80 \text{ ohms}$$

Si la fréquence du générateur diminue pour n'être plus que de 1 Hz, la réactance capacitive deviendra :

$$X_c \approx (6{,}28 \times 1 \times 0{,}0000001)^{-1}$$

$$= 1{,}6\ \text{M}\Omega$$

Les choses ne se passent donc *pas du tout* comme avec une résistance. Avec un condensateur, plus la fluctuation de tension (la fréquence) est rapide, plus faible est la réactance et plus le courant passe librement. En cas de fréquence nulle, c'est-à-dire en l'absence de fluctuations de la tension (autrement dit, dans le cas du courant continu), le dénominateur est nul et la réactance est infinie. C'est la situation du circuit ouvert (résistance infinie), dans laquelle le condensateur bloque les signaux.

## Utiliser la loi d'Ohm pour la réactance capacitive

Sachant que la réactance capacitive se mesure en ohms, vous vous demandez peut-être si vous pouvez appliquer la loi d'Ohm aux condensateurs. La réponse est oui, à quelques détails près. La loi d'Ohm se vérifie pour la réactance capacitive, mais seulement *pour une fréquence donnée*. Si vous faites varier la fréquence de l'alimentation alternative, même sans changer la valeur des crêtes, il vous faut recalculer la loi d'Ohm pour cette nouvelle fréquence.

Supposons que vous appliquiez une source alternative avec une tension de crête de 5 V à un condensateur de 0,1 µF. Le courant à travers le circuit alternera à la même fréquence que la tension de la source, mais en vertu de la loi d'Ohm, la valeur de crête de l'intensité du courant dépend de la valeur de crête de la tension et de la réactance capacitive. Supposons que la fréquence soit de 1 Hz. D'après les calculs de la section précédente, on sait que pour une fréquence de 1 Hz, la réactance capacitive d'un condensateur de 0,1 µF est de 1,6 MΩ. Vous pouvez alors appliquer la loi d'Ohm pour calculer l'intensité de crête du courant alternatif qui « traverse » le condensateur lorsque la fréquence du signal est de 1 Hz :

$$I_{\text{crête}} = \frac{U_{\text{crête}}}{X_c}$$

$$= \frac{5 \text{ volts}}{1\,600\,000 \text{ ohms}}$$

$$= 0{,}0000031 \text{ A, soit } 3{,}1\ \mu\text{A}$$

Supposons que l'on fasse passer la fréquence à 20 kHz tout en gardant la même tension de crête de 5 volts. La réactance capacitive est alors de 80 Ω (selon le calcul de la section précédente). Selon la loi d'Ohm, le courant de crête « à travers » le condensateur quand on applique une tension de crête de 5 volts avec une fréquence de 20 kHz est :

$$I_{\text{crête}} = \frac{U_{\text{crête}}}{X_c}$$

$$= \frac{5 \text{ volts}}{80 \text{ ohms}}$$

$$= 0{,}0625 \text{ A, soit } 62{,}5 \text{ mA}$$

Ainsi, pour ce même condensateur dans le circuit, lorsque la fréquence de la source augmente, la réactance capacitive diminue, ce qui entraîne une augmentation de l'intensité du courant traversant le circuit. De même, si l'on fait diminuer la fréquence, la réactance augmente et l'intensité du courant décroît.

Le comportement d'un condensateur dans un circuit alimenté par une tension alternative, contrairement à celui d'une résistance, dépend de la fréquence de cette tension. Vous pouvez (et devriez) exploiter cette propriété pour créer des circuits répondant à des objectifs utiles, par exemple des filtres pour sélectionner les signaux à haute fréquence, ou au contraire des signaux à basse fréquence (voir « Sélectionner les fréquences avec de simples filtres RC »).

# Association avec des résistances

Dans les circuits électroniques, les condensateurs sont souvent associés à des résistances, ces deux types de composants conjuguant leurs talents pour stocker l'énergie électrique tout en limitant le flux des électrons. Cette association de composants permet de limiter la vitesse à laquelle un condensateur se charge et se décharge. Elle est si courante qu'on parle de *circuits RC*.

## Question de timing

Regardez bien le circuit RC de la Figure 4-8 : quand l'interrupteur est fermé, la pile charge le condensateur et le courant traverse la résistance. Au début, la tension aux bornes du condensateur, $U_c$, est nulle (en supposant que le condensateur n'est pas chargé au départ). Quand on ferme l'interrupteur, le courant circule et des charges s'accumulent sur les armatures du condensateur. D'après la loi d'Ohm, l'intensité I du courant de charge dépend de la tension aux bornes de la résistance, $U_r$ et de la valeur de la résistance R (sachant que $R\left(I = \frac{U_r}{R}\right)$).

Enfin, sachant que la chute de tension est égale à la hausse de tension sur le circuit, la tension aux bornes de la résistance est la différence entre la tension d'alimentation, $U_{alim}$, et la tension aux bornes du condensateur, $U_c$ (on a $U_r = U_{alim} - U_c$). Dès lors, on peut analyser ainsi le fonctionnement du circuit dans le temps :

- **Au début :** La tension initiale aux bornes du condensateur étant nulle, la tension aux bornes de la résistance est initialement égale à la tension d'alimentation.
- **Pendant la charge :** En commençant à se charger, le condensateur crée une tension, si bien que la tension aux bornes de la résistance diminue, d'où une réduction du courant de charge. Le condensateur continue de se charger, mais moins vite, puisque l'intensité du courant de charge a diminué. Alors que $U_c$ continue de croître, $U_r$ continue de décroître, si bien que l'intensité du courant continue aussi de diminuer.

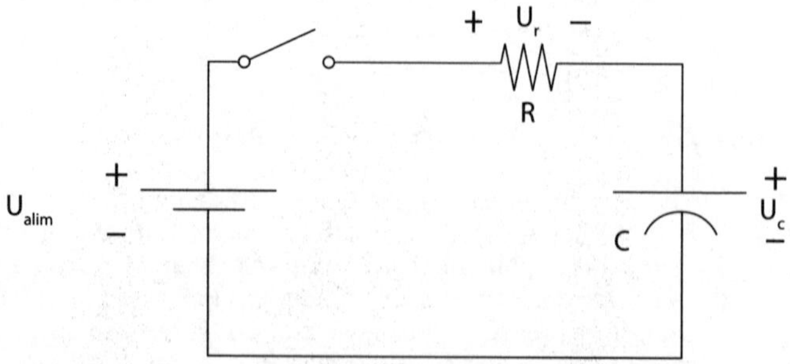


**Figure 4-8 :** Dans un circuit RC, le condensateur se charge à travers la résistance. De la capacité du condensateur et de la valeur de la résistance dépend la vitesse de chargement du condensateur.

- **Une fois le condensateur chargé :** Une fois que le condensateur est complètement chargé, le courant cesse de circuler, la tension aux bornes de la résistance s'annule, et la tension aux bornes du condensateur est égale à la tension d'alimentation.

Si vous retirez la pile et si vous branchez la résistance en parallèle avec le condensateur, celui-ci se déchargera sur la résistance. Cette fois, la tension aux bornes de la résistance sera égale à la tension aux bornes du condensateur ($U_r = U_c$), et l'intensité du courant sera $I = U_c$ /R. Les choses se passeront comme suit :

- **Au début :** Le condensateur étant complètement chargé, sa tension est initialement égale à la tension d'alimentation, $U_{alim}$. Sachant que $U_r = U_c$, la tension aux bornes de la résistance est initialement $U_{alim}$, par conséquent l'intensité du courant devient immédiatement $\frac{U_{alim}}{R}$.

  Cela signifie que les charges passent rapidement d'une armature à l'autre du condensateur.

- **Pendant la charge :** Les charges commençant à passer d'une armature à l'autre, la tension aux bornes du condensateur commence à chuter (de même que $U_r$), si bien que l'intensité du courant diminue.

Le condensateur continue de se décharger, mais moins vite. $U_c$ (et donc $U_r$) continue de décroître, si bien que l'intensité du courant continue aussi de décroître.

- **Une fois le condensateur déchargé :** Une fois que le condensateur est complètement déchargé, le courant cesse de circuler, et la tension aux bornes de la résistance comme aux bornes du condensateur devient nulle.

La forme d'onde de la Figure 4-9 montre comment, quand une tension constante est appliquée puis supprimée, la tension aux bornes du condensateur évolue dans le temps alors qu'il se charge et se décharge sur la résistance. La vitesse à laquelle il se charge (et se décharge) dépend de la résistance ainsi que de la capacité du circuit RC. À tension d'alimentation égale, plus la résistance est forte et plus faible est le courant, et plus il faut de temps pour que le condensateur soit chargé. Une moindre résistance permet qu'un courant plus fort circule et que le condensateur se charge plus vite. Au contraire, plus forte est la résistance, plus il faut de charge pour saturer les armatures du condensateur, et donc pour charger celui-ci. Pendant le cycle de décharge, une résistance plus forte ralentit davantage le flux des électrons entre les deux armatures, d'où un temps de décharge plus long. Un condensateur de plus forte capacité accumule davantage de charge et met plus de temps à se décharger.

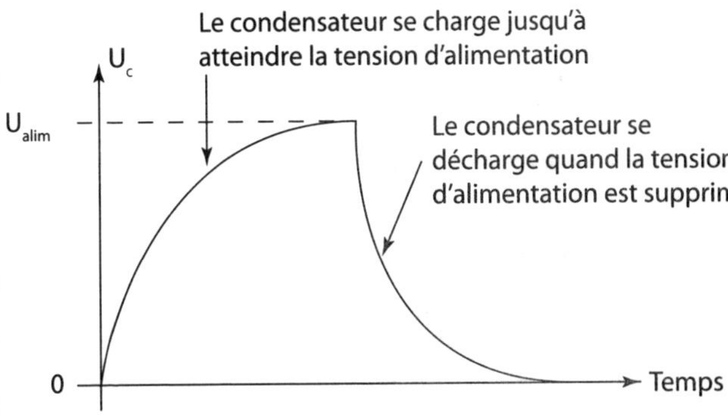


**Figure 4-9 :** La tension aux bornes d'un condensateur change à mesure que celui-ci se charge et se décharge.

## Calculer les constantes de temps d'un circuit RC

En choisissant judicieusement les valeurs du condensateur et de la résistance, vous pouvez régler le temps de charge et de décharge du condensateur. Le temps que mettra le condensateur pour se charger et pour se décharger sur la résistance est en effet *déterminé* par le choix que vous faites concernant la résistance R et la capacité C. En multipliant R (en ohms) par C (en farads), vous obtenez la *constante de temps* de votre circuit RC, notée T. Cela nous donne une nouvelle formule simple :

$$T = R \times C$$

Un condensateur se charge et se décharge presque complètement sur une période représentant cinq fois sa constante de temps, soit 5RC. Au bout d'un temps équivalent à une fois la constante de temps, un condensateur initialement déchargé sera chargé aux deux tiers environ de sa capacité, et un condensateur initialement chargé sera déchargé aux deux tiers environ.

Supposons, par exemple, que vous ayez choisi une résistance de 2 MΩ et un condensateur de capacité 15 μF pour le circuit de la Figure 4-8. La constante de temps RC se calcule comme suit :

$$T = RC = 2\,000\,000 \text{ ohms} \times 0{,}000015 \text{ farad} = 30 \text{ secondes}$$

Vous savez donc qu'il faudra environ 150 secondes (soit deux minutes et demie) au condensateur pour se charger ou se décharger complètement. Si vous désirez obtenir un cycle de charge et de décharge plus court, vous pouvez choisir une résistance moins forte ou bien un condensateur de plus faible capacité (ou bien l'une et l'autre). Supposons que vous ne disposiez que d'un condensateur de 15 μF et que vous vouliez qu'il se charge en cinq secondes. Pour savoir de quelle résistance vous avez besoin, procédez comme suit :

- **Trouvez la constante de temps RC :** Vous savez que le temps de charge du condensateur sera égal à cinq fois la constante de temps RC et vous voulez que ce temps soit de 5 secondes, donc 5RC = 5 s, d'où RC = 1 s.
- **Calculez R :** Si RC = 1 s et si C = 15 μF, alors R = 1 s /0,000015 F, soit environ 66,667 ohms, soit 67 kΩ.

## Fabriquer un programmateur

Connaissant maintenant la constante de temps RC, vous pouvez vous servir du circuit RC pour fabriquer un programmateur. Supposons qu'un cousin pique-assiette s'invite chez vous un mois ou deux, et qu'il ait tendance à piller le contenu de votre réfrigérateur au milieu de la nuit. Vous décidez d'installer un dispositif qui déclenchera un bruit dès qu'il ouvrira la porte du réfrigérateur, histoire de lui faire peur. Pour que ce soit plus amusant, vous voulez qu'il ait le temps de jeter un coup d'œil à toutes les bonnes choses à manger, avant qu'il ne sursaute.

Si vous disposez d'une sonnette ou autre « buzzer » fonctionnant sur 6 volts et d'une pile de 9 volts, vous pouvez construire un circuit RC comme celui de la Figure 4-8 et utiliser la tension du condensateur pour déclencher la sonnette. L'idée est que le condensateur se charge sur une tension de 6 volts environ pendant les quelques instants où votre cousin salivera en contemplant vos provisions, après quoi le bruit retentira.

Supposons que vous vouliez régler ce laps de temps à 10 secondes environ. Vous disposez d'un condensateur de 15 μF et vous devez donc calculer la résistance nécessaire pour que la tension aux bornes du condensateur atteigne 6 volts au bout de 10 secondes. Sachant que le condensateur continuera de se charger jusqu'à atteindre la tension d'alimentation de 9 volts, le point de déclenchement du « buzzer » se situe au moment où le condensateur atteint les deux tiers (les 6/9) de sa capacité. Cela se produira au bout d'une constante de temps exactement. Vous calculez la résistance correspondante comme suit :

$$10 \text{ secondes} = R \times 0{,}000015 \text{ farad}$$

$$R = 10 \text{ s} / 0{,}000015 \text{ F} \approx 667 \text{ ohms}$$

Si vous disposez d'une résistance de 620 Ω, votre constante de temps RC réelle vaut environ 9,3 s (620 Ω × 15 μF). La tension du condensateur atteindra donc 6 V au bout de 9,3 secondes. Votre cousin, avant d'être pris la main dans le sac, aura le temps de saliver, mais pas de consommer.

Si vous voulez un délai plus précis, utilisez une résistance légèrement moins forte et branchez-la en série avec un potentiomètre. La résistance totale sera la somme des résistances de ces deux éléments, et vous pouvez la faire varier en vous servant du potentiomètre (pour plus de détails sur les potentiomètres, voir Chapitre 3).

## Sélectionner les fréquences avec de simples filtres RC

Les condensateurs se comportant de manière différente selon la fréquence du courant alternatif, on les utilise souvent dans des circuits particuliers appelés *filtres*, dont le rôle est d'accepter ou de rejeter divers signaux. Un condensateur bloque naturellement les signaux continus et laisse passer les signaux alternatifs, mais il est possible, par le choix des composants du circuit, de contrôler le type de signal alternatif pouvant passer.

Cette section traite des filtres les plus simples et de la façon dont il est possible de décider quelles fréquences pourront passer. La conception des filtres électroniques est un véritable domaine d'étude qui dépasse largement le cadre de ce livre. Elle porte généralement sur des circuits plus compliqués permettant de maîtriser avec précision ce que l'on obtient à la sortie. Cependant, les principes sur lesquels elle repose sont les mêmes que pour les filtres simples dont il est question ici.

## Le filtre passe-bas

Dans le circuit de la Figure 4-10, une source de tension variable, $U_{in}$, est appliquée à un circuit RC en série, et la tension de sortie $U_{out}$ est la tension aux bornes du condensateur. Supposons que l'on applique à ce circuit une tension constante (f = 0 Hz). Aucun courant ne le parcourt, donc la tension à l'entrée est entièrement dissipée à travers le condensateur : $U_{out} = U_{in}$. À l'autre extrémité du spectre des fréquences, la réactance capacitive pour une fréquence très élevée est très faible. Le condensateur s'en trouve neutralisé, si bien que la tension à ses bornes est nulle : $U_{out} = 0$.

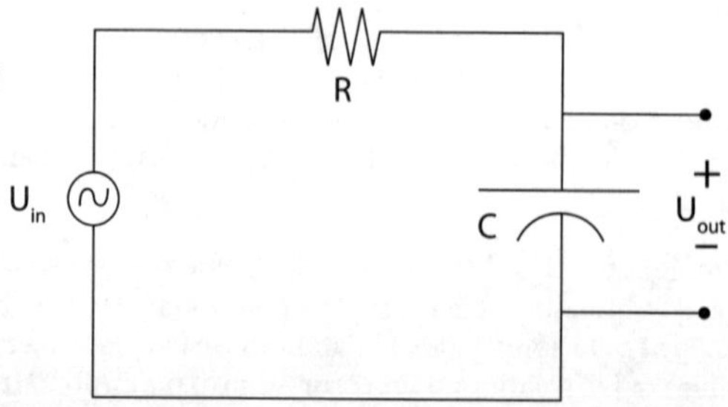


**Figure 4-10 :** Un filtre passe-bas laisse passer les signaux à basse fréquence.

Quand on remplace une fréquence très basse du signal d'entrée par une fréquence très élevée, la réactance capacitive, qui était très forte, devient très faible. La réactance et la tension aux bornes du condensateur sont proportionnelles (la tension aux bornes de la résistance variant en sens inverse). Quand la réactance se réduit, les basses fréquences peuvent davantage traverser le circuit, tandis que les fréquences élevées sont bloquées. C'est la raison pour laquelle on parle de *filtre passe-bas*.

## Le filtre passe-haut

En inversant les rôles de la résistance et du condensateur dans le circuit RC du filtre passe-bas, on peut obtenir l'effet inverse : un *filtre passe-haut*. Dans le circuit de la Figure 4-11, la tension de sortie est la tension aux bornes de la résistance. Quand le signal d'entrée se caractérise par une fréquence très basse, le condensateur bloque la circulation du courant, si bien que $U_{out} = 0$. Quand la fréquence du signal est très élevée, le condensateur se comporte comme un court-circuit, le courant passe et toute la tension d'entrée est absorbée par la résistance : $U_{out} = U_{in}$.

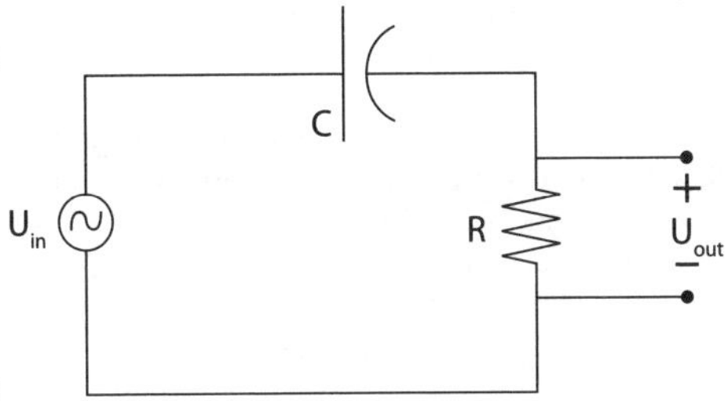


**Figure 4-11 :** Un filtre passe-haut laisse passer les signaux à haute fréquence.

Quand on remplace une fréquence très basse du signal d'entrée par une fréquence très élevée, la réactance capacitive, qui était très forte, devient très faible. C'est comme si l'on plaçait, par exemple, un potentiomètre dans le circuit à la place du condensateur : si la fréquence du signal d'entrée augmente, la réactance décroît, et l'on obtient davantage de tension aux bornes de la résistance.

## Couper les fréquences comme du beurre

Les filtres sont des circuits conçus pour laisser passer certaines fréquences tout en *atténuant* les autres ou en en réduisant l'amplitude. Il n'existe pas de filtre parfait qui laisserait passer absolument tout ce qui est au-dessous ou au-dessus d'une fréquence déterminée tout en bloquant absolument toutes les autres fréquences. Il existe des filtres complexes qui sont bien meilleurs que les simples filtres RC, mais tous les filtres, quel que soit leur degré de complexité, ont en commun la présence d'un paramètre appelé la *fréquence de coupure*.

La *fréquence de coupure* $F_c$ est la fréquence à partir de laquelle le filtre limite le passage du signal d'entrée. La Figure 4-12 est la représentation graphique de l'amplitude du signal de sortie en fonction des fréquences du signal d'entrée pour un filtre passe-haut (à noter que l'axe des abscisses ne représente pas le temps, mais les fréquences !).

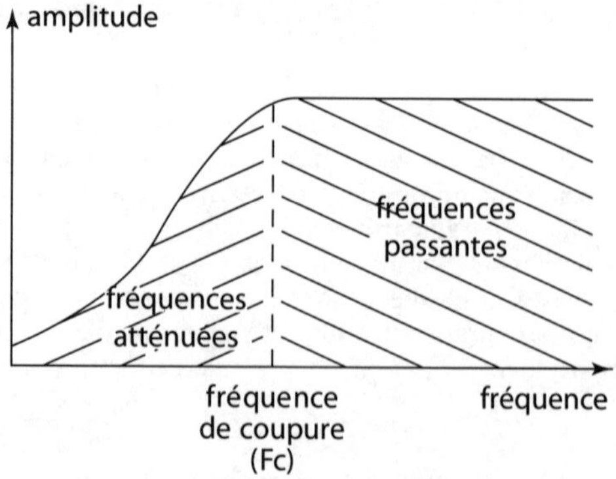


**Figure 4-12 :** La fréquence de coupure du filtre, Fc, est la fréquence à partir de laquelle le filtre atténue le signal.

On peut voir sur ce graphique que les fréquences supérieures à la fréquence de coupure peuvent passer sans être atténuées, ou en étant peu atténuées, tandis que les fréquences inférieures à cette valeur sont nettement atténuées. La fréquence de coupure est proche du point où la courbe atteint son niveau maximum, ce que l'on peut constater en utilisant l'équation suivante :

$$F_c = (2 \times \pi \times T)^{-1}$$

Sachant que T = R × C, vous pouvez contrôler la fréquence de coupure de votre filtre simple passe-bas ou passe-haut en choisissant de manière appropriée la valeur de la résistance et la capacité du condensateur, à partir de l'équation suivante :

$$F_c = (2 \times \pi \times R \times C)^{-1}$$

Supposons, par exemple, que votre filtre passe-bas soit configuré avec une résistance de 200 Ω et un condensateur de capacité 0,01 µF. La fréquence de coupure de votre filtre sera à peu près égale à 1 /6,28 × 220 Ω × 0,0000001 F, soit 7 200 Hz. Si vous utilisez ce filtre dans un système audio, ne soyez pas surpris si vous n'entendez pas les sons de certaines voix et de certains instruments : leurs fréquences étant bien inférieures à 7 000 Hz, ces sons seront considérablement atténués !

## Filtrer les bandes de fréquences

Vous pouvez concevoir des filtres à deux fréquences de coupure – une fréquence élevée et une fréquence basse – soit pour permettre le passage d'un certain intervalle de fréquences ou *bande* de fréquences, soit au contraire pour empêcher ces fréquences de passer. On parle de filtre *passe-bande* et de filtre *coupe-bande*. Ces filtres sont fabriqués en associant de façon appropriée un filtre passe-bas et un filtre passe-haut.

Les filtres passe-bande sont couramment utilisés dans les systèmes de réception de radio pour sélectionner le bon signal parmi un ensemble de signaux transmis par voie hertzienne. Vous pouvez utiliser un filtre coupe-bande pour éliminer les bruits indésirables, par exemple le bruit de fond provenant de l'alimentation électrique, dans la mesure où vous connaissez la bande de fréquence à éliminer. La plupart du temps, ces filtres élaborés comportent non seulement des condensateurs et des résistances, mais également des inducteurs.

## Circuits capacitifs simples, travaux pratiques

Si vous êtes impatient de faire joujou avec de vrais circuits capacitifs, vous pouvez passer directement au Chapitre 14, dans la Troisième partie. Les circuits d'apprentissage que vous y trouverez vous permettront de vous familiariser avec les notions de charge et de décharge des condensateurs et d'acquérir une première expérience de la magie de la constante de temps RC. Si cette envie vous prend, nous vous demandons cependant de lire d'abord la deuxième partie, pour savoir comment aménager votre atelier d'électronique, comment lire les schémas et – le plus important – comment assembler les circuits en toute sécurité.

# Chapitre 5

# Bobines et cristaux

### *Dans ce chapitre*

- Courants induits dans des bobines avec un champ magnétique changeant
- Opposition aux variations du courant dans un inducteur
- Utilisation des inducteurs dans les circuits de filtrage
- Résonance dans les circuits RLC
- Histoire de cristaux et de fréquences
- Couplage de flux magnétique pour transférer l'énergie d'un circuit à un autre

Des inventions parmi les plus grandes, comme la pénicilline, les Post-it, le champagne et le pacemaker, ont été le résultat d'une découverte purement fortuite (et dans certains cas, attribuable à la négligence ou à une mauvaise méthode de recherche). Une de ces découvertes chanceuses, l'interaction entre électricité et magnétisme, est à l'origine de l'invention de deux composants électroniques extrêmement précieux : la bobine à induction et le transformateur.

La *bobine à induction*, ou *inducteur*, stocke l'énergie électrique dans un champ magnétique et forme les signaux électriques de façon différente de ce que fait le condensateur. Que les inducteurs fonctionnent de manière isolée ou par paire, sous forme de *transformateurs*, ou encore en association avec des condensateurs et des résistances, ils jouent un rôle fondamental dans un certain nombre de commodités dont nous n'aimerions généralement pas être privés, comme les postes de radio, de télévision et rien de moins que les réseaux de transmission et de distribution d'énergie électrique.

Ce chapitre dévoile le lien entre électricité et magnétisme et explique comment des savants, au XIXe siècle, ont exploité ce lien à dessein pour inventer l'inducteur et le transformateur. Vous découvrirez ce qui se produit quand on essaie de changer trop rapidement le sens du courant traversant un inducteur, et comment la loi d'Ohm peut s'appliquer aux inducteurs. Ensuite, vous verrez quelle utilisation est faite des inducteurs dans les circuits, et vous saurez pourquoi un cristal ne sonne qu'à une fréquence précise. Enfin, vous découvrirez comment un transformateur transfère l'énergie électrique d'un circuit à un autre en l'absence de tout contact direct entre ces deux circuits.

## Des cousins qui s'embrassent : magnétisme et électricité

On a d'abord cru que le magnétisme et l'électricité étaient deux phénomènes complètement distincts, jusqu'à ce que Hans Christian Oersted, un savant du XIX^e^ siècle, découvre que sous l'influence du courant électrique provenant d'une pile, l'aiguille d'un compas peut s'éloigner du nord magnétique. L'observation d'Oersted a inspiré de nombreuses recherches et expériences, qui ont fini par confirmer qu'un lien étroit existait entre le magnétisme et l'électricité. Au bout de quelques années (et de bien d'autres découvertes fortuites), Michael Faraday et d'autres ont pu tirer parti du phénomène que l'on appelle *électromagnétisme* pour fabriquer les premiers appareils électromécaniques de l'Histoire. C'est sur les principes de l'électromagnétisme que repose la conception d'un certain nombre d'appareils actuels tels que transformateurs, générateurs électromagnétiques et moteurs industriels.

Cette section traite de l'interaction entre électricité et magnétisme.

### Aimants et lignes de flux

De même que l'électricité est une histoire de force (tension) entre deux charges électriques, le magnétisme est caractérisé par une force entre deux pôles magnétiques. Peut-être avez-vous déjà assisté à cette expérience classique consistant à placer un aimant sur une surface et à répandre de la limaille de fer à proximité, pour observer les effets de la force magnétique. Vous souvenez-vous du résultat ? La limaille de fer forme des lignes courbes entre le pôle nord et le pôle sud de l'aimant. C'est ce que l'on appelle les lignes de force ou *lignes de flux* du champ magnétique créé par l'aimant. Vous avez sans doute vu la limaille de fer s'agglutiner près de l'aimant, là où le champ magnétique est le plus intense. La Figure 5-1 montre la forme des lignes de flux invisibles autour d'un aimant.

Le flux magnétique n'est qu'une manière de représenter la force et l'orientation d'un champ magnétique. Pour comprendre les lignes de flux, pensez aux effets du vent sur la voile d'un bateau. La force exercée par le vent sur la voile est proportionnelle à la force du vent et à la surface de la voile. Cependant, si la voile est parallèle à la direction du vent, l'air glissera sur la voile, et même le vent le plus fort ne fera pas avancer le bateau. L'effet du vent est le plus fort quand la voile offre la plus grande prise, c'est-à-dire quand elle est perpendiculaire à la direction du vent. Si l'on représente sur un dessin la force du vent, la direction du vent et l'orientation de la voile, la flèche représentant la force du vent traversera la surface de la voile. De la même manière, les lignes de flux magnétique illustrent la force et l'orientation d'un champ magnétique. Cela permet de comprendre l'effet d'un champ magnétique sur un objet placé à l'intérieur de ce champ. Cet effet sera le plus prononcé si les forces du champ magnétique s'exercent perpendiculairement aux lignes de flux.

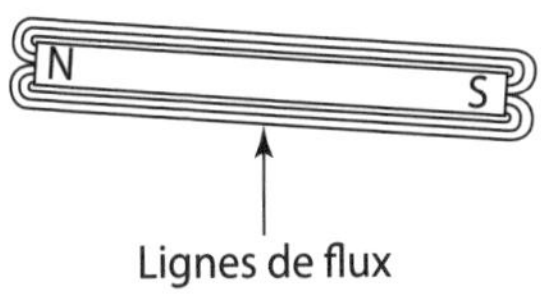


**Figure 5-1 :** Les lignes de force magnétique joignent le pôle nord et le pôle sud d'un aimant.

# Produire un champ magnétique avec de l'électricité

Comme Oersted l'avait découvert, le courant électrique qui parcourt un fil de métal produit autour de ce fil un faible champ magnétique. C'est la raison pour laquelle l'aiguille se déplaçait quand Oersted rapprochait la boussole du circuit. Quand le courant disparaît, le champ magnétique disparaît également. On obtient donc un aimant temporaire, contrôlable électroniquement, c'est-à-dire un *électroaimant*.

Quand le courant circule, les lignes de force encerclent le conducteur et sont régulièrement espacées sur sa longueur, comme l'indique la Figure 5-2. Imaginez un rouleau de papier essuie-tout avec un fil métallique qui le traverserait en son centre exact. Quand ce fil serait parcouru par un courant, des lignes de flux invisibles l'entoureraient en formant des « anneaux » à des distances variées du fil. La force magnétique diminuerait avec l'éloignement. Si l'on enroule un fil conducteur pour former une bobine, les lignes de flux s'alignent et se renforcent mutuellement : on renforce ainsi le champ magnétique.

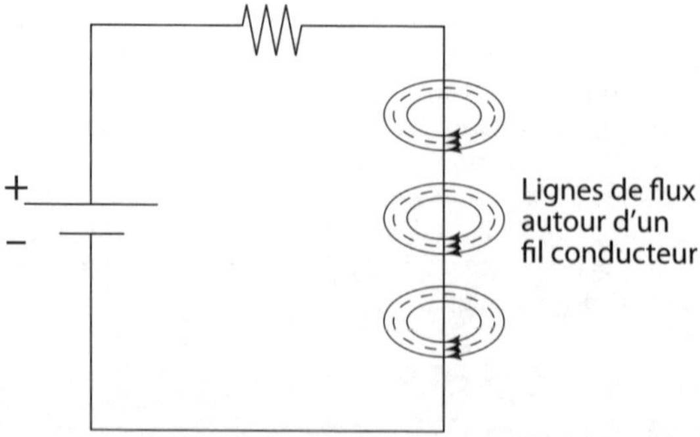


**Figure 5-2 :** Le courant circulant dans un fil conducteur produit un faible champ magnétique autour de ce fil.

## Induire un courant à l'aide d'un aimant

Sachant que l'électricité produit un champ magnétique autour d'un conducteur, que se passera-t-il si l'on approche d'un aimant permanent une boucle métallique fermée ? En fait, il ne se passera rien tant que l'on ne déplacera pas l'aimant. Un champ magnétique qui se déplace *induit* une tension aux extrémités d'un conducteur, si bien que celui-ci est parcouru par un courant. L'*induction électromagnétique* semble faire apparaître un courant comme par magie, sans qu'il y ait le moindre contact avec le conducteur. L'intensité de ce courant dépend alors de plusieurs facteurs : la force de l'aimant, le nombre de lignes de flux interceptées par le conducteur, l'angle entre le conducteur et les lignes de flux et la vitesse du déplacement de l'aimant. Pour pouvoir induire un courant fort, enroulez le fil conducteur de manière à en faire une bobine, et placez l'aimant au centre (ou *noyau*) de cette bobine. L'intensité du courant croît avec le nombre de tours d'enroulement.

Supposons que vous ayez placé un aimant permanent assez fort au centre d'une spirale de fil métallique, comme le montre la Figure 5-3. Si vous déplacez l'aimant vers le haut, un courant induit dans le conducteur circulera dans un sens. Si vous déplacez l'aimant vers le bas, un courant sera également induit, mais il circulera en sens inverse. En déplaçant de façon répétitive l'aimant vers le haut et vers le bas, vous pourrez donc induire dans le conducteur un courant alternatif. Le même effet sera produit en déplaçant le fil, plutôt que l'aimant, de bas en haut et de haut en bas. Le courant dépend du mouvement relatif entre le fil conducteur et l'aimant.

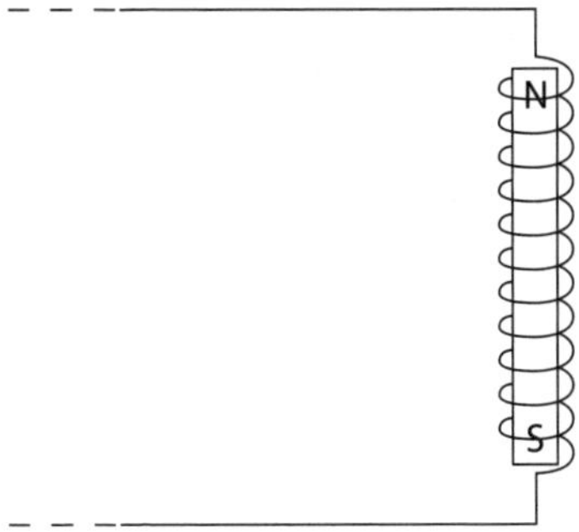


**Figure 5-3 :** Le déplacement d'un aimant à l'intérieur d'une bobine de fil métallique induit un courant dans cet aimant.

Dans une centrale électrique, le courant électrique est souvent produit par la rotation d'un conducteur à l'intérieur d'un puissant aimant en forme de fer à cheval. Le conducteur est solidaire d'une turbine qui est mise en rotation par la pression de l'eau ou de la vapeur d'eau sur ses pales. À chaque rotation complète du conducteur à l'intérieur de l'aimant, celui-ci attire les électrons dans une direction puis en sens inverse, et c'est ce qui produit le courant alternatif.

## L'inducteur, une bobine très magnétique

Le symbole ci-contre représente un inducteur dans un circuit. Un *inducteur* est un composant électronique passif, constitué d'une bobine de fil métallique enroulée autour d'un noyau. Ce noyau peut être constitué d'air, de fer ou de ferrite (un matériau fragile et cassant dérivé du fer). Le fer permet de centupler la force du champ magnétique induit. Les inducteurs sont aussi appelés *bobines*, *inductances*, *électroaimants* ou *solénoïdes*, selon leur rôle dans les circuits.

Le courant qui traverse un inducteur crée un champ magnétique autour du conducteur. Une variation de ce courant entraîne une variation du flux magnétique autour de la bobine et une tension induite à travers l'inducteur, laquelle tension, parfois appelée *tension inverse*, entraîne un courant qui s'oppose au courant du secteur. Cette propriété des inducteurs est appelée *auto-inductance* ou simplement *inductance*.

### Mesure de l'inductance

L'inductance, notée L, se mesure en *henrys* (du nom de Joseph Henry, un New-yorkais qui aimait faire joujou avec des aimants et qui a découvert l'auto-inductance). Une inductance d'un henry (H) induit une tension de 1 volt quand l'intensité du courant varie d'un ampère par seconde. Naturellement, un henry représente une valeur bien trop grande en électronique courante, aussi il s'agira plutôt de milli-henrys (mH) ou même de micro-henrys (µH).

## Opposition aux variations du courant

Sur la Figure 5-4, une tension est appliquée aux bornes d'un montage en série comportant une résistance et un inducteur. En l'absence d'inducteur, un courant d'intensité $U_{source}$ /R circulerait aussitôt la tension continue appliquée. Tout change avec un inducteur.

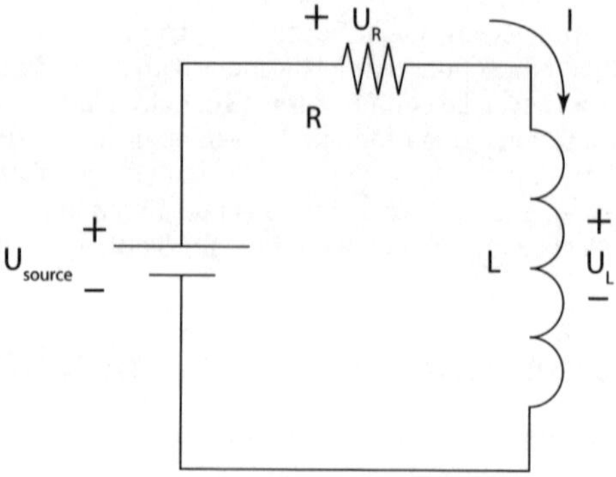


**Figure 5-4 :** L'inducteur retarde les variations du courant.

La première fois que la tension est appliquée à ce circuit, le courant qui circule induit un champ magnétique autour du bobinage de l'inducteur. L'intensité augmente (instantanément), et l'intensité du champ magnétique augmente en conséquence. La variation du champ magnétique induit une tension inverse, laquelle induit un courant dans le fil torsadé, *en sens inverse* par rapport au courant de la source de tension. Tout se passe comme si l'inducteur tentait d'empêcher que l'intensité du courant de la source ne change trop vite, et le résultat est que cette intensité n'augmente pas de façon instantanée. C'est la raison pour laquelle on dit que les inducteurs « s'opposent aux variations du courant ».

Le courant induit dans la bobine limite quelque peu l'intensité du champ magnétique. Quand l'intensité du courant de la source continue d'augmenter, le champ magnétique continue de croître (mais de plus en plus lentement), et le courant qui s'oppose à la source continue d'être induit (mais en se réduisant). Le cycle se poursuit jusqu'à ce que le courant global devienne un courant continu stable. Le champ magnétique se stabilise alors, et l'inducteur cesse d'avoir une influence sur le courant parcourant le circuit.

Le résultat global est qu'il faut un certain laps de temps pour que le courant traversant l'inducteur atteigne une valeur stable (ce laps de temps dépend de plusieurs facteurs, notamment les caractéristiques de l'inducteur et la valeur de la résistance : voir « Calcul de la constante de temps RL », plus loin dans ce chapitre). Lorsque cela se produit, le courant circule librement à travers l'inducteur, qui se comporte alors comme un simple fil conducteur (c'est ce que l'on appelle un *court-circuit*, au sens initial du terme). On a donc $U_L = 0$ V, et l'intensité du courant stable est déterminée par la tension de la source et par la résistance, selon la loi d'Ohm ($I = U_{source}/R$).

Si l'on supprime alors la source de tension continue et si l'on branche la résistance à l'inducteur, le courant circulera pendant un court laps de temps, l'inducteur s'opposant à nouveau à la soudaine chute d'intensité, jusqu'à ce que le courant finisse par s'annuler, et avec lui, le champ magnétique.

En termes d'énergie, quand on applique une source de courant continu à un inducteur, celui-ci stocke l'énergie électrique dans un champ magnétique. Si l'on supprime la source et si l'on branche une résistance sur l'inducteur, l'énergie est transférée vers la résistance, qui la dissipe sous forme de chaleur. Les inducteurs stockent l'énergie électrique dans des champs magnétiques. Un vrai inducteur – par opposition à l'inducteur « idéal » théorique – présente une certaine résistance et une certaine capacitance, en plus de son inductance, en raison des propriétés physiques de son bobinage et de son noyau ainsi que de la nature des champs magnétiques. Un inducteur ne peut donc pas stocker de l'énergie électrique très longtemps (contrairement à un condensateur), car l'énergie se perd par dissipation de chaleur.

Pour mieux comprendre le principe de l'inducteur, pensez à la circulation de l'eau dans un tuyau branché sur une turbine. Quand l'eau est sous pression, les pales de la turbine obstruent le flux et exercent une contre-pression sur l'eau. Au moment où elles commencent à tourner, la pression qu'elles appliquent diminue et l'eau circule mieux. Si l'on supprime brusquement la pression, les pales de la turbine continueront à tourner pendant un petit moment et draineront l'eau, puis elles cesseront de tourner et l'eau cessera de circuler.

Ne vous préoccupez pas des détails concernant les courants induits, de l'expansion et de la contraction des champs magnétiques, *etc*. Retenez simplement ces quelques faits relatifs aux inducteurs :

- Un inducteur s'oppose (résiste) aux variations de courant.
- Un inducteur se comporte comme un circuit ouvert au moment où il est soumis à une tension continue (aucun courant ne

circule au début, et la tension de la source chute intégralement à travers l'inducteur).

- Un inducteur se comporte ensuite comme un court-circuit : en d'autres termes, quand tout effet de champ magnétique s'est estompé, la tension est nulle et l'inducteur laisse passer tout le courant continu.

### Le courant alternatif, ou quand l'alternative devient paralysante

Quand on applique une tension alternative à un circuit comportant un inducteur, celui-ci s'oppose à toute variation du courant de la source. Si l'on fait osciller la tension de la source à une fréquence de plus en plus élevée, l'inducteur s'oppose aux changements soudains jusqu'à ce que la fréquence soit telle qu'il n'a plus le temps de réagir assez vite. Il n'y a alors plus de circulation de courant.

Imaginez que vous ayez devant vous deux gâteaux aussi tentants l'un que l'autre. Vous ne parvenez pas à décider lequel vous allez goûter en premier. Vous commencez par vous diriger vers l'un, puis vous changez soudain d'avis et vous revenez vers l'autre. Puis, vous changez d'avis à nouveau et vous revenez vers le premier, et ainsi de suite. Plus vite vous changez d'avis, plus vous avez tendance à rester au milieu et à ne faire aucun progrès dans votre tentative de goûter les gâteaux. Les électrons à l'intérieur d'un inducteur se comportent de la même manière lorsqu'un signal à haute fréquence est appliqué au circuit.

## La réactance inductive, qu'est-ce que c'est ?

L'opposition d'un inducteur aux variations du courant est ce que l'on appelle la *réactance inductive*. La résistance de l'inducteur à la variation du courant est proportionnelle à la rapidité de celle-ci.

Dans l'exemple des deux gâteaux, si vous ne changiez pas d'avis si rapidement, vous pourriez atteindre le premier gâteau, vous en servir une part et la déguster, puis vous tourner vers le second gâteau et vous en servir une part, *etc.* Si vous changez d'avis un peu plus rapidement, vous aurez encore le temps d'aller de l'un à l'autre. De même, quand un inducteur est parcouru par un courant électrique, la circulation de ce courant dépend de la rapidité de ses variations.

La réactance inductive, notée $X_L$, se mesure – vous l'avez sans doute deviné – en ohms. Comme la réactance capacitive (voir Chapitre 4), la réactance inductive varie avec la fréquence, ce qui fait une grande différence avec les résistances fixes. La formule de calcul est la suivante :

$$X_L = 2 \times \pi \times f \times L$$

Dans cette formule, f est la fréquence en hertz (Hz) de la tension alternative appliquée, L est l'inductance en henrys et π est une constante que l'on peut arrondir à 3,14. On peut donc remplacer l'expression 2 × π par 6,28 et simplifier la formule comme suit :

$$X_L \approx 6{,}28 \times f \times L$$

La réactance inductive d'un inducteur de 0,1 mH avec une fréquence de 1 Hz sera donc :

$$X_L \approx 6{,}28 \times 1 \times 0{,}0001$$

$$\approx 0{,}000628\ \Omega$$

Si la fréquence passe à 2 MHz (soit 2 000 000 Hz), la réactance inductive vaudra alors :

$$X_L \approx 6{,}28 \times 2\,000\,000 \times 0{,}0001$$

$$\approx 1{,}3\ k\Omega$$

Il faut noter que pour un signal à basse fréquence (1 Hz), la réactance inductive est presque nulle et l'inducteur se comporte alors à peu près comme un court-circuit. Au contraire, avec un signal à haute fréquence (2 MHz), l'inducteur présente une opposition non négligeable à la circulation du courant (une réactance de 1,3 kΩ).

## Application de la loi d'Ohm à la réactance inductive

La loi d'Ohm peut s'appliquer à la réactance inductive aussi bien qu'à la réactance capacitive, tant qu'elle est appliquée avec prudence et pour une fréquence unique. Supposons qu'une tension alternative soit appliquée à un inducteur de 0,1 mH avec une fréquence de 2 MHz et une tension de crête de 5 V. L'intensité du courant de crête traversant l'inducteur sera :

$$I_{crête} = \frac{U_{crête}}{X_L}$$

La réactance inductive est alors de 1,3 kΩ (voir calcul précédent), par conséquent l'intensité du courant de crête sera :

$$I_{\text{crête}} = \frac{5\ \text{V}}{1\ 300\ \Omega}$$

$$\approx 0{,}0038\ \text{A (soit 3,8 mA)}$$

### Tout dépend (là encore) de la fréquence

Dans un circuit soumis à une tension alternative, le comportement des inducteurs, comme celui des condensateurs, dépend de la fréquence. Le courant qui traverse un condensateur dépendant de la fréquence, il en est de même de la chute de tension à travers l'inducteur et les autres composants du circuit. Cette dépendance vis-à-vis de la fréquence est à la base de fonctionnalités bien utiles comme les filtres passe-bas, passe-haut et passe-bande.

L'inducteur est un peu l'*alter ego* du condensateur. Alors que le condensateur s'oppose aux variations de tension, l'inducteur s'oppose aux variations d'intensité. Alors que le condensateur bloque le courant continu et laisse passer de plus en plus le courant alternatif quand la fréquence s'accroît, l'inducteur laisse passer le courant continu et bloque de plus en plus le courant alternatif quand la fréquence s'accroît.

## Le rôle des inducteurs dans les circuits

Les inducteurs sont utilisés principalement dans les circuits accordés, pour sélectionner ou éliminer les signaux en fonction de fréquences spécifiques et pour bloquer des signaux à haute fréquence. Il peut s'agir notamment d'éliminer les interférences dans les transmissions par câble de signaux de radiodiffusion. Les inducteurs sont aussi couramment utilisés dans les applications audio pour éliminer le *bruit* issu des transmissions électriques à 50 Hz (ou à 60 Hz en Amérique du Nord).

Souvent, les inducteurs sont plus présents dans votre univers quotidien que ce que vous pourriez imaginer. Les capteurs intégrés aux feux de signalisation – ces systèmes qui détectent la présence d'un véhicule arrêté devant un feu – fonctionnent généralement grâce à un inducteur qui déclenche le changement de feu. Dans la chaussée, à plusieurs mètres du carrefour, est placée une grande bobine inductive de plusieurs tours et d'environ deux mètres de diamètre. Cette bobine est reliée à un circuit qui contrôle les feux. L'acier de la partie inférieure du véhicule passant au-dessus de la bobine modifie le flux magnétique. Ce changement est détecté par le circuit, qui déclenche alors le passage au vert.

## Isoler et blinder les inducteurs

Le fil dont les inducteurs sont constitués doit être isolé, afin d'éviter les courts-circuits intempestifs entre les tours. Les inducteurs utilisés dans les circuits électroniques sont aussi, la plupart du temps, *blindés*, c'est-à-dire enrobés d'une protection métallique non ferreuse (généralement en cuivre ou en aluminium) pour éviter que les lignes de flux magnétique infiltrent le voisinage des autres composants du circuit. On utilise un inducteur blindé pour éviter d'induire une tension ou un courant au niveau d'autres éléments du circuit. On utilise un inducteur non blindé quand on désire précisément qu'il y ait un effet sur d'autres éléments. L'utilisation de bobines non blindées est étudiée dans la section « Au fil des bobines : les transformateurs ».

## Lire la valeur de l'inductance

La valeur d'un inducteur est généralement précisée sur l'emballage à l'aide du même code de couleurs que pour les résistances (voir Chapitre 3). Pour les modèles de grande taille, la valeur est imprimée directement sur le composant. Alors que les petits inducteurs ressemblent beaucoup aux petites résistances et portent les mêmes codes de couleur, les inducteurs de forte valeur ont des formes et des tailles variées.

Un inducteur peut être fixe ou variable. Dans un cas comme dans l'autre, il est constitué d'une certaine longueur de fil conducteur enroulée autour d'un noyau. La valeur de l'inducteur dépend du nombre de tours de fil, du matériau dont le noyau est constitué, du diamètre du fil et de la longueur de la bobine. Les inducteurs fixes ont une valeur constante, tandis que la valeur des inducteurs variables peut être ajustée. L'air et la ferrite sont les constituants les plus courants du noyau, mais celui-ci peut aussi être constitué d'un certain nombre d'autres matériaux (même votre voiture peut constituer le noyau d'un inducteur).

## Association d'inducteurs blindés

Dans vos circuits électroniques simples, vous n'en utiliserez probablement pas, mais il se peut que vous soyez confronté à des schémas de circuits d'alimentation ou autres comportant plusieurs inducteurs.

C'est pourquoi il serait bon que vous sachiez calculer l'inductance équivalente de combinaisons d'inducteurs blindés. Cela vous permettrait de mieux comprendre le fonctionnement du circuit.

Dans un branchement en série, les inductances s'additionnent, tout comme les résistances :

$$L_{\text{série}} = L_1 + L_2 + L_3 \ldots$$

Dans un branchement en parallèle, l'inductance totale, comme la résistance totale lorsqu'on branche des résistances, est l'inverse de la somme des inverses des inductances (vous vous souvenez peut-être que la réciproque d'une fonction est l'inverse de la fonction, la multiplication de la fonction et de son inverse donnant 1 : l'inverse d'un réel positif x est 1/x).

$$L_{\text{parallèle}} = \frac{1}{\frac{1}{L1} + \frac{1}{L2} + \frac{1}{L3} \ldots}$$

Cette équation peut aussi s'écrire ainsi :

$$\frac{1}{L_{\text{parallèle}}} = \frac{1}{L1} + \frac{1}{L2} + \frac{1}{L3} \ldots$$

Si le montage en parallèle ne comprend que deux inducteurs, vous pouvez simplifier l'équation :

$$L_{\text{parallèle}} = \frac{L1 \times L2}{L1 + L2}$$

## Filtrer les signaux grâce aux inducteurs

Ne l'oubliez pas, les inducteurs sont comme des *alter ego* des condensateurs. Il se trouve que, dans les circuits de filtrage, les inducteurs peuvent servir à faire exactement le contraire de ce que font les condensateurs (voir Chapitre 4).

La Figure 5-5 représente un *circuit RL*, c'est-à-dire tout simplement un circuit comportant une résistance et un inducteur. La tension de sortie, $U_{out}$, est définie comme la tension aux bornes de l'inducteur.

Moins la fréquence de la tension d'entrée est élevée, plus l'inducteur réagit aux variations d'intensité, et par conséquent, plus l'inducteur agit comme un court-circuit. Avec des basses fréquences, la tension de sortie est donc quasi nulle. Plus la fréquence de la tension d'entrée est élevée, plus l'inducteur s'oppose aux variations d'intensité et moins la

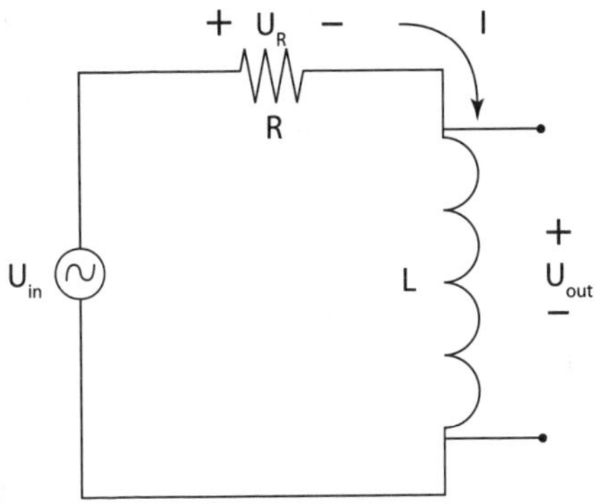


**Figure 5-5 :** Un circuit RL peut constituer un filtre passe-haut simple.

tension d'entrée peut faire circuler le courant à travers le circuit. Avec des fréquences élevées, la chute de tension à travers la résistance est donc très faible (sachant que $U_R = R \times I$ et que I est très faible), par conséquent, la tension d'entrée est essentiellement absorbée par l'inducteur et la tension de sortie est pratiquement égale à la tension d'entrée.

Ce circuit RL est configuré comme un *filtre passe-haut*, sachant qu'il « permet » aux signaux d'entrée à haute fréquence de « passer » tout en bloquant le courant continu et les basses fréquences.

Si l'on inverse les rôles de la résistance et de l'inducteur dans le montage de la Figure 5-5 et si l'on définit la tension d'entrée comme étant la tension aux bornes de la résistance, on obtient un *filtre passe-bas*. Pour les basses fréquences, l'inducteur se comportant de plus en plus comme un court-circuit, la tension à ses bornes est faible ou nulle, si bien que pratiquement toute la tension d'entrée est absorbée par la résistance. Quand la fréquence s'élève, l'inducteur se comporte de plus en plus comme un circuit ouvert : le courant peut de moins en moins circuler à travers le circuit, et donc à travers la résistance, par conséquent la tension de sortie est considérablement *atténuée* (réduite).

## Calcul de la constante de temps RL

On peut calculer le temps (en secondes) qu'il faut pour que la tension induite atteigne à peu près les deux tiers de sa valeur, en utilisant la constante de temps RL, notée T :

$$T = L/R$$

De même que la constante de temps RC, dans les circuits RC (voir Chapitre 4) est un indicateur du temps nécessaire à un condensateur pour atteindre sa pleine capacité de charge, de même la constante de temps RL indique le temps nécessaire pour qu'un inducteur devienne totalement conducteur du courant continu, ce courant continu se stabilisant au bout d'environ cinq constantes de temps RL. Vous pouvez aussi vous servir de la constante de temps RL pour calculer la *fréquence de coupure d'un filtre* (c'est-à-dire la fréquence à laquelle un filtre commence à affecter un signal d'entrée) :

$$F_c = (2 \times \pi \times T)^{-1}$$

$$= (2 \times \pi \times L)^{-1}$$

# Et maintenant, l'impédance !

Comme on l'a vu précédemment dans ce chapitre, l'opposition d'un inducteur aux variations du courant est appelée réactance inductive, de même que l'opposition d'un condensateur aux variations du courant est appelée réactance capacitive (pour plus de détails à ce propos, voir Chapitre 4). Réactance et résistance impliquent l'une et l'autre une opposition au courant alternatif, mais elles présentent une différence notable : la résistance est toujours constante, tandis que la réactance varie avec la fréquence. Dans les circuits présentant une réactance *et* une résistance, comme par exemple le circuit RL de la Figure 5-5, il peut être nécessaire de prendre la mesure de l'opposition totale au courant alternatif, pour une fréquence donnée du signal d'entrée.

Résistance et réactance se mesurent l'une et l'autre en ohms, si bien qu'on pourrait penser qu'il suffit d'additionner la réactance inductive $X_L$ à la résistance R pour obtenir l'opposition totale au courant (comme on additionne les résistances dans un montage en série). Or, ce n'est pas le cas, compte tenu du temps nécessaire à un inducteur (comme à un condensateur) pour *réagir* aux changements qui se produisent dans le circuit. Heureusement, il existe un moyen de calculer cette opposition totale au courant pour une fréquence particulière.

L'*impédance* est l'opposition totale d'un circuit à un courant variable, pour une fréquence donnée (cette notion est analogue à celle de résistance équivalente pour un circuit purement résistif, abordée au Chapitre 3, la résistance équivalente étant obtenue en additionnant toutes les résistances présentes dans ce circuit). L'impédance est notée Z. Elle est calculée en fonction de la résistance totale *et* de la réactance totale du circuit.

Pour un circuit RL en série, l'impédance totale se calcule à l'aide de la formule suivante :

$$Z_L = \sqrt{R^2 + X_L^{\ 2}}$$

De même, pour un circuit RC en série, l'impédance totale est :

$$Z_C = \sqrt{R^2 + X_C^{\ 2}}$$

Comment allez-vous vous servir de ces formules inquiétantes ? Si vous voulez utiliser la loi d'Ohm pour calculer l'intensité du courant à travers un circuit RL ou RC en série quand on applique un signal d'entrée d'une fréquence particulière, vous pouvez calculer l'impédance totale du circuit pour cette fréquence, puis appliquer la loi d'Ohm en utilisant l'impédance pour calculer l'intensité de crête du courant traversant le circuit pour cette fréquence particulière :

$$I_{crête} = \frac{U_{crête}}{Z_L}$$

Si votre circuit est constitué d'une résistance, d'un condensateur et d'un inducteur branchés en série (un *circuit RLC*), la formule de l'impédance devient plus compliquée, sachant que la réactance totale du circuit ($X_T$) est la *différence* entre la réactance inductive $X_L$ et la réactance capacitive $X_C$ : soit $X_T = X_L - X_C$. En cas de branchement en parallèle de résistances et d'inducteurs ou de résistances et de condensateurs, la formule de l'impédance est encore plus compliquée, mais pas de panique, le sujet dépasse le cadre de ce livre.

# Radiodiffusion

De façon naturelle, les inducteurs sont des filtres passe-bas et les condensateurs sont des filtres passe-haut. Par conséquent, que se passe-t-il si l'on place ces deux types de composants dans un même circuit ? Comme vous le devinez sans doute, inducteurs et condensateurs sont souvent utilisés ensemble dans les circuits d'accord, pour sélectionner la fréquence d'émission de telle ou telle station de radio.

## Résonance et circuits RLC

Observez le circuit RLC de la Figure 5-6. L'impédance totale de ce circuit peut se calculer à l'aide de la formule suivante :

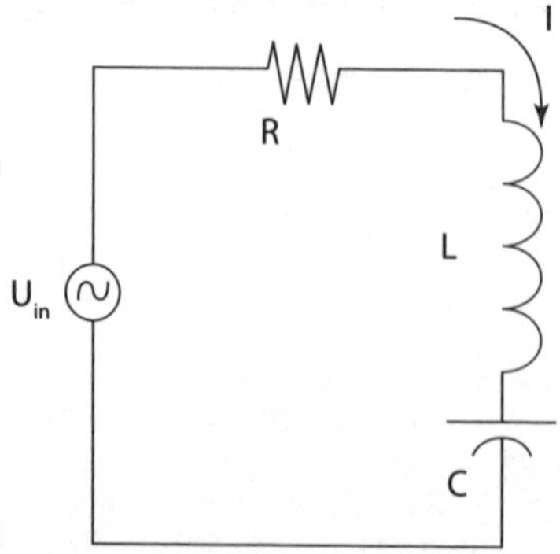


**Figure 5-6 :** Dans un circuit RLC, la réactance totale s'annule à la fréquence de résonance.

$$\begin{aligned} Z &= \sqrt{R^2 + X^2} \\ &= \sqrt{R^2 + \left(X_L - X_C\right)^2} \end{aligned}$$

Que cette formule ne vous affole pas. Remarquez seulement une chose : si $X_L = X_C$, alors l'impédance totale devient la racine carrée de $R^2$, c'est-à-dire simplement R, la résistance. En d'autres termes, quand $X_L = X_C$, la réactance inductive et la réactance capacitive *s'annulent*. Tout se passe pratiquement comme si le circuit comportait simplement une résistance. Cette situation se produit à une fréquence bien particulière, la *fréquence de résonance*. La fréquence de résonance est la valeur de la fréquence *f* qui réalise l'égalité $X_L = X_C$ pour une combinaison donnée de l'inductance (L) et de la capacité (C).

Quelle est, par conséquent, la signification de la fréquence de résonance ? Il se produit à cette fréquence quelque chose de particulier qui ne se produit à aucune autre fréquence. Au-dessus comme au-dessous de cette fréquence, une réactance globale dans le circuit s'ajoute à l'opposition que la résistance présente au courant. À de très basses fréquences, le condensateur présente une forte réactance ; à des fréquences très hautes, c'est l'inducteur qui présente une forte réactance. Par conséquent, avec un signal à basse fréquence, le condensateur bloque le courant, tandis qu'avec un signal à haute fréquence, c'est l'inducteur qui le bloque. À la fréquence de résonance, la réactance globale est nulle et tout se passe comme si seule la résistance s'opposait au courant. On dit que le circuit *résonne* à cette fréquence particulière et on parle de *circuit résonant*. La Figure 5-7 montre une analyse des fréquences du courant traversant un circuit : il convient de remarquer que l'intensité du courant atteint son plus haut niveau à la fréquence de résonance.

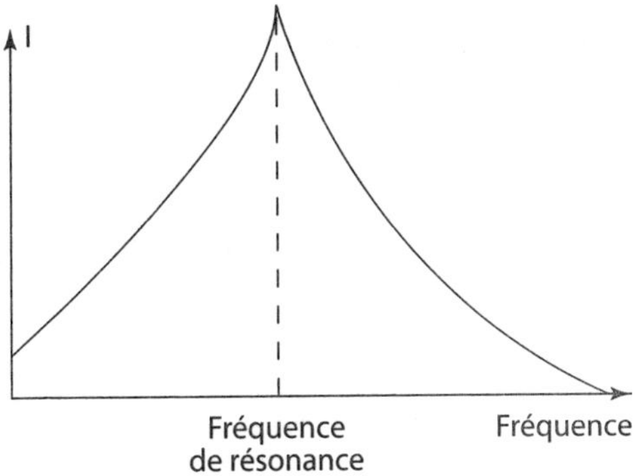


**Figure 5-7 :** Dans un circuit RLC, l'intensité est maximale à la fréquence de résonance.

Les récepteurs de radio utilisent des circuits RLC pour restreindre la circulation à une fréquence unique. On parle de *circuit d'accord* ou de *circuit accordé*. Un condensateur variable permet de régler la fréquence de résonance, ce qui permet le réglage des stations qui émettent chacune sur une fréquence différente. La molette ou le bouton de réglage des stations commande le système de variation de la capacité.

En modifiant la disposition des composants et en branchant l'inducteur en parallèle avec le condensateur, vous créez un circuit produisant l'intensité de courant *minimum* à la fréquence de résonance, c'est-à-dire un circuit qui « élimine » la fréquence de résonance tout en laissant les autres fréquences passer. Ce type de montage sert à fabriquer des *filtres coupe-bande*. De tels filtres permettent d'éliminer le bruit parasite provenant d'une conduite de courant électrique à 50 Hz (ou à 60 Hz en Amérique du Nord).

## Des cristaux pour une meilleure résonance

Ce symbole, en schématique, représente un cristal. Découpez comme il convient une tranche de cristal de quartz, sertissez-le de deux bornes métalliques et enrobez-le dans un revêtement hermétique : vous venez de fabriquer un dipôle qui résonnera à une fréquence particulière, tout comme un circuit RLC. Les *cristaux de quartz*, aussi appelés simplement *cristaux*, sont utilisés dans les circuits électroniques pour produire un signal à une fréquence très précise.

Le fonctionnement d'un cristal de quartz repose sur un phénomène appelé *effet piézoélectrique* : quand une tension lui est appliquée d'une certaine manière, il vibre à une fréquence déterminée appelée fréquence de résonance. Si l'on cesse d'appliquer cette tension, le cristal continue de vibrer pendant un moment. Il produit alors une tension à la fréquence de résonance.

Ce phénomène est exploité dans les guitares électriques : des cristaux transforment les vibrations mécaniques des cordes en signaux électriques, et ces signaux sont ensuite amplifiés. Enfin, si vous avez connu les disques en vinyle, cela vous intéressera peut-être d'apprendre que l'effet piézoélectrique était aussi ce qui permettait de transformer les ondulations du sillon en énergie électrique.

La fréquence de résonance d'un cristal dépend de son épaisseur et de sa dimension. Certains cristaux résonnent à une fréquence de quelques dizaines de kilohertz, d'autres à plusieurs dizaines de mégahertz. Les cristaux sont plus précis et plus fiables que les montages de condensateurs et d'inducteurs, mais ils sont généralement plus coûteux. Des cristaux sont utilisés dans la fabrication des *oscillateurs* pour produire des signaux électriques à une fréquence très précise. Ce sont des oscillateurs qui règlent le fonctionnement des montres à quartz et des circuits intégrés numériques (dont il sera question au Chapitre 7) et qui assurent la précision des appareils de radiophonie.

La précision d'un cristal de quartz est d'environ 0,001 % de sa fréquence de résonance (le supplément de prix est donc tout à fait justifié !). Vous entendrez peut-être parler aussi des résonateurs en céramique, qui fonctionnent selon le même principe, coûtent moins cher, mais sont moins précis. Leur tolérance de fréquence – c'est-à-dire la marge d'imprécision de la fréquence de résonance réelle – peut atteindre 0,5 %. Ils sont présents dans un certain nombre d'articles d'électronique grand public (téléviseurs, appareils photo, jouets).

# Au fil des bobines : les transformateurs

Les inducteurs utilisés dans les circuits accordés sont blindés pour que le champ magnétique qu'ils produisent n'interfère pas avec le fonctionnement des autres composants. Dans certains cas, cependant, on dispose exprès des bobinages non blindés l'un à côté de l'autre afin que leurs champs magnétiques interagissent. Dans cette section, nous expliquons en quoi consiste cette interaction et comment vous pouvez l'exploiter utilement, avec un système électronique appelé *transformateur*.

## Interaction entre bobines non blindées

Quand on place deux bobines non blindées l'une à côté de l'autre, le champ magnétique créé par la circulation d'un courant alternatif dans une des deux bobines induit une tension dans cette bobine *mais aussi dans l'autre*. Le terme utilisé pour qualifier cet effet d'induction est celui d'*inductance mutuelle*, tandis que l'*auto-inductance* fait référence à l'effet d'induction d'une tension dans la bobine ayant généré le champ magnétique initial. Plus les deux bobines sont rapprochées l'une de l'autre, plus l'interaction est forte. L'inductance mutuelle peut s'ajouter à l'auto-inductance de chaque bobine ou s'y opposer, selon les positions relatives des pôles nord et sud des inducteurs.

Si un circuit comporte une bobine non blindée et si cette bobine est disposée à proximité d'une bobine non blindée appartenant à un autre circuit, il y aura interaction. En faisant circuler un courant à travers une des bobines, on provoque l'induction d'une tension aux bornes de la bobine voisine – même si celle-ci fait partie d'un circuit complètement séparé. C'est ce que l'on appelle l'*action du transformateur*.

N'OUBLIEZ PAS

Un *transformateur* est un dispositif électronique constitué de deux bobines enroulées autour du même matériau, de telle sorte que leur inductance mutuelle soit maximale. Le courant qui traverse une des deux bobines, appelé courant *primaire*, induit aux bornes de l'autre bobine un courant *secondaire*. Le rôle du transformateur est de transférer l'énergie électrique d'un circuit à un autre.

Les symboles respectifs du transformateur à air et du transformateur à noyau solide sont représentés sur la Figure 5-8.

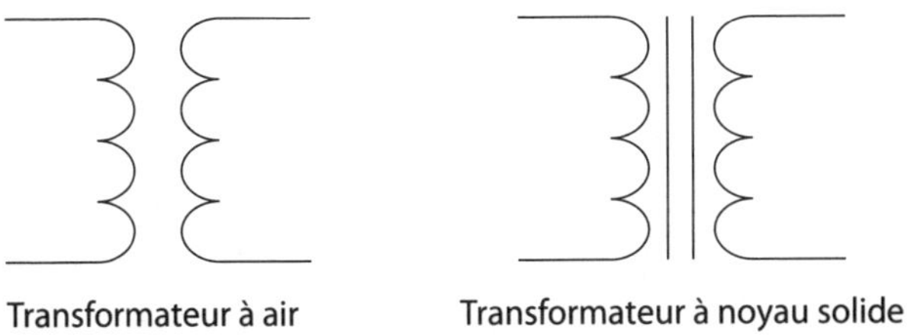


**Figure 5-8 :** Symbolisation du transformateur à air et du transformateur à noyau solide.

## Isoler les circuits d'une source d'énergie électrique

Théoriquement, dans un transformateur, si le nombre de spires est le même dans la bobine primaire et dans la bobine secondaire, la tension aux bornes de la bobine primaire sera induite en totalité dans la bobine secondaire. On appelle ce type de transformateur un *transformateur 1:1*, en raison de la relation « un pour un » entre les deux bobines (en réalité, aucun transformateur n'est parfait, c'est-à-dire *sans perte* : une partie de l'énergie électrique se perd pendant ce transfert).

Les transformateurs 1:1 sont aussi appelés *transformateurs d'isolement*. Ils servent généralement à assurer la séparation électrique de deux circuits tout en permettant au signal alternatif d'un des deux circuits d'alimenter l'autre. Le premier circuit comporte la source d'alimentation électrique tandis que le second comporte le récepteur (au Chapitre 1, nous avons défini le récepteur comme étant la destination de l'énergie électrique, c'est-à-dire l'élément que l'on veut faire fonctionner en définitive et qui peut être, par exemple, la membrane d'un haut-parleur). On isole un circuit pour réduire le risque de choc électrique ou pour éviter les interférences entre un circuit et un autre.

## Élever ou abaisser la tension

Si le nombre de spires du bobinage primaire d'un transformateur est différent du nombre de spires du bobinage secondaire, la tension induite dans celui-ci sera différente de la tension aux bornes du bobinage primaire. Le rapport entre les deux tensions sera déterminé par le nombre de spires de la bobine secondaire rapporté au nombre de spires de la bobine primaire :

$$\frac{U_S}{U_P} = \frac{N_S}{N_P}$$

Dans cette équation, $U_s$ est la tension induite aux bornes de la bobine secondaire, $U_p$ est la tension aux bornes de la bobine primaire, $N_s$ est le nombre de spires de la bobine secondaire et $N_p$ est le nombre de spires de la bobine primaire.

Supposons, par exemple, que la bobine secondaire soit constituée de 200 spires et la bobine primaire de 100 spires. Si l'on applique à la bobine primaire une tension alternative avec une tension de crête de 50 V, la tension de crête induite aux bornes de la bobine secondaire sera de 100 V, soit deux fois la valeur de la tension de crête aux bornes de la bobine primaire. Ce type de transformateur est appelé *transformateur élévateur* (ou transformateur survolteur), car il produit une élévation de tension.

Au contraire, si la bobine secondaire est constituée de 50 spires, par exemple, et la bobine primaire de 100 spires, le même signal alternatif appliqué à cette bobine primaire produira une tension de crête de 25 V aux bornes de la bobine secondaire, soit la moitié de la tension primaire. On parlera alors de *transformateur abaisseur* (ou dévolteur).

Dans un cas comme dans l'autre, la puissance appliquée à la bobine primaire est transférée à la bobine secondaire. Cette puissance étant le produit de la tension et de l'intensité (P = U × I), l'*intensité* du courant induit dans la bobine secondaire est inversement proportionnelle à la *tension* induite aux bornes de la bobine secondaire. Un transformateur élévateur élève donc la tension tout en réduisant l'intensité, tandis qu'un transformateur abaisseur abaisse la tension tout en élevant l'intensité.

Les transformateurs élévateurs et abaisseurs sont utilisés dans les systèmes de transmission de l'énergie électrique. L'électricité produite par une centrale est élevée à des tensions supérieures ou égales à 110 kV (1 kV = 1 000 V) pour être transportée sur longue distance jusqu'à des stations secondaires où la tension est abaissée pour permettre la distribution d'énergie électrique aux consommateurs.

# Chapitre 6

# Le vaste monde des semi-conducteurs

### *Dans ce chapitre*

- Découvrir ce que contient un semi-conducteur
- Fusionner deux ou plusieurs semi-conducteurs pour créer une diode ou un transistor
- Contraindre le courant à circuler dans un seul sens, grâce aux diodes
- Comprendre le rôle d'un transistor
- Utiliser des transistors pour ouvrir et fermer des contacts
- Gérer les signaux grâce aux transistors

Aujourd'hui, les semi-conducteurs sont au cœur même de pratiquement tout système électronique important, du pacemaker programmable à la navette spatiale. Il est fascinant de constater que c'est à ces minuscules semi-conducteurs que l'on doit d'incroyables avancées dans la médecine moderne, l'exploration de l'espace, l'automatisation des procédés industriels, le multimédia, les communications et dans bien d'autres domaines encore.

Les diodes et les transistors peuvent servir à transmettre ou à bloquer le courant électrique, selon la façon dont on les utilise. Ils font en sorte que le courant circule dans un seul sens et d'amplifier les signaux, des tâches que les composants électroniques passifs ne permettent pas d'accomplir.

Dans ce chapitre, vous allez découvrir les semi-conducteurs, ce qui fait qu'ils peuvent transmettre le courant et la façon dont on peut créer des diodes et des transistors en associant entre eux des semi-conducteurs. Vous comprendrez l'analogie entre une diode et une valve (et l'intérêt de cette caractéristique), le fonctionnement des transistors et la raison pour laquelle ils sont si couramment utilisés. Vous aurez bientôt les connaissances nécessaires pour pouvoir maîtriser l'électronique moderne.

## Quand le fait d'être conducteur devient un état passager

Quelque part entre les isolants et les conducteurs, il existe des matériaux qui semblent ne pas bien savoir s'ils doivent conserver leurs électrons ou les laisser circuler librement. Ce sont les *semi-conducteurs*, qui ont la particularité de se comporter tantôt comme des conducteurs, tantôt comme des isolants, selon les conditions auxquelles ils sont soumis. Avec un dispositif constitué de semi-conducteurs comme le silicium ou le germanium, vous pouvez, en jouant sur la tension, contrôler avec précision le flux des particules porteuses de charges électriques.

Une diode à semi-conducteur laisse passer le courant dans un seul sens, tout comme une valve. Un transistor vous permet d'autoriser ou de bloquer la circulation du courant, et de contrôler l'intensité d'un courant plus important en réglant celle d'un courant moins important. Ces possibilités de contrôler le courant ouvrent la voie à de nombreuses applications électroniques complexes, notamment l'amplification des signaux électriques, le *redressement* (conversion du courant alternatif en courant continu) et la conversion numérique-analogique. Enfin, grâce à leur taille microscopique et à leur faible consommation, les semi-conducteurs permettent de réunir toutes ces fonctions de contrôle dans de petits dispositifs à basse tension. Ces techniques ont révolutionné l'électronique.

Les atomes des matériaux semi-conducteurs s'agrègent de façon très régulière pour former des structures tridimensionnelles parfaites, les cristaux (Figure 6-1). Les atomes d'un cristal sont maintenus ensemble par un lien particulier appelé la *liaison covalente*. Chaque atome partage avec les autres ses électrons des couches externes (appelés *électrons de valence*). C'est un peu comme des riverains qui se partagent une allée et qui se comportent comme si cette allée faisait partie de leur propriété (sauf après une tempête de neige).

C'est précisément en raison de ces liens particuliers et du partage des électrons que les cristaux semi-conducteurs se comportent la plupart du temps comme des isolants. Chaque atome croit posséder davantage d'électrons de valence qu'il en possède réellement, et ces électrons se comportent comme s'ils appartenaient à une grande famille d'électrons qui se sentent bien là où ils sont et n'éprouvent

**Figure 6-1 :** Des matériaux semi-conducteurs comme le silicium comportent des liaisons covalentes fortes qui maintiennent ensemble les atomes dans une structure de cristal.

pas le besoin de voyager (contrairement aux atomes de la plupart des conducteurs qui n'ont souvent qu'un électron de valence, lequel est très susceptible de partir en balade). Il est cependant possible de modifier les propriétés électriques d'un pur semi-conducteur, en le dopant
(il s'agit de faire intervenir non pas une substance illicite, mais plutôt quelque chose qui modifiera la circulation des électrons, comme nous allons le voir un peu plus loin).

TRUC

Le reste de cette section traite de la physique théorique des semi-conducteurs. Il s'agit de précisions utiles mais qui ne sont pas indispensables pour comprendre le fonctionnement et l'utilisation des semi-conducteurs. Vous pouvez donc, si vous le désirez, passer directement à la section « Une diode à jonction ».

## Doper les semi-conducteurs

En ajoutant des impuretés (c'est-à-dire différents types d'atomes) à un semi-conducteur pur comme le silicium, on perturbe les liaisons. Ce processus est appelé *dopage*, et les impuretés sont appelées des *dopants*. L'arsenic et le bore sont deux dopants couramment utilisés pour doper le silicium pur.

Les dopants essaient de prendre la place d'une partie des atomes du cristal et d'établir des liaisons avec les autres atomes, mais la différence qu'ils présentent avec les atomes du cristal suffit à changer la donne. Ainsi, par exemple, un atome d'arsenic possède un électron externe de plus qu'un atome de silicium. Si l'on ajoute une petite quantité d'arsenic à une grande quantité d'atomes de silicium, chaque atome d'arsenic se lie à des atomes de silicium et laisse son électron « supplémentaire » divaguer à travers le cristal. Même si le matériau dopé est neutre du point de vue électrique, il contient alors des électrons « libres », ce qui le rend bien plus conducteur. Ainsi, en dopant le silicium, on change ses propriétés électriques.

Pour doper un semi-conducteur, on peut aussi utiliser le bore, dont l'atome possède un électron de valence *de moins* que l'atome de silicium. Pour chaque atome de bore ajouté au cristal de silicium, on obtient ce que l'on appelle un *trou* dans la structure de celui-ci, c'est-à-dire un électron externe manquant. Compte tenu de la force importante qui lie les atomes entre eux, un électron sera prélevé à un atome voisin pour combler ce trou, si bien qu'il y aura un nouveau trou au niveau de l'atome voisin, qui appellera un autre électron issu d'un atome voisin, et ainsi de suite. C'est comme si le trou se déplaçait dans la structure du cristal, comme le suggère la Figure 6-2 (en réalité, ce sont les électrons qui se déplacent, mais tout se passe comme si c'était la position du trou qui se déplaçait). Sachant que chaque trou correspond à un électron manquant, ce mouvement a le même effet qu'un flux de charges positives.

Les impuretés qui libèrent des électrons (charges négatives) à travers un semi-conducteur, comme l'arsenic, sont appelées des *dopants donneurs* (d'électrons), et le semi-conducteur dopé est dit *de type N.*

Les impuretés qui libèrent des trous (équivalant à des charges positives) à travers un semi-conducteur, comme le bore, sont appelées des *dopants accepteurs* (d'électrons), et le semi-conducteur dopé est dit *de type P.*

## Créer des composants en associant type N et type P

Quand on applique une source de tension à un semi-conducteur, qu'il soit de type N ou de type P, les électrons se déplacent à travers la matière et un courant circule du négatif au positif (pour les semi-conducteurs de type P, on parle d'un déplacement des trous du positif vers le négatif). Les semi-conducteurs se comportent alors comme des conducteurs, et l'on pourrait obtenir le même effet avec des fils de cuivre.

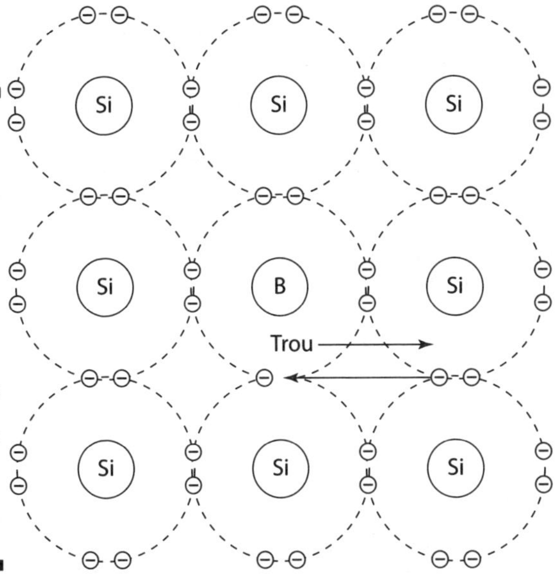


**Figure 6-2 :** Chaque fois qu'un électron d'un atome voisin change de place pour combler un trou dans une liaison covalente, tout se passe comme si c'était le trou qui se déplaçait dans la direction opposée.

Les choses se compliquent quand on fusionne des semi-conducteurs de type N et de type P avant d'appliquer une tension à la *jonction P-N*. Selon le sens dans lequel la tension est appliquée, il y aura ou non un courant. Si l'on branche la borne positive d'une pile au matériau de type P et la borne négative au matériau de type N, un courant circulera (dans la mesure où la tension appliquée sera supérieure à un certain niveau plancher). Si l'on inverse les polarités de la pile, il n'y aura pas de courant (à moins de n'appliquer qu'une tension très élevée).

La façon précise dont les semi-conducteurs de type N et de type P sont associés détermine le type de dispositif qu'ils forment, ainsi que la manière dont le courant circulera ou ne circulera pas quand une tension sera appliquée. La jonction P-N est le fondement de l'*électronique à semi-conducteurs*, qui comprend les systèmes électroniques constitués de matériaux solides et fixes, par opposition aux tubes à vide et aux dispositifs avec parties amovibles (disques mécaniques et bandes magnétiques utilisés pour stocker de l'information). Dans le domaine de l'électronique, les semi-conducteurs ont largement remplacé les tubes.

# Une diode à jonction

Une *diode* à semi-conducteur est un dipôle constitué d'une simple jonction P-N. Sur les schémas de circuits, elle est représentée par le symbole ci-contre. Une diode se comporte comme une valve à sens unique : elle ne laisse passer le courant que dans un sens quand elle est soumise à une tension. On dit parfois qu'une diode permet de *redresser* une tension.

NOTE TECHNIQUE

## Autour d'une jonction P-N

Si vous voulez comprendre réellement les raisons pour lesquelles le courant circule ou ne circule pas quand on applique une tension à une jonction P-N, il vous faut étudier de plus près les principes de la physique. Sans trop approfondir, nous vous apportons ici les précisions nécessaires. Il s'agit de savoir dans quel sens les trous sont déplacés dans le matériau de type P, dans quel sens les trous sont déplacés dans le matériau de type N et comment les trous et les électrons se réorganisent à la jonction.

Même en l'absence de tension externe, une petite différence de potentiel persiste, du fait des trous et des électrons qui se rencontrent à la jonction, qui la traversent et qui se recombinent (ce qui signifie que des électrons viennent combler les trous). Il reste alors une charge nette de chaque côté de la jonction : côté P, une charge négative, et côté N, une charge positive. La tension qui en résulte s'oppose à la poursuite du flux des « trous » et des électrons à travers la jonction.

Si l'on branche la borne positive d'une pile au matériau de type P et la borne négative de la pile au matériau de type N, les trous se déplaceront à travers le côté P vers la jonction, et les électrons se déplaceront à travers le côté N vers la jonction. En envoyant une quantité suffisante de ces deux types de charges vers la jonction, on neutralise la faible tension qui y existait déjà : les trous gagnent le côté N et les électrons gagnent le côté P. La tension appliquée de l'extérieur pousse les charges vers la jonction, si bien qu'elles continuent de la traverser. Le mouvement des trous dans un sens et des électrons en sens inverse produit un courant. Le courant conventionnel (mouvement des charges positives) part de la borne positive de la pile, traverse le matériau de type P, puis la jonction, puis le matériau de type N et gagne la borne négative de la pile.

Si l'on branche la pile dans l'autre sens, la borne négative attirera les trous du matériau de type P à travers la jonction, et la borne positive attirera les électrons du matériau de type N à travers la jonction. L'effet sera un renforcement de la tension existante entre les deux côtés de la jonction, rendant la circulation du courant plus difficile. Si la tension appliquée de l'extérieur est suffisamment forte, le courant pourra finalement passer en sens inverse. Le niveau de tension permettant que cela se produise est appelé la *tension disruptive* ou *tension d'avalanche*, et ce phénomène d'avalanche est ce qui caractérise le fonctionnement de la *diode Zener*.

Dans une diode, le côté P d'une jonction P-N est l'*anode*, et le côté N est la *cathode*. L'anode est symbolisée par la partie gauche du symbole précédent (le triangle constituant la tête de la flèche) et la cathode par la partie droite (le segment vertical). Avec la plupart des diodes, le courant circule de l'anode vers la cathode (les diodes Zener font exception : pour plus de détails, voir « Régulation de la tension avec des diodes Zener », plus loin dans ce chapitre). La jonction à l'intérieur d'une diode peut être comparée à un monticule, et le courant à un ballon que l'on essaierait de faire passer d'un côté à l'autre. Il est facile de faire descendre le ballon (de l'anode à la cathode), mais il est très difficile de le faire avancer dans l'autre sens.

Les diodes sont cylindriques, comme les résistances, mais elles ne sont pas aussi bariolées. La plupart portent une simple marque à une extrémité, pour indiquer où se trouve la cathode. La Figure 6-3 représente des diodes.

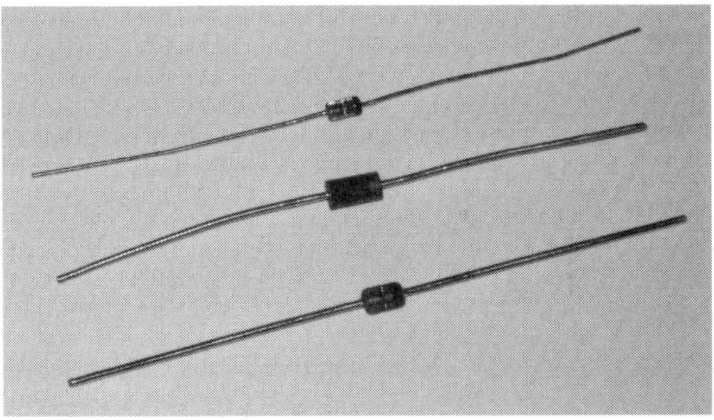

**Figure 6-3 :** Les diodes ont la même taille et la même forme que les résistances, mais elles ne présentent qu'une marque, pour symboliser la cathode.

# Diodes et polarisation

En électronique, le terme de *polarisation* fait référence à un courant continu appliqué à un circuit pour qu'il fonctionne d'une façon déterminée. Les diodes et les transistors (voir plus loin dans ce chapitre), contrairement aux résistances, sont des éléments non linéaires, ce qui signifie que dans ces éléments, la relation entre tension et courant n'est pas constante.

Polariser une diode consiste à appliquer une tension, dite *tension de polarisation*, entre l'anode et la cathode, de telle sorte que la diode laisse passer le courant de l'anode vers la cathode, ou au contraire le bloque. On a donc deux modes de fonctionnement possibles pour une diode, la *polarisation directe* (conductrice) et la *polarisation inverse* (non conductrice).

La *polarisation directe* consiste à appliquer entre l'anode et la cathode une tension positive suffisamment forte pour que la diode conduise le courant. La tension minimum nécessaire pour cela est appelée *tension directe*, et sa valeur dépend du type de diode. Pour une diode en silicium, la tension directe est généralement d'environ 0,6 à 0,7 V, tandis que pour une diode électroluminescente, elle est comprise entre 1,5 et 4,6 V (selon la couleur – vérifiez les marques de couleur sur les diodes que vous utilisez dans vos circuits). Quand une diode est polarisée de façon directe, le courant, appelé *courant direct*, circule facilement à travers la jonction P-N, de l'anode vers la cathode. On peut accroître l'intensité de ce courant (jusqu'à l'intensité maximum qu'elle peut supporter sans risque), mais la chute de tension directe variera dans une moindre proportion.La Figure 6-4 représente une diode polarisée en direct, qui laisse le courant circuler à travers une lampe.

**Figure 6-4 :** Dans ce circuit, la pile polarise la diode en (mode) direct et le courant alimente la lampe.

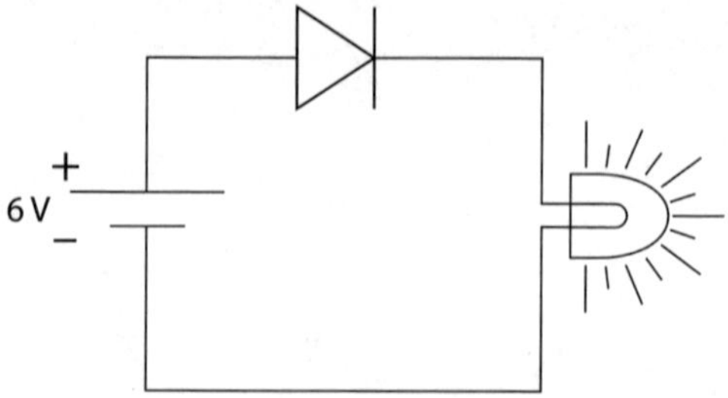


La *polarisation inverse* consiste à appliquer entre l'anode et la cathode une *tension inverse*, ce qui empêche la circulation du courant, comme le montre la Figure 6-5 (en réalité, il circule un courant très réduit, d'une intensité de l'ordre du μA). Si la tension inverse dépasse une certaine valeur (en général, 50 V ou plus), la diode « claque » et le *courant inverse* se met à circuler de la cathode vers l'anode. La tension inverse de claquage est appelée *tension inverse de crête* (TIC).

TRUC

En général, on ne polarise pas délibérément une diode en inverse (sauf si l'on utilise une diode Zener, voir la section « Régulation de la tension avec des diodes Zener », plus loin dans ce chapitre). Cela peut arriver de façon fortuite, si l'on oriente la diode de façon incorrecte dans un circuit (voir la section « Dans quel sens ça se branche ? » plus loin dans ce chapitre). Dans ce cas, ne vous inquiétez pas : vous ne risquez pas d'endommager la diode, et il vous suffira de la réorienter correctement (en revanche, si vous dépassez la tension inverse de crête, vous

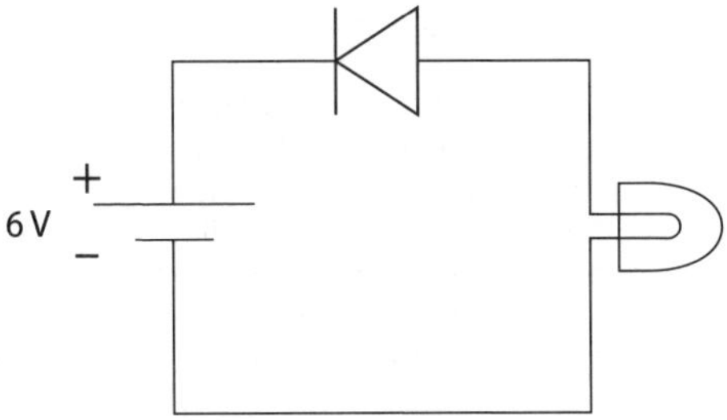


**Figure 6-5 :** Dans ce circuit, la diode est polarisée en inverse : elle agit donc comme une valve fermée et bloque le courant.

risquez de laisser passer un courant inverse trop fort et d'endommager d'autres éléments de votre circuit).

Quand une diode est soumise à une tension faible (inférieure à la tension directe) ou n'est soumise à aucune tension, elle est *non polarisée*.

## Quand le courant traverse la diode

Lorsque le courant traverse une diode, la chute de tension directe aux bornes de la diode reste à peu près constante, même si l'on augmente l'intensité du courant direct. Pour la plupart des diodes en silicium, par exemple, la tension directe est comprise entre 0,6 et 0,7 V pour un vaste intervalle d'intensités. Si vous analysez un circuit comportant une diode en silicium (comme celui de la Figure 6-4), vous pouvez supposer que la chute de tension à travers la diode est d'environ 0,7 V, même si la tension d'alimentation passe de 6 à 9 V. Une hausse de la tension d'alimentation entraîne une augmentation de l'intensité du courant à travers le circuit, mais la chute de tension reste la même aux bornes de la diode, par conséquent le surcroît de tension d'alimentation est absorbé par la lampe.

Naturellement, tout composant électronique a ses limites. Si le courant traversant une diode devient trop fort, celle-ci chauffera, jusqu'au moment où la jonction sera détériorée. Il convient donc d'être prudent et de ne pas délivrer une tension d'alimentation trop forte.

## La valeur d'une diode

Contrairement aux résistances et aux condensateurs, une diode n'a généralement pas une valeur déterminée. Elle ne fait qu'autoriser ou bloquer le courant, sans changer la forme ni l'ampleur du flux d'électrons. Toutes les diodes ne sont cependant pas égales. Les diodes standard sont évaluées sur la base de deux principaux critères, la tension inverse de crête et l'intensité :

- Le critère de la **tension inverse de crête** indique la tension inverse maximale que la diode peut supporter avant de claquer. Ainsi, par exemple, si la diode porte la mention 100 V, il convient de ne pas l'utiliser dans un circuit où elle serait soumise à une tension supérieure à 100 V (les concepteurs de circuits prévoient des marges de sécurité considérables pour tenir compte des pointes et autres incidents, si bien qu'il est courant d'utiliser une diode de redressement de 1 000 V de tension inverse de crête dans des circuits alimentés en 220 V alternatif).
- Le critère du **courant** indique le courant direct maximum que la diode peut supporter sans subir de dommages. Une diode portant la mention 3 A ne peut pas supporter une intensité supérieure à 3 ampères sans surchauffer et claquer.

## Identification des diodes

Les diodes fabriquées en Amérique du Nord sont généralement identifiées par un code numérique standard à cinq ou six caractères. Les deux premiers sont toujours « 1N » pour les diodes, le « 1 » spécifiant le nombre de jonctions P-N, le « N » signifiant semi-conducteur et les trois ou quatre autres signes indiquant des caractéristiques particulières de la diode. Un exemple classique est celui de la série des diodes de redressement identifiées par les codes 1N40*xx*, *xx* pouvant prendre les valeurs 00, 01 et ainsi de suite jusqu'à 08. L'ampérage nominal est de 1 A avec une tension inverse de crête comprise entre 50 et 1 000 V, selon la valeur *xx*. Pour une diode de redressement 1N001, par exemple, les spécifications sont 1 A et 50 V, et pour une diode 1N008, 1 A et 1 000 V. Pour la série 1N54*xx*, l'ampérage nominal est de 3 A avec une TIC de 50 à 1 000 V. Vous pouvez trouver cette information dans les catalogues de composants électroniques ou les *cross-reference books* de diodes, généralement disponibles en ligne (un *cross-reference book* permet de savoir quels composants peuvent en remplacer d'autres lorsqu'un composant spécifié sur un schéma de circuit n'est pas disponible).

TRUC

Il est intéressant de savoir que les codes en couleurs figurant sur l'emballage des diodes sont parfois les mêmes que ceux des résistances, sauf que le code ne correspond pas à une valeur mais donne le numéro d'identification du semi-conducteur. Ainsi, par exemple, le code « brun-orange-rouge » correspond à la série 1-3-2, ce qui signifie qu'il s'agit d'une diode en germanium 1N132 (voir le tableau des codes de couleur des résistances au Chapitre 3).

### Dans quel sens ça se branche ?

Dans un circuit, il est très important d'orienter correctement les diodes (voir plus loin). La bande de couleur ou autre marque sur l'emballage indique la cathode, c'est-à-dire à la borne négative de la diode.

Vous pouvez aussi déterminer la bonne orientation de la diode en mesurant sa résistance (avant de la mettre dans le circuit) à l'aide d'un ohmmètre ou d'un multimètre (voir Chapitre 12). La résistance d'une diode est faible quand elle est polarisée en direct, et forte quand elle est polarisée en inverse. Si vous branchez la borne positive de votre appareil de mesure sur l'anode et la borne négative sur la cathode, la diode sera polarisée en direct (en effet, utilisé pour mesurer la résistance, un multimètre délivre une petite tension). Vous pouvez mesurer la résistance deux fois, en effectuant le branchement dans un sens puis dans l'autre. La mesure la plus faible indiquera la polarisation directe.

Comme les valves à sens unique, les diodes ne laissent passer le courant que dans un sens. Si vous insérez une diode à l'envers dans un circuit, soit le circuit ne fonctionnera pas (il n'y aura aucun courant), soit vous risquez d'endommager certains composants (en dépassant la tension inverse de crête et en faisant circuler un courant dans le mauvais sens, ce qui peut détériorer les condensateurs électrolytiques par exemple). Notez toujours l'orientation d'une diode. Mieux vaut vérifier deux fois, on n'est jamais trop prudent !

## Utiliser des diodes dans les circuits

Il existe différents types de diodes à semi-conducteur pour différentes applications.

### Redresser le courant alternatif

La Figure 6-6 représente un circuit constitué d'une diode en silicium, d'une résistance et d'une source d'alimentation alternative. Remarquez l'orientation de la diode dans le circuit : l'anode (borne positive) est reliée à la source d'alimentation. La diode conduit le courant si elle est polarisée en direct, pas si elle est polarisée en inverse. Quand la source alternative est positive (et fournit une tension d'au moins 0,7 V pour polariser en direct la diode à silicium), la diode conduit le courant ; quand la source fournit moins de 0,7 V, la diode bloque le courant. La tension de sortie est une version partielle de la tension d'entrée : elle ne comprend que la part du signal d'entrée supérieure à 0,7 V.

**Figure 6-6 :** Dans ce circuit, la diode « supprime » la partie négative de la tension d'alimentation.

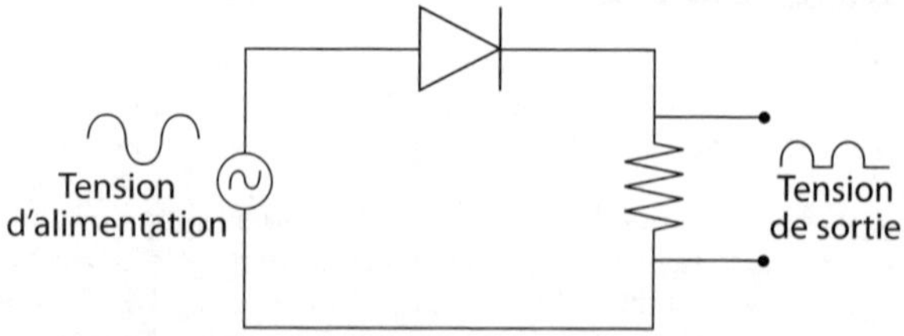


Si l'orientation de la diode est inversée, il se produit le contraire, la tension de sortie ne reprend que la partie négative de la tension d'alimentation :

- Lorsque la tension d'alimentation est positive, la diode est polarisée en sens inverse et il n'y a pas de courant.
- Lorsque la tension d'alimentation est négative et suffisante (à partir de –0,7 V), la diode est polarisée en sens direct et le courant circule.

N'OUBLIEZ PAS

Les diodes utilisées de cette façon, c'est-à-dire pour transformer un courant alternatif en un courant continu variable, sont appelées *diodes de redressement* ou *redresseurs*. Elles supportent généralement des intensités de courant pouvant aller de quelques centaines de milliampères à quelques ampères, soit bien plus que les *diodes de signal* qui sont conçues pour des courants jusqu'à 100 mA. Les diodes de redressement sont utilisées essentiellement de deux manières :

- **Redressement simple alternance :** L'utilisation d'une diode de redressement unique permet de transformer la moitié du signal alternatif en courant continu.
- **Redressement double alternance :** Le montage de quatre diodes sous forme d'un *pont de redressement* permet de transformer les deux parties (négative et positive) du signal alternatif en signal positif (voir Figure 6-7). Il s'agit du premier stade d'un processus d'alimentation en courant continu.
- Les ponts de redressement sont des articles courants, il en existe sous forme d'élément unique à quatre bornes (deux pour le courant alternatif d'alimentation et deux pour le courant continu de sortie).

**Figure 6-7 :** Dans un pont de redressement, quatre diodes transforment le courant alternatif en courant continu à ondulations.

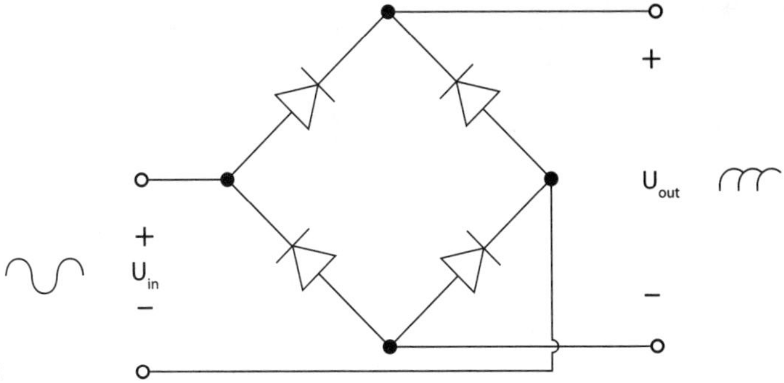


# *Régulation de la tension avec des diodes Zener*

La *diode Zener* est une diode d'un type particulier, qui atteint sa *tension d'avalanche* à un niveau de tension plus faible que les autres diodes. Si elle est polarisée en inverse et si la tension à laquelle elle est soumise dépasse la tension d'avalanche, la diode Zener devient conductrice en sens inverse (de la cathode vers l'anode). Quand on continue d'augmenter la tension inverse au-delà de la tension d'avalanche, la diode devient de plus en plus conductrice, tout en maintenant une chute de tension stable.

Pour les diodes Zener, il convient de ne pas oublier les deux particularités suivantes :

- La **tension d'avalanche**, ou *tension disruptive* ou *tension de claquage*, est la tension inverse à partir de laquelle la diode « claque » et devient conductrice. La tension de claquage, contrôlée par le processus de polarisation du semi-conducteur, peut être comprise entre 2,4 V et plusieurs centaines de volts.
- L'**indication de puissance** donne la puissance maximale (tension × intensité) que la diode Zener peut supporter (l'exposition d'une diode à une puissance excessive peut lui être fatale, même si elle est conçue pour « claquer »).

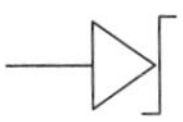

Dans un circuit, la diode Zener est représentée par le symbole ci-contre.

L'intérêt des diodes Zener est qu'elles maintiennent une tension inverse constante même lorsque le courant varie. Elles servent donc à réguler la tension dans un circuit. Dans celui de la Figure 6-8,

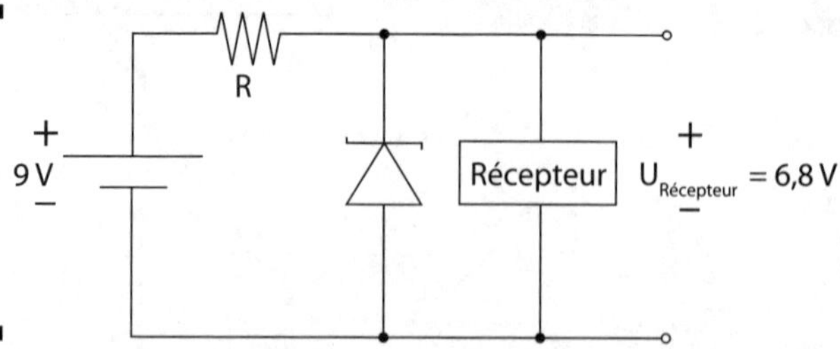


**Figure 6-8 :** Dans ce circuit, la diode Zener stabilise la tension aux bornes du récepteur.

par exemple, une source continue de 9 V alimente un récepteur, et une diode Zener est disposée de telle sorte que la tension continue dépasse la tension d'avalanche qui est de 6,8 V. La tension résiduelle est absorbée par la résistance (qui sert à limiter le courant traversant la diode pour que celle-ci ne soit pas soumise à une puissance trop forte).

Une précision importante : si la tension d'alimentation oscille autour de sa valeur nominale de 9 V, l'intensité du courant traversant le circuit fluctuera *mais la tension aux bornes du récepteur ne variera pas* : elle se maintiendra à 6,8 V. La diode Zener autorise les fluctuations du courant mais elle stabilise la tension, alors que la tension aux bornes d'une résistance varie en fonction de l'intensité du courant.

## Un éclairage sur les diodes électroluminescentes

Toutes les diodes, lorsqu'elles sont polarisées dans le sens direct, libèrent de l'énergie sous forme de lumière. Une diode standard au silicium émet des rayons infrarouges qui ne sont pas visibles par l'œil humain. Les *diodes infrarouges* servent à faire fonctionner les télécommandes d'appareils électroniques tels que téléviseurs ou lecteurs de DVD.

Les *diodes électroluminescentes visibles* (souvent appelées *LED*) sont spécialement conçues pour émettre une grande quantité de lumière visible. Selon le matériau semi-conducteur utilisé, on peut fabriquer une diode qui émettra une lumière rouge, jaune ou verte, et il existe aussi des diodes qui émettent une lumière bleue ou même blanche, pour certains usages bien particuliers. Une « diode » bicolore ou tricolore est en réalité constituée de deux ou trois diodes différentes.

Ma006 Une LED est représentée par le symbole ci-contre. Une diode de ce type est protégée par un enrobage en plastique conçu pour diriger la lumière dans une direction particulière. Le fil conducteur qui prolonge la cathode est plus court que celui qui prolonge l'anode. Comparées aux ampoules à incandescence classiques, les LED ont une plus grande longévité et un meilleur rendement, elles chauffent moins, et elles atteignent bien plus vite leur brillance maximale. Elles sont utilisées dans les indicateurs de changement de direction des automobiles (les clignotants), dans les ordinateurs, les appareils audio, les horloges numériques et autres appareils à affichage lumineux. La Figure 6-9 montre une LED unicolore.

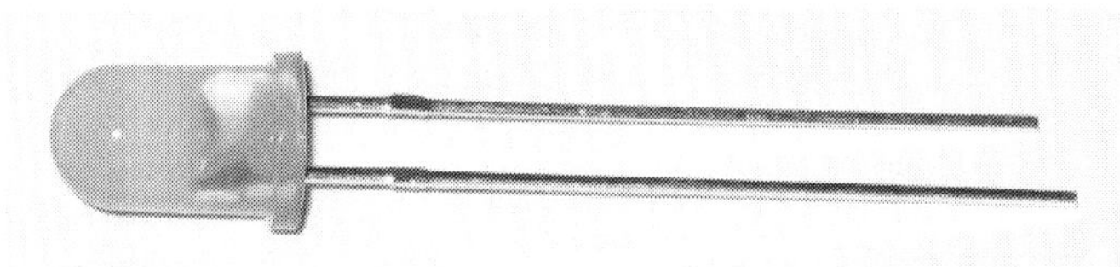

**Figure 6-9 :** Sur une LED unicolore classique, la branche la plus courte est le prolongement de la cathode.

Les spécifications des LED sont les mêmes que celles des autres diodes, si ce n'est qu'elles admettent généralement une intensité et une TIC moins fortes. En général, la TIC est autour de 5 V et l'intensité maximale spécifiée est inférieure à 50 mA. Traversée par un courant trop fort, une LED grille. La tension en sens direct varie de 1,5 V pour une LED infrarouge à 4,6 pour une LED bleue. Pour les LED rouges, jaunes et vertes, la tension directe est généralement proche de 2 V. Chaque fois que vous devez utiliser une LED, vérifiez bien les spécifications.

TRUC

L'intensité maximum spécifiée pour une LED fait généralement référence au *courant direct* maximum, à ne pas confondre avec le *courant de crête* ou *courant pulsatoire*. Le courant de crête, plus élevé que le courant direct maximum, est le courant maximum absolu pouvant traverser la LED pendant un laps de temps très court. Quand on dit *court*, ici, on parle de millisecondes. Si vous confondez le courant direct et le courant de crête, vous risquez de ruiner votre LED.

ATTENTION !

Ne branchez jamais une LED directement sur une source d'alimentation électrique, elle grillerait instantanément. Branchez plutôt une résistance en série avec la LED, afin de limiter le courant direct. Dans le circuit de la Figure 6-10, par exemple, une pile de 6 V alimente une LED rouge. La chute de tension directe aux bornes de la LED est de 2 V et elle tolère une intensité maximale de 30 mA. La chute de tension aux bornes de la résistance est la différence entre la tension d'alimentation et la tension directe aux bornes de la LED, soit 6 V – 2 V = 4 V. La ques-

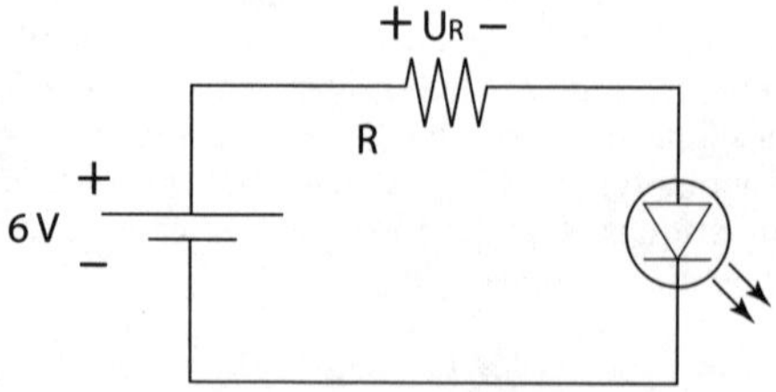


Figure 6-10 : N'oubliez pas de brancher une résistance en série avec la LED, pour limiter le courant la traversant.

tion est de savoir quelle résistance permet de limiter le courant à 30 mA (soit 0,030 A) *ou moins* quand la tension aux bornes de la résistance est égale à 4 V. On applique donc la loi d'Ohm (voir Chapitre 3) pour calculer la valeur *minimale* que doit avoir cette résistance :

$$R = \frac{U_R}{I_{max}}$$

$$= \frac{4\ V}{0{,}030\ A}$$

$$= 133\ \Omega$$

Vous ne trouverez sans doute pas une résistance ayant précisément cette valeur. Vous choisirez donc une résistance standard de valeur *supérieure* (150 Ω) pour limiter le courant un peu plus, plutôt que pas assez. Avec une résistance de valeur inférieure (120 Ω), l'intensité dépasserait le maximum spécifié.

## Autres utilisations des diodes

Dans les circuits électroniques, les diodes peuvent trouver diverses autres applications, entre autres :

- **La protection contre les surtensions :** Une diode montée en parallèle avec un équipement électronique sensible le protège contre les pics de tension importants. La diode doit être placée « à l'envers », de telle sorte qu'elle soit normalement polarisée en sens inverse et qu'elle fasse l'effet d'un circuit ouvert. Cependant, dans des circonstances particulières, notamment en cas d'important pic de tension, la diode se polarise dans le sens direct. Elle limite alors la tension aux bornes de l'équipement sensible et dévie le courant en excès vers la terre. Ainsi, l'équipement en question n'est pas endommagé (la diode, elle, n'a pas toujours cette chance).

- **La construction de portails logiques :** Les diodes sont les éléments essentiels de circuits spécialisés appelés circuits *logiques*, qui traitent des signaux constitués uniquement de deux niveaux de tension servant à représenter l'information binaire (allumé/éteint, haut/bas, ou 1/0) dans les systèmes numériques. Les circuits logiques seront abordés un peu plus en détail au Chapitre 7.
- **Le courant piloté :** Les diodes sont parfois utilisées dans les onduleurs pour éviter que le courant soit tiré des accumulateurs de secours dans les circonstances normales, tout en permettant qu'il soit tiré de ces accumulateurs en cas de coupure du secteur.

## Des transistors extrêmement doués

Pourriez-vous aujourd'hui imaginer ce que serait le monde sans ces incroyables composants que l'on appelle les transistors ? Votre téléphone portable aurait les dimensions d'une machine à laver, votre ordinateur remplirait tout le volume de votre salon et votre baladeur MP3 ne serait encore qu'un simple rêve dans la tête de Steve Jobs.

Les transistors sont au cœur de pratiquement tout appareil électronique. Ils ne prennent pas beaucoup de place mais ils travaillent beaucoup sans demander grand-chose en échange, sans produire beaucoup de chaleur et sans avoir trop tendance à claquer. Généralement considéré comme l'innovation technique la plus importante du XXe siècle, le transistor a été mis au point pour remplacer le tube électronique (ou lampe), qui avait permis la fabrication en série des premiers appareils électroniques, de la radio à l'ordinateur, mais qui présentait quelques inconvénients notables. C'est le transistor qui a permis la miniaturisation de l'électronique, et par suite, l'apparition du téléphone portable, du baladeur, des systèmes GPS et de bien d'autres appareils encore.

Dans la plupart des petits appareils et gadgets actuels, les transistors sont microscopiques. Ils sont faits d'un bloc, ils sont très fiables et ils sont bien moins gourmands en énergie électrique que leurs ancêtres les tubes. Dans un circuit électronique, les transistors ont essentiellement deux fonctions, commuter et amplifier, qui sont à la base même du fonctionnement de tout le reste. Le pouvoir de fermer et d'ouvrir le circuit, c'est-à-dire d'allumer et d'éteindre, est le pouvoir de contrôler la circulation des électrons. En disposant divers interrupteurs de façon judicieuse, on peut construire des circuits très élaborés.

À partir du moment où vous pouvez amplifier un signal électrique, vous pouvez stocker et transmettre des signaux de faible ampleur et les modifier pour produire un effet particulier (par exemple, pour faire vibrer la membrane d'un haut-parleur).

Il existe de nombreux types de transistors. Les deux plus répandus sont les suivants :

- les transistors bipolaires à jonction ;
- les transistors à effet de champ.

## Les transistors bipolaires à jonction

Le premier transistor inventé était le *transistor bipolaire à jonction* (TBJ). C'est le type de transistor qu'utilisent le plus souvent les passionnés qui bricolent des circuits dans leur garage. Un TBJ est constitué de deux jonctions P-N qui ont été fusionnées pour former une structure à trois couches, comme un sandwich. Le transistor comporte donc trois sections. À chacune de ces sections est fixée une connexion. Les trois connexions sont appelées la *base*, le *collecteur* et l'*émetteur*. On distingue deux types de transistors bipolaires :

- **Le transistor NPN :** une couche fine de semi-conducteur de type P entre deux fragments plus épais de semi-conducteur de type N (symbole ci-contre).

- **Le transistor PNP :** une couche fine de semi-conducteur de type N entre deux fragments plus épais de semi-conducteur de type P (symbole ci-contre).

N'OUBLIEZ PAS

Pour l'essentiel, le transistor bipolaire comporte deux jonctions P-N : la jonction base-émetteur et la jonction base-collecteur. En contrôlant la tension appliquée à la jonction base-émetteur, on contrôle la polarisation de cette jonction (directe ou inverse), et, en fin de compte, le courant électrique traversant le transistor. Dans la section intitulée « Comment fonctionne vraiment un transistor ? », plus loin dans ce chapitre, nous examinons le fonctionnement d'un transistor NPN.

## Les transistors à effet de champ

Un *transistor à effet de champ* (TEF) est constitué d'un semi-conducteur ou canal de type N ou P pouvant être traversé par un courant, et d'un matériau différent, disposé sur une section du canal et qui en contrôle la conductivité. Une des extrémités du canal est la *source*, l'autre étant le *drain*, tandis que le système de contrôle est appelé la *grille*. En appliquant une tension à la grille, on peut contrôler la circulation du courant entre la source et le drain. Une connexion est fixée à la source, une autre au drain et une autre à la grille. Certains TEF comportent une quatrième extrémité métallique qui permet de les fixer dans le châssis du circuit (toutefois, il ne faut pas confondre ces créatures à quatre pattes avec les *transistors MOSFET grille double*, qui ont aussi quatre broches).

Les TEF peuvent être constitués d'un canal de type N ou P, selon le type de matériau semi-conducteur. Il existe deux grands sous-types de TEF : le *MOSFET (TEF métal-oxyde-semi-conducteur)* et le *JFET (TEF à jonction)*. Tout dépend de la façon dont la grille est conçue. Pour chaque type, les propriétés électriques et les utilisations seront différentes. Les détails de la fabrication des grilles sortent du cadre de ce livre, mais il faut que vous connaissiez les noms de ces deux principaux types de TEF.

Les TEF (et en particulier les MOSFET) sont devenus bien plus courants que les transistors bipolaires dans l'assemblage des circuits intégrés, un sujet abordé au Chapitre 7, qui réunissent des milliers de transistors servant à accomplir ensemble une tâche déterminée. En effet, ce sont des éléments de faible puissance et leur structure permet de les grouper par milliers sur un seul morceau de silicium.

Une *décharge électrostatique (DES)* peut être fatale à un TEF. Si vous vous procurez des TEF, prenez soin de les conserver dans un sac ou un tube antistatique et de ne les en sortir qu'au moment de les utiliser. Pour plus de détails sur les dégâts que peuvent provoquer les DES, voir Chapitre 9.

# Principe de fonctionnement d'un transistor

Fondamentalement, le fonctionnement des TBJ et des TEF est le même. Selon la tension appliquée à l'entrée (à la *base* pour un TBJ ou à la *grille* pour un TEF), le courant circulera ou ne circulera pas à travers le transistor (du collecteur à l'émetteur pour un TBJ, de la source au drain pour un TEF).

- Au-dessous d'une certaine tension, il n'y a aucun courant.
- Au-dessus d'une certaine tension, il y a le maximum de courant possible.
- Entre ces deux niveaux de tension, un courant d'intensité intermédiaire circule.

Lorsque la tension est comprise entre ces deux niveaux, de petites fluctuations du courant d'entrée se traduisent par de grandes fluctuations du courant de sortie. En ne permettant que les deux premières possibilités de tension (tout ou rien), on fait du transistor un simple interrupteur. La troisième possibilité permet d'utiliser le transistor comme un amplificateur.

Pour comprendre comment fonctionne un transistor (et, de façon plus spécifique, un TEF), pensez à un tuyau reliant une source à un drain et muni d'une valve contrôlable (Figure 6-11). En jouant sur la position de la valve (fermée, ouverte ou partiellement ouverte), on contrôle le débit d'eau. Dans un circuit, vous avez deux manières différentes de monter un mécanisme de contrôle similaire : comme un interrupteur, c'est-à-dire avec deux positions, ouverture et fermeture, ou bien avec une ouverture réglable selon la force que l'on veut exercer. Quand la valve est partiellement ouverte, on peut la régler pour augmenter ou diminuer le débit. Un léger changement au niveau de la force exercée sur la valve entraîne un changement plus important au niveau du débit d'eau. La fonction d'amplificateur du transistor est similaire.

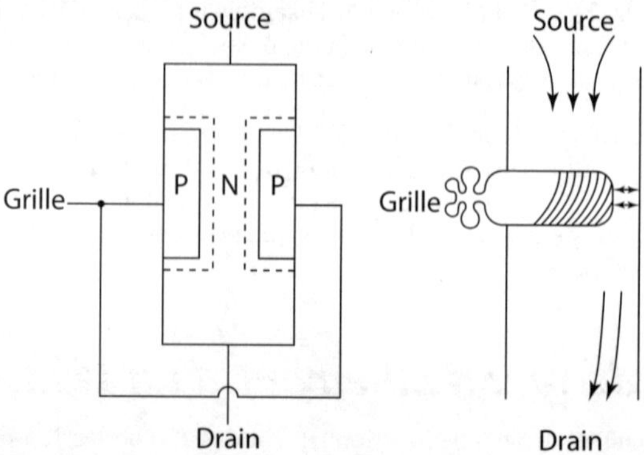


**Figure 6-11 :** Dans un transistor à effet de champ (TEF), la circulation du courant entre la source et le drain dépend de la tension appliquée à la grille.

## Comment fonctionne vraiment un transistor ?

Si vous êtes curieux de savoir comment l'application d'une tension à une jonction P-N dans un transistor bipolaire peut permettre de contrôler le courant traversant le reste de ce transistor, cette section vous concerne. En revanche, si le mouvement des électrons libres et des trous dans un semi-conducteur dopé ne vous intéresse pas particulièrement, vous pouvez sauter cette section et passer directement à la section « Un modèle pour comprendre les transistors ».

Pour voir de plus près comment fonctionne un transistor, examinons un transistor de type NPN. La Figure 6-12 représente la structure d'un transistor NPN comportant une fine section P entre deux sections plus épaisses de type N. La section de type P constitue la base même du transistor et comporte une connexion vers l'extérieur. Une des deux sections de type N est l'émetteur, l'autre le collecteur. L'émetteur et le collecteur ne sont pas interchangeables : ils sont dopés de façon différente, si bien qu'ils ne présentent pas la même concentration d'électrons libres. La base étant très fine, elle contient bien moins de trous disponibles qu'il n'y a d'électrons libres dans l'émetteur et le collecteur. Cette différence est importante.

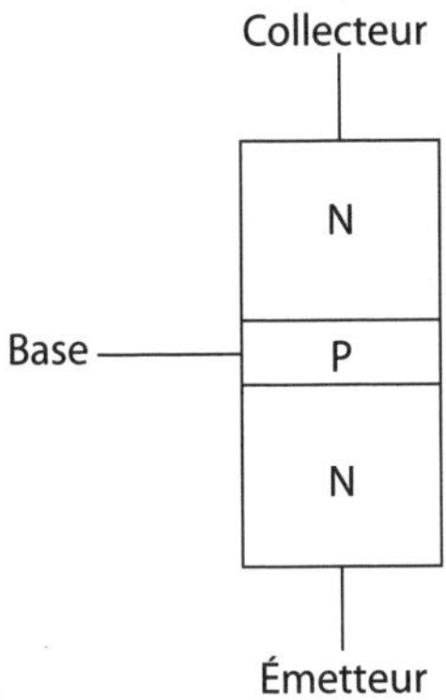


**Figure 6-12 :** La base d'un transistor NPN est constituée d'un semi-conducteur de type P en sandwich entre deux semi-conducteurs de type N plus épais.

## *Émission et collecte d'électrons*

Un transistor NPN comporte deux jonctions P-N : la *jonction base-collecteur* (jonction P-N entre la base et le collecteur) et la *jonction base-émetteur* (jonction P-N entre la base et l'émetteur). C'est comme si l'on accolait deux diodes ensemble, anode contre anode. Supposons que l'on relie deux sources de tension différentes à travers les deux jonctions (Figure 6-13) : une source, $V_{CE}$, applique une tension continue positive entre le collecteur et l'émetteur, tandis que l'autre source, $V_{BE}$, applique une tension continue positive entre la base et l'émetteur. Si $V_{CE} > V_{BE}$, alors la tension au niveau de la base est inférieure à la tension au niveau du collecteur. La jonction base-collecteur est alors polarisée en inverse et n'est traversée par aucun courant. En élevant $V_{BE}$ à 0,7 V environ (la tension directe d'une jonction P-N en silicium), ou davantage, on polarise en inverse la jonction base-émetteur, si bien qu'elle est traversée par un courant.

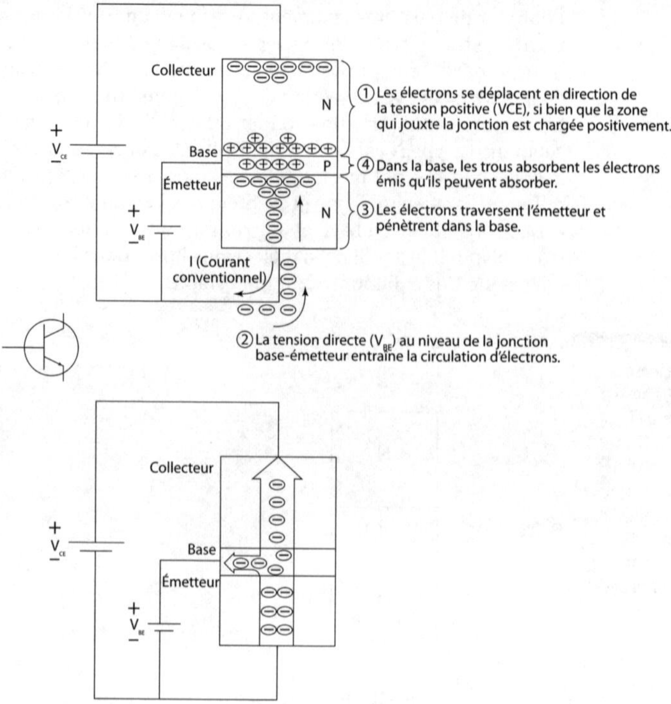


**Figure 6-13 :** Polarisation directe de la jonction base-émetteur pour que le courant traverse le transistor.

N'OUBLIEZ PAS

Le courant qui traverse la jonction base-émetteur est constitué des électrons libres qui traversent l'émetteur. L'émetteur envoie (émet) ses électrons vers la base (les électrons sont poussés par une force extérieure, provenant de la source reliée au collecteur).

Une partie des électrons qui parviennent dans la base *se recombinent* avec les trous (ne pas oublier que la base est constituée d'un semi-conducteur de type P). Cependant, la base n'étant pas épaisse, il n'y a pas assez de trous pour absorber tous les électrons qui traversent la jonction. La base accumule donc de la charge négative et tente d'expulser les électrons en surnombre. Ces électrons peuvent sortir de la base de deux manières :

- par la connexion vers le pôle positif de la source ;
- par la jonction base-collecteur pour gagner le collecteur.

Quel chemin les électrons vont-ils prendre ? N'oublions pas que la jonction base-collecteur est polarisée en inverse et que la borne du collecteur est soumise à une tension positive forte. Cette tension positive attire les électrons libres qui existent normalement dans le collecteur de type N. Les électrons s'accumulent donc à une extrémité du collecteur et se raréfient à l'autre extrémité (près de la jonction base-collecteur). Tout se passe donc comme si cette autre extrémité était chargée positivement.

Donc, la région du collecteur qui jouxte la base accumule de la charge positive, et des électrons provenant de l'émetteur s'accumulent dans la base en cherchant à en ressortir. Que va-t-il se passer ? *La plupart de ces électrons (environ 99 %) traversent la jonction base-collecteur.* Les électrons « émis » par l'émetteur sont donc « collectés » par le collecteur. Une très faible part (moins de 1 %) sort de la base par la borne connectée à la source de tension, mais ce mouvement n'est pas aussi fort que le mouvement d'électrons à travers la jonction vers le collecteur.

N'OUBLIEZ PAS

Vu d'un œil extérieur, lorsque la jonction base-émetteur est polarisée en sens direct, les électrons proviennent de l'émetteur et se partagent entre le collecteur et la base, la plus grande partie (99 %) allant au collecteur. *En contrôlant la tension de la jonction base-émetteur, on fait circuler une quantité plus ou moins grande d'électrons à travers le transistor, de l'émetteur vers le collecteur.* C'est le principe même du fonctionnement d'un transistor. Polariser un transistor, c'est ouvrir une valve pour contrôler la circulation d'un courant.

TRUC

Sur les schémas de circuits électroniques, on fait toujours référence au courant conventionnel, qui est, on l'a vu, en sens inverse du flux réel des électrons. Par conséquent, lorsque la jonction base-émetteur d'un transistor NPN est polarisée dans le sens direct, on dit qu'un courant (conventionnel) faible (bas) circule de la base vers l'émetteur et qu'un courant (conventionnel) fort (haut) circule du collecteur vers l'émetteur. C'est la raison pour laquelle le symbole du transistor NPN comporte une flèche venant de l'émetteur. Cette flèche est orientée dans le sens du courant *conventionnel*.

Pour polariser dans le sens direct un transistor NPN en silicium, on applique une tension d'au moins 0,7 V à la jonction base-émetteur. Avec les transistors au germanium (bien plus rare que le silicium), la tension directe est plus faible (aux alentours de 0,3 V), mais le fonctionnement est le même. Les transistors PNP fonctionnent aussi de la même manière, sauf que toutes les polarités sont inversées car les jonctions sont inversées. Pour polariser en sens direct la jonction base-émetteur d'un transistor PNP, par exemple, on applique une tension de - 0,7 V entre la base et l'émetteur. Le symbole du transistor PNP comporte une flèche pointant *vers* l'émetteur, qui indique le sens du courant conventionnel lorsque le transistor laisse passer un courant.

## Le gain en courant

Quand on accroît l'intensité du courant circulant vers la base, $I_B$, il se passe quelque chose d'intéressant : l'intensité du courant vers le collecteur, $I_C$, s'accroît aussi. Quand le courant vers la base diminue, le courant vers le collecteur également. La relation entre le courant de la base et le courant du collecteur (1 % – 99 %) reste vérifiée quand le courant vers la base varie (dans certaines limites, comme on le verra dans la section « Saturer le transistor », plus loin dans ce chapitre).

N'OUBLIEZ PAS

Les variations du courant au niveau du collecteur correspondent exactement aux variations du courant au niveau de la base, mais en bien plus intense. C'est la raison pour laquelle les transistors sont considérés comme des amplificateurs de courant, même s'ils ne font en réalité que le *contrôler*, et non en *produire* un plus fort. Le courant traversant le collecteur est proportionnel au courant qui traverse la base. Si l'on utilise le transistor comme amplificateur, on peut éviter de compliquer le circuit en configurant le transistor avec d'autres composants (comme les résistances) de manière à éliminer toute dépendance vis-à-vis de la valeur exacte du gain en courant. Il se trouve qu'un tel système (voir la section « Un transistor pour amplifier les signaux », plus loin dans ce chapitre) est très facile à concevoir et à monter.

## Saturer le transistor

Dans un transistor, le gain en courant de la base au collecteur se réalise au-delà d'un certain point. Rappelons-nous que l'intérieur du transistor est constitué de semi-conducteurs dopés comportant un nombre limité d'électrons libres ou de trous susceptibles d'être déplacés. Quand on augmente l'alimentation en tension au niveau de la base, davantage d'électrons en sortent, ce qui signifie que davantage d'électrons proviennent de l'émetteur. Cependant, compte tenu de la quantité d'électrons disponibles dans l'émetteur, l'intensité est plafonnée. Quand le transistor atteint la limite, on dit qu'il est *saturé*.

TRUC

La saturation d'un transistor peut être comparée au fait d'ouvrir une valve jusqu'à ce que le tuyau laisse passer le débit d'eau maximal possible. Même si l'on continue d'ouvrir la valve, le débit n'augmentera plus.

Quand un transistor est saturé, ses deux jonctions (base-émetteur et base-collecteur) sont polarisées dans le sens direct. La chute de tension aux bornes du transistor (du collecteur à l'émetteur) est pratiquement nulle. Tout se passe comme si un fil conducteur reliait les deux bornes externes du transistor, et comme $I_C$ est très supérieure à $I_B$, avec $I_E = I_B + I_C$, on peut admettre que $I_C \approx I_E$. Vous vous apercevrez

### D'où vient le mot « transistor » ?

Le mot « transistor » a été formé à partir de *trans* et de *resistor* (résistance). Le préfixe *trans* traduit la circulation des électrons, sous l'effet d'une tension directe au niveau de la jonction base-émetteur, d'une partie vers une autre du composant, c'est-à-dire de l'émetteur au collecteur. L'effet est donc *transféré* d'un endroit à un autre. C'est ce que l'on appelle l'*action du transistor*.

Les fluctuations du courant au niveau de la base entraînant des fluctuations proportionnelles du courant au niveau du collecteur ou de l'émetteur, on peut assimiler le transistor à une sorte de résistance variable, d'où la seconde partie du nom donné à ce composant.

que cette approximation est bien pratique quand on doit analyser ou concevoir des circuits comprenant des transistors.

N'OUBLIEZ PAS

Si vous utilisez un transistor de telle sorte que le courant soit ou maximal, ou nul, alors ce transistor est assimilable à un interrupteur. C'est ce qui se produit quand le circuit est conçu de telle façon que la jonction base-émetteur soit non conductrice (tension inférieure à 0,7 V) ou totalement conductrice (tout l'un ou tout l'autre).

## Un modèle pour comprendre les transistors

Des électrons libres, des trous qui se déplacent, des jonctions P-N, la polarisation, tout cela est bien joli, mais pour monter des transistors dans des circuits, vous n'avez pas réellement besoin de connaître tout cela sur le bout des doigts. Vous pouvez aussi vous familiariser avec un modèle fonctionnel de transistor, et vous en saurez assez pour pouvoir vous lancer dans les travaux pratiques.

La Figure 6-14 représente un modèle simple de transistor NPN (à gauche) et un circuit comportant un transistor NPN (à droite). La tension, l'intensité et les bornes du transistor sont indiquées sur les deux parties de la figure, ce qui vous permet de comprendre la correspondance entre le modèle et la réalité. Dans le modèle, une diode est placée entre la base et l'émetteur. Cette diode contrôle une résistance variable $R_{CE}$, placée entre le collecteur et l'émetteur.

N'OUBLIEZ PAS

Il existe trois *modes de fonctionnement* différents :

- **Transistor bloqué :** Si $V_{BE} < 0,7$ V, la diode est bloquée, et donc $I_B = 0$. La résistance $R_{CE}$ est infinie, autrement dit $I_C = 0$. Le tran-

## Choisir le bon interrupteur

Vous vous demandez peut-être pourquoi vous devriez utiliser un transistor en guise d'interrupteur, alors qu'il existe tant de modèles d'interrupteurs et de relais sur le marché (voir Chapitre 8). En fait, le transistor présente plusieurs avantages par rapport aux autres types d'interrupteurs. Dans certains cas, il est la meilleure option. Les transistors sont très peu gourmands en énergie, ils peuvent ouvrir et fermer le circuit plusieurs milliards de fois par seconde, et enfin, ils peuvent être miniaturisés au point de devenir microscopiques, si bien qu'un circuit intégré (voir Chapitre 7) peut en comporter plusieurs milliers rassemblés sur une seule puce minuscule. Les interrupteurs mécaniques et les relais trouvent aussi leur utilisation, là où un transistor ne pourrait pas supporter la charge, c'est-à-dire lorsque le courant dépasse 5 A ou lorsque la tension est relativement élevée (comme dans les systèmes de distribution d'énergie électrique).

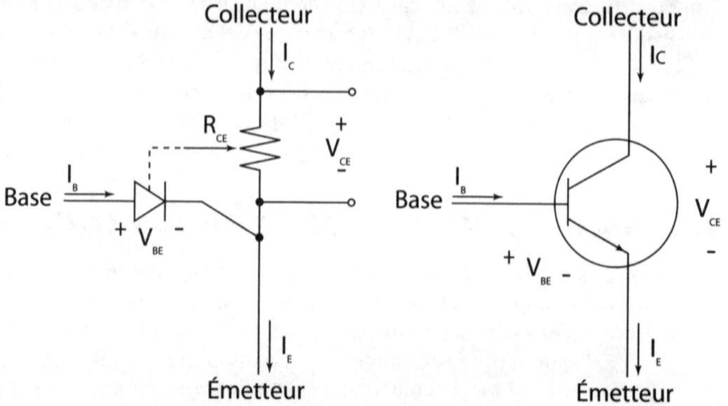


**Figure 6-14 :** Un transistor fonctionne comme un interrupteur ou comme un amplificateur, selon ce qui est envoyé à la base.

sistor (collecteur à émetteur) est comme un interrupteur ouvert : aucun courant ne passe.

- **Transistor partiellement passant :** Si $V_{BE} \geq 0{,}7$ V, la diode est passante et le courant de la base circule. Si $I_B$ est faible, la résistance $R_{CE}$ est réduite et un certain courant du collecteur $I_C$ circule. $I_C$ est proportionnelle à $I_B$, avec un *gain en courant* $h_{FE}$ égal à $I_C/I_B$ et le transistor fonctionne comme un amplificateur de courant, c'est-à-dire en mode *actif*.
- **Transistor passant :** Si $V_{BE} \geq 0{,}7$ V et si $I_B$ augmente considérablement, la résistance $R_{CE}$ est nulle et le courant maximum possible $I_C$ circule. La tension entre le collecteur et l'émetteur

$V_{CE}$ est pratiquement nulle, si bien que le transistor (collecteur à émetteur) fonctionne comme un interrupteur fermé : tout le courant possible circule, le transistor est donc *saturé*.

Dans la conception d'un circuit transistorisé, vous devez choisir des composants qui permettront au transistor de fonctionner dans le mode approprié (bloqué, actif ou saturé). Si vous voulez en faire un amplificateur, choisissez des tensions d'alimentation et des résistances qui polariseront la jonction base-émetteur dans le sens direct et qui laisseront passer un courant suffisant, mais qui ne sature pas le transistor. On parle de *polarisation* du transistor. Si vous voulez en faire un interrupteur, choisissez des valeurs qui ne permettront que deux états : pas de courant du tout pour la base, ou un courant suffisant pour saturer le transistor. Pour contrôler cette alternance de deux états, vous utiliserez soit un interrupteur, soit la sortie d'une autre ramification de circuit placée en amont.

# Un transistor pour amplifier les signaux

On utilise couramment des transistors pour amplifier des signaux faibles. Supposons qu'un de vos circuits produise un signal audio et que vous vouliez amplifier ce signal avant de l'envoyer vers une autre partie de votre système, par exemple vers des haut-parleurs. Pour cela, vous allez utiliser un transistor, comme l'indique la Figure 6-15, qui amplifiera les fluctuations de faible ampleur du signal audio ($v_{in}$) entrant dans sa base. En sortie du transistor (collecteur), vous obtiendrez des fluctuations de grande ampleur ($v_{out}$). Vous n'aurez plus qu'à connecter les haut-parleurs à la sortie du transistor.

## Polariser le transistor pour qu'il fonctionne comme un amplificateur

Pour pouvoir fonctionner comme un amplificateur, un transistor doit être partiellement passant. Pour obtenir cet état, on le polarise en appliquant à sa base une faible tension. Dans l'exemple de la Figure 6-15, deux résistances R1 et R2 sont reliées à la base du transistor et configurées de façon à constituer un diviseur de tension (pour plus de détails sur les diviseurs de tension, voir Chapitre 3). La sortie de ce diviseur de tension ($\frac{R1}{R1 + R2} \times V$) fournit à la base une tension suffisante pour le rendre passant (partiellement), c'est-à-dire pour que le courant le traverse. Le transistor sera donc en mode actLe condensateur situé en entrée ne laisse passer dans le transistor qu'un courant alternatif et bloque toute composante continue du signal d'entrée

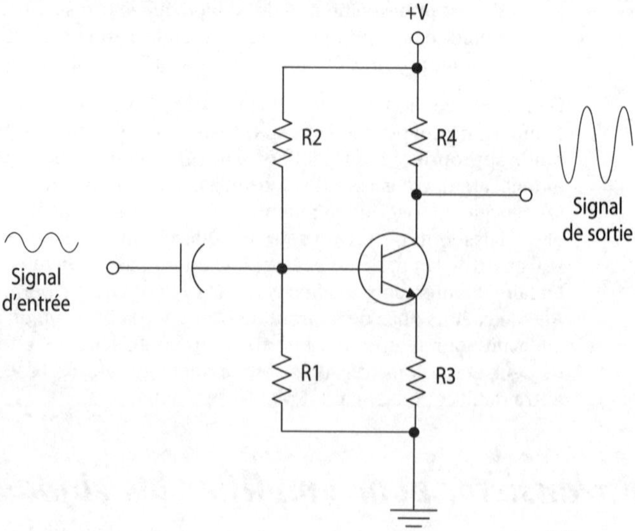


**Figure 6-15 :** En disposant judicieusement quelques résistances dans un circuit transistorisé, on peut polariser celui-ci comme il convient et contrôler le gain du circuit.

(un effet appelé *DC offset* ou *décalage continu*), comme l'indique la Figure 6-16. Sans ce condensateur, tout décalage continu dans le signal d'entrée pourrait perturber la polarisation du transistor, et celui-ci risquerait de se retrouver bloqué ou saturé. Il ne fonctionnerait donc plus comme un amplificateur.

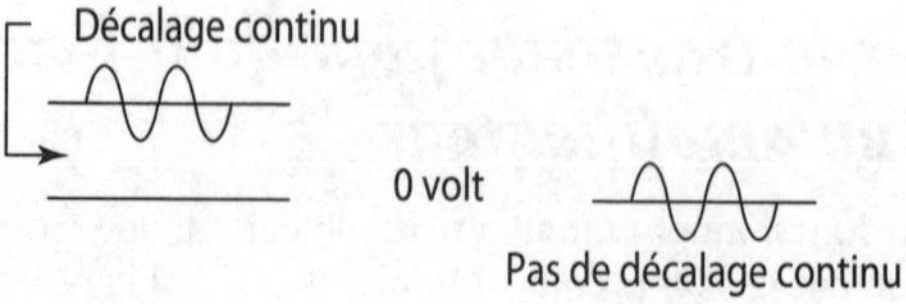


**Figure 6-16 :** Un condensateur bloquant permet de conserver la polarisation du transistor en filtrant les décalages continus dans le signal d'entrée.

## Contrôler le gain en tension

Le transistor de la Figure 6-15 étant partiellement passant, les fluctuations du courant engendrées par le signal sinusoïdal d'entrée sont amplifiées. Il s'agit de concevoir votre circuit d'amplification de telle sorte qu'il élimine toute dépendance vis-à-vis du gain en courant d'un transistor donné, sachant que ce gain peut varier. On renonce, ce faisant, à une fraction du pouvoir d'amplification, mais pour gagner en stabilité et en prédictibilité.

N'OUBLIEZ PAS

En disposant deux résistances R3 et R4 dans le circuit, vous pouvez contrôler le *gain en tension*, c'est-à-dire l'importance de l'amplification du signal d'entrée, sans devoir vous inquiéter de la valeur exacte du gain en courant du transistor placé au cœur de votre circuit (incroyable, non ?). Le gain en tension sinusoïdale d'un circuit transistorisé comportant des résistances comme celui de la Figure 6-15 est égal à – R4/R3. Le signe négatif signifie simplement que le signal d'entrée est *inversé* : lorsque la tension d'entrée fluctue, la tension de sortie fluctue en sens inverse, comme l'illustrent les formes d'onde de signal d'entrée et de sortie de la Figure 6-15.

## Configurer des circuits transistorisés d'amplification

Le type de transistor dont il était question dans la section qui précède est ce que l'on appelle un *amplificateur à émetteur commun*. Ce n'est qu'une façon parmi d'autres de configurer des circuits transistorisés pour en faire des amplificateurs. Tout dépend de l'objectif, qui peut être de gagner surtout en puissance ou bien en tension. Le comportement du circuit dépendra des facteurs suivants :

- la façon dont le transistor est relié aux sources d'alimentation électrique ;
- la disposition du récepteur ;
- les autres composants ajoutés (résistances, condensateurs, autres transistors) ;
- la disposition des autres composants dans le circuit.

Ainsi, par exemple, vous pouvez combiner deux transistors bipolaires pour former ce que l'on appelle une *paire Darlington*. De cette façon, vous pouvez obtenir plusieurs stades d'amplification (au Chapitre 14, vous apprendrez comment configurer une simple paire Darlington). Vous pouvez aussi obtenir le même résultat d'une manière plus facile :

en vous procurant un *transistor Darlington*. Il s'agit d'un composant à trois pôles constitué d'une paire Darlington déjà assemblée.

La conception de circuits d'amplification est en elle-même un domaine d'étude, auquel un certain nombre d'excellents livres ont déjà été consacrés. Si vous désirez en savoir davantage sur les transistors et sur la conception des circuits d'amplification à base de transistors, procurez-vous, par exemple, le *Traité de l'électronique analogique et numérique* de Thomas C. Hayes et Paul Horowitz (Publitronic Elektor). Le prix de ce livre vous fera peut-être hésiter, mais c'est vraiment un ouvrage de référence.

## Un transistor pour commuter les signaux

Vous pouvez aussi vous servir d'un transistor comme d'un interrupteur commandé électriquement. Le pôle de la base du transistor joue alors le rôle d'un interrupteur à bascule. Quand aucun courant ne circule vers la base, le transistor est bloqué et se comporte comme un circuit ouvert, même s'il existe une différence de tension entre le collecteur et l'émetteur. Quand le courant traverse la base et circule du collecteur à l'émetteur, le transistor se comporte comme un interrupteur fermé, il est passant (et saturé). Le courant est délivré vers la sortie, à destination du récepteur que vous aurez branché en aval du circuit.

Comment faites-vous fonctionner cet interrupteur ? Supposons que vous installiez un dispositif pour nourrir automatiquement les poules à l'aube. Pour contrôler l'entrée d'un interrupteur à transistor destiné à alimenter votre système de distribution de nourriture (votre récepteur), vous pouvez vous servir d'une *photodiode*, un composant qui conduit le courant lorsqu'il reçoit de la lumière. La nuit, la photodiode ne délivrera aucun courant, et le transistor sera donc bloqué. Au lever du soleil, la photodiode délivrera du courant, si bien que le transistor deviendra passant. Vos poules pourront picorer joyeusement pendant que vous dormirez encore à poings fermés.

Vous vous demandez peut-être pourquoi ne pas alimenter le dispositif de nourrissage directement par la photodiode ? C'est que votre système aura sans doute besoin d'un courant plus important que ce qu'une photodiode est capable de délivrer. Le faible courant de la photodiode servira à commander l'interrupteur, c'est-à-dire l'état du transistor, lequel bloquera ou laissera passer vers votre système un courant plus important provenant d'une pile ou d'une batterie.

Une des raisons pour lesquelles les transistors sont si souvent utilisés pour faire office d'interrupteurs est qu'ils consomment peu d'énergie électrique. Vous savez que la puissance est le produit de l'intensité du courant et de la tension. Quand le transistor est bloqué, il n'y a pas de courant, donc pas de consommation d'énergie. Quand le transistor est totalement passant, $V_{CE}$ est pratiquement nulle, donc la puissance consommée est pratiquement nulle.

# Choisir un transistor

Les transistors sont devenus d'un emploi si courant qu'il en existe des milliers de modèles différents. Comment allez-vous vous y prendre pour choisir les transistors dont vous avez besoin ?

Si vous projetez de mettre au point un circuit transistorisé, il faut que vous compreniez la façon dont votre circuit se comportera dans les différents cas de figure possibles. Quelle sera l'intensité maximale du courant du collecteur que votre transistor pourra gérer ? De quel gain en courant aurez-vous besoin pour amplifier un signal d'entrée ? Quelle quantité d'énergie (quelle puissance) pourra être dissipée dans votre transistor dans les conditions extrêmes de fonctionnement, par exemple si le transistor est bloqué et si toute la tension d'alimentation doit être absorbée par la liaison collecteur-émetteur ?

Une fois que vous aurez fait le point sur ces questions, vous saurez quelles doivent être les spécifications du transistor dont vous avez besoin.

## D'importantes spécifications concernant les transistors

Les paramètres intervenant dans la description des différents modèles de transistors existant sur le marché sont variés, mais vous n'avez besoin d'en connaître que quelques-uns. Pour les transistors bipolaires (NPN ou PNP), voici ce que vous devez savoir :

- **IC maxi :** il s'agit du *courant maximum du collecteur* que le transistor peut accepter. Dans la conception d'un circuit, n'oubliez pas de prévoir une résistance pour limiter ce courant, afin qu'il ne dépasse pas la valeur en question.
- **$h_{FE}$ :** il s'agit du *gain en courant continu* entre la base et le collecteur. Le gain en courant peut varier, même entre deux transistors de même type, aussi avez-vous besoin de connaître la valeur minimum garantie de ce gain. Le gain $h_{FE}$ varie aussi selon

$I_C$, et sa valeur est parfois précisée pour une valeur donnée de $I_C$, par exemple 20 mA.

- $V_{CE}$ : il s'agit de la *tension maximale entre le collecteur et l'émetteur.* En général, elle est au moins égale à 30 V. Si vous travaillez sur des applications à basse tension, vous n'avez pas à vous soucier de cette grandeur.
- $P_{total}$ **maxi** : il s'agit de la *dissipation maximale d'énergie*, qui est approximativement égale à $V_{CE} \times I_C$ maxi. Si vous utilisez le transistor comme un interrupteur, ne vous en préoccupez pas : de toute façon, la dissipation est pratiquement nulle. En revanche, si vous utilisez le transistor comme un amplificateur, vous aurez besoin de faire attention à cette valeur.

Si vous pensez que votre circuit approchera de cette valeur, ne manquez pas de fixer un dissipateur sur votre transistor.

Naturellement, aucune de ces valeurs ne sera indiquée sur le transistor même : ce serait trop facile. Pour déterminer les caractéristiques d'un transistor, vous devrez consulter un manuel de spécifications, ou bien la documentation technique sur le site du fabricant. Si vous assemblez un circuit conçu par quelqu'un d'autre, vous pouvez utiliser simplement le transistor spécifié par le concepteur, ou bien consulter un catalogue de références pour trouver un modèle similaire.

## Identifier les transistors

La norme américaine JEDEC désigne les transistors bipolaires par le préfixe « 2N » suivi de trois ou quatre chiffres. Le chiffre 2 représente le nombre de jonctions P-N, et « N » signifie semi-conducteur. La norme européenne Pro Electron impose un codage constitué d'une lettre désignant le matériau semi-conducteur, une seconde lettre indiquant la nature du composant, puis trois chiffres (ou deux chiffres et une lettre pour les produits destinés à l'industrie). Le mieux, pour être sûr de ne pas vous tromper, est encore de consulter le site Web ou le catalogue approprié.

Les transistors sont souvent désignés en fonction du type d'application : faible puissance, moyenne puissance, forte puissance, audio (faible bruit) ou à usages multiples. En connaissant la catégorie correspondant à votre projet, vous pourrez faire le bon choix pour votre circuit.

## Savoir reconnaître un transistor

Dans un transistor, le semi-conducteur est de la taille d'un grain de sable, voire plus petit encore. Les fabricants enferment donc ces composants minuscules dans une protection en métal ou en plastique munie de broches qui vous permettent de les insérer dans vos circuits. Il existe des dizaines et des dizaines de formes et de tailles différentes de transistors, et la Figure 6-17 n'en représente que quelques exemples. Les formes les plus réduites sont généralement celles des *transistors de signal*, conçus pour supporter des courants faibles, tandis que les formes les plus volumineuses sont celles des *transistors de puissance* qui sont conçus pour fonctionner avec des courants plus forts. Les transistors de signal sont généralement recouverts de plastique, mais certaines applications de précision nécessitent des transistors de signal enrobés de métal pour réduire le risque d'interférence de radiofréquences.

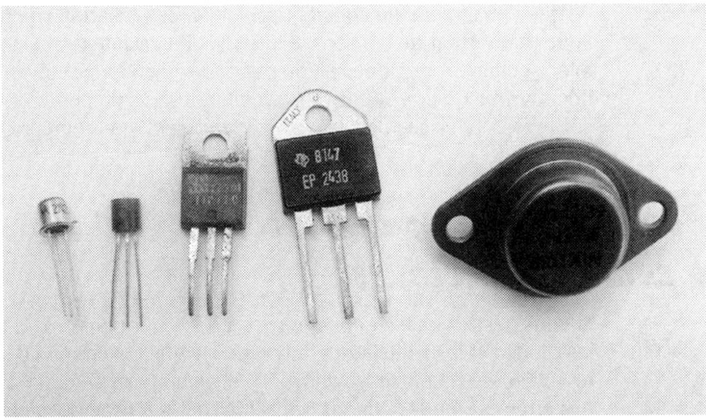


**Figure 6-17 :** La taille et la forme des transistors de signal et des transistors de puissance peuvent varier.

Un transistor bipolaire possède généralement trois pôles, ce qui signifie que l'on peut réaliser une connexion directement vers la base, vers le collecteur et vers l'émetteur. Le *phototransistor* (voir Chapitre 8) fait exception, avec deux pôles seulement (collecteur et émetteur) et une capsule souvent transparente. En effet, il n'est pas nécessaire d'appliquer une tension à sa base, puisqu'il peut être polarisé simplement par la lumière. Tous les TEF ont un pôle pour la source, un autre pour le drain et un autre pour la grille, et certains comportent une quatrième broche permettant de les fixer au châssis du circuit. Un MOSFET comporte également un quatrième pôle, celui de sa seconde grille.

Pour vous y retrouver, consultez la documentation correspondante, et interprétez-la avec prudence : les connexions des transistors sont souvent (mais pas toujours) représentées vues du dessous.

Il est impératif d'installer correctement les transistors. Si vous inversez les connexions, vous risquez de ruiner votre transistor et peut-être même d'autres composants de votre circuit.

# Toutes sortes de composants possibles

Les transistors peuvent être disposés de diverses manières pour produire toutes sortes d'effets remarquables. Le matériau semi-conducteur contenu dans un transistor est si petit que l'on peut créer un circuit comportant des centaines de milliers de transistors (sans compter les résistances et autres composants), et condenser ce circuit tout entier en un composant unique tenant dans la paume de la main. C'est ce que l'on appelle un *circuit intégré (CI)*. Ces créations incroyables vous permettent de construire des circuits vraiment très complexes avec seulement quelques éléments. Dans le chapitre suivant, vous découvrirez quelques-uns des circuits intégrés disponibles aujourd'hui sur le marché, issus de la révolution des semi-conducteurs.

# Pour vous initier aux circuits à semi-conducteurs

Si vous désirez passer à une autre étape et fréquenter de plus près les diodes et les transistors, intéressez-vous aux circuits d'initiation du milieu du Chapitre 14, dans la Troisième partie. Vous y trouverez des circuits simples conçus pour illustrer le fonctionnement de ces composants. Vous pouvez allumer et éteindre une LED et faire varier l'intensité lumineuse. Vous pouvez observer la stabilisation d'une tension de sortie par une diode Zener. Ces circuits simples à transistors vous permettent de voir comment un transistor amplifie un courant, le bloque et le laisse passer. Avant de mettre un élément sous tension, ne manquez pas de lire les consignes de sécurité du Chapitre 9 et de relire les autres chapitres de la Deuxième partie, pour pouvoir maîtriser l'assemblage et l'analyse des circuits. C'est ainsi que vous tirerez le meilleur profit de votre expérience des semi-conducteurs.

# Chapitre 7

# Assembler des éléments dans des circuits intégrés

### *Dans ce chapitre*

- Rassembler des composants dans une puce
- Parler le langage des bits
- Penser aux grilles de façon logique
- Identifier les circuits intégrés
- Réfléchir aux branchements des CI
- Renforcer les signaux avec un amplificateur opérationnel
- Tout rythmer, compter et contrôler

Sans les circuits intégrés, l'exploration de l'espace, les pacemakers programmables, l'électronique grand public et bien d'autres applications encore n'appartiendraient qu'au domaine du rêve. C'est cette innovation incroyable – en fait, une série d'innovations incroyables – qui a rendu possibles les téléphones mobiles, les ordinateurs portables, les baladeurs MP3, le GPS et bien d'autres créations récentes.

Un *circuit intégré (CI)* comporte un nombre de composants qui peut varier de quelques dizaines à des centaines de millions. Tout cela est rassemblé en un seul bloc assez petit pour tenir largement dans le creux de la main. Tout CI est constitué d'un maillage complexe de minuscules montages transistorisés reliés au monde extérieur par un nombre fini d'entrées et de sorties.

Ce chapitre explique l'origine des circuits intégrés, présente les trois principaux types de CI et détaille le fonctionnement interne d'un d'entre eux : le CI numérique. À la lecture de ce chapitre, vous découvrirez comment les ordinateurs et autres systèmes numériques manipulent deux niveaux de tension distincts pour traiter l'information à l'aide de règles spéciales appelées règles logiques. Vous trouverez ensuite une explication sur la façon dont on doit « lire » un CI afin de comprendre ce qu'il fait (son aspect extérieur ne permettant pas de le savoir) et sur la manière dont on doit le brancher dans un circuit. Enfin, vous étudierez de plus près trois CI courants, ce qu'ils font et la façon dont vous pourrez vous en servir pour créer vos propres circuits innovants.

## Pourquoi des CI ?

Le circuit intégré (CI) a été inventé en 1958 (voir l'encadré « La naissance du CI ») pour résoudre le problème que posait l'assemblage manuel de quantités massives de transistors minuscules. Les circuits intégrés, aussi appelés *puces*, sont des circuits miniaturisés produits sur un morceau unique de semi-conducteur. Un circuit intégré comporte généralement des centaines de transistors, de résistances, de diodes et de condensateurs. Le CI le plus élaboré comporte plusieurs centaines de millions de composants. Compte tenu de l'efficience de ces circuits, il est possible de réaliser des circuits vraiment complexes avec seulement une petite poignée de CI. En enchaînant des CI les uns aux autres, on peut fabriquer n'importe quel appareil électronique imaginable.

## Linéaire, numérique ou panaché ?

Avec le temps, les fabricants de puces ont produit un grand nombre de modèles différents de CI, chaque modèle pouvant remplir une fonction spécifique selon la façon dont les composants sont assemblés. Un certain nombre de CI sont maintenant normalisés, et vous pouvez trouver de nombreuses informations sur ces CI en ligne ou dans des livres. Ils sont fabriqués par des sociétés diverses, et achetés dans le monde entier pour divers projets. D'autres CI sont conçus pour accomplir une tâche unique. Une puce conçue pour une application particulière sera le plus souvent commercialisée par un seul fabricant.

Qu'ils soient standard ou destinés à une utilisation spécifique, les CI peuvent être classés en trois grandes catégories : *linéaires (analogiques)*, *numériques* et *à signal mixte*. Ces termes font référence au type de signal électrique (voir Chapitre 2) traité par le circuit :

- Les **CI linéaires (analogiques)** sont constitués de circuits traitant des *signaux analogiques*, faits de tensions et de courants qui varient continuellement. Les *circuits analogiques* sont utilisés pour gérer l'alimentation, les capteurs, les amplificateurs et les filtres.
- Les **CI numériques** sont constitués de circuits traitant des *signaux numériques*, à base de deux niveaux de tension (ou d'intensité de courant) qui traduisent l'information binaire, par exemple allumé/éteint, haut/bas ou 1/0 (l'information numérique est traitée plus en détail dans la prochaine section). Ce sont les *circuits numériques*. Certains CI numériques, notamment les microprocesseurs, comportent des millions de circuits microscopiques tenant dans quelques millimètres carrés.
- Les **CI à signal mixte** sont constitués de circuits analogiques et numériques.

Les CI standard appartiennent la plupart du temps à l'une ou l'autre des deux premières catégories.

## La naissance du CI

Grâce à l'invention du transistor en 1947, on a pu remplacer les gros tubes à vide par des composants plus modernes, plus petits et plus fiables, ce qui a permis de progresser plus rapidement dans le domaine de l'électronique et de fabriquer des circuits de plus en plus élaborés. En effet, la dimension des éléments et des circuits a alors cessé d'être un obstacle. D'autres problèmes pratiques se sont bientôt posés : à partir du moment où l'on devait relier ensemble des centaines de composants, il était inévitable que des erreurs se produisent, et ces erreurs étaient extrêmement difficiles à cerner. Par ailleurs, les circuits complexes ne donnaient souvent pas satisfaction en termes de vitesse des résultats (en effet, le déplacement des électrons à travers des dédales de fils et de composants n'est pas instantané). Tout au long des années 1950, les ingénieurs de l'industrie électronique se sont particulièrement préoccupés de trouver le moyen de rendre leurs circuits plus petits et plus fiables.

En 1952, un ingénieur britannique, Geoffrey Dummer, présenta au public son idée de combiner un certain nombre d'éléments de circuits sur un morceau unique de matériau semi-conducteur en les reliant sans utiliser de câblage. Cette innovation allait permettre d'éliminer les risques de câblage incorrect et l'assemblage fastidieux des composants pris un à un. Dummer n'a jamais réellement construit lui-même un CI, mais il est considéré comme « le prophète du circuit intégré ».

En 1958, Jack Kilby, nouvellement employé chez Texas Instruments, resta seul à travailler dans un laboratoire au milieu de l'été (alors que ses collègues étaient en vacances). C'est alors qu'il réussit à fabriquer des composants multiples à partir d'un bloc unique de germanium (un matériau semi-conducteur) sur lequel il fixa des connecteurs métalliques. Ce fut la première démonstration probante. Six mois plus tard, Robert Noyce, de Fairchild Semiconductor (cofondateur d'Intel), inventa sa propre version du CI et résolut un certain nombre de problèmes pratiques inhérents au schéma de Kilby. Il ouvrit ainsi la voie à la production de masse des CI. L'invention du circuit intégré est attribuée conjointement à Kilby et à Noyce (en recevant le prix Nobel de physique seulement 42 ans plus tard pour cette contribution, Kilby déclara que si Noyce n'était pas mort, le prix aurait certainement été partagé entre eux deux).

Depuis 1958, il s'est passé beaucoup de choses. Tous ces inventeurs talentueux et créatifs ont poursuivi leurs recherches, et bien d'autres innovations ont vu le jour. C'est ainsi que l'industrie de l'électronique a connu un essor considérable à mesure que la *densité des puces* (une grandeur qui mesure la concentration des transistors) augmentait de façon exponentielle. Aujourd'hui, les fabricants de semi-conducteurs gravent des millions de transistors dans un morceau de silicium plus petit qu'une pièce d'un centime. Cela donne le vertige, non ?

## Prendre des décisions logiques

Quand vous avez appris à compter, vous avez d'abord mémorisé des résultats, par exemple « 2 + 2 = 4 », « 3 + 6 = 9 », *etc.* Ensuite, quand vous avez appris à additionner des nombres à plusieurs chiffres, il vous a suffi de vous servir de ces résultats simples et d'appliquer une règle simple.

Le fonctionnement du microprocesseur que contient votre ordinateur est assez similaire. Ce microprocesseur est constitué d'une grande quantité de circuits numériques minuscules, appelés *circuits logiques*, qui exécutent des fonctions simples similaires à l'opération « 2 + 2 = 4 ». Les résultats de ces fonctions sont ensuite combinés en appliquant des règles similaires aux règles arithmétiques que vous aviez apprises à l'école, afin d'obtenir une « réponse ». En regroupant toutes les « réponses » dans un réseau complexe de circuits, le microprocesseur peut exécuter des tâches mathématiques compliquées. Cependant, à la base, il n'y a que de la logique et des règles élémentaires.

Dans cette section, nous examinons le fonctionnement des circuits logiques.

## Des bits pour commencer

En *base 10*, quand on additionne deux chiffres, chaque chiffre peut avoir dix valeurs (0 à 9), car c'est ainsi que fonctionne notre *système décimal*. Quand un ordinateur additionne deux chiffres, chaque chiffre ne peut être que 0 ou 1 (c'est le *système binaire* ou *base 2*). Les chiffres binaires sont appelés *bits* (contraction de *binary digits*). Une chaîne de bits peut représenter un nombre, ou bien une lettre. Ainsi, par exemple, 1101 représente le nombre 13.

En dehors des chiffres, des lettres et autres caractères, les bits peuvent aussi représenter de l'information. Par nature, les bits peuvent représenter tout ce qui peut revêtir *deux états* : un pixel d'un écran est allumé ou éteint, une touche de clavier « Ctrl » est relâchée ou abaissée, une unité de surface sur un CD ou sur un DVD est creusée ou non, une transaction sur un distributeur de billets est autorisée ou non, *etc*. Il suffit d'attribuer les valeurs logiques 0 et 1 aux deux possibilités d'un choix pour pouvoir convoyer l'information relative à des événements réels, physiques, et contrôler d'autres processus à l'aide de cette information, grâce au traitement des bits dans un circuit numérique.

NOTE TECHNIQUE

### Additionner les « uns » (aux autres)

Dans le système décimal (la *base 10*), pour représenter un nombre supérieur à 9, il faut utiliser plus d'un chiffre. Dans un nombre décimal, chaque position représente une *puissance de dix* ($10^0$, $10^1$, $10^2$, $10^3$, *etc.*) et la valeur (entre 0 et 9) du chiffre occupant cette position est multipliée par cette puissance de dix. Dans les puissances de dix, l'*exposant* (ce petit nombre inscrit en haut à droite du « 10 ») indique combien de fois il faut multiplier la valeur 10 par elle-même, de telle sorte que $10^1 = 10$, $10^2 = 10 \times 10 = 100$, $10^3 = 10 \times 10 \times 10 = 1\,000$, *etc.* Quant à $10^0$, c'est 1 car tout nombre élevé à la puissance zéro vaut 1. Les positions de droite à gauche représentent donc 1, 10, 100, 1 000... (ce sont les dizaines, centaines, milliers, *etc.*). Selon sa position, un chiffre compris entre 0 et 9 indique donc combien d'unités, de dizaines, de centaines, de milliers, *etc.* contient le nombre décimal représenté.

Le nombre 9 452, par exemple, s'écrira ainsi en *notation développée* :

$$(9 \times 1\,000) + (4 \times 100) + (5 \times 10) + (2 \times 1)$$

Notre système de mathématiques est tout entier basé sur le nombre 10 (mais si l'être humain n'avait que huit doigts, peut-être utiliserions-nous plutôt la *base huit*), ce qui signifie que votre cerveau est habitué à penser de façon automatique dans le format décimal (c'est comme un langage mathématique). Quand vous additionnez deux chiffres, par exemple 6 et 7, vous interprétez automatiquement le résultat sous la forme 13, c'est-à-dire « un groupe de 10 et trois groupes de 1 ». C'est ancré dans votre cerveau de la même manière que votre langue maternelle.

Le système binaire est comme un langage un peu différent : il utilise exactement la même méthodologie, mais il est basé sur le nombre 2. Pour représenter un nombre supérieur à 1, il faut donc plus d'un chiffre, et chaque position dans le nombre représenté est une *puissance de deux* : $2^0$, $2^1$, $2^2$, $2^3$, $2^4$, *etc.*, qui équivalent à 1, 2, 4, 8, 16... Le *bit* (un bit est un chiffre binaire, c'est-à-dire soit 0, soit 1) de chaque position multiplie la puissance de deux correspondante. Ainsi, par exemple, le nombre binaire 1 101 peut s'écrire en notation développée :

$$(1 \times 2^3) + (1 \times 2^2) + (0 \times 2^1) + (1 \times 2^0)$$

En convertissant cette expression en format décimal, on obtient :

$$(1 \times 8) + (1 \times 4) + (0 \times 2) + (1 \times 1)$$

$$= 8 + 4 + 0 + 1$$

$$= 13 \text{ (le même nombre en format décimal)}$$

Le nombre binaire 1 101 est donc le même que le nombre décimal 13. Ce sont simplement deux manières différentes de représenter la même quantité physique. C'est comme dire « buenos días » plutôt que « bonjour ».

Pour additionner deux nombres binaires, on emploie la même méthode que dans le système décimal, mais en base deux. En base dix, 1 + 1 = 2 tandis qu'en base deux, 1 + 1 = 10 (le nombre binaire 10 représentant la même quantité que le nombre décimal 2). Les ordinateurs effectuent des opérations arithmétiques dans le système binaire, sachant que leurs circuits électroniques peuvent bien plus facilement traiter des bits, représentés simplement par une alternance de tensions fortes et faibles (représentant respectivement l'état haut et l'état bas). Un circuit qui effectue les additions comporte plusieurs transistors montés de manière à produire la bonne combinaison de signaux de sortie hauts ou bas pour représenter la somme numérique des signaux entrants hauts ou bas qui représentent sous forme de bits les deux nombres à additionner. Le processus exact dépasse le cadre de ce livre, mais vous devez à présent en avoir une idée.

Le 1 logique et le 0 logique sont aussi appelés vrai et faux, ou haut et bas. Mais quelle forme, exactement, prennent ces « uns » et ces « zéros » dans un circuit numérique ? Il s'agit, en fait, de tensions (ou d'intensités) fortes et faibles qui sont contrôlées et traitées par des transistors (le Chapitre 6 explique comment les transistors fonctionnent et comment ils peuvent servir d'interrupteurs). Les niveaux de tension généralement utilisés pour représenter l'information numérique sont 0 volt pour le 0 logique (niveau bas) et (souvent) 5 volts pour le 1 logique (niveau haut).

Un *octet* est une série de huit bits constituant l'unité de base du stockage de l'information dans les systèmes informatiques. Les données stockées dans la mémoire vive d'un ordinateur, sur un CD ou dans une clé USB, sont comptabilisées en multiples d'octets. De même que les banques constituent des rouleaux de pièces de monnaie à l'attention des commerçants, qui s'en servent pour garnir leurs caisses enregistreuses, les systèmes informatiques regroupent les bits sous forme d'octets pour simplifier le stockage de l'information.

## Traiter les données à travers des portes

Les *portes logiques*, appelées aussi plus simplement *portes*, sont de minuscules circuits numériques qui acceptent un ou plusieurs bits de données pour produire un unique bit en sortie dont la valeur (0 ou 1) dépend d'une règle particulière. De même que des opérateurs arithmétiques différents produisent des résultats différents à partir des deux mêmes entrées (par exemple, trois *plus* deux donne cinq, tandis que trois *moins* deux donne un), des portes logiques de type différent produisent des résultats différents à partir des mêmes entrées :

- **Porte ET (AND) :** le résultat est VRAI (1) si les deux entrées (l'une ET l'autre) sont VRAI. Si l'une ou l'autre est FAUX (0), le résultat est FAUX. Une porte ET a normalement deux entrées, mais il en existe à trois, quatre ou huit entrées, avec lesquelles le résultat n'est VRAI que si *toutes* les entrées sont VRAI.
- **Porte NON-ET (NAND) :** cette fonction est assimilable à une porte ET suivie d'un inverseur. Le résultat sera 0 seulement si toutes les entrées valent 1. Il suffit qu'une entrée vaille 0 pour que le résultat soit 1.
- **Porte OU (OR) :** le résultat est 1 si l'une OU l'autre OU les deux entrées valent 1. Le résultat n'est donc 0 que si les deux entrées valent 0. Une porte OU normale a deux entrées, mais il existe aussi des portes OU à trois ou à quatre entrées. Pour ces portes,

le résultat n'est 0 que si toutes les entrées valent 0 ; dans tous les autres cas, le résultat est 1.

- **Porte NON-OU (NOR) :** cette porte se comporte comme une porte OU suivie d'une porte NON, elle produit le résultat 0 (FAUX) si une ou plusieurs entrées valent 1 (VRAI) et ne produit le résultat 1 que si toutes les entrées valent 0.
- **Porte OU exclusif (XOR) :** cette porte produit le résultat 1 si l'une OU l'autre des entrées vaut 1, mais pas les deux, auquel cas le résultat est 0. Il est cependant possible de disposer plusieurs portes XOR en cascade pour changer les valeurs.
- **Porte NON-OU exclusif (XNOR) :** cette porte produit le résultat 0 si une des deux entrées vaut 1, mais pas l'autre. Elle a nécessairement deux entrées.
- **Porte NON (inverseur) :** cette porte à entrée unique produit un résultat inverse de l'entrée. L'entrée 1 donne le résultat 0 et l'entrée 0 donne le résultat 1.

La Figure 7-1 représente les symboles de ces portes logiques courantes, tels qu'ils sont utilisés dans les circuits.

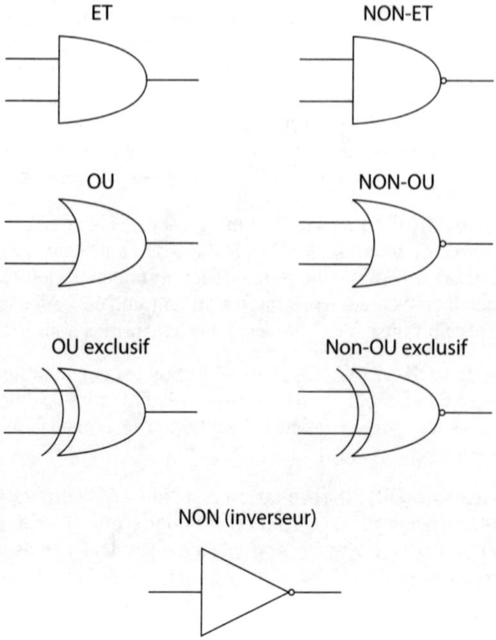


**Figure 7-1 :** La symbolisation des portes logiques (les légendes ne font pas partie des symboles).

Les portes logiques sont la plupart du temps constituées de diodes et de transistors (à propos des diodes et des transistors, voir Chapitre 6). Toute porte logique contient un circuit comportant ces composants assemblés de telle sorte que l'application d'une tension d'entrée représentant une combinaison particulière de bits produise une tension de sortie représentant la combinaison de bits appropriée. Les circuits intégrés sont montés sur une unique puce munie de bornes appelées *broches*, qui permettent de la relier aux connexions d'entrée, de sortie et d'alimentation du circuit principal.

Dans les circuits intégrés, on trouve généralement plusieurs portes logiques. Un CI comportera par exemple quatre portes ET à deux entrées (cela s'appelle un *quad*), comme sur la Figure 7-2. L'ensemble se présentera sous la forme d'un boîtier muni de broches reliées aux entrées et sorties des différentes portes et de broches qui se relient à une alimentation électrique. Sur le site Web du fabricant, vous trouverez les indications nécessaires pour identifier, parmi les broches, les entrées, les sorties, l'alimentation et la masse.

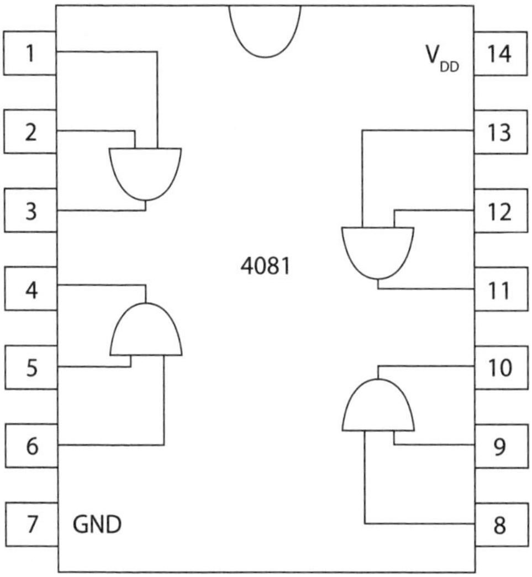


**Figure 7-2 :** Schéma fonctionnel du CI de type 4081 quad standard à portes ET à deux entrées.

Vérifiez que le composant que vous achetez a bien le nombre d'entrées dont vous avez besoin. N'oubliez pas qu'il existe des portes logiques comportant plus de deux entrées. Vous pouvez trouver par exemple, chez la plupart des fournisseurs, une porte ET à trois entrées.

En combinant tout simplement des portes NON-ET ou des portes NON-OU de façon appropriée, vous pouvez reconstituer n'importe quelle autre fonction logique. Les fabricants de puces assemblent généralement des circuits comportant presque exclusivement des portes NON-ET ou NON-OU, ce qui leur permet de concentrer leurs efforts de recherche-développement sur l'amélioration du fonctionnement et de la conception de deux portes logiques seulement. C'est la raison pour laquelle ces deux types de portes sont parfois appelés *portes universelles*.

## Simplifier les portes grâce à des tables de vérité

Établir la correspondance entre les entrées VRAI et FAUX des portes logiques et les résultats qu'elles produisent est parfois difficile, surtout avec des portes à plus de deux entrées, c'est pourquoi les concepteurs de circuits se servent d'un tableau appelé *table de vérité*. Cette table recense toutes les combinaisons d'entrées possibles et indique la sortie correspondante pour chaque fonction logique. Le Tableau 7-1 est une table de vérité pour les portes logiques ET, NON-ET, OU, NON-OU, Ou exclusif, NON-OU exclusif et NON (inverseur). Les deux premières colonnes, A et B, représentent les bits en entrée ; les autres colonnes représentent les résultats des différentes portes.

**Tableau 7-1 : Table de vérité pour les portes logiques**

| A | B | ET | NON-ET | OU | NON-OU | OU-X | NON-OU-X | NON A |
|---|---|---|---|---|---|---|---|---|
| 0 | 0 | 0 | 1 | 0 | 1 | 0 | 1 | 1 |
| 0 | 1 | 0 | 1 | 1 | 0 | 1 | 0 | 1 |
| 1 | 0 | 0 | 1 | 1 | 0 | 1 | 0 | 0 |
| 1 | 1 | 1 | 0 | 1 | 0 | 0 | 1 | 0 |

Vous pouvez aussi vous servir de tables de vérité pour d'autres circuits numériques comme le circuit *demi-additionneur*, conçu pour ajouter deux bits et pour produire un résultat comportant un bit de somme et un bit de retenue. Ainsi, par exemple, avec l'équation binaire 1 +1 = 10, le bit de somme vaut 0 et le bit de retenue vaut 1. La table de vérité du demi-additionneur est présentée ci-après.

| A | B | Retenue | Somme |
|---|---|---|---|
| 0 | 0 | 0 | 0 |
| 0 | 1 | 0 | 1 |
| 1 | 0 | 0 | 1 |
| 1 | 1 | 1 | 0 |

Si vous observez la colonne Retenue dans la table de vérité pour le demi-additionneur, vous pouvez remarquer la similitude avec le résultat de la porte ET à deux entrées dans le Tableau 7-1 : le bit de retenue est le même que pour le OU-exclusif. Quelle est la signification de cela ? Vous pouvez fabriquer un demi-additionneur à l'aide d'une porte ET et d'une porte OU-exclusif. Les bits d'entrée sont envoyés dans les deux portes, et la porte ET produit le bit de retenue tandis que la porte OU-exclusif produit le bit de somme (voir Figure 7-3).

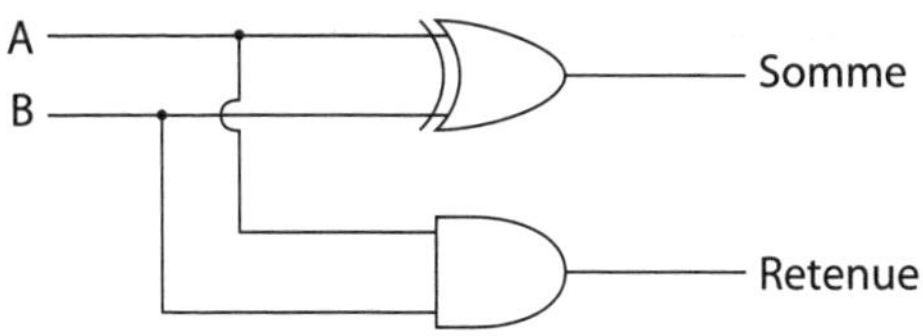


**Figure 7-3 :** Un circuit demi-additionneur est constitué d'une porte ET (AND) et d'une porte OU-exclusif (XOR).

## Fabriquer des composants logiques

En reliant plusieurs additionneurs de façon appropriée, vous pouvez fabriquer un circuit numérique recevant deux entrées multibits, comme par exemple 10110110 et 00110011, qui calculera leur somme, en l'occurrence 11101001 (soit, dans la notation décimale, 182 + 51 = 233).

Vous pouvez créer bien d'autres fonctions plus complexes en combinant des portes ET, OU et NON. Tout dépend de quelles portes vous vous servez et de quelle façon vous les reliez les unes aux autres. C'est un peu comme former des mots avec des lettres. Avec seulement 26 lettres différentes, vous pourriez former des millions de mots. De la même manière, en reliant comme il convient un ensemble de portes, vous pouvez créer des circuits effectuant toutes sortes d'opérations mathématiques (additionneurs, multiplicateurs et bien d'autres encore).

Dans la conception de circuits numériques, des progrès ont été réalisés concernant les additionneurs et autres circuits numériques couramment utilisés. Les concepteurs ont trouvé des moyens subtils de réduire les temps de calcul et la dissipation d'énergie et d'obtenir une plus grande précision des résultats, même dans des conditions de température extrême par exemple. Souvent, des schémas éprouvés de circuits numériques deviennent des produits normalisés, ce qui vous évite d'avoir à réinventer la roue.

### Le stockage des bits dans des registres

Relier des dizaines de portes sous forme d'un réseau complexe de connexions n'est pas sans présenter un problème de timing. Quand les entrées d'une porte, à un certain stade du circuit logique, changent de valeur, le changement que cela entraîne dans la valeur des sorties n'est pas instantané (le temps de réponse de chaque porte, même s'il est très court, n'est pas nul). Ces sorties sont les entrées qui alimentent le stade suivant du circuit logique, et ainsi de suite. Dans les dispositifs logiques complexes, on utilise donc des circuits spéciaux appelés les *registres*, qui retiennent (stockent) pendant un court laps de temps les bits sortants, à un stade donné, avant de les laisser entrer dans la partie suivante du circuit logique. La réception et l'envoi du contenu par les registres sont gérés par un signal appelé *tic d'horloge*, de telle sorte que chaque porte ait le temps de calculer la valeur qu'elle produit en sortie. Les signaux d'horloge sont générés par des circuits de précision spéciaux (pour plus de détails concernant la fabrication d'horloges et de registres, voir la section sur *la minuterie 555*, plus loin dans ce chapitre).

## Comment se servir des CI ?

Les circuits intégrés ont peu de choses à voir avec les composants séparés que sont les résistances, condensateurs et transistors. Les composants miniaturisés contenus dans un CI sont déjà reliés et forment tout un circuit prêt à effectuer une tâche particulière. Vous n'avez plus qu'à ajouter quelques éléments, par exemple une source d'alimentation et un ou plusieurs signaux d'entrée. Cela paraît simple, n'est-ce pas ? C'est simple, en effet, sauf que pour pouvoir faire les bons branchements, il importe que vous sachiez « lire » l'extérieur de ces créatures noires aux nombreuses pattes, qui se ressemblent toutes.

## Savoir distinguer les CI grâce à des numéros de types

Tout CI est identifiable au moyen d'un code univoque, par exemple 7400 ou 4017, désignant son type. À partir de ce code, inscrit sur le dessus de la puce, vous pouvez vérifier dans un ouvrage de référence ou sur un site Web les spécifications et les paramètres correspondants.

Les CI comportent souvent d'autres informations comme le numéro de catalogue du fabricant, et parfois même un code indiquant la date de fabrication. Ne confondez pas ce code de date ou le numéro de catalogue avec le numéro d'identification du type de CI. Les fabricants ne se conforment pas à une norme universelle quand ils impriment un code de date sur leurs CI. Vous devrez donc parfois jouer les détectives pour trouver le bon numéro de type de votre puce.

## Tout est dans l'encapsulation

Le contenu d'une puce tenant dans le creux de la main peut être incroyablement complexe. Une puce de la taille d'une pièce de cinq centimes d'euro peut contenir pratiquement le circuit complet d'une radio AM/FM (sauf l'alimentation et l'antenne). Ce circuit est même si minuscule que le fabricant est obligé de le fixer dans une capsule de plastique ou de céramique d'une taille suffisante pour que l'on puisse le manipuler. Durant le processus d'*assemblage des puces*, des broches métalliques sont fixées aux points d'accès appropriés du circuit. Elles dépassent de la capsule, de façon que l'utilisateur puisse les raccorder aux entrées et aux sorties de courant.

Les CI utilisés par les passionnés sont assemblés dans des *boîtiers DIP (dual inline packages* – dits aussi *boîtiers DIL*) comme ceux de la Figure 7-4. Ce sont des capsules en plastique ou en céramique de forme rectangulaire comportant deux rangées parallèles de broches sur la face inférieure. Les boîtiers DIP comportent le plus souvent 8, 14 ou 16 broches, mais certains en comportent jusqu'à 52. Ils sont conçus pour être montés *par insertion* dans une plaquette de circuit imprimé. Les broches sont enfichées dans des trous disposés sur la plaquette et la traversent, de telle sorte qu'on peut ensuite les souder de l'autre côté. Vous pouvez soit souder directement les broches dans un circuit imprimé, soit vous servir des *embases* prévues pour fixer la puce sans avoir à plier les broches. Vous soudez les connexions dans le circuit, puis vous insérez la puce dans l'embase. Les boîtiers DIP peuvent aussi se « clipser » sur des *plaques sans soudure* (*breadboards*) (voir Chapitre 11). Ce système facilite la préparation des circuits.

**Figure 7-4 :** Le boîtier DIP (dual in-line pin), une forme répandue de circuit intégré.

Les CI des produits fabriqués en grande série sont généralement plus complexes et nécessitent un nombre de broches plus important que ce qui est possible avec les DIP, c'est pourquoi les fabricants ont trouvé (et continuent de trouver) des façons plus astucieuses d'encapsuler les CI et de les connecter aux circuits imprimés. Aujourd'hui, pour économiser de la place sur les plaquettes (ou *cartes électroniques*), les CI sont le plus souvent montés directement sur des connexions métalliques incluses dans les cartes électroniques. C'est ce que l'on appelle la *surface-mount technology (SMT)*, ou technique de montage en surface. De nombreux CI sont conçus pour être montés de cette manière, comme par exemple les circuits intégrés *à faible encombrement*, qui ressemblent à des DIP, mais en plus courts, plus étroits et avec des broches pliées (appelées broches en « L »).

Le conditionnement des puces pour le montage en surface s'est généralisé, à tel point qu'il est devenu difficile de trouver certains modèles de CI au format DIP. Si vous souhaitez monter un CI en surface sur une carte sans soudure (ne pouvant peut-être pas trouver un DIP), il existe des modules adaptateurs spéciaux DIP qui permettent de transformer des CI pour montage en surface en éléments compatibles DIP pouvant être enfichés directement sur une carte (dans votre moteur de recherche préféré, lancez une requête sur « adaptateur DIP », et vous obtiendrez une liste de fournisseurs).

Certains CI sont très sensibles à l'électricité statique (voir Chapitre 1). Rangez bien vos CI dans une mousse conductrice (vous en trouverez chez votre fournisseur de produits électroniques). Avant de manipuler un CI, déchargez-vous en touchant un conducteur relié à la terre (par exemple la structure métallique de votre ordinateur de bureau, reliée à une prise de terre). Cela vous évitera d'endommager votre CI et de vous demander ensuite pourquoi il ne fonctionne pas (ne comptez pas sur un tuyau de chauffage en métal pour dissiper l'électricité statique : de nos jours, la tuyauterie d'un immeuble comporte souvent des éléments en plastique, si bien que les conduites métalliques traversant votre appartement ou votre maison ne sont pas nécessairement reliées à la terre).

## Tester le brochage d'un CI

Les broches d'un boîtier de CI sont reliées aux minuscules circuits qu'il contient, malheureusement elles sont dépourvues de toute indication. Pour pouvoir procéder aux bonnes connexions, vous êtes donc obligé de vous référer à la documentation. Celle-ci détaille entre autres le *brochage*, ce qui signifie qu'elle précise la fonction de chaque broche.

TRUC

Pour les CI les plus répandus (et pour un certain nombre d'autres), vous trouverez la documentation sur Internet. Utilisez pour cela un moteur de recherche comme Google ou Yahoo!

Pour identifier les broches, examinez le dessus du boîtier. Vous trouverez probablement une petite encoche, ou bien une dépression, ou encore une bande blanche. Par convention, les broches sont numérotées dans le sens contraire des aiguilles d'une montre, en commençant par la broche située en haut à gauche la plus proche de ce point de repère. Sur la Figure 7-5, par exemple, le point de repère est une encoche située au milieu d'une extrémité du rectangle, et les broches sont numérotées d'un côté de 1 à 7 en descendant, puis de l'autre côté, de 8 à 14 en remontant.

ATTENTION !

Ne croyez pas que deux CI ayant le même nombre de broches auront nécessairement le même *brochage* (c'est-à-dire la même disposition des broches), ni que les broches à utiliser pour l'alimentation seront les mêmes. Et surtout, ne faites jamais – jamais – vos branchements au hasard ou au petit bonheur la chance. Ne vous imaginez pas qu'il vous sera possible de faire des essais de connexions jusqu'à ce que cela fonctionne. Ce serait le meilleur moyen de détruire un pauvre circuit sans défense.

Sur les schémas de circuits, les connexions des circuits intégrés sont souvent indiquées avec des numéros placés à côté des broches. Ces numéros correspondent à l'ordre de numérotation des broches quand le boîtier est vu du dessus (dans le sens contraire des aiguilles d'une montre en commençant par le 1 en haut à gauche). Ces schémas vous permettent facilement d'effectuer les connexions d'un CI sans avoir besoin de consulter un manuel ou une documentation. Il vous suffit de bien vous conformer à la schématique et de ne pas vous tromper en comptant les broches.

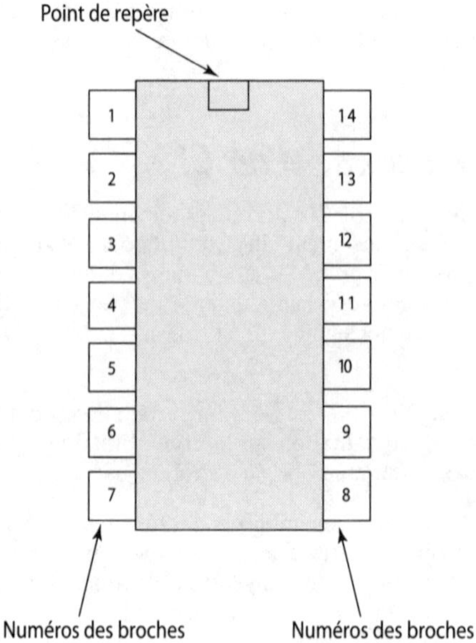


**Figure 7-5 :** La numérotation des broches d'un CI commence en haut à gauche, dans le sens contraire des aiguilles d'une montre.

## Délivrer et dissiper du courant

Les circuits intégrés n'étant pas visibles, il est difficile de savoir précisément comment le courant circule quand un récepteur ou un circuit est relié aux broches de sortie d'un CI. En général, la documentation précise la quantité de courant que la sortie du CI peut *délivrer* ou *dissiper*. On dit qu'une sortie *délivre* du courant quand un courant sort et qu'elle *dissipe* du courant quand ce courant entre. Si vous branchez, par exemple, une résistance entre une broche de sortie et la borne positive d'une source d'alimentation, et si la tension sur cette sortie est nulle (0 volt) ou à l'état bas, le courant traversera la résistance et entrera dans le CI : dans ce cas, le CI dissipe le courant. Si vous branchez une résistance entre une broche de sortie et la borne négative (la masse) d'une source d'alimentation, et si la tension sur cette sortie est à l'état haut, le courant traversera la résistance en sortant du CI : dans ce cas, le CI délivre le courant. Pour connaître l'intensité maximale du courant dissipé ou délivré par une sortie de CI (c'est généralement la même valeur), consultez la documentation.

Si les numéros des broches ne figurent pas sur le schéma, il vous faudra trouver un diagramme du brochage. Pour les CI normalisés, vous trouverez ce diagramme dans un manuel ou sur Internet, et pour les autres, vous devrez consulter la documentation sur le site Web du fabricant.

## Consulter la documentation sur les CI

La documentation d'un CI est comme un mode d'emploi, elle présente l'information détaillée sur l'intérieur et l'extérieur du circuit intégré et des recommandations d'utilisation. Elle est rédigée par le fabricant et comporte généralement plusieurs pages. L'information contenue dans ce type de documentation est généralement la suivante :

- le nom du fabricant ;
- le nom et le numéro d'identification du CI ;
- les formats existants (par exemple, DIP à 14 broches) et la photo de chaque format ;
- les dimensions et le diagramme du brochage ;
- une brève description fonctionnelle ;
- les valeurs minimum et maximum acceptées pour la tension d'alimentation, l'intensité, la puissance et la température ;
- les conditions d'utilisation ;
- les formes d'onde en entrée et en sortie (la façon dont la puce transforme un signal d'entrée).

La documentation comporte souvent des schémas de circuits partiels servant à illustrer l'utilisation du CI. Elle peut grandement vous aider et vous donner des idées. Lire le mode d'emploi est parfois utile !

TRUC

Souvent, le fabricant publie des exemples d'application de ses circuits intégrés. On y trouve des explications détaillées sur l'utilisation du CI dans une application donnée, c'est-à-dire dans un circuit conçu pour effectuer une certaine tâche pratique.

# À la découverte de quelques CI d'utilisation courante

Aujourd'hui, on trouve sur le marché toutes sortes de circuits intégrés, mais deux types de CI en particulier sont prisés pour leur polyvalence et pour leur facilité d'utilisation : l'amplificateur opérationnel et le circuit de minuterie 555. Si vous avez vraiment l'intention de faire de l'électronique une de vos occupations, même de façon peu intensive, vous avez intérêt à bien connaître ces deux types de circuit.

Cette section décrit ces deux types de CI ainsi qu'un autre CI, le compteur décimal 4017 cmOS. La minuterie 555 et le compteur 4017 serviront dans les projets du Chapitre 15. Les paragraphes qui suivent donnent un bref aperçu de leur fonctionnement.

## Les amplificateurs opérationnels

Le type de CI linéaire (analogique) le plus courant est sans aucun doute l'*amplificateur opérationnel*, surnommé *ampli op*, conçu pour donner de la vigueur à un signal faible (pour l'amplifier). Un amplificateur opérationnel comporte plusieurs transistors, résistances et condensateurs et produit un résultat plus appréciable qu'un simple transistor. Il peut fournir, par exemple, une amplification uniforme sur une gamme de fréquences (ou *largeur de bande*) bien plus large.

Le plus souvent, les amplificateurs sont des DIP à huit broches (voir Figure 7-6) dont deux broches d'entrée (la broche 2, appelée *inverting input*, et la broche 3, appelée *non-inverting input*) et une broche de sortie (la broche 6). L'amplificateur opérationnel est un type particulier d'*amplificateur différentiel* : le signal de sortie produit par les circuits qu'il contient est un multiple de la *différence* entre les signaux appliqués aux deux entrées. Utilisée d'une certaine façon, cette configuration permet d'éliminer le bruit (les tensions indésirables) dans le signal d'entrée à amplifier.

Vous pouvez configurer un ampli opérationnel pour qu'il multiplie un signal d'entrée par un facteur de gain connu, déterminé par des résis-

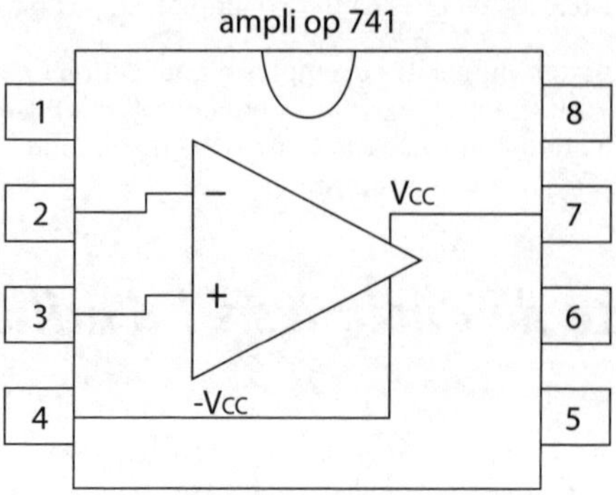


**Figure 7-6 :** Brochage d'un ampli op standard de 8 broches comme le LM741.

tances externes. Vous obtenez ainsi un *amplificateur inverseur*, comme celui de la Figure 7-7. Le gain apporté par ce circuit est une fonction des résistances branchées à l'amplificateur :

$$\text{Gain} = R_2/R_1$$

Ainsi, par exemple, si R2 = 10 kΩ et si R1 = 1 kΩ, alors le gain est égal à 10, ce qui signifie qu'avec un signal d'entrée dont la tension de crête est de 1 V, le signal de sortie aura une tension de crête de 10 V.

Pour faire fonctionner l'amplificateur inverseur, appliquez simplement aux broches d'entrée un signal (par exemple, le signal de sortie d'un microphone). Ce signal ressortira amplifié. Il pourra alors alimenter un haut-parleur, par exemple. Dans la configuration de la Figure 7-7, le signal d'entrée est retourné, c'est-à-dire *inversé*.

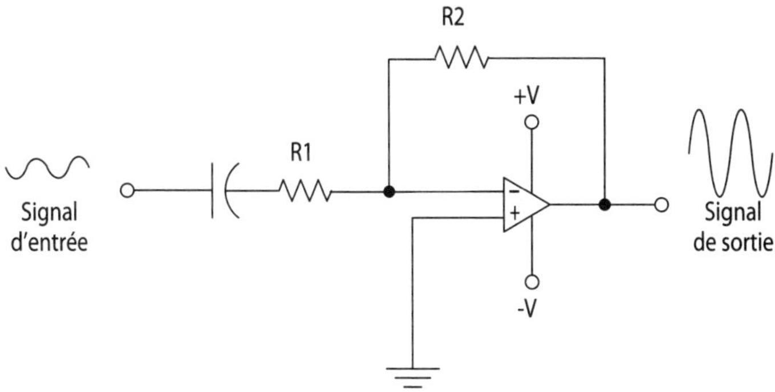


**Figure 7-7 :** Un circuit d'amplificateur opérationnel inverseur permet d'obtenir un gain uniforme sur une large gamme de fréquences.

TRUC

La plupart des amplificateurs opérationnels nécessitent une tension d'alimentation à la fois positive et négative : une tension positive comprise entre 8 et 12 V (sur la broche 7) et une tension négative comprise entre –8 et –12 V (sur la broche 4). Vous pourrez trouver facilement des notices d'application.

On trouve toutes sortes d'amplis op sur le marché, à des prix allant de quelques centimes à plus de 100 euros.

## Un CI pour mesurer le temps : la minuterie 555

La minuterie (ou *base de temps*) polyvalente 555 est un des types de circuit intégré les plus répandus et les plus faciles à utiliser. Apparue en 1971, elle est toujours aussi actuelle. On en produit chaque année plus d'un milliard d'unités. Elle peut être utilisée dans des circuits analogiques ou numériques, et sert le plus souvent au minutage de précision (les unités de mesure allant de la microseconde à l'heure). Dans un grand nombre de projets (notamment plusieurs projets présentés au Chapitre 15), elle joue un rôle indispensable.

La Figure 7-8 représente le brochage de la minuterie 555. Les fonctions des broches sont les suivantes :

- **Un déclencheur.** En appliquant une faible tension à la broche 2, on déclenche le fonctionnement du circuit interne de minuterie. C'est ce que l'on appelle une gâchette active basse.
- **Une sortie.** La forme d'onde de sortie est délivrée sur la broche 3.
- **Une remise en circuit.** En appliquant une faible tension à la broche 4, on réinitialise la fonction de minuterie, et la broche d'entrée (la broche 3) prend l'état bas (tension nulle). Dans certains circuits, cette fonction est absente, et la broche 3 est liée à l'alimentation positive.
- **Une entrée de contrôle de la tension.** Pour neutraliser le circuit interne de déclenchement (cela ne se fait pas en temps normal), on applique une tension à la broche 5. Autrement, on relie la broche 5 à la terre, de préférence en passant par un condensateur de 0,01 µF.
- **Un seuil.** Quand la tension appliquée à la broche 6 atteint une certaine valeur (généralement les deux tiers de la tension positive d'alimentation), le cycle de minuterie se termine. Entre la broche 6 et la borne positive de l'alimentation, on branche une résistance. De la valeur de cette *résistance de minuterie* dépendra la durée du cycle de minuterie.
- **Une broche de décharge.** À la broche 7, on branche un condensateur. Du temps de décharge du *condensateur de minuterie* dépend la durée des intervalles de la minuterie.

Il existe divers modèles de CI de minuterie 555. La minuterie 556 est une version duale de la 555, conditionnée sous forme de DIP à 14 broches. Les deux minuteries placées à l'intérieur se partagent les mêmes broches d'alimentation.

En reliant les broches de votre minuterie 555 à des résistances, à des condensateurs et à des interrupteurs, vous pouvez faire accomplir à ce petit bijou différentes fonctions, et avec une facilité remarquable. Dans la documentation, vous trouverez des précisions détaillées et faciles à comprendre sur les différentes applications possibles de ce

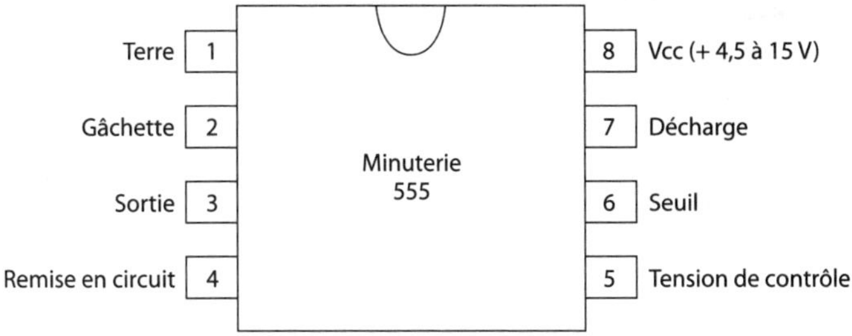


**Figure 7-8 :** Brochage d'une minuterie 555.

dispositif. Nous allons voir ici trois manières courantes de configurer un circuit minuteur à l'aide d'une minuterie 555.

## Un multivibrateur astable (oscillateur)

La puce 555 peut se comporter comme un *multivibrateur astable*, un terme savant pour désigner une sorte de métronome électronique. En reliant à cette puce d'autres composants selon le schéma de la Figure 7-9, vous pouvez obtenir un circuit produisant une série continue d'impulsions alternant une tension basse (0 volt) et une tension haute (la tension positive de l'alimentation, $U_a$), comme l'illustre la Figure 7-10 (le terme *astable* fait référence au fait que le circuit, au lieu de trouver un état stable, alterne continuellement deux états différents). Un tel circuit est aussi appelé *oscillateur*.

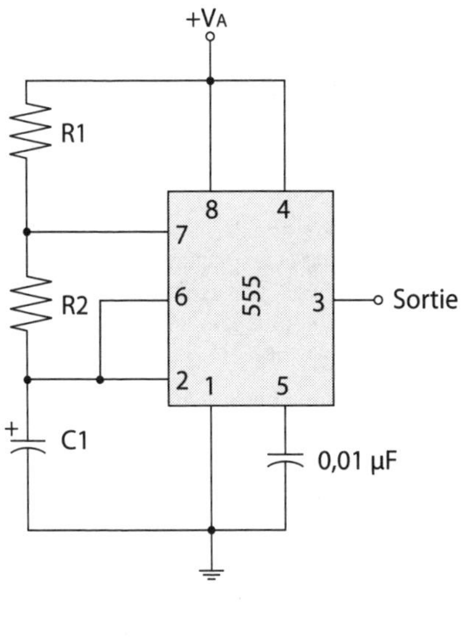


**Figure 7-9 :** Configuration du circuit d'un multivibrateur astable 555.

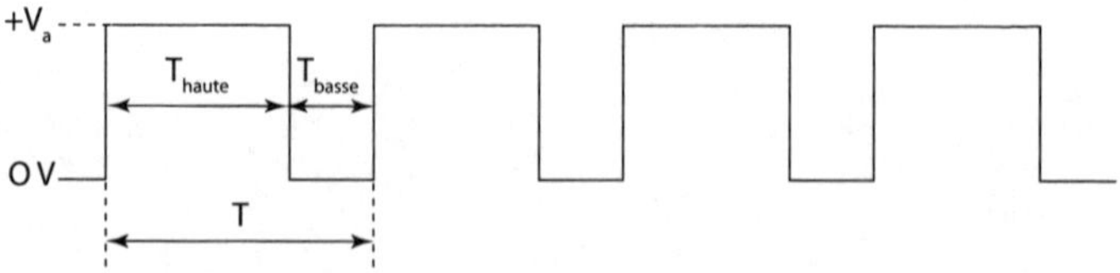


**Figure 7-10 :** Séquence d'impulsions provenant du circuit d'un multivibrateur astable 555. L'intervalle entre deux impulsions dépend des composants externes.

Les applications d'un multivibrateur astable 555 sont variées :

- **Lumières clignotantes.** Une séquence d'impulsions basse fréquence
(< 10 Hz) peut servir à commander l'allumage et l'extinction d'une LED ou d'une lampe (voir Chapitre 15, projet de *lumière clignotante*).
- **Métronome électronique.** Une séquence d'impulsions basse fréquence (< 20 Hz) en entrée d'un haut-parleur ou d'un transducteur piézoélectrique permet de produire un « clic » à intervalles réguliers.
- **Alarme.** En réglant la fréquence dans un intervalle correspondant aux applications audio (entre 20 Hz et 20 kHz) et en dirigeant la sortie vers un haut-parleur ou vers un transducteur piézoélectrique, vous pouvez produire un son strident et insupportable (voir Chapitre 15, projets de *sirène* et d'*alarme sensible à la lumière*).
- **Minutage d'une puce logique.** Vous pouvez régler la pulsation pour qu'elle corresponde aux spécifications du signal minutant le circuit logique de la puce, par exemple le compteur décimal 4017 dont il sera question plus loin dans ce chapitre (voir Chapitre 15, projet de *générateur d'effets lumineux*).

La fréquence *f* (en hertz) de l'onde carrée produite, c'est-à-dire le nombre de cycles complets par seconde, dépend du choix qui a été fait concernant les trois composants externes :

$$F = \frac{1{,}4}{\left(R_1 + 2R_2\right) \times C_1}$$

En inversant le numérateur et le dénominateur de cette équation, on obtient la *période* (T), qui est le temps (en secondes) d'un cycle complet (d'une pulsation) :

$$T = 0{,}7 \times (R_1 + 2R_2) \times C_1$$

Vous pouvez monter un circuit avec lequel la largeur de la partie haute de la pulsation sera différente de la largeur de la partie basse. La largeur de la partie haute ($T_{haute}$) peut être calculée grâce à l'équation suivante :

$$T = 0{,}7 \times (R_1 + 2R_2) \times C_1$$

La largeur de la partie basse ($T_{basse}$) peut être calculée grâce à l'équation suivante :

$$T = 0{,}7 \times R_2 \times C_1$$

Si $R_2$ est beaucoup plus grand que $R_1$, les largeurs de la partie haute et de la partie basse seront à peu près égales. Si $R_2 = R_1$, la partie haute sera deux fois plus large que la partie basse.

Vous pouvez remplacer $R_1$ et $R_2$ par un potentiomètre (résistance variable) et une petite résistance branchés en série, afin de faire varier la pulsation.

Pour le choix des valeurs de $R_1$, $R_2$ et $C_1$, nous vous conseillons de procéder comme suit :

- **Choisissez $C_1$.** Décidez quelle gamme de fréquences vous voulez produire, et choisissez un condensateur approprié. Plus basses seront les fréquences désirées, plus forte sera la capacité du condensateur (en supposant que $R_1$ et $R_2$ seront quelque part dans la fourchette 10 kΩ – 1 MΩ). Pour un certain nombre d'applications à basse fréquence, des condensateurs de capacité comprise entre 0,1 µF et 10 µF conviennent bien. Pour les applications à plus haute fréquence, choisissez un condensateur de capacité comprise entre 0,1 µF et 0,001 µF.
- **Choisissez $R_2$.** Décidez quelle doit être la largeur de la partie basse de la pulsation, et choisissez la valeur de $R_2$ qui produira cette largeur compte tenu de la valeur de $C_1$ déjà déterminée.
- **Choisissez $R_1$.** Décidez quelle doit être la largeur de la partie haute de la pulsation. À partir des valeurs de $R_2$ et $C_1$ déjà déterminées, calculez la valeur de $R_1$ qui vous permettra d'obtenir la largeur désirée pour la partie haute.

## *Un multivibrateur monostable*

En configurant la minuterie 555 comme sur la Figure 7-11, vous pouvez en faire un *multivibrateur monostable*, qui, lorsqu'il sera déclenché, produira une impulsion unique. En l'absence de déclencheur, ce circuit produit une tension basse (nulle) : c'est son état stable. Le déclenchement se fait par la fermeture de l'interrupteur entre la broche 2 et la masse. Le circuit produit alors en sortie une impulsion haute, au niveau de la tension d'alimentation, $V_a$. La largeur de l'impulsion, c'est-à-dire sa période T (la durée pendant laquelle la tension haute est délivrée en sortie), est fonction des valeurs de $R_1$ et de $C_1$ :

$$T = 1{,}1 \times R_1 \times C_1$$

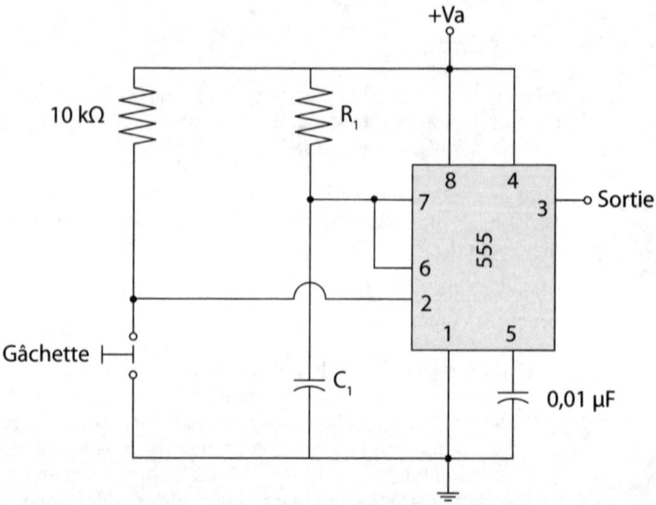


**Figure 7-11 :** Déclenché en fermant l'interrupteur relié à la broche 2, le circuit monostable 555 produit une impulsion unique dont la largeur dépend des valeurs de R1 et C1.

Sachant que la capacité d'un condensateur peut souvent varier et que son imprécision peut atteindre 20 %, mieux vaut peut-être ne pas s'en tenir à la valeur calculée par cette formule.

Pour déclencher le fonctionnement d'un circuit logique (comme le compteur décimal 4017 cmOS décrit plus loin dans ce chapitre) sans prendre de risque, vous pouvez utiliser un multivibrateur monostable. Les interrupteurs mécaniques ont tendance à « rebondir » quand ils sont actionnés, si bien qu'ils peuvent produire plusieurs hausses de tension qu'un CI numérique risquerait d'interpréter comme autant de signaux de déclenchement. Pour éviter cela, le mieux est de vous servir d'un interrupteur mécanique pour déclencher un multivibrateur monostable, dont le signal de sortie servira à déclencher le fonctionnement du CI numérique.

## *Un multivibrateur bistable*

Si un circuit astable n'a pas d'état stable et si un circuit monostable possède un état stable, qu'est-ce donc qu'un circuit bistable ? Vous l'avez peut-être deviné, c'est un circuit avec deux états stables. Le *multivibrateur bistable* 555 de la Figure 7-12 produit tantôt une tension haute ($V_a$) tantôt une tension basse (0 V) et ne passe d'un état à l'autre que lorsqu'il y a déclenchement. Calculer la valeur des résistances n'est pas nécessaire : c'est l'activation de la gâchette qui permet de contrôler la séquence d'impulsions.

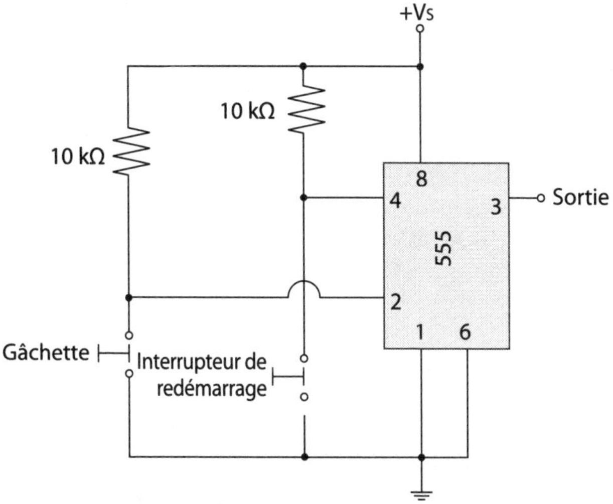


**Figure 7-12 :** Le circuit bistable 555 produit une sortie haute quand il est déclenché par la gâchette reliée à la broche 2 et une sortie basse quand il est redémarré au moyen de l'interrupteur relié à la broche 4.

Sachant que le multivibrateur bistable reste dans l'état bas ou dans l'état haut tant qu'il n'a pas été déclenché, il peut servir à stocker un bit de donnée (c'est-à-dire soit un 0 soit un 1, correspondant respectivement à une tension basse et à une tension haute). Les registres servant à stocker des résultats temporaires à différentes étapes des circuits logiques sont des circuits bistables. Les multivibrateurs bistables sont également utilisés dans certains circuits de comptage numérique, dans lesquels ils retiennent les bits dans un réseau de registres. Les sorties de ces registres constituent une chaîne de bits, laquelle représente le comptage.

## Les familles logiques

Diverses possibilités s'offrent aux fabricants de circuits numériques intégrés. Une porte simple peut être assemblée à l'aide d'une résistance et d'un transistor, ou avec simplement des transistors bipolaires, ou avec simplement des MOSFET (un autre type de transistor), ou avec d'autres combinaisons de composants. Certaines méthodes de conception permettent de rassembler plus facilement un grand nombre de portes minuscules sur une même puce, tandis que d'autres méthodes permettent d'assembler des circuits plus rapides ou plus économes en énergie.

Les circuits numériques intégrés sont classés en fonction de la méthode de conception et de la technologie utilisée pour assembler les minuscules circuits dont ils sont constitués. On distingue ainsi plusieurs dizaines de *familles logiques*, mais les deux plus courantes sont la famille TTL et la famille cmOS.

Dans la famille TTL (*transistor-transistor logic*), des transistors bipolaires servent à construire des portes et des amplificateurs. La fabrication de ces circuits est relativement peu onéreuse, mais ils consomment généralement beaucoup d'énergie et nécessitent une alimentation spécifique (5 volts). La famille TTL comporte plusieurs branches, notamment la série *Low-Power Schottky* qui consomme à peu près un cinquième de l'énergie consommée par les autres circuits TTL. Dans la plupart des CI de la famille TTL, les éléments sont numérotés 74*xx* ou 74*xxx*, *xx* et *xxx* indiquant un type particulier de système logique. Le 7400, par exemple, est un quad NAND (quadruple NON-ET) à deux entrées. Sa version économique Schottky porte le code 74LS00.

Le cmOS (*complementary metalloxide semiconductor*) est un type de technologie servant à fabriquer les MOSFET (*metal-oxide semiconductor field-effect transistors*, c'est-à-dire transistors à effet de champ à semi-conducteur en oxyde métallique). Vous comprenez maintenant l'intérêt d'utiliser des sigles comme cmOS ! Les puces cmOS coûtent un peu plus cher que leurs équivalents TTL, mais elles sont beaucoup moins gourmandes et fonctionnent avec différentes tensions d'alimentation (de 3 à 15 volts). Elles sont très sensibles à l'électricité statique et doivent donc être manipulées avec un soin particulier. Certaines puces cmOS ont le même brochage que les puces TTL et sont reconnaissables grâce à un « C » au milieu du numéro d'identification. Ainsi, par exemple, le 74C00 est une porte quad NON-ET à deux entrées comportant le même brochage que le CI TTL 7400. Les puces de la série 40xx, par exemple le compteur décimal 4017 et l'afficheur 7 segments 4511, font aussi partie de la famille cmOS.

TRUC

Vous pouvez utiliser divers types de circuits de minuterie 555 pour déclencher d'autres circuits de minuterie 555. Ainsi, par exemple, vous pouvez vous servir d'un oscillateur pour déclencher un multivibrateur bistable (c'est utile pour les registres de cadencement). Vous pouvez aussi vous servir d'un multivibrateur monostable pour produire un son temporaire à faible volume. Quand le son s'arrête, l'état du circuit bistable change et sa sortie déclenche un oscillateur qui envoie une impulsion à un haut-parleur. Ce genre de circuit peut être utilisé pour monter un système d'alarme : au moment où il pénètre dans la maison, le propriétaire (ou le cambrioleur) dispose de dix secondes, par exemple, pour désactiver le système (tandis que retentit un signal d'avertissement à faible volume) avant que la sirène se déclenche et réveille le voisinage.

## Compter sur le compteur décimal 4017

Le compteur décimal cmOS 4017 de la Figure 7-13 est un CI à 16 broches qui « compte » de 0 à 9 quand il est déclenché. Les broches 1 à 7 et 9 à 11 passent l'une après l'autre de l'état bas à l'état haut quand un signal de déclenchement est appliqué à la broche 14 (bien entendu, elles ne changent pas d'état dans le strict sens contraire des aiguilles d'une montre : pour déterminer l'ordre de changement, il faut vérifier le brochage). Vous pouvez vous servir de la sortie du compteur pour allumer des LED (comme dans le projet de *générateur d'effets lumineux* du Chapitre 15) ou pour déclencher un circuit monostable contrôlant un autre circuit.

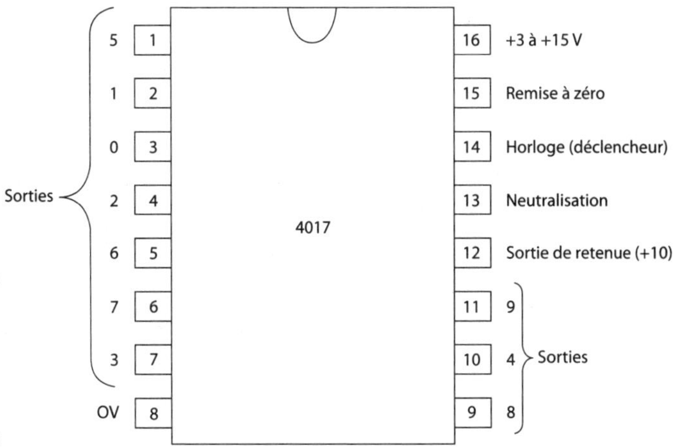


**Figure 7-13 :** Brochage du compteur décimal cmOS 4017.

Le comptage ne peut se faire que lorsque la broche 13 (celle de la fonction neutralisation, ou *disable*) est dans l'état bas : vous pouvez inhiber le comptage en appliquant à la broche 13 un signal haut. Vous pouvez aussi réinitialiser le compteur (la sortie du compte « zéro », c'est-à-dire la broche 3, passe à l'état haut) en appliquant à la broche 14 un signal haut (+V).

En réunissant plusieurs CI 4017, on peut construire un circuit qui compte les dizaines, les centaines, les milliers, *etc.* La broche 12 est dans l'état haut quand le compte est compris entre 0 et 4 et dans l'état bas quand le compte est compris entre 5 et 9, ce qui revient à avoir un signal déclencheur qui divise le comptage par dix. Si l'on branche la sortie de la broche 12 sur l'entrée du déclencheur (broche 14) d'un autre compteur décimal, ce second compteur comptera les dizaines. Si l'on branche la broche 12 de ce second compteur sur la broche 14 d'un troisième compteur, ce troisième compteur comptera les centaines. Avec suffisamment de 4017, on pourrait même atteindre le montant de la dette nationale !

Vous pouvez aussi relier deux ou plusieurs sorties du compteur et utiliser des diodes pour obtenir une séquence variable. Pour cela, branchez chaque anode (borne positive de la diode) à une broche de sortie, et faites converger toutes les cathodes (les bornes négatives des diodes) vers une résistance. Vous pouvez, par exemple, simuler le fonctionnement d'un feu de signalisation en reliant ensemble les sorties 0 à 4 et en envoyant le résultat, *via* une résistance, à une LED rouge, brancher la sortie 5 sur une LED jaune et relier ensemble les sorties 6 à 9 pour les faire converger vers une LED verte.

## Les microcontrôleurs et autres CI d'application courante

Parmi les autres fonctions courantes que peuvent remplir les CI, il y a les opérations mathématiques (addition, soustraction, multiplication et division), le *multiplexage* (réunion de plusieurs sorties pour n'en former qu'une seule) et la conversion de signaux analogiques en signaux numériques ou inversement :

- Un *convertisseur analogique-numérique (CAN)* sert à transformer un signal analogique en signal numérique pouvant être traité par un ordinateur ou autre système numérique.
- Un *convertisseur numérique-analogique (CNA)* sert à transformer un signal numérique traité en signal analogique (vous avez besoin d'un signal analogique, par exemple, pour alimenter les haut-parleurs qui sont branchés sur votre ordinateur).

Naturellement, le *microprocesseur* qui gère l'activité de votre ordinateur (et peut-être même votre quotidien) fait aussi partie des CI d'application courante.

Le microcontrôleur fait partie des circuits intégrés les plus polyvalents. Un *microcontrôleur* est une sorte d'ordinateur miniature dans une puce. Pour le programmer, vous le placez sur une carte de développement, afin qu'il puisse être relié à votre ordinateur. Une fois que vous l'avez programmé, vous le montez dans votre système électronique, sur une embase. Vous y ajoutez quelques autres composants (pour réaliser une interface reliant le microcontrôleur à votre ordinateur, à des moteurs ou à des interrupteurs), et vous avez un petit CI prêt à fonctionner (par exemple, à commander les mouvements d'un robot). Ce qui est bien avec un microcontrôleur, c'est qu'il vous suffit de modifier quelques lignes de code (ou de réécrire le programme complet) pour lui faire faire autre chose : pas besoin, pour cela, d'échanger des fils, des résistances ou autres composants.

# Élargir les possibilités d'application des CI

Le domaine des circuits intégrés dépasse de beaucoup ce que nous pouvons couvrir dans ce livre, d'autant que ceux qui conçoivent les circuits ne cessent de trouver des améliorations et de nouvelles idées.

À titre d'exercice, vous pouvez construire un circuit simple en utilisant un quadruple NON-ET 4011 à deux entrées, comme au Chapitre 14. Vous aurez ainsi une expérience du branchement de composants externes aux broches d'une puce. Vous trouverez dans le Chapitre 15 plusieurs projets d'utilisation de CI.

Si vous souhaitez poursuivre votre découverte du monde des CI, consultez l'annexe pour connaître d'intéressants sites Web et trouver des informations sur les applications pratiques des divers CI.

# Chapitre 8

# Pour compléter votre liste d'éléments de circuit

### *Dans ce chapitre*

- Trouver le meilleur type de câblage
- Alimenter les circuits avec des piles et des cellules photovoltaïques
- Commander les connexions à l'aide de commutateurs
- Déclencher le fonctionnement des circuits à l'aide de capteurs
- Transformer l'électricité en lumière, en son et en mouvement

Si les composants et les circuits intégrés présentés dans les chapitres 3 à 7 constituent l'essentiel en matière de gestion et de transformation du flux d'électrons dans les circuits, il existe encore de nombreux éléments nécessaires.

Certains de ces autres éléments, comme les câbles, les connecteurs et les piles, sont indispensables au fonctionnement de tout circuit électronique. Sans le câblage pour brancher les composants les uns aux autres et sans une source d'alimentation, vous n'iriez pas bien loin. Il y a aussi, naturellement, des éléments qui n'interviennent que dans certains circuits, par exemple les sonnettes et ronfleurs qui ne servent que lorsque vous voulez faire du bruit.

Parmi les divers composants dont il sera question dans ce chapitre, il en est certains que vous devrez toujours avoir en réserve (tout comme le papier toilette et le dentifrice). Pour les autres, à vous de voir.

# Pour que ce soit branché

Pour que le courant électrique circule à travers vos composants, il faut qu'ils soient reliés les uns aux autres. Les sections qui suivent sont donc consacrées aux fils, au câblage et aux connecteurs qui remplissent cette fonction indispensable.

## Bien choisir les fils et les câbles

Dans les applications électroniques, le câblage utilisé est constitué de simples fils métalliques, généralement en cuivre, dont l'unique rôle est de véhiculer les électrons. Cependant, il en existe aujourd'hui plusieurs sortes. Les sections qui suivent vous permettront de savoir de quel type de fil vous avez besoin dans une situation donnée.

### Multibrin ou monobrin ?

Si vous démontez une lampe d'intérieur (non sans l'avoir d'abord débranchée, bien sûr), vous trouverez deux ou trois petits faisceaux de filaments métalliques enrobés dans une gaine. Il s'agit des fils *multibrins*. Il existe aussi des fils *monobrins*. La Figure 8-1 illustre ces deux types de fils.

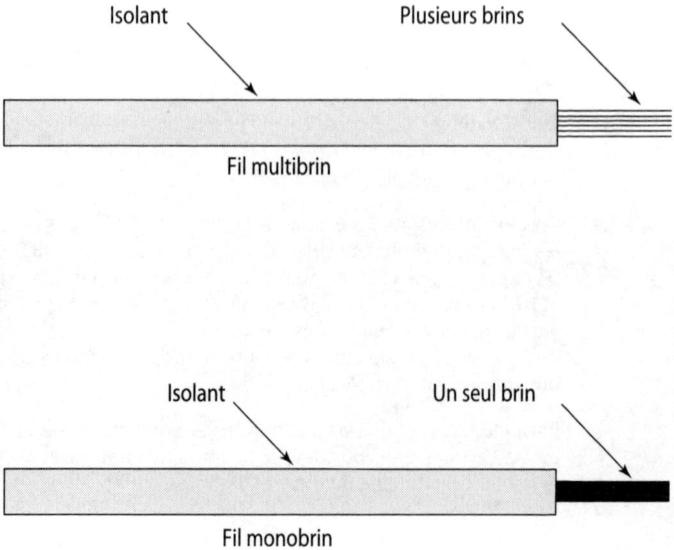


**Figure 8-1 :** En électronique, on utilise aussi bien des fils multibrins que des fils monobrins.

Le fil multibrin est bien plus souple que le fil monobrin. On choisit ce type de fil lorsque le câblage est amené à changer souvent de forme (cordons de lampes et câbles pour relier les éléments de votre système audio ou vidéo). On utilise les fils monobrins pour des liaisons qui ne seront pas souvent modifiées ou pour relier des composants sur des plaques d'essais sans soudure (voir Chapitre 11). Vous pouvez facilement faire passer des fils monobrins dans les trous de la plaque, tandis qu'avec du multibrin, vous seriez obligé de torsader les brins pour qu'ils passent tous et vous risqueriez d'en briser un ou deux au passage (croyez-nous, cela arrive !), ce qui pourrait perturber le fonctionnement du circuit.

## Question de diamètre

L'unité de mesure du diamètre des câbles (ou calibre) est la *Wire gauge*, inversement proportionnelle à la mesure métrique du diamètre. Le Tableau 8-1 représente les diamètres les plus courants.

**Tableau 8-1 : Diamètre des câblages couramment utilisés en électronique**

| Wire Gauge (calibre) | Diamètre (en mm) | Utilisation |
|---|---|---|
| 16 | 1,29 | Applications lourdes |
| 18 | 1,02 | Applications lourdes |
| 20 | 0,812 | La plupart des projets électroniques |
| 22 | 0,644 | La plupart des projets électroniques |
| 30 | 0,255 | Montages avec fils enroulés |

Dans la plupart des projets électroniques, comme dans les projets des chapitres 14 et 15 de ce livre, on utilise du fil de calibre 20 ou 22. Pour relier un moteur à une source d'alimentation, ce sera plutôt du 16 ou du 18. Quand vous aurez acquis une certaine expérience des projets électroniques, il vous arrivera peut-être de connecter des composants sur des supports spéciaux en utilisant la *technique des fils enroulés* (voir Chapitre 11). Vous utiliserez alors des fils plus fins (du 28 ou du 30).

TRUC

Un calibre 20 est souvent indiqué sous une des formes suivantes : 20 ga., #20 ou 20 AWG (AWG signifie *American Wire Gauge*).

ATTENTION !

Si vous vous intéressez à des projets pour lesquels la tension ou l'intensité du courant sont plus fortes que pour les projets décrits dans ce livre, consultez les instructions ou un document de référence afin de déterminer le diamètre de câblage approprié. Le *National Electrical Code*, par exemple, recense les diamètres convenant pour les différents types de câblages utilisés dans une habitation. Vérifiez aussi que vous avez les compétences nécessaires et une connaissance suffisante des procédures de sécurité pour pouvoir travailler sur un tel projet.

### Les câblages, un monde tout en couleurs

De même que des bandes colorées vous permettent de découvrir les valeurs secrètes des résistances, les différentes couleurs des gaines isolantes des câblages vous permettent de vous y retrouver dans les branchements d'un circuit. Quand on câble un circuit fonctionnant en courant continu (par exemple, quand on travaille sur une plaque d'essais sans soudure), on utilise généralement du fil rouge pour tous les branchements à la borne positive (+V) et du fil noir pour tous les branchements à la borne négative (–V) ou à la masse. Pour les circuits fonctionnant avec un courant alternatif, les raccordements à la masse se font avec du fil vert et jaune (ou vert). Les fils jaune et orange sont souvent utilisés pour les signaux d'entrée, comme par exemple le signal provenant d'un micro. Si vous disposez d'un certain nombre de couleurs, vous pouvez vous en servir pour coder les connexions de vos composants. Ainsi, il sera bien plus facile de comprendre comment le circuit est constitué (sauf pour les daltoniens).

### Fils, câbles et cordons

Les *câbles* proprement dits sont en réalité constitués de deux ou plusieurs fils gainés, l'ensemble étant également gainé d'un isolant. Les cordons d'alimentation des lampes et des appareils électriques que vous utilisez chez vous sont des câbles. Il en est de même de tout le fatras de branchements derrière l'ampli de votre chaîne hi-fi, ou derrière votre ordinateur. La différence entre les câbles et les fils multibrins, c'est que les fils qui constituent les câbles sont isolés les uns des autres.

## Fiches et connecteurs

Si vous examinez le câble qui relie votre ordinateur à votre imprimante, par exemple, vous pouvez voir des *fiches* en métal ou en plastique aux extrémités, qui se fixent dans des réceptacles solidaires de vos appareils, appelés *prises* ou *embases*. Les *fiches* et les *prises* sont des *connecteurs*, munis de broches ou de trous dont le nombre et l'espacement varient selon les formats, et qui permettent de mettre les fils appropriés en contact avec les fils qui leur correspondent dans l'appareil.

Il existe une grande variété de types de connecteurs, destinés à des applications différentes. Dans vos aventures au pays des merveilles de l'électronique, vous utiliserez probablement les connecteurs suivants :

- Les *dominos* sont les connecteurs les plus simples. Ils contiennent des contacteurs munis chacun de deux vis. Après avoir fixé le domino au châssis, vous soudez (ou pincez) à une cosse chaque fil à brancher, puis vous glissez les cosses dans le domino. Pour mettre deux fils en contact, il vous suffit de les introduire de part et d'autre du même contacteur et de les fixer au moyen des vis.
- Les *fiches* et les *jacks* servent à transmettre les signaux audio, par exemple entre une guitare électrique et un ampli. Ce sont les terminaisons de câbles comme celui de la Figure 8-2. Le câble représenté est un câble coaxial, il comporte un ou deux fils de signal entourés d'un *blindage* métallique qui protège ces fils contre les interférences électromagnétiques (le *bruit*).

**Figure 8-2 :** Un câble avec, aux extrémités, des prises « jack » pour relier deux appareils électroniques.

- Les *barrettes* sont généralement utilisées pour brancher les fils véhiculant les signaux sur les cartes imprimées. Elles sont pratiques pour les projets complexes faisant appel à plusieurs circuits assemblés de façon durable sur des cartes distinctes. La plupart des barrettes sont constituées d'une ou deux rangées de broches métalliques fixées dans un bloc de plastique, lequel peut être fixé sur la carte ou la plaquette. Sur la barrette, on enfiche un connecteur compatible, situé à l'extrémité d'un *câble ruban* (une série de fils isolés assemblés côte à côte de manière à former un câble plat et flexible). La forme rectangulaire du connecteur permet de relier facilement les fils du câble ruban aux destinations appropriées dans le circuit. L'identification des différents modèles de barrettes se fait selon le nombre de broches : on parlera, par exemple, d'une barrette de 40 broches.

Il existe un certain nombre de types de connecteurs dont vous n'avez pas besoin d'entendre parler tant que vous ne vous intéressez pas à des projets électroniques plus complexes.

# Une source d'alimentation électrique

Tous les fils et les connecteurs du monde vous seront de peu d'utilité si vous ne disposez pas d'une source d'alimentation. Le Chapitre 2 traite des sources d'alimentation électrique, notamment du courant alternatif du secteur et du courant continu des piles et des batteries solaires (ou cellules photovoltaïques). Ici, nous étudions le choix d'une source d'alimentation et la façon d'alimenter un circuit.

## Tirer sur des piles

Pour la plupart des applications électroniques non professionnelles, les piles conviennent.. Les piles sont relativement légères et faciles à transporter, et il est possible d'obtenir diverses formes d'alimentation en courant continu en associant plusieurs piles en série. Les piles de type AAA (ou LR03), AA (ou LR6), C (ou LR14) et D (ou LR20) produisent chacune une tension de 1,5 V. Une pile de 9 V (ou 6LR61, appelée aussi pile carrée), de forme rectangulaire, contient généralement six unités de 1,5 V. Il existe aussi des piles de 4,5 V et des piles de 6 V.

### Brancher les circuits sur des piles

Pour brancher une pile de 9 V à un circuit, on utilise une double cosse comme celle de la Figure 8-3. Les deux cosses sont soudées l'une à un fil noir, l'autre à un fil rouge. À l'autre extrémité, les fils sont dénudés pour pouvoir être connectés au circuit. Vous pouvez soit insérer les extrémités de ces fils dans des dominos, soit les introduire dans des trous de votre plaque d'essais, soit les souder directement aux

**Figure 8-3 :** Un système simple constitué de deux cosses pour brancher facilement une pile de 9 V à un circuit.

composants. Ces différentes façons de procéder sont abordées au Chapitre 11.

Quand on branche la borne positive d'une pile à la borne négative d'une autre pile, la tension totale délivrée par ce montage en série est la somme des tensions délivrées par chacune des piles. Dans les compartiments à piles comme celui de la Figure 8-4, les connexions sont celles d'un branchement en série, et une paire de fils constituée d'un fil noir et d'un fil rouge fournit la tension totale.

**Figure 8-4 :** Quatre piles de 1,5 V branchées en série dans un compartiment à piles produisent une tension de 6 V entre le fil rouge et le fil noir.

### Un classement des piles en fonction de ce qu'elles contiennent

Les piles sont classées en fonction des substances chimiques qu'elles contiennent. C'est en fonction de ces substances chimiques qu'elles sont ou ne sont pas rechargeables. Les types de piles suivants sont répandus dans le commerce :

- **Piles non rechargeables :**
  - **Les piles salines carbone-zinc** existent dans divers formats (notamment AAA, AA, C, D et 9 volts). Elles constituent le bas de gamme en matière de piles. Elles sont bon marché mais ne durent pas très longtemps.
  - **Les piles alcalines** existent également dans divers formats. Elles durent environ trois fois plus longtemps que les piles salines. Pour vos applications électroniques, nous vous suggérons de commencer avec ce type de piles. Si vous vous apercevez que vous devez les remplacer souvent, vous pourrez opter plutôt pour des piles rechargeables.
  - **Les piles au lithium** produisent des tensions plus fortes (environ 3 volts de plus) que les autres types de piles, et ont une capacité (en ampères-heures) plus haute que les piles alcalines (ce qui signifie qu'elles délivrent la même tension pendant plus longtemps). Elles sont plus onéreuses, et la plupart du temps, elles ne sont pas rechargeables. Cependant, pour certaines applications (par exemple, un petit robot nécessitant des piles légères), elles sont ce qui convient le mieux.
- **Les piles rechargeables :**
  - **Les piles nickel-cadmium (NiCd)** produisaient environ 1,2 volt. Elles étaient il y a peu de temps encore les piles rechargeables les plus courantes, mais leur commercialisation est maintenant interdite dans l'Union européenne. Ces piles présentaient parfois un défaut appelé *effet mémoire*, qui obligeait à les décharger complètement si l'on voulait pouvoir les recharger à pleine capacité.
  - **Les piles nickel-Métal-hydrure (NiMH)** ont remplacé les piles NiCd. Elles produisent aussi une tension de 1,2 volt environ, et elles ne présentent pas d'effet mémoire. Elles seront sans doute bientôt remplacées par les piles lithium-ion et lithium-polymère.

Prenez garde de ne pas mélanger des piles de types différents dans le même circuit, et n'essayez *jamais* de recharger des piles non rechargeables. Elles pourraient éclater, libérer de l'acide ou même exploser. Des avertissements sont généralement inscrits sur les piles non rechargeables.

En achetant un chargeur et un lot de piles rechargeables, vous pouvez économiser beaucoup d'argent sur une certaine durée. Assurez-vous cependant que le chargeur que vous achetez convient pour le type de pile rechargeable que vous comptez utiliser.

Respectez bien les consignes de récupération des piles usagées. Les piles qui contiennent des métaux lourds et toxiques, comme le nickel, le cadmium, le plomb et le mercure, sont très polluantes. Les piles ne doivent pas être jetées, mais rapportées dans des points de collecte comme il en existe aujourd'hui dans les supermarchés. Pour plus de détails sur la collecte des piles usagées, vous pouvez consulter les sites Internet des fabricants de piles, par exemple.

## La durée de vie des piles que nous avons l'habitude d'utiliser

Connaissant la capacité indiquée pour une batterie, en *ampères-heures* (ou en milliampères-heures), vous pouvez facilement avoir une idée de ce qu'elle peut délivrer sur une certaine période. Une pile de 9 volts, par exemple, a généralement une capacité de 500 milliampères-heures. Elle peut donc alimenter un circuit consommant 25 milliampères pendant une vingtaine d'heures avant que sa tension commence à diminuer (nous avons pu constater qu'une pile de 9 volts ayant servi pendant quelques jours ne délivrait plus que 7 volts). Une pile AA de capacité 1,5 ampère-heure peut alimenter un circuit consommant 25 milliampères pendant une soixantaine d'heures.

Six piles AA branchées en série et produisant donc 9 volts dureront plus longtemps qu'une unique pile de 9 volts. En effet, ces six piles contiennent davantage de substance chimique qu'une seule pile (le Chapitre 2 explique de quoi une pile est constituée et pourquoi elle finit par ne plus produire de courant). Si votre application consomme beaucoup de courant, ou si vous comptez la faire fonctionner en permanence, peut-être devrez-vous envisager d'utiliser des piles plus grosses, de type C ou D, qui dureront plus longtemps.

Pour plus de détails concernant les différents types de piles et leur durée probable, consultez la section « Un classement des piles en fonction de ce qu'elles contiennent », précédemment dans ce chapitre.

## Capter l'énergie du soleil

Si vous assemblez un circuit devant servir à l'extérieur, ou si vous voulez simplement utiliser une source d'énergie propre, écologique, vous pouvez vous procurer un ou plusieurs panneaux solaires. Un *panneau solaire* est constitué de cellules photovoltaïques, sorte de grandes diodes appelées *photodiodes*, qui produisent du courant quand elles sont exposées à une source lumineuse comme le soleil (à propos des diodes, voir Chapitre 6, et à propos des photodiodes, voir la section « Des capteurs pour capter », plus loin dans ce chapitre). Un panneau de 15 × 15 cm exposé à la lumière vive du soleil peut produire 100 milliampères pour une tension de 5 volts. Si vous avez besoin de 10 ampères, vous savez ce qu'il vous reste à faire. C'est certes encombrant, surtout pour une petite application mobile.

Les panneaux solaires sont parfois munis de bornes extérieures que vous pouvez brancher sur votre circuit, comme les cosses d'une batterie. Autrement, c'est à vous de souder vos propres terminaisons aux deux bornes du panneau.

Pour savoir si un panneau solaire conviendrait à votre application, posez-vous les deux questions suivantes :

- Le panneau recevra-t-il la lumière du soleil quand vous ferez fonctionner le circuit, ou utiliserez-vous le panneau pour recharger une batterie ou des piles rechargeables ? En dehors de ces deux cas de figure, il vous faudra choisir une autre source d'alimentation électrique.
- Le panneau solaire sera-t-il adapté à votre application ? Il s'agit de savoir de quelle quantité d'énergie votre application aura besoin et quelle est la taille du panneau solaire permettant de fournir cette énergie. Si le panneau nécessaire est trop grand, travaillez à rendre votre application moins gourmande en énergie, ou bien optez pour une autre source d'alimentation.

## Utiliser une prise de courant (non recommandé)

*Le courant électrique du secteur peut être dangereux et même mortel s'il n'est pas utilisé avec les précautions nécessaires.* Par conséquent, nous ne vous conseillons pas de brancher vos circuits sur une prise de courant, du moins pas directement. Les applications électroniques non professionnelles sont généralement alimentées par des piles, mais certaines applications ont besoin d'un courant ou d'une tension que les piles peuvent difficilement fournir. Dans ce cas, vous pouvez utiliser un transformateur-redresseur comme celui de la Figure 8-5, pour obtenir du courant continu. Tous les éléments actifs du transformateur-redresseur sont enfermés dans un boîtier isolant, si bien que vous ne risquez pas d'être en contact avec un courant alternatif de forte puissance.

**Figure 8-5 :** Un transformateur du commerce évite de prendre des risques avec le courant du secteur.

Ces petits transformateurs produisent un courant de quelques centaines de milliampères à quelques ampères, et la tension continue qu'ils délivrent peut varier, selon le modèle, de 3 volts à 20 volts. Certains modèles délivrent à la fois une tension positive et une tension négative. Si vous achetez un transformateur, lisez bien les spécifications pour savoir comment vous devez brancher votre circuit.

## Si vous achetez un « transfo »

Vous pouvez toujours vous procurer un transformateur, ou utiliser le transformateur adaptateur d'un téléphone portable ou autre appareil dont vous ne vous servez plus. Vérifiez que le voltage et l'ampérage, généralement inscrits sur le transformateur, conviennent pour votre application, et veillez à ne pas inverser la polarité (pôles négatif et positif).

## Qu'est-ce qu'un interrupteur ?

Croyez-vous qu'un interrupteur n'est qu'un mécanisme de bascule entre l'état « allumé » et l'état « éteint » ? Il existe de nombreux types différents d'interrupteurs utilisables dans des applications électroniques. Ce qui les différencie les uns des autres, c'est la manière dont ils sont commandés, le type et le nombre de branchements, et enfin, la tension et l'intensité qu'ils supportent.

Un *interrupteur* est un dispositif qui établit et qui coupe un ou plusieurs contacts électriques. Quand l'interrupteur est en *position ouvert*, le contact est coupé et le circuit est ouvert, donc non parcouru par un courant. Quand il est en *position fermé*, le contact est réalisé et le courant circule.

### Commander l'action d'un interrupteur

La désignation du type d'interrupteur indique la manière dont il est commandé (la Figure 8-6 présente quelques exemples) :

- L'**interrupteur à glissière** équipe de nombreux modèles de lampes de poche et de lampes torches. On fait glisser le bouton dans un sens pour allumer et dans l'autre sens pour éteindre.
- L'**interrupteur à bascule** est actionné par un petit levier, dont les deux positions sont parfois marquées « on » et « off ».
- L'**interrupteur à bascule à levier à plat** est une variante du précédent, le levier étant ici un bouton plat.
- L'**interrupteur à lame souple** ferme temporairement le circuit lorsqu'il est maintenu enfoncé. Les boutons de sonnette, à la porte des maisons, sont souvent de ce type.
- Avec la **touche** ou le **bouton-poussoir**, chaque poussée change l'état de l'interrupteur. Il en existe plusieurs types : le bouton on/off, sur lequel chaque pression inverse la position de l'interrupteur, le bouton normalement ouvert, qui ne ferme le circuit que pendant que vous le maintenez enfoncé, et le bouton normalement fermé dont l'effet est inverse.
- Le **relais** est un interrupteur commandé électriquement. Quand une certaine tension lui est appliquée, un électroaimant déplace un contacteur (appelé *armature*) en position fermée. On parle parfois de fermer et d'ouvrir les *contacts* d'une bobine de relais.

**Figure 8-6 :** De haut en bas : deux interrupteurs à bascule, un interrupteur à bascule à levier à plat et un interrupteur à lame souple.

## Pour avoir de bons contacts

On peut aussi distinguer les interrupteurs en fonction du nombre de contacts ou de la façon dont ces contacts sont assurés. Un interrupteur peut comporter un ou deux voire plusieurs *pôles* ou contacteurs d'entrée et une ou plusieurs sorties ou *directions*. Un commutateur à une direction permet d'établir ou de couper le contact entre l'entrée et la sortie. Un *commutateur à deux directions* vous permet d'agir sur la connexion entre une entrée et chacune des deux sorties possibles correspondantes.

Si tout cela ne vous semble pas limpide, examinez les symboles suivants :

- **L'interrupteur simple (SPST, *single-pole single-throw*)** comporte un seul contact d'entrée et un seul contact de sortie. On peut uniquement choisir deux positions, « on » et « off » (allumé et éteint).

- **L'inverseur simple (SPDT)** comporte un seul contact d'entrée et deux contacts de sortie. Il est toujours en position fermée, soit sur un des deux contacts de sortie, soit sur l'autre. Il sert à fermer tantôt un circuit, tantôt un autre (par exemple, pour allumer une lumière verte afin de signaler aux visiteurs qu'ils peuvent entrer ou une lumière rouge afin de leur signaler qu'ils doivent attendre à l'extérieur).

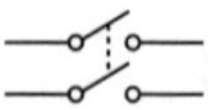

- **L'interrupteur DPST** comporte deux contacts d'entrée et deux contacts de sortie et son action est équivalente à celle de deux interrupteurs simples qui fonctionneraient de façon synchronisée. En position « off », les deux commutations sont ouvertes et il n'y a aucune connexion. En position « on », les deux commutations sont fermées et il y a connexion entre chaque entrée et la sortie qui lui correspond.

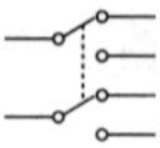

- **Le double inverseur (DPDT)** comporte deux contacts d'entrée et quatre contacts de sortie et agit comme deux inverseurs simples qui fonctionneraient de façon synchronisée. Dans une position, chacune des deux entrées est connectée à une sortie, et dans l'autre position, chaque entrée est connectée à une autre sortie. Certains interrupteurs DPDT comportent une troisième position qui coupe tous les contacts. Le double inverseur peut servir à inverser le sens de rotation d'un moteur, selon que l'on établit une tension positive ou négative, et lorsque la troisième position existe, elle permet d'arrêter le moteur.

# Des capteurs pour capter

Pour déclencher le fonctionnement d'un circuit en réponse à un événement physique (par exemple une variation de température), on utilise des composants électroniques appelés *capteurs*. Le principe du capteur est de transformer une forme d'énergie comme la lumière, la chaleur ou le mouvement en énergie électrique. Les capteurs constituent un type particulier de *transducteur*, un transducteur étant un élément qui transforme une forme d'énergie en une autre. Cette section présente les types de capteurs les plus utilisés dans les circuits électroniques.

## *Voir la lumière*

Certains composants électroniques se comportent différemment selon la lumière à laquelle ils sont exposés. Ils sont enrobés d'une protection transparente, afin de servir de capteurs pour des systèmes d'alarme antivol, des détecteurs de feu, des systèmes d'éclairage automatique ou des dispositifs de sécurité, par exemple pour éviter qu'une porte de garage se referme au moment où une voiture passe. Ces composants peuvent aussi servir pour les télécommandes de téléviseurs et de lecteurs de DVD : le boîtier de télécommande envoie des instructions codées, grâce à une diode luminescente (ou LED, voir Chapitre 6) qui émet des rayons infrarouges, et le récepteur comporte une diode ou un transistor sensible à la lumière, qui lui permet de recevoir les instructions codées.

Voici quelques exemples d'utilisation de composants sensibles à la lumière et utilisés comme capteurs :

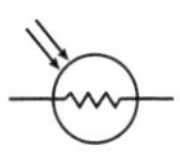

- Les **photocellules** ou **cellules photoélectriques** sont des résistances dépendantes de la lumière, fabriquées dans un matériau semi-conducteur. Leur résistance est généralement forte (environ 1 MΩ) dans l'obscurité et relativement faible (environ 100 Ω) à la lumière vive, mais vous pouvez vous servir d'un multimètre (voir Chapitre 12) pour

  déterminer leur résistance réelle. Les modèles courants sont surtout sensibles à la lumière visible, plus particulièrement dans la partie vert-jaune du spectre. Le symbole de la photocellule, qui peut être installée dans un sens comme dans l'autre, est imprimé ci-contre.

- Les **photodiodes** sont, d'une certaine manière, le contraire des diodes luminescentes (LED) décrites au Chapitre 6. Elles ne sont conductrices que lorsqu'elles sont exposées à une lumière suffisante, généralement invisible (infrarouge). Comme les diodes normales, les photodiodes comportent deux bornes. La borne la plus courte est la cathode (borne négative) et la plus longue est l'anode (borne positive).

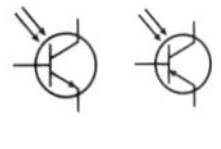

- La plupart des **phototransistors** sont de simples transistors à jonction bipolaire (voir Chapitre 6) enrobés d'une protection transparente, pour que la lumière polarise la jonction base-émetteur. Ces composants ne comportent généralement que deux pôles (alors qu'un transistor normal en comporte trois). Il en est ainsi parce que vous n'avez pas besoin d'accéder à la base du transistor pour le polariser : la lumière s'en charge à votre place. Un phototransistor amplifie les variations de la lumière, mais vu de l'extérieur, il a le même aspect qu'une photodiode. C'est pourquoi il est prudent de bien noter ce que vous faites et avec quoi vous le faites.

Pour les applications faisant intervenir des composants sensibles à la lumière, voir Chapitre 15.

## Capturer le son à l'aide de micros

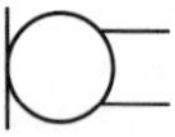

Un *microphone* (*micro* en abrégé) est un transducteur d'entrée qui transforme l'énergie acoustique (c'est-à-dire le son) en énergie électrique. Dans la plupart des micros, c'est une fine membrane ou *diaphragme* qui vibre en réaction aux variations de la pression atmosphérique provoquées par les sons. Les vibrations de la membrane peuvent être traduites sous forme de signal électrique alternatif de différentes manières, selon le type de micro.

- Dans un *microphone à condensateur*, la membrane fait office d'armature d'un condensateur. Les variations du son entraînent des variations correspondantes de la capacité (à propos des condensateurs, voir Chapitre 4).
- Dans un *microphone dynamique*, le diaphragme est fixé à une bobine mobile à induction, laquelle est placée dans un aimant permanent. Quand le diaphragme vibre sous l'effet du son, la bobine bouge à l'intérieur du champ magnétique produit par l'aimant, et un courant est induit dans la bobine (ce phénomène, appelé *induction électromagnétique*, est expliqué au Chapitre 5).
- Dans un *microphone à cristal*, c'est un *cristal piézoélectrique* spécial qui transforme le son en énergie électrique grâce à l'*effet piézoélectrique*, c'est-à-dire une tension produite par certaines substances sous l'effet d'une pression.
- Dans un *microphone à fibre optique*, une source laser dirige un rayon lumineux vers la surface d'un minuscule diaphragme réfléchissant. Quand le diaphragme vibre, les variations lumineuses sont captées par un détecteur qui les transforme en signal électrique.

## Sentir la chaleur

Une *thermistance* est une résistance dont la valeur varie en fonction de la température (voir symbole ci-contre). Elle présente deux pôles et n'a pas de polarité, vous n'avez donc pas à vous inquiéter du sens dans lequel vous devez la placer dans votre circuit.

## Utiliser un capteur lumineux pour détecter le mouvement

Il vous est peut-être arrivé de marcher dans l'obscurité vers la porte d'un bâtiment et de vous retrouver soudainement ébloui par un faisceau lumineux. Vous avez certainement déjà vu une porte d'ascenseur interrompre sa course et se rouvrir au passage d'une personne ou d'une main. Dans les deux cas, il s'agissait de la réaction déclenchée par un détecteur de mouvement. Un certain nombre de détecteurs de mouvement fonctionnent grâce à un capteur qui détecte soit la *présence* d'une lumière infrarouge émise par une source de chaleur (une personne ou un animal), soit l'*absence* de lumière infrarouge, quand un objet interrompt le faisceau lumineux émis par un autre élément du système.

Aux portes des habitations, des magasins, des écoles et autres bâtiments, les dispositifs qui déclenchent l'allumage d'une lampe au passage d'un intrus sont des *détecteurs de mouvement infrarouges passifs*. Ils sont constitués d'un capteur (comportant généralement deux cristaux), d'une lentille et d'un petit circuit électronique. Quand un cristal reçoit des rayons infrarouges, il produit une charge électrique. Sachant qu'un corps tiède (par exemple un corps humain) émet des rayons infrarouges dont la longueur d'onde est différente de ceux émis par un corps plus froid (comme un mur), les différences au niveau de la sortie du capteur peuvent permettre de détecter la présence d'une personne ou d'un animal à sang chaud. Le circuit électronique interprète ces différences pour déterminer si un objet tiède et mobile est présent.

Le système fait la différence entre les événements qui affectent les deux cristaux de façon égale et simultanée, comme une variation de la température ambiante, et ceux qui les affectent de façon différente, comme un corps tiède qui passe à proximité d'un cristal, puis de l'autrLes détecteurs de mouvement infrarouges passifs vendus dans le commerce fonctionnent sur le courant du secteur et sont conçus pour être fixés à un mur ou à un projecteur. Dans une application alimentée par des piles, il vous faut un détecteur compact fonctionnant sur 5 volts environ. Un détecteur de mouvement compact a généralement trois pôles : terre, alimentation positive et sortie. Si vous alimentez votre détecteur avec une tension de +5 V, la tension de sortie sera à peu près nulle en l'absence de mouvement, et elle sera de 5 V quand un mouvement sera détecté. Vous trouverez des détecteurs chez les fournisseurs de systèmes de sécurité, mais ne confondez pas un *détecteur de mouvement* avec un simple *capteur à infrarouges*. Le détecteur de mouvement, grâce à une lentille, détecte le *mouvement* de l'objet et non pas simplement sa *présence*.

Il existe deux types de thermistances :

- La **thermistance à coefficient de température négatif (CTN)**, dont la valeur (résistance) diminue quand la température augmente, est le type le plus courant.
- La **thermistance à coefficient de température positif (CTP)**, dont la valeur (résistance) augmente quand la température augmente.

La résistance indiquée dans les catalogues des fournisseurs de thermistances est mesurée à une température ambiante de 25 °C. Mesurez vous-même cette résistance à plusieurs températures différentes à l'aide d'un multimètre (à propos des multimètres, voir Chapitre 12). Cela vous permettra de *calibrer* votre thermistance, c'est-à-dire d'établir la relation exacte entre température et résistance. En cas de doute sur le type de thermistance, voyez si la résistance augmente ou diminue quand la température augmente.

Si vous comptez vous servir d'une thermistance pour déclencher une action à une certaine température, mesurez bien sa résistance *à cette température*.

## Autres transducteurs d'entrée

D'autres types de transducteurs d'entrée sont utilisés dans les applications électroniques, notamment :

- **Les antennes.** Une antenne perçoit les ondes électromagnétiques et transforme cette énergie en signal électrique (elle peut aussi fonctionner comme un *transducteur de sortie*, c'est-à-dire transformer un signal électrique en ondes).
- **Les capteurs de pression et de position.** Ces capteurs exploitent les propriétés de résistance variable de certains matériaux soumis à des déformations, comme les cristaux piézoélectriques.
- **Les têtes de lecture magnétiques.** Ces têtes de lecture captent les fluctuations du champ magnétique sur les bandes audio ou vidéo (ou sur les disquettes utilisées naguère en informatique) et les transforment en signal électrique.

La classification des transducteurs est souvent établie en fonction du type de transformation de l'énergie. On distingue donc les transducteurs électroacoustiques, électromagnétiques, photoélectriques et électromécaniques. Dans les applications électroniques, tous ces dispositifs apportent des possibilités considérables.

### D'autres moyens de prendre la température

La section « Sentir la chaleur », précédemment dans ce chapitre, traite des thermistances, mais il existe d'autres types de capteurs de température :

- **La lame bimétallique.** Les thermostats sont généralement de type bimétallique, ils fonctionnent grâce à une lame de métal enroulée qui se rétrécit quand la température diminue, et qui déclenche alors un interrupteur.
- **Le capteur de température à semi-conducteur.** C'est le type de capteur de température le plus courant. Sa tension de sortie dépend de la température. Il comporte deux transistors (voir Chapitre 6).
- **Le thermocouple.** Un thermocouple comporte deux fils de métaux différents (par exemple, un fil de cuivre et un fil en alliage de nickel et de cuivre) soudés en un point. Le thermocouple génère une tension qui varie avec la température. La variation de tension dépend des métaux utilisés. Un thermocouple peut servir à mesurer des températures très élevées.
- **Le capteur de température à infrarouges.** Ce type de capteur mesure le rayonnement infrarouge dégagé par un objet situé à distance. Il est utile, par exemple, lorsque l'objet en question est entouré d'un gaz corrosif. Les thermocouples et les capteurs à infrarouges sont couramment utilisés dans les usines et dans les laboratoires.

## L'électronique et ce qui peut en sortir

Les capteurs ou *transducteurs d'entrée* transforment une certaine forme d'énergie en énergie électrique servant à alimenter l'entrée d'un circuit électronique. Les *transducteurs de sortie* font le contraire : ils transforment le signal électronique en sortie d'un circuit en une autre forme d'énergie : son, lumière ou mouvement par exemple (le mouvement étant une énergie mécanique).

Sans le savoir, vous avez probablement l'habitude de vous servir d'un certain nombre de transducteurs de sortie, comme les ampoules électriques, les LED, les moteurs, les haut-parleurs, les tubes cathodiques et autres appareils qui transforment l'énergie électrique en une forme différente d'énergie. En l'absence de toutes ces merveilles, vous pourriez passer vos journées à faire circuler du courant à travers des fils et des composants sans jamais tirer parti de tout ce que l'électronique peut vous apporter. Ce n'est qu'en transformant l'énergie électrique en une forme d'énergie pratique (et utilisable) que vous pourrez vraiment profiter des fruits de vos efforts.

## En parlant des haut-parleurs

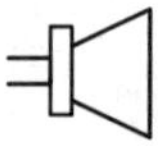

Un *haut-parleur* (représenté par le symbole ci-contre) transforme des signaux électriques en énergie sonore. Les haut-parleurs les plus simples sont constitués d'un simple aimant permanent, d'un électroaimant et d'un cône (Figure 8-7).

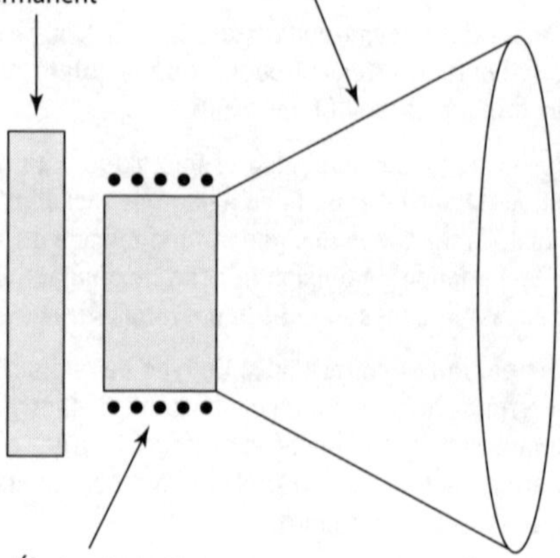


**Figure 8-7 :** Le haut-parleur le plus simple est constitué de deux aimants et d'un cône.

L'électroaimant, constitué d'une bobine enroulée autour d'un noyau en fer, est fixé au cône. Quand un courant alternatif parcourt la bobine, l'électroaimant subit une poussée vers l'aimant permanent, puis en sens inverse (à propos des électroaimants, voir Chapitre 5). Le mouvement de l'électroaimant fait vibrer le cône, et les vibrations produisent des ondes sonores.

Le plus souvent, les deux bornes d'un haut-parleur sont interchangeables. Dans des applications plus exigeantes, par exemple dans le domaine de la haute-fidélité, il convient de respecter les polarités indiquées sur les haut-parleurs.

Les critères de classification des haut-parleurs sont les suivants :

- **L'amplitude des fréquences.** L'amplitude des fréquences émises par un haut-parleur, qui est comprise dans le *spectre des fréquences audibles* (de 20 Hz environ à 20 kHz), dépend de ses dimensions et de la façon dont il est conçu. Dans chaque enceinte d'une chaîne haute-fidélité, il y aura, par exemple, un haut-parleur pour les graves (boomer), un haut-parleur pour les fréquences intermédiaires (medium) et un haut-parleur pour les aigus (tweeter).

- **L'impédance.** L'impédance est une mesure de la résistance du haut-parleur au courant alternatif (voir Chapitre 5). On trouve facilement sur le marché des haut-parleurs de 4 Ω, 8 Ω, 16 Ω et 32 Ω. Il importe que l'impédance du haut-parleur choisi corresponde à la spécification d'impédance de l'amplificateur (vous trouverez cette information sur l'amplificateur, dans son mode d'emploi ou sur le site Internet du fabricant). Si l'impédance du haut-parleur est trop forte, vous n'obtiendrez pas un volume sonore suffisant, et si elle est trop faible, vous risquez de provoquer une surchauffe de votre amplificateur.

- **La puissance indiquée.** La puissance indiquée est la puissance (intensité × tension) que le haut-parleur peut supporter sans subir de dommage. Cette puissance peut être de 0,25 watt, 0,5 watt, 1 watt ou 2 watts. Vérifiez bien la puissance maximale que l'amplificateur peut délivrer, et choisissez un haut-parleur dont la puissance soit au moins égale à cette valeur.

TRUC

Pour des applications non professionnelles, des haut-parleurs miniatures (d'environ 5 à 8 cm de diamètre) avec une impédance d'entrée de 8 Ω conviennent généralement bien. Veillez cependant à ne pas les soumettre à une puissance excessive. Ils supportent généralement 0,25 ou 0,5 watt.

## Des sonnettes qui sonnent

Un ronfleur produit aussi du son, mais contrairement à un haut-parleur, il produit toujours le *même* son insupportable, quelle que soit la tension appliquée. Même si le signal d'entrée provient d'un micro enregistrant une musique de Mozart, le ronfleur ne vous fera jamais entendre Mozart.



Un type particulier de ronfleur ou de sonnette, le « *buzzer* » *piézoélectrique*, comporte une membrane fixée à un cristal piézoélectrique (voir symbole ci-contre). Soumis à une tension, le cristal se dilate ou se contracte (c'est ce que l'on appelle l'effet piézoélectrique), ce qui fait vibrer la membrane, laquelle produit alors des ondes sonores (c'est tout l'inverse du fonctionnement d'un microphone à cristal, voir précédemment dans ce chapitre).

Les buzzers ont deux bornes et peuvent se présenter de diverses manières. La Figure 8-8 montre deux modèles types. Pour brancher correctement un ronfleur ou une sonnette, n'oubliez pas que le fil rouge doit être relié à une tension continue positive.

**Figure 8-8 :** Ces petits ronfleurs bien bruyants sont très faciles à faire fonctionner.

Trois spécifications sont à prendre en compte :

- **La fréquence du son émis.** La plupart des ronfleurs et autres « buzzers » délivrent un son dont la fréquence est constante, comprise entre 2 et 4 kHz.
- **Le voltage.** Vérifiez que le modèle que vous allez acheter est compatible avec la tension délivrée par votre application.
- **Le niveau sonore, en décibels (dB).** Plus cette grandeur est élevée, plus le son émis est fort (et insupportable). Une tension plus forte produit un son plus fort.

Prenez garde de ne pas risquer de détériorer votre acuité auditive. L'exposition à un son supérieur ou égal à 90 dB pendant un laps de temps prolongé peut entraîner une perte d'acuité permanente, même si le seuil de douleur n'est atteint qu'à 125 dB.

## De bonnes vibrations avec des moteurs à courant continu

Ne vous êtes-vous jamais demandé ce qui faisait vibrer votre téléphone portable ? Non, ce n'est pas un pois sauteur du Mexique. C'est plutôt un *moteur à courant continu*. Un moteur transforme l'énergie électrique en mouvement, ce mouvement pouvant être aussi bien la rotation des roues d'un robot que les vibrations d'un téléphone portable ou d'un récepteur d'appels. Vous pouvez utiliser un moteur à courant continu chaque fois que vous voulez obtenir un mouvement, quel qu'il soit.

Les électroaimants jouent un rôle important dans les moteurs. Un moteur à courant continu est essentiellement constitué d'un électroaimant pouvant tourner sur un axe entre deux aimants permanents, comme l'illustre la Figure 8-9.

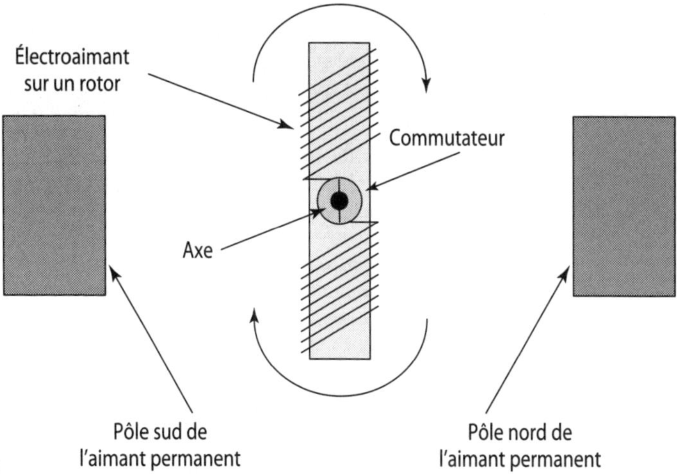


**Figure 8-9 :** Le fonctionnement d'un moteur à courant continu simple.

Le moteur est relié aux bornes positive et négative d'une pile de telle sorte que chaque borne de l'électroaimant ait la même polarité qu'un des deux aimants permanents, sachant que deux pôles de même signe se repoussent. Ce phénomène de répulsion fait pivoter l'électroaimant sur son axe (ou rotor), ainsi les pôles positif et négatif de l'électroaimant échangent leur position, si bien que la rotation se poursuit, sous l'effet des aimants. Un mécanisme simple provoque l'interversion des connexions. Il s'agit d'un *commutateur* (une roue comportant deux segments reliés chacun à une extrémité de l'électroaimant) frotté par des brosses, reliées l'une à la borne positive de la pile, l'autre à la borne négative. Les brosses restent immobiles tandis que le commutateur tourne.

TRUC

Si vous voulez voir plus concrètement comment est conçu le mécanisme d'un moteur à courant continu, vous pouvez toujours vous procurer un moteur bon marché et le mettre en pièces.

L'axe d'un moteur à courant continu tourne à la vitesse de plusieurs milliers de tours par minute. Pour la plupart des applications, c'est un peu rapide. Vous pouvez vous procurer un moteur équipé d'un *réducteur de vitesse*, qui réduira le nombre de tours par minute comme le fait une boîte de vitesses dans une voiture.

Si vous devez choisir un moteur électrique, tenez compte plus particulièrement, parmi les spécifications, des deux caractéristiques suivantes :

- **La vitesse :** La vitesse de rotation (en tours/mn) dont vous avez besoin dépend de votre application. S'il s'agit d'une voiture radiocommandée, par exemple, une vitesse de 60 tr/mn pourra convenir (ce qui correspondra à un tour de roue par seconde).
- **La tension d'utilisation :** Dans les applications non professionnelles, les moteurs fonctionnent sous une tension généralement comprise entre 4,5 V et 12 V. Notez la tension nominale indiquée par le fabricant, ainsi que la vitesse de rotation. Le moteur tourne à cette vitesse lorsque la tension appliquée est égale à la tension nominale. Si la tension appliquée est inférieure à la tension nominale, le moteur tournera moins vite. Si elle est supérieure, il tournera peut-être plus vite, mais il risque fort de griller.

Les moteurs à courant continu ont deux terminaisons, positive et négative. L'utilisation d'un moteur est simple, il tourne quand la tension est appliquée et s'arrête quand la tension est supprimée.

Pour gérer la vitesse du moteur, une meilleure méthode consiste à utiliser la *modulation de largeur d'impulsion*. La tension est alors délivrée par impulsions rapides. Plus les impulsions sont longues et plus le moteur tourne vite. Si vous construisez une application commandée par un moteur (par exemple un robot), il convient de prévoir ce type de système de contrôle de la vitesse.

ATTENTION !

Si vous associez à un moteur des roues ou une hélice, par exemple, faites attention de bien fixer ces éléments avant de mettre le moteur sous tension. Autrement, l'accessoire en question risque de voler et de vous blesser ou de blesser quelqu'un au visage.

# Deuxième partie

# Les mains dans le cambouis

« J'ai remplacé la jauge à essence par celle de mon tapis roulant. Tu veux savoir combien de calories on a brûlées depuis qu'on est sortis du garage ? »

## Dans cette partie...

Prêt à mettre la main à la pâte pour assembler un ou deux circuits électroniques ? Cette partie vous explique comment installer un atelier d'électronique, comment stocker les outils et les fournitures dont vous aurez besoin et comment éviter de prendre des risques. Vous y trouverez aussi les indications utiles pour pouvoir assembler, tester et réparer vos circuits.

Nous vous expliquons où vous pouvez installer votre matériel (et où vous ne pouvez pas l'installer), de quels nouveaux outils vous devez vraiment disposer et quels composants électroniques vous devez vous procurer pour pouvoir commencer à travailler. Nous vous expliquons le langage de la schématique – les graphiques représentant les circuits – et la méthode à suivre pour passer de la conception sur papier à la réalisation à l'aide de composants réels. Nous vous montrons comment vous servir d'une plaque d'essais sans soudure pour assembler des circuits prototypes (des circuits à tester) et comment souder des composants pour fabriquer des circuits durables. Dans cette partie, vous allez aussi faire connaissance avec un nouvel ami très doué, le multimètre, qui vous permettra de « voir » ce qui se passe à l'intérieur de vos circuits et de cerner les problèmes. Enfin, vous allez acquérir les connaissances de base concernant deux appareils de test qui ne sont pas obligatoires mais qui sont bien utiles : l'analyseur logique et l'oscilloscope.

# Chapitre 9

# Installer un atelier et jouer la sécurité

## *Dans ce chapitre*

- Définir un espace de travail approprié
- Disposer des outils et des fournitures
- Constituer un jeu de composants électroniques pour démarrer
- Prendre conscience que la loi d'Ohm s'applique aussi au corps humain
- Éviter de s'électrocuter
- Éviter de transformer les composants en morceaux de charbon

Tout es ces histoires de résistances, de transistors et autres composants électroniques sont bien intéressantes, mais si vous limitez votre passion pour l'électronique à esquisser des schémas de circuits et à rêver de flux d'électrons invisibles, vous ne ferez jamais rien sonner, éclairer, biper ni bouger. Il faut bien que vous commenciez à manipuler des composants réels, à faire circuler du courant et à observer le fonctionnement d'un circuit en trois dimensions. Cependant, avant de vous précipiter dans un magasin de fournitures électroniques, prenez le temps de vous préparer à cette expérience unique que vous allez bientôt vivre.

Dans ce chapitre, nous vous donnons des conseils pour installer un petit laboratoire d'électronique à votre domicile. Nous vous indiquons les outils et le matériel dont vous avez besoin pour pouvoir assembler des circuits, et nous vous proposons une liste de composants à acheter pour posséder de quoi réaliser différentes applications.

La réalisation de circuits électroniques n'est pas pour les craintifs. Même un courant faible peut provoquer un choc. C'est pourquoi nous vous précisons ici tout ce que vous devez savoir si vous voulez vous adonner gaiement à ce hobby en toute sécurité. Il ne faut pas un courant très fort pour se blesser, ni même pour se tuer. Même les professionnels les plus aguerris prennent les précautions appropriées pour éviter tout risque. Nous vous suggérons fortement (et avec insistance) de lire avec attention les consignes de sécurité que nous avons pris la peine de rassembler ici, et de relire, au début de chaque projet, la liste de contrôle présentée à la fin de ce chapitre.

Vous nous promettez de le faire ?

# Trouver un endroit approprié pour vos travaux d'électronique

L'emplacement de votre atelier a autant d'importance que les applications que vous allez réaliser et les outils que vous allez utiliser. La question essentielle, comme pour trouver un logement, est de savoir où. C'est en choisissant l'endroit qui convient le mieux que vous pourrez être bien organisé et prendre vraiment du plaisir à faire des expériences d'électronique. Travailler dans le désordre, au milieu d'un fatras, sans éclairage suffisant et dans une atmosphère viciée, c'est ce qu'il peut y avoir de pire.

## Les principales conditions à réunir

Les principaux critères pour disposer d'un laboratoire digne de ce nom sont les suivants :

- un poste de travail confortable, avec une table et un bon siège ;
- un bon éclairage :
- des prises de courant, et un minimum de 15 ampères ;
- des étagères ou des tiroirs à portée de main, pour y ranger les outils et boîtes à outils nécessaires ;
- un air sain et peu humide ;
- un plan de travail solide, net et bien plat ;
- la paix et le calme.

Il est souhaitable que personne ne vienne déranger votre espace de travail en votre absence. Il faut aussi que votre plan de travail soit hors d'atteinte de vos enfants. La curiosité des enfants et l'électronique sont deux choses qui doivent rester bien séparées l'une de l'autre !

Un garage est l'endroit idéal, car cela vous laisse la possibilité de faire de la soudure et d'autres travaux salissants sans avoir à vous préoccuper de protéger le tapis, la moquette ou le mobilier. Vous n'avez pas besoin d'un grand espace : 1 m × 1,50 m, cela devrait suffire. Si vous ne pouvez pas dégager cet espace dans votre garage (ou si vous n'avez pas de garage) vous pouvez opter pour une des chambres de la maison ou de l'appartement, mais tâchez de limiter cet espace à un coin ou à une partie précise de la pièce. S'il y a une moquette, vous pouvez éviter l'électricité statique en étendant sur le sol un tapis antistatique, par exemple. Nous y reviendrons en détail plus loin dans ce chapitre.

ATTENTION !

Si d'autres membres de votre famille fréquentent la pièce dans laquelle vous avez installé votre laboratoire, trouvez un moyen de tenir à distance de votre matériel les personnes non averties, et plus particulièrement les jeunes enfants (les problèmes de sécurité sont abordés plus loin dans ce chapitre). Conservez vos applications, vos outils et vos fournitures en sécurité, et faites attention de ne pas laisser sur le sol des circuits intégrés ou autres éléments coupants : on pourrait se blesser en marchant dessus !

Les conditions climatiques sont un facteur à ne pas négliger. Des températures extrêmes ou un excès d'humidité peuvent avoir un impact négatif non négligeable sur vos circuits. Si l'endroit que vous avez trouvé n'est pas chauffé, s'il est trop chauffé ou s'il est humide, faites le nécessaire pour y remédier, ou bien renoncez-y. Peut-être devrez-vous faire des travaux préalables d'isolation, installer un climatiseur ou un déshumidificateur. Votre plan de travail ne doit pas être situé à proximité trop grande d'une porte ou d'une fenêtre, afin d'éviter que l'air puisse devenir humide ou changer rapidement de température. Enfin, pour des raisons de sécurité, ne travaillez jamais – nous disons bien jamais – dans un endroit dont le sol serait mouillé ou même légèrement humide.

L'essentiel pour un poste de travail correctLes dimensions du plan de travail dont vous avez besoin dépendent des types d'applications sur lesquelles vous comptez travailler. La plupart du temps, une table ou autre surface plane mesurant au moins 60 cm × 1 m suffira, voire même un petit bureau ou une petite table.

Vous pouvez très facilement fabriquer votre plan de travail, en récupérant par exemple une ancienne porte. À défaut, vous pouvez acheter une porte bon marché, creuse ou pleine. Vous pouvez aussi utiliser comme plan de travail un panneau de contreplaqué ou d'aggloméré. Vous pouvez fabriquer des pieds, ou bien utiliser une paire de tréteaux. L'avantage des tréteaux est que cela vous permet de démonter votre plan de travail en un instant et de le ranger dans un coin quand vous ne vous en servez pas. Par sécurité, attachez le plan de travail aux tréteaux à l'aide de tendeurs.

Pensez que vous y passerez souvent plusieurs heures d'affilée. Vous pouvez faire des économies sur les matériaux du plan de travail, mais procurez-vous un bon siège, si vous n'en possédez pas déjà un. Réglez bien la hauteur du siège par rapport à la hauteur du plan de travail. Un siège non adapté peut vous occasionner des maux de dos et de la fatigue.

# Les outils et fournitures à acquérir

Toute activité de loisir suppose un ensemble d'instruments et de fournitures adaptés, et l'électronique ne fait pas exception. Vous y trouverez bien plus de plaisir si vous disposez des bons outils, du simple tournevis à la perceuse, et d'un assortiment de fournitures rangées avec soin, de telle sorte que vous trouviez rapidement ce dont vous avez besoin au moment où vous en avez besoin, et sans devoir tout mettre en désordre.

Cette section vous indique précisément les outils et les fournitures dont vous avez besoin pour mener à bien des applications électroniques de niveau débutant et moyen.

TRUC

Si vous avez chez vous un endroit dédié de façon permanente à vos travaux d'électronique, vous pouvez accrocher au mur ou à un panneau mural une partie des outils dont il sera question ici. Réservez ce privilège aux outils que vous utilisez le plus souvent. Pour les autres outils, surtout ceux de petite dimension, une petite boîte à outils fera l'affaire. Cette boîte pourra éventuellement rester sur votre plan de travail. Une boîte en plastique munie de nombreux petits compartiments et d'un compartiment de grande taille, comme celles utilisées pour la pêche, fera de vous quelqu'un d'organisé.

## Se procurer un matériel de soudure

La *soudure* est ce qui remplace le collage dans le domaine de l'électronique. Elle consiste à appliquer aux extrémités conductrices à joindre, à l'aide d'un *fer à souder*, un métal fondu appelé la *soudure*.

Le matériel nécessaire pour souder se résume à quelques outils simples et peut coûter en tout moins de 10 euros, quoiqu'un bon matériel coûte plus cher que cela.

Au minimum, vous aurez besoin du matériel suivant :

- **Un fer à souder.** Un fer à souder est constitué d'un manche isolant, d'un système de chauffe (le plus souvent une résistance) et d'une extrémité métallique conductrice appelée *panne* (voir Figure 9-1). Choisissez un modèle de 25 ou 30 watts avec panne remplaçable et fiche de branchement à trois pôles, pour avoir le raccordement à la terre. Certains modèles permettent d'alterner des pannes de taille différente, et certains permettent aussi de varier la puissance (c'est intéressant, mais pas absolument nécessaire).

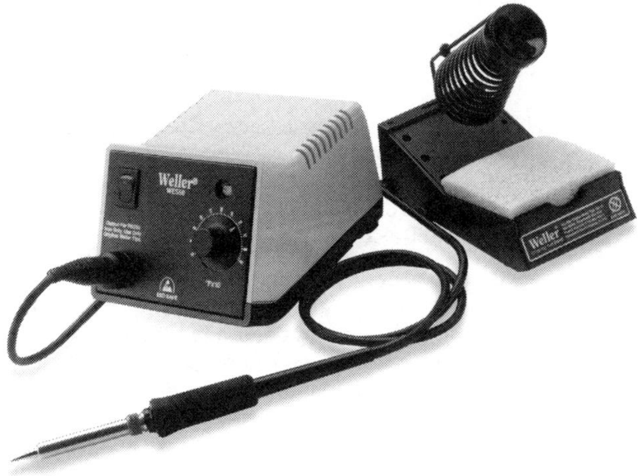


**Figure 9-1 :** Certains modèles de fers à souder sont munis d'un réglage de température et d'un support.

- **Un support de fer à souder.** Le support permet d'éviter que la panne du fer à souder soit en contact avec un objet ou avec la surface du plan de travail. Certains modèles sont vendus avec leur support (on parle alors de *stations de soudure*). Le support doit être lesté. Dans le cas contraire, fixez-le à votre plan de travail. Le support est un élément indispensable, si vous ne voulez pas faire brûler votre circuit, votre bureau, et vous brûler par la même occasion !

- **De la soudure.** La *soudure* (ou *brasure*) est un alliage mou que l'on chauffe à l'aide d'un fer à souder et qu'on laisse ensuite refroidir, pour former une jonction conductrice. La soudure standard utilisée en électronique est la soudure *60/40 à noyau en résine*, constituée à 60 % environ d'étain et 40 % de plomb (évitez les soudures destinées à la plomberie, qui corrodent les composants et les circuits). Le *flux*, qui ressemble à de la cire, permet de nettoyer les métaux que vous allez souder, et il permet à la soudure fondue de mieux couler et de mieux adhérer aux composants et aux fils. La soudure se vend sous forme de bobines, et nous vous recommandons le calibre 22 (diamètre 0,7 mm) ou le calibre 16 (diamètre 1,4 mm).

Le plomb contenu dans la soudure 60/40 à noyau en résine peut représenter un danger pour votre santé si vous ne manipulez pas ce matériau avec suffisamment de précautions. Lorsque vous touchez la soudure, ne portez pas ensuite la main à la bouche ni à l'œil. Et surtout, ne tenez pas le matériel entre les dents, même si vos deux mains sont occupées.

Nous vous recommandons aussi de vous procurer les outils et accessoires suivants :

- **Une éponge.** Vous vous servirez d'une éponge humide pour éliminer la soudure en excès et le flux provenant de l'extrémité du fer à souder. Certains modèles sont vendus avec un support et une éponge, mais autrement, une éponge ménagère propre convient très bien.
- **Des outils pour éliminer la soudure ?** Une *pompe à dessouder* est un aspirateur à ressort permettant de supprimer une soudure et d'éliminer les débordements de soudure dans un circuit. Faites fondre la soudure que vous voulez éliminer, placez rapidement l'extrémité de la pompe sur la soudure en fusion et aspirez. Vous pouvez aussi utiliser une *tresse à dessouder*. Il s'agit d'une tresse de fils de cuivre que l'on applique sur les soudures pour les faire chauffer. Lorsque la soudure atteint le point de fusion, elle adhère aux fils de cuivre. Il suffit ensuite d'enlever la tresse.
- **Des pannes de rechange.** Le plus souvent, une petite panne conique ou ciselée (de rayon 1,2 mm à 2,8 mm) ou simple convient, mais des pannes plus grandes ou plus petites servent pour certaines applications particulières. Choisissez le modèle le plus adapté, et remplacez la panne quand elle présente des signes de corrosion ou quand son revêtement se détache : une panne usée transmet moins bien la chaleur.

Le Chapitre 11 explique en détail l'utilisation du fer à souder.

## *Utiliser un multimètre*

Un autre instrument essentiel est le *multimètre*, qui permet de savoir ce qui se passe dans un circuit. Il s'utilise avec un courant continu ou alternatif et permet de mesurer la tension, la résistance et l'intensité. La plupart des modèles actuels sont numériques (voir Figure 9-2), ce qui signifie simplement que l'affichage est numérique (vous pouvez vous en servir pour étudier des circuits aussi bien analogiques que numériques). Sur les modèles anciens, la mesure était donnée par une aiguille dans un cadran présentant plusieurs échelles graduées.

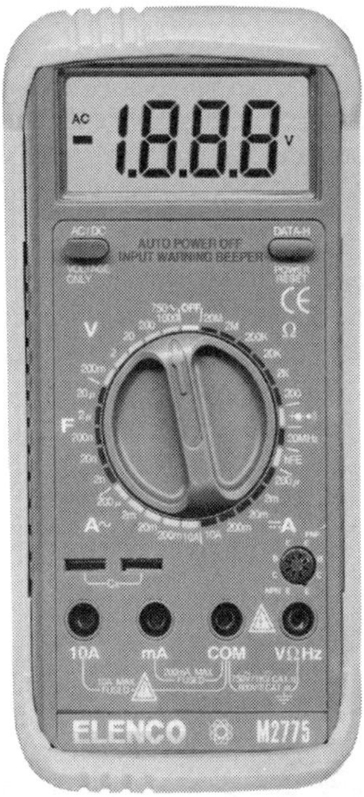


**Figure 9-2 :** Un multimètre permet de mesurer la tension, la résistance et l'intensité.

Tout multimètre possède deux bornes : une borne noire (pour la terre) et une borne rouge (pour le pôle positif). Sur les grands modèles, contrairement aux petits modèles de poche, il est possible de débrancher les deux fils. Chaque fil est terminé par une électrode conique. Vous pouvez aussi vous procurer des pinces qui vous faciliteront la tâche.

Un multimètre coûte entre 10 et plus de 100 euros. Les modèles les plus chers comportent des fonctions supplémentaires, ils peuvent notamment tester les condensateurs, les diodes et les transistors. Nous vous conseillons de vous procurer le meilleur modèle possible. Ainsi, quand vos applications deviendront plus complexes, vous pourrez continuer à contrôler le bon fonctionnement de chaque composant.

TRUC

Si vous voulez *vraiment* un multimètre analogique, peut-être pourrez-vous vous procurer sur eBay un Simpson 260 pour un prix intéressant. C'est un des modèles les plus prisés. Il peut paraître un peu démodé, mais dans la mesure où l'appareil n'a pas subi de dommages, il peut vous rendre les services dont vous aurez besoin.

Le Chapitre 12 explique comment utiliser un multimètre.

## Une panoplie d'outils à main

Les outils à main sont la base même de toute boîte à outils. Ce sont eux qui vous permettent de mener à bien les tâches les plus triviales, par exemple serrer des vis, couper des fils, tordre de petits morceaux de métal. Les outils suivants devront nécessairement être à portée de main :

- Une **pince coupante.** Vous trouverez partout des pinces coupantes, mais mieux vaut investir quelques euros de plus et choisir une pince coupante pour câblage électronique, comme celle de la Figure 9-3, qui vous permettra de faire des coupures plus précises.

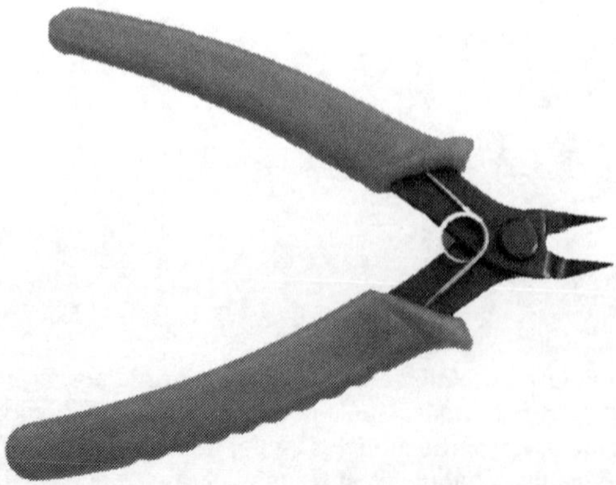

**Figure 9-3 :** Une pince coupante pour couper les fils électriques.

- Une **pince à dénuder.** Souvent, vous aurez besoin de dénuder des fils sur un centimètre environ, pour pouvoir effectuer une soudure ou pour pouvoir les insérer dans les trous d'une plaque d'essais sans soudure (voir section suivante, dans ce chapitre). Une bonne pince à dénuder vous permet de dénuder des fils de différents diamètres (voir Chapitre 8) sans entailler le fil de cuivre lui-même. Certains modèles servent à la fois à couper et à dénuder les fils, mais c'est à vous de bien contrôler ce que vous faites pour réussir à couper la gaine isolante sans couper ni entailler le fil de cuivre.

- Deux **pinces plates.** Pour tordre les fils, pour insérer les extrémités des fils dans les trous des plaques et pour maintenir un élément en place. Choisissez une paire mini (de 12 cm de long) pour les travaux minutieux et un modèle de taille standard qui vous servira quand vous aurez besoin de presser avec davantage de force.
- Des **tournevis de précision.** Il vous faut aussi bien des tournevis plats que des tournevis cruciformes, et notamment des calibres assez petits pour l'électronique. Afin de ne pas ruiner les têtes des vis, utilisez toujours le tournevis de la taille appropriée. Un tournevis magnétique peut vous rendre la tâche plus facile quand les vis sont petites. Vous pouvez aussi placer dans la tête de la vis un peu de mastic avant d'y mettre la tête du tournevis. C'est très efficace.
- Une **loupe.** Une loupe grossissant trois fois ou plus vous permettra de vérifier les soudures et de lire les codes imprimés en tout petit sur les composants.
- Une **troisième main.** Non, il ne s'agit pas de faire appel à un copain. Il s'agit d'un outil qui se fixe au plan de travail et qui est muni de pinces réglables pouvant maintenir en place des composants ou une loupe pendant que vous travaillez. Des tâches comme la soudure deviennent bien plus faciles quand vous avez une troisième main (voir Figure 9-4).

## Chiffons et produits d'entretien

Si vos circuits, vos composants et le reste ne sont pas maintenus parfaitement propres, tout cela risque de ne pas fonctionner aussi bien que prévu. Il importe particulièrement d'avoir du matériel propre quand on soude. La poussière gâte les soudures, et de mauvaises soudures font de mauvais circuits.

Pour garder votre matériel propre, voici ce qu'il vous faut :

- Un **chiffon doux** ou de la **gaze.** Chassez la poussière à l'aide d'un chiffon doux ou d'une bande de gaze stérile. N'utilisez pas de bombes antipoussière, car elles sont souvent sources de charges électrostatiques qui peuvent faire des dégâts.

**Figure 9-4 :** Une troisième main garnie de pinces et d'une loupe.

- Une **poire de photographe** ou de l'**air comprimé.** Pour chasser la poussière des endroits délicats. Si vous optez pour les bombonnes d'air comprimé, gardez-les à distance et en lieu sûr quand vous ne vous en servez pas : utilisé par erreur en inhalation, l'air comprimé peut être mortel.
- Un **nettoyant à base aqueuse.** Pour décrasser et nettoyer les outils, le plan de travail et les surfaces externes de votre application. Ne l'utilisez pas sur un circuit alimenté, vous risqueriez de provoquer un court-circuit quelque part.
- Un **nettoyant/dégrippant électronique.** N'utilisez qu'un produit conçu spécifiquement pour le nettoyage des composants électroniques.
- Des **pinceaux.** Un petit pinceau et un pinceau large vous seront utiles pour chasser la poussière. Évitez cependant les pinceaux bon marché qui perdent leurs poils. Une brosse à dents sèche et propre peut aussi convenir.
- Une **brosse pour lampe de photographe.** Vous trouverez sans les magasins de photo cet accessoire qui associe l'action de balayage du pinceau à l'action nettoyante d'un souffle d'air.
- Un **nettoyeur de contacts.** Il s'agit d'un pulvérisateur qui nettoie les contacts électriques. Pulvérisez sur une brosse ou un pinceau, que vous passerez ensuite sur les contacts.

- Des **Coton-Tige.** Pour éliminer l'huile, le lubrifiant ou le produit nettoyant en excès.
- Des **bâtonnets à cuticules** et des **limes à ongles.** Nettoyez, frottez, grattez pour éliminer toute scorie, puis accordez-vous une séance de manucure !
- Une **gomme rose.** Idéale pour nettoyer les contacts électriques en les frottant, surtout les contacts contaminés par l'acide d'une pile ou d'une batterie qui fuit. Il faut qu'elle soit rose : les autres gommes laissent des résidus dont il est difficile de se débarrasser. Évitez de frotter la gomme sur une carte ou un support de circuit, car vous risqueriez de produire de l'électricité statique.

## De quoi lubrifier

Dans les applications électroniques, les moteurs et autres éléments de mécanique ont besoin d'une certaine quantité de graisse pour fonctionner, et ils doivent être lubrifiés régulièrement. Deux types de lubrifiants sont généralement utilisés dans les applications électroniques. Il existe aussi un type de lubrifiant que vous devez éviter d'utiliser.

ATTENTION !

N'utilisez pas de lubrifiant synthétique en pulvérisateur (comme WD-40 ou LPS). Vous ne pourriez pas maîtriser l'étendue de la pulvérisation, et certains composants recevraient du produit alors qu'ils ne doivent pas en recevoir. Par ailleurs, certains lubrifiants synthétiques ne sont pas conducteurs et une fine couche peut suffire à couper des contacts électriques.

Les bons lubrifiants sont les suivants :

- L'**huile de machine légère.** Utilisez ce type d'huile pour les parties qui tournent. Évitez les huiles contenant des ingrédients antirouille qui risqueraient de réagir avec le plastique et de le faire fondre. Une seringue à lubrifier est l'idéal pour les endroits difficiles d'accès.
- La **graisse synthétique.** Utilisez de la graisse au lithium ou une autre graisse synthétique pour les parties qui s'engrènent ou qui glissent.

Vous trouverez ces lubrifiants chez les fournisseurs de composants électroniques ainsi que dans des magasins de musique, de machines à coudre et de divers matériels électroniques.

ATTENTION !

N'utilisez un lubrifiant que si vous êtes sûr qu'il s'agit d'une partie mécanique qui en a besoin. Certains matériaux peuvent éclater au contact d'un lubrifiant d'origine pétrochimique. Si vous entreprenez de réparer un lecteur de CD, par exemple, vérifiez les instructions du fabricant concernant l'utilisation de lubrifiants.

## Quand il faut coller

Dans de nombreuses applications électroniques, des éléments doivent être collés. Vous aurez peut-être besoin, par exemple, de fixer un circuit imprimé de petite dimension à l'intérieur d'un objet. Selon l'application, vous utiliserez :

- La **colle blanche**, qui convient surtout pour coller le bois et autres matériaux poreux. Il faudra attendre 20 à 30 minutes pour que la colle soit sèche, et une douzaine d'heures pour que le collage tienne.
- La **colle époxyde**, qui permet de réaliser des collages solides, qui résistent à l'humidité, et qui convient pour tous matériaux. Attendez 5 à 30 minutes pour que la colle soit sèche, et une douzaine d'heures pour que le collage tienne.
- La colle au **cyanoacrylate**, ou **super-glue**, qui colle fortement et presque instantanément presque tout (y compris les doigts, c'est pourquoi il importe de prendre de grandes précautions). Utilisez la colle au cyanoacrylate ordinaire pour coller des surfaces lisses et entre lesquelles le contact est parfait ; sinon, utilisez la formule épaissie.
- Le **ruban adhésif double face**, est un moyen rapide de fixer un support de circuit à un cadre ou de maintenir en place un composant mal fixé.
- Un **pistolet à colle**, qui présente l'avantage d'un temps de séchage d'environ 30 secondes seulement. Il s'agit d'une colle résistante à l'eau, conditionnée dans un cylindre qu'il faut glisser dans le pistolet. Celui-ci chauffe la colle à une température assez chaude pour vous brûler, mais pas assez pour faire fondre la soudure.

## Autres outils et fournitures

Nous ne saurions trop vous recommander d'acquérir également, avant tous travaux électroniques :

- Des **lunettes de protection.** Les lunettes de protection en plastique ne sont jamais démodées. Elles sont ce dont vous avez besoin pour protéger vos yeux des bouts de fil qui volent, des éclats de soudure, des explosions, *etc.* Si vous portez des lunettes de vue, mettez des lunettes de protection par-dessus pour protéger tout le tour des yeux.

- Un **bracelet antistatique.** Ce bracelet ne vous coûtera pas cher, mais il protégera vos composants sensibles contre les décharges électrostatiques. Nous y revenons un peu plus loin dans ce chapitre.
- Une **trousse de secours** et un **guide.** Quand on travaille sur des circuits électroniques, il existe toujours un risque de brûlure (ou pire). Il est donc judicieux d'avoir à portée de main le nécessaire en cas d'accident. Prévoyez aussi des instructions pour savoir tout de suite comment procéder.

Un jour, vous voudrez intégrer de l'électronique dans une sorte de boîte, avec des fils qui en sortiront, ou avec des boutons. Supposons que vous fabriquiez une guirlande lumineuse pour les fêtes, avec un clignotement réglable. Vous choisirez sans doute de placer le circuit dans une boîte dont la façade sera traversée par le bouton d'un *potentiomètre* (résistance variable). Ou bien, supposons que vous vouliez fabriquer un système pour détecter les intrus qui ouvrent votre réfrigérateur. Vous pourriez dissimuler le circuit dans une boîte à pain, par exemple. Pour ce genre d'opération, vous aurez besoin de quelques outils supplémentaires :

- Une **boîte prête à l'emploi.** Vous pourrez trouver des boîtes en bois dans des magasins d'artisanat, ou des boîtiers en plastique chez la plupart des fournisseurs de composants et accessoires électroniques. Vous pouvez aussi fabriquer votre propre boîte avec des morceaux de contreplaqué ou de PVC que vous assemblerez en utilisant une colle appropriée.
- Des **supports de câble.** Des petits supports fixés aux parois de la boîte par leurs adhésifs maintiendront les fils en place à l'intérieur.
- Des **attache-câbles.** Pour attacher les fils les uns aux autres ou pour les attacher à des aspérités.
- Une **perceuse électrique.** Une perceuse munie d'un mandrin de 3/8 pouce conviendra pour faire les trous permettant de fixer les boutons et le potentiomètre, par exemple.
- Des **scies à main.** Vous pouvez utiliser une scie à métaux pour couper le bois ou le plastique servant à fabriquer la boîte, et une scie à détourer pour faire des ouvertures dans la boîte.

# Se procurer des composants

Vous avez maintenant votre plan de travail, vos tournevis, pinces et autres outils, vos produits d'entretien, vos lunettes de protection et votre fer à souder. Que manque-t-il ? Les composants !

En général, on ne se rend pas dans un magasin pour acheter les composants mentionnés sur un schéma de circuit donné. On achète plutôt un assortiment de composants, pour pouvoir ensuite construire plusieurs applications sans être obligé de retourner fréquemment acheter tel ou tel composant manquant. C'est un peu comme pour la cuisine. Vous constituez une réserve d'ingrédients de base comme la farine, le sucre, l'huile, le riz et les épices. Vous remplissez vos placards et votre réfrigérateur pour la semaine.

Dans cette section, nous vous précisons de quels éléments vous devez disposer, et en quelles quantités, pour être en mesure de vous consacrer à des applications électroniques de base.

## Des plaques d'essais sans soudure

Une *plaque d'essais sans soudure* (appelée aussi *platine Labdec*) est un peu comme une plaque de Lego. C'est une surface sur laquelle vous pouvez assembler des circuits de façon temporaire, simplement en plantant des composants dans des trous disposés en lignes et en colonnes. Une fois que vous avez monté un circuit, vous pouvez très facilement le démonter et en monter un autre complètement différent, sur la même surface.

Il ne s'agit pas de simples trous. Ce sont des *trous de contact*, reliés à des conducteurs en cuivre de telle sorte que les composants enfichés dans deux ou plusieurs de ces trous sur une même rangée soient reliés sous la surface de la plaque. Il suffit d'enficher correctement vos *composants discrets* (résistances, condensateurs, diodes et transistors) et vos *circuits intégrés* (CI), et vous obtenez un circuit dont tous les éléments sont reliés sans qu'aucune soudure ne soit nécessaire. Quand ce circuit ne vous intéresse plus, il vous suffit de retirer les éléments un par un, et vous pouvez assembler autre chose sur la même plaque.

La Figure 9-5 représente une petite plaque d'essais sans soudure sur laquelle est branché un circuit alimenté par des piles. Les trous de la plaque sont reliés selon un certain schéma expliqué au Chapitre 11, où nous traitons aussi de l'assemblage de circuits sur les plaques sans soudure. Pour l'instant, sachez simplement qu'il existe des plaques de différentes dimensions, avec un nombre de trous de contact variable.

**Figure 9-5 :** Il ne faut que quelques minutes pour assembler un circuit sur une petite plaque sans soudure.

Une petite plaque sans soudure comporte généralement 400 trous de contact, et convient pour l'assemblage de petits circuits ne comportant pas plus de deux CI (plus d'autres composants discrets). Une plaque de taille supérieure comporte généralement 830 trous de contact et sert à assembler des circuits plus complexes. Vous pouvez aussi relier ensemble plusieurs plaques, en branchant un ou plusieurs fils sur les trous de contact d'une plaque et sur ceux de l'autre.

TRUC

Nous vous conseillons de vous procurer au moins deux plaques sans soudure, dont au moins une de grande dimension (de 830 trous). Procurez-vous également des bandes Velcro pour fixer les plaques à votre plan de travail.

Les plaques d'essais sans soudure servent généralement à tester des idées de circuits et à se familiariser avec leur fonctionnement (voir Chapitre 14). Si vous avez créé un circuit sur une plaque et si vous voulez le conserver, vous pouvez le refaire sur une plaque avec soudures ou sur une plaquette de circuit imprimé (PCB). Une PCB comporte non pas des trous de contact mais des trous ordinaires entourés d'une garniture métallique et reliés par rangées par des filets métalliques gravés. Pour faire des connexions, on soude les bornes des composants aux garnitures, sur une même rangée. Dans ce livre, on s'intéresse uniquement aux assemblages de circuits sur des plaques sans soudure.

## Le nécessaire pour commencer à assembler des circuits

Il vous faut un assortiment de composants électroniques discrets (à deux ou trois bornes), quelques CI, une petite réserve de piles et une bonne réserve de fil électrique. Certains composants, surtout les résistances et les condensateurs, sont vendus par lot de dix ou plus. Heureusement, ils ne sont vraiment pas chers.

TRUC

Pour un rappel de la nature de ces composants et de leur fonctionnement, se référer aux autres chapitres : pour les résistances et potentiomètres, au Chapitre 3 ; pour les condensateurs, au Chapitre 4 ; pour les diodes (y compris les LED) et les transistors, au Chapitre 6. Les circuits intégrés (CI) sont traités au Chapitre 7, et les piles et le câblage au Chapitre 8.

Nous vous recommandons, pour commencer, les composants suivants :

- **Résistances fixes (à pellicule de carbone ¼ watt ou ½ watt)** – dix à vingt (1 ou deux lots) de chaque modèle : 1 kΩ, 10 kΩ, 100 kΩ, 1 MΩ, 2,2 kΩ, 22 kΩ, 220 kΩ, 33 kΩ, 470 Ω, 4,7 kΩ, 47 kΩ, 470 kΩ.
- **Potentiomètres** – deux de chaque modèle : 10 kΩ, 100 kΩ, 1 MΩ.
- **Condensateurs** – dix (un lot) de chaque modèle : 0,01 µF et 0,1 µF non polarisé (polyester ou disque de céramique) ; dix (un lot) de chaque modèle : électrolytiques 1 µF, 10 µF, 100 µF ; 3 à 5 condensateurs électrolytiques de 220 µF et 3 à 5 de 470 µF.
- **Diodes** – une diode de redressement 1N4001 (ou autre de la série 1N400x), une diode petits signaux 1N4148, une diode Zener de 4,3 volts (ou autre diode Zener de 3 à 7 volts).
- **LED (diodes luminescentes)** – dix (un lot) diodes rouges et autant de diodes jaunes et de diodes vertes de 5 mm.
- **Transistors** – 3 à 5 transistors bipolaires tous usages de faible puissance (par exemple 2N3904 NPN ou 2N2906PNP) et 3 à 5 transistors bipolaires de puissance moyenne (par exemple NTE 123A NPN ou NTE 159M PNP) (le 2N3906 est utilisé dans un des projets du Chapitre 15).

Nous vous conseillons d'acquérir aussi une partie au moins des CI de la liste suivante :

- **CI de minuterie 555** – 3 à 5 unités. Vous les utiliserez !

- **CI d'ampli op** – un ou deux, par exemple l'amplificateur tous usages LM741.
- **CI compteur décimal 4017 cmOS** – Un seul suffira (nous en utilisons un dans un des projets du Chapitre 15). Prenez-en deux si vous voulez fabriquer un compteur de dizaines (voir Chapitre 7) ou si vous pensez que vous risquez d'endommager le premier accidentellement, par une décharge électrostatique.

N'oubliez pas ces accessoires indispensables :

- **Piles.** Un assortiment de piles de 9 V et de 1,5 V (pour la taille et le type, tout dépend pendant combien de temps vous pensez que votre circuit devra fonctionner).
- **Clips et porte-piles.** Ces accessoires vous permettent de relier plus facilement votre circuit aux piles. Procurez-vous trois à cinq clips adaptés aux modèles de piles que vous comptez utiliser.
- **Fil électrique.** Une bonne quantité de fil monobrin de calibre 20 ou 22. Vous trouverez des rouleaux de câble monobrin de grande longueur et de différentes couleurs pour quelques euros. Vous couperez les longueurs dont vous aurez besoin, et vous dénuderez les extrémités pour effectuer vos branchements. Vous pourrez soit souder ces extrémités aux terminaisons des composants, soit les insérer dans les trous de contact de votre plaque sans soudure. On trouve parfois dans les magasins des kits comportant des sections de câblage de différentes couleurs, précoupées et dénudées. C'est le meilleur choix pour les applications sur plaques sans soudure. Un kit comportant entre 140 et 250 paires de câbles vous coûtera peut-être une dizaine d'euros, mais cela vous fera économiser du temps (et éviter des difficultés), puisque vous n'aurez pas besoin de couper ni de dénuder les fils vous-même (sans compter que vous aurez tout un assortiment de couleurs !)

TRUC

Vous pouvez vous servir d'un morceau de fil en guise d'interrupteur. Il vous suffit d'insérer une extrémité du fil dans votre plaque sans soudure, puis de placer ou retirer l'autre extrémité pour fermer ou ouvrir le circuit.

## Quelque chose à ajouter

Il existe encore un grand nombre d'éléments avec lesquels vous pouvez enrichir votre palette, notamment :

- Des **pinces crocodile.** Appelées ainsi parce que leur forme fait penser aux mâchoires d'un crocodile, ces pinces isolantes sont bien pratiques pour effectuer des branchements. Achetez-en une dizaine.
- Un **haut-parleur.** Si vous voulez une application sonore, un ou deux haut-parleurs miniatures de 8 ohms s'imposent.
- Des **interrupteurs.** Si vous pensez pouvoir inclure une ou plusieurs applications dans un boîtier muni d'un tableau de contrôle, deux interrupteurs de type SPST (un seul contact d'entrée et un seul contact de sortie) vous seront utiles. Vous en trouverez à des prix autour d'un ou deux euros, certains avec une LED intégrée qui s'allume quand l'interrupteur est en position « on ».

### Un peu d'organisation

Garder tout cet ensemble d'accessoires et de composants en ordre est essentiel, sauf si vous êtes le genre de personne à aimer fouiller sans arrêt dans ses tiroirs à la recherche d'un petit accessoire ou composant indispensable. Une solution facile consiste à vous procurer un ou plusieurs éléments de rangement à tiroirs. Ensuite, collez une étiquette sur chaque tiroir, qui sera réservé à un certain composant (ou à une catégorie de composants, comme les LED, ou les résistances de 10 à 99 Ω, *etc.*) Ainsi, un coup d'œil vous suffira pour savoir où vos composants sont rangés et ce que vous devez racheter d'urgence.

## Se protéger et protéger ses circuits

Vous savez sans doute que Benjamin Franklin a « découvert » l'électricité en 1752 en jouant au cerf-volant sous un orage. En réalité, Franklin savait déjà ce qu'était l'électricité et la puissance – et le danger – qu'elle pouvait représenter. Au cours de cette fameuse expérience, il avait pris soin de s'isoler des matériaux conducteurs reliés à son cerf-volant et de rester au sec dans une grange.

Quand on se consacre à l'électronique, il importe de rester humble devant le pouvoir de l'électricité. Dans cette section, vous allez vous préoccuper d'assurer votre propre sécurité – et celle de votre matériel. Voilà une section que vous devriez vraiment lire attentivement du début à la fin, même si vous avez déjà une expérience de l'électronique.

Tout en lisant cette section, n'oubliez pas que le courant électrique peut prendre deux formes :

- Le **courant continu.** Les électrons circulent dans un seul sens, à travers un câble ou un circuit.
- Le **courant alternatif.** Les électrons circulent dans un sens, puis dans l'autre, selon un cycle ininterrompu.

Pour plus de détails sur ces deux formes de courant électrique, voir Chapitre 2.

## L'électricité peut vraiment faire mal

Le plus grand danger avec l'électronique, c'est de loin l'électrocution. Un choc électrique est ce qui se produit quand notre organisme réagit à un courant électrique. Cette réaction peut prendre la forme d'une contraction intense des muscles (et notamment du cœur) et d'une chaleur extrême au point de contact entre la peau et le courant. Cette chaleur occasionne des brûlures qui peuvent entraîner la mort ou de graves lésions. Même un courant faible peut perturber le rythme cardiaque.

La dangerosité d'un choc électrique dépend d'un certain nombre de facteurs comme l'âge, l'état de santé, la tension et l'intensité du courant. Si vous avez nettement plus de la cinquantaine ou si vous êtes en mauvaise santé, vous ne supporterez sans doute pas un choc électrique aussi bien qu'un jeune athlète. Cependant, même si vous êtes jeune et en parfaite santé, vous pouvez très bien vous électrocuter. C'est pourquoi il importe que vous sachiez quels sont exactement les risques.

Les deux trajets les plus dangereux à travers le corps humain sont le trajet entre les deux mains et le trajet entre la main gauche et un des deux pieds. En effet, un courant qui passe d'une main à l'autre passe par le cœur, et un courant qui passe de la main gauche au pied droit ou au pied gauche traverse également le cœur ainsi que d'autres organes.

### Vous êtes comme une résistance de grande taille

Votre corps présente une certaine résistance au courant électrique, en raison principalement de la mauvaise conductivité de la peau sèche. Cette résistance peut être extrêmement variable, selon le métabolisme de votre corps, le degré d'humidité de votre peau, le chemin et d'autres facteurs. Les chiffres varient facilement de 50 000 ohms à

1 million d'ohms pour une personne moyenne (la notion de résistance est expliquée au Chapitre 3).

Si vous avez une peau humide (les mains moites, par exemple), si vous portez une bague en métal ou si vous êtes debout dans une flaque, votre résistance est à coup sûr très diminuée. Elle peut descendre aux alentours de 100 ou 300 ohms, mesurée d'une main à l'autre ou d'une main à un pied. Comme résistance, c'est plutôt faiblard.

Pire, si vous êtes en contact avec un courant alternatif à haute tension (vous ne devriez pas), la résistance de votre peau, même sèche, ne vous protégera pas du tout. Quand vous êtes en contact avec du métal, votre organisme et le métal forment un condensateur : le tissu qui est sous votre peau est assimilable à une des deux armatures de ce condensateur, l'autre armature étant constituée par le métal. Votre peau est assimilable au diélectrique (à propos des condensateurs, voir Chapitre 4). Si le fil métallique que vous touchez est traversé par un courant alternatif, votre organisme, en fait de condensateur, forme un court-circuit. Une électrocution de plus de 240 volts provoque des brûlures au troisième degré aux points de contact.

## *Soyez conscient du danger que représentent la tension et l'intensité du courant*

Vous avez déjà vu ces écriteaux « DANGER ! HAUTE TENSION ». Vous pensez peut-être que c'est la tension qui peut faire du mal, alors qu'en réalité, c'est le courant. Mais alors, pourquoi ces écriteaux d'avertissement mentionnent-ils la tension ? Parce que plus la tension est élevée, plus fort est le courant pouvant traverser une certaine résistance. Sachant que votre organisme est comparable à une résistance, vous avez tout intérêt à vous tenir éloigné des lignes à haute tension.

Quelle quantité de courant faut-il pour qu'il y ait un réel danger ? Une faible quantité suffit. Le Tableau 9-1 donne une idée de l'intensité nécessaire pour affecter le corps humain, dans le cas d'un courant continu et d'un courant alternatif. Notez bien que l'intensité est exprimée ici en milliampères (mA), unité représentant le millième d'un ampère. Attention, ce ne sont que des *estimations* (ces chiffres ne proviennent pas d'essais réellement pratiqués sur des patients humains), chacun pouvant être affecté différemment selon son âge, son état de santé et d'autres facteurs.

Comme l'indique le Tableau 9-1, l'être humain moyen est quatre à six fois plus sensible au courant alternatif qu'au courant continu. Alors qu'un courant continu de 15 mA n'est pas dangereux, un courant alternatif de 15 mA peut être mortel.

**Tableau 9-1 : Effets du courant électrique sur le corps humain moyen**

| Effet | Courant continu | Courant alternatif |
|---|---|---|
| Légère sensation de picotement | 0,6 – 1,0 mA | 0,3 – 0,4 mA |
| Sensation évidente | 3,5 – 5,2 mA | 0,7 – 1,1 mA |
| Douleur, mais contrôle musculaire conservé | 41 – 62 mA | 6 – 9 mA |
| Douleur et incapacité de lâcher le métal | 51 – 76 mA | 10 – 16 mA |
| Difficultés respiratoires (paralysie de la cage thoracique) | 60 – 90 mA | 15 – 23 mA |
| Fibrillation cardiaque (dans les 3 secondes) | 500 mA | 65 – 100 mA |

Concrètement, quelles sont pour vous les implications de tout cela ? Vous en savez sans doute assez pour rester à distance des courants à haute tension, mais qu'en est-il exactement des courants à basse tension ? Ces courants peuvent aussi être dangereux, plus ou moins selon votre propre résistance.

Rappelons la loi d'Ohm (voir Chapitre 3), selon laquelle la tension est le produit de l'intensité par la résistance :

U (tension) = R (résistance) × I (intensité)

Supposons que vous ayez les mains sèches, que vous ne portiez aucune bague en métal, que vous ne soyez pas debout dans une flaque d'eau et que la résistance entre vos deux mains soit voisine de 50 000 ohms (sachant que votre résistance dans ces conditions peut, en réalité, être plus faible). Vous pouvez calculer une estimation (nous disons bien une *estimation*) de la tension qui sera dangereuse pour vous en multipliant cette résistance par les différentes intensités du Tableau 9-1. Ainsi, par exemple, si vous ne voulez pas éprouver la moindre sensation de picotement dans les doigts, évitez tout contact lorsque la tension atteint 30 V (soit 0,6 mA × 50 000 Ω). Pour éviter les contractions musculaires involontaires (qui vous empêcheraient de vous décrocher d'un câble), il faudrait que le courant alternatif reste inférieur à 10 mA. Vous devrez éviter de vous trouver proche d'une conduite de 500 volts.

Si vous n'êtes pas très prudent, si vous portez une bague en métal tout en travaillant sur une application électronique ou si vous avez le pied dans une flaque, vous risquez d'abaisser la résistance de votre corps à un niveau dangereux. Si votre résistance n'est plus que de 5 000 ohms

– et elle peut même descendre au-dessous de cette valeur – un courant continu de 17,5 V suffira pour que vous éprouviez une sensation de picotement (5 000 Ω × 0,0035 mA = 17,5 V), et un courant de 120 V alternatif suffira à déclencher chez vous une perte de contrôle musculaire et une paralysie thoracique (en effet, $\frac{120\ \text{V}}{5\ 000\ \Omega} = 0{,}024\ \text{A} = 24\ \text{mA}$).

En Europe, la tension du secteur, dans les habitations, est comprise entre 220 et 240 volts. C'est une tension mortelle. S'il vous arrivait de travailler sur le courant du secteur (ce qui est déconseillé), vous devriez donc faire preuve d'une *prudence extrême*.

Tant que vous n'aurez pas acquis une expérience solide, évitez de toucher à un circuit fonctionnant directement sur le courant du secteur. Tenez-vous-en aux circuits alimentés par des piles, ou par un transformateur (à propos des sources de courant continu, voir Chapitre 8). À moins de commettre une véritable sottise, comme de lécher les bornes d'une pile de 9 V (de quoi recevoir un choc électrique), vous ne risquez pas grand-chose.

Le principal danger avec le courant du secteur, c'est l'effet qu'il peut exercer sur les muscles du cœur. Un courant compris entre 65 et 100 mA suffit à provoquer une fibrillation cardiaque, c'est-à-dire un phénomène de contraction musculaire incontrôlée et non coordonnée : dès lors, le cœur cesse de pomper le sang. À des niveaux d'intensité bien moindres (de 10 à 16 mA), le courant alternatif peut déjà provoquer des contractions musculaires sévères, si bien qu'un vague contact avec un câble à haute tension (juste pour le déplacer légèrement, par exemple) peut engendrer une tétanisation. Croyez-nous : vous ne seriez plus capable de lâcher prise. Or, une prise plus forte signifie une moindre résistance (les électrons traversent plus facilement votre main et votre corps), et une moindre résistance signifie un courant plus dangereux, et souvent fatal. Ce sont des situations qui se produisent vraiment. L'organisme se comporte comme une résistance variable, la valeur de la résistance chutant rapidement quand la main se resserre sur le câble.

Les dangers potentiels des courants continus ne doivent pas non plus être ignorés. Les brûlures sont la forme de blessure la plus courante. Sachez que le courant n'a pas besoin de provenir d'une centrale pour être dangereux. Même une pile de 9 V mérite respect et considération : si vous provoquez un court-circuit entre ses bornes, elle peut surchauffer et même exploser. L'explosion d'une pile projette généralement de minuscules éclats avec une grande force et peut provoquer des brûlures de la peau et des blessures oculaires.

## Si vous travaillez sur un circuit alimenté en courant alternatif

Nous vous recommandons fortement d'éviter de travailler sur des circuits alimentés directement par une prise de courant, mais nous savons que ce ne sera pas toujours possible. Voici des conseils pour éviter de vous électrocuter :

- **Utilisez une source de courant indépendante.** Dans la mesure du possible, utilisez par exemple un transformateur plutôt que directement le courant du secteur. Ce sera bien moins dangereux.
- **Séparez bien courant alternatif et courant continu.** En séparant physiquement la partie alternative de la partie continue de vos circuits, vous éviterez le risque de choc électrique lié à un contact accidentel.
- **Couvrez vos circuits fonctionnant en courant alternatif.** Un petit peu de plastique peut faire une grande différence.
- **Utilisez le bon fusible.** N'utilisez pas un fusible d'ampérage trop élevé, et ne court-circuitez jamais le fusible, quel que soit l'appareil ou le système qu'il est destiné à protéger.
- **Avant de brancher le courant, procédez à toutes les vérifications, plutôt deux fois qu'une.** Demandez à un connaisseur d'inspecter vos branchements avant de mettre votre circuit sous tension pour la première fois. Si vous voulez continuer à le tester, débranchez en retirant la fiche de branchement de la prise de courant.
- **Quand vous recherchez la cause d'une panne de circuit, gardez toujours une main dans la poche.** En utilisant une seule main pour tester vos applications, vous éviterez le risque d'avoir une main en contact avec la terre et l'autre avec un conducteur parcouru par un courant alternatif, qui vous traverserait le cœur.
- **Quand vous enfermez un circuit, prenez des précautions.** N'utilisez un boîtier ou compartiment métallique que s'il est bien relié à la terre. Vous devrez alors utiliser un câblage et une fiche de branchement avec terre. Fixez bien le fil vert (du raccordement à la terre) au métal du boîtier. Si vous n'avez pas la possibilité d'assurer un bon raccordement à la terre, utilisez plutôt un boîtier en plastique, qui vous isolera d'un éventuel fil baladeur et vous évitera le risque d'électrocution. Pour les applications qui ne sont pas reliées à la terre comme il convient, n'utilisez qu'une source d'énergie isolée, par exemple un transformateur mural.
- **Protégez tout le câblage interne de votre application.** Utilisez un serre-câble ou un support de câblage pour protéger le câblage conduisant le

courant alternatif et éviter les risques de court-circuit. Un *serre-câble* permet d'éviter que le câble dépasse du boîtier.

- **Inspectez régulièrement vos circuits fonctionnant en courant alternatif.** Vérifiez qu'il n'y ait pas quelque part un fil usé, abîmé, rompu ou égaré, et procédez rapidement aux réparations nécessaires – le circuit étant débranché, bien sûr !
- **Ne craignez pas de pécher par excès de prudence.** N'oubliez pas la loi de Murphy, selon laquelle si un problème peut survenir, il surviendra. Protégez bien votre espace de travail contre tout liquide et contre les chiens, les chats et les jeunes enfants. Placardez des instructions de premier secours. Ne faites aucun travail quand vous êtes fatigué ou distrait. Quand vous travaillez sur une application électrique ou électronique, soyez toujours sérieux et concentré.

Un dernier mot : si vous avez besoin d'utiliser un courant alternatif, *ne travaillez pas seul*. Ayez près de vous quelqu'un qui puisse appeler les secours si vous vous retrouvez allongé au sol, sans connaissance.

## Pour un maximum de résistance et de sécurité

Quand vous travaillez sur des applications électroniques, il n'est jamais inutile de maximiser votre résistance, au cas où vous vous retrouveriez accidentellement en contact avec un fil dénudé. Veillez à utiliser des outils isolants, pour réduire les risques.

Prenez des précautions simples pour garder au sec votre espace de travail. Ne posez pas un verre d'eau ni une tasse de café trop près de votre espace de travail : en renversant ce verre ou cette tasse par mégarde, vous risqueriez de réduire votre résistance ou de provoquer un court-circuit au niveau d'un composant.

## Des instructions de premier secours à proximité

Même si vous êtes d'un naturel très prudent, il est conseillé de placarder à proximité de votre espace de travail une de ces listes de consignes de premier secours qui vous disent quoi faire en cas de choc électrique. Vous en trouverez sur Internet, ou bien dans des fournitures pour les écoles et les usines.

ATTENTION !

Pour sauver une personne électrocutée, il peut être nécessaire de pratiquer la respiration artificielle. Faites en sorte d'être correctement formé à cela. Pour trouver une formation aux premiers secours, vous pouvez aussi consulter Internet.

## Souder sans prendre de risques

Un fer à souder pour applications électroniques fonctionne à une température dépassant 370 °C (à propos des soudures, voir Chapitre 11) et comparable à la température d'une plaque de cuisson électrique réglée au maximum. Vous pouvez imaginer combien vous vous blesseriez à son contact.

Quand vous utilisez un fer à souder, respectez les consignes de sécurité suivantes :

- **Ne soudez que dans un espace bien aéré.** La soudure dégage des fumées relativement caustiques et toxiques, qui peuvent irriter les yeux et la gorge.
- **Portez des lunettes de protection.** Il arrive qu'il y ait des éclaboussures incandescentes.
- **Reposez toujours votre fer à souder sur un support prévu à cet effet.** Ne le reposez jamais directement sur une table ou sur un plan de travail. Vous risqueriez fort de provoquer un incendie ou de vous brûler les mains.
- **Prenez garde de ne pas accrocher le câble électrique à la table ou à un objet quelconque.** Le fer pourrait glisser et tomber par terre. Pire, il pourrait vous tomber sur les genoux !
- **Réglez correctement votre matériel.** Si la température de votre fer à souder est réglable, faites bien le réglage correspondant au type de soudure concerné. Une chaleur excessive peut causer des dégâts. Ce serait dommage pour votre circuit.
- **Ne pratiquez jamais de soudure sur un circuit sous tension.** Vous risqueriez d'endommager le circuit ou le fer à souder, et vous risqueriez aussi de recevoir une méchante décharge électrique.
- **N'essayez jamais de rattraper un fer à souder qui dégringole.** Gardez vos distances et laissez-le tomber. Vous en rachèterez un nouveau si nécessaire.
- **Utilisez éventuellement de la soudure à l'argent.** Si vous vous inquiétez des risques pour votre santé – ou si vous avez tendance à porter les doigts à la bouche ou à vous frotter les yeux – vous préférerez peut-être éviter d'utiliser une soudure contenant du plomb. Dans ce cas, utilisez une soudure à l'argent spécifiquement prévue pour l'électronique (n'utilisez jamais un flux à souder avec acide, vous ruineriez vos circuits).

## Craindre l'électricité statique comme la peste

S'il existe un risque quotidien de se blesser et d'endommager ses composants électroniques, c'est aussi le risque lié à l'électricité statique. L'électricité *statique* est appelée ainsi parce qu'elle reste piégée dans des corps isolants, même après la suppression de la source d'énergie. Elle finit généralement par se dissiper avec le temps, mais il arrive qu'elle se conserve très bien. La foudre est une des formes les plus courantes d'électricité statique.

Quand vous frottez vos semelles sur une moquette, votre corps accumule une charge statique. Si vous touchez ensuite un objet en métal, par exemple une poignée de porte ou un évier en métal, l'électricité statique se décharge rapidement. Vous ressentez alors un léger choc électrique. Cette *décharge électrostatique* peut atteindre 50 000 V. Le courant qu'elle produit est faible – de l'ordre de quelques μA – compte tenu de la forte résistance de l'air, et il ne dure pas. C'est pourquoi ce genre de choc n'est généralement pas dangereux pour vous, mais peut facilement détruire certains composants électroniques qui sont très sensibles.

Cependant, les chocs électrostatiques provenant de certains composants peuvent faire mal. Le *condensateur*, un composant électronique qui stocke de l'énergie dans un champ électrique, est conçu pour conserver une charge électrostatique. Dans les circuits, les condensateurs stockent généralement une très petite charge pendant un temps extrêmement court, mais certains condensateurs comme ceux utilisés dans les centrales électriques peuvent stocker des charges létales pendant plusieurs minutes, voire même pendant plusieurs heures.

S'il vous arrive d'approcher un condensateur capable de stocker une charge importante, prenez garde de ne pas recevoir un choc électrique très désagréable.

### La sensibilité aux décharges électrostatiques

Quand vous frottez vos semelles sur la moquette ou quand vous vous coiffez par temps sec, vous pouvez provoquer une décharge électrostatique de plusieurs milliers de volts. Pour vous, cela ne va pas au-delà d'un picotement désagréable pendant un instant (et peut-être un problème de coiffure), mais pour vos composants électroniques, le résultat peut être désastreux. Les transistors et les circuits intégrés (CI) à base de métal-oxyde-semi-conducteurs (MOS) y sont particulièrement sensibles, quelle que soit l'intensité du courant.

Un MOS comporte une couche fine de verre isolant qu'une décharge de 50 V peut largement volatiliser. Si vous ne prenez pas soin de vous décharger et de décharger vos vêtements et vos outils de toute électricité statique, le transistor MOS à effet de champ (MOSFET) ou le MOS complémentaire (CMOS) que vous comptiez utiliser risque de ne pas faire long feu. Les transistors bipolaires, qui ne sont pas conçus de la même manière, sont moins vulnérables. D'autres composants, comme les résistances, condensateurs, inducteurs, transformateurs et diodes, ne craignent apparemment pas l'électricité statique.

Nous vous conseillons de prendre l'habitude d'éviter l'électricité statique quels que soient les composants que vous manipulez, qu'ils soient sensibles ou non.

## Réduire l'électricité statique

Il y a de fortes chances pour que les applications électroniques que vous comptez réaliser comportent des composants qui craignent les décharges électrostatiques. Pour protéger vos applications contre l'électricité statique, vous pouvez :

- **Utiliser un brassard antistatique.** La dragonne antistatique de la Figure 9-6 vous relie à la terre et vous permet d'éviter l'accumulation de charge électrostatique. C'est un des meilleurs moyens d'éliminer l'électricité statique, et cet accessoire est peu coûteux (moins de 10 euros). Remontez vos manches, enlevez vos bagues, bracelets, montre et autres objets métalliques, passez le brassard et serrez-le. Ensuite, fixez solidement le clip sur une borne convenablement reliée à la terre. Ce peut être le boîtier (non peint) de votre ordinateur (branché) ou simplement une prise de terre correctement installée. Ne manquez pas de lire la notice d'emploi du brassard.
- **Porter des vêtements non générateurs d'électricité statique.** Dans la mesure du possible, portez des vêtements en étoffes naturelles, coton ou laine. Évitez le polyester et l'acétate.
- **Utiliser un tapis antistatique.** Il en existe des modèles pour étendre sur une table et d'autres pour poser sur le sol.

TRUC

En général, porter des vêtements en coton et utiliser un brassard antistatique suffit à éviter les dégâts des décharges électrostatiques.

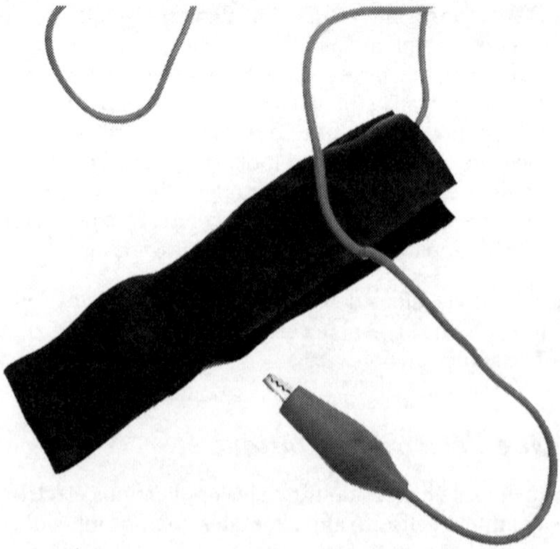

**Figure 9-6 :** Un brassard antistatique réduit grandement le risque de décharge électrostatique.

### *Relier ses outils à la terre*

Les outils dont vous vous servez peuvent aussi accumuler de l'électricité statique, en quantité non négligeable. Si votre fer à souder fonctionne sur un courant alternatif, reliez-le à la terre. Non seulement vous éviterez le risque de décharge électrostatique, mais si vous touchez un fil conducteur avec le fer, le risque de choc électrique sera réduit.

Les fers à souder les moins chers n'ont pas de raccordement à la terre. Sur les autres modèles, la panne n'est pas toujours raccordée, même si le reste l'est. Le mieux est de vous procurer un fer à souder de qualité avec fiche de raccordement à la terre, même si cela doit vous coûter un peu plus cher. Nous vous recommandons le Weller WES51 ou le Hakko 936, deux modèles protégés et abordables (quand la sécurité est en jeu, on ne lésine pas !)

Dans la mesure où vous utilisez un brassard antistatique, vous n'avez généralement pas besoin de raccorder vos autres outils (tournevis, pinces coupantes) à la terre. L'électricité statique que ces outils peuvent produire est dissipée à travers votre corps et le brassard.

## Liste de contrôle de sécurité

Après avoir lu toutes les consignes de sécurité contenues dans ce chapitre, et avant de vous lancer dans une application, révisez cette liste de contrôle simple comportant les exigences *minimales* de sécurité. Mieux encore, vous pouvez, pour mieux veiller à votre sécurité et à la sécurité de vos applications, en faire une copie et la placarder.

Dans votre espace de travail :

- une aération suffisante ;
- une surface de travail sèche et un sol sec ;
- pas de liquide, pas d'animal et pas de petit enfant dans un rayon de trois mètres ;
- outils et matériaux dangereux sous clef ;
- instructions de premier secours visibles ;
- téléphone (et une autre personne) à proximité ;
- fer à souder raccordé à la terre et support lesté.

Sur vous :

- lunettes de protection ;
- brassard antistatique (relié à la terre) ;
- pas de montre, bagues et autres bijoux ;
- vêtements en coton ou en laine ;
- mains sèches (ou utilisez des gants) ;
- être alerte et reposé.

# Chapitre 10

# Lire les schémas électroniques

**Dans ce chapitre**

- Comprendre le rôle de la schématique
- Connaître les symboles les plus usités
- Jouer (modérément) avec la polarité des composants
- Examiner quelques composants spécialisés
- S'amuser avec des schémas provenant du monde entier

Vous imaginez-vous rouler en pleine campagne, dans une région que vous ne connaissez pas, sans carte routière ? Vous auriez de fortes chances de vous égarer et de tourner en rond. Pour assembler des circuits électroniques, vous pouvez vous aider de la *schématique*, c'est-à-dire des schémas de circuits, qui sont un peu l'équivalent des cartes routières et qui vous indiquent la façon dont les différents éléments des circuits sont reliés entre eux. Ces schémas sont constitués de symboles représentant les composants électroniques et de lignes représentant les liaisons conductrices entre ces composants.

Tous les circuits existants ne sont pas représentés par des schémas, mais beaucoup le sont. Si vous comptez vous initier sérieusement à l'électronique, vous aurez besoin (tôt ou tard) de savoir lire un schéma de circuit. Heureusement, le langage de la schématique n'est pas bien difficile. La plupart des schémas ne sont constitués que d'un petit nombre de symboles, qui représentent surtout des résistances, des condensateurs et des transistors.

Ce chapitre vous explique tout ce que vous avez vraiment besoin de savoir pour pouvoir lire pratiquement n'importe quel schéma de circuit électronique.

# Qu'est-ce qu'un schéma de circuit, et pourquoi s'en préoccuper ?

Un schéma de circuit représente tous les éléments qui forment ce circuit, y compris les sources d'énergie électrique et les liaisons électriques entre les différents éléments. Sur un schéma, il importe d'étudier avant tout ces liaisons, ou *connexions*, sachant que la position d'un composant sur un schéma ne correspond pas nécessairement à celle qu'il occupe physiquement dans le circuit. Dans un circuit relativement compliqué, elle a même peu de chances de refléter sa position réelle. Souvent, pour un circuit complexe, il est nécessaire de disposer de *schémas d'implantation physique des composants*.

N'OUBLIEZ PAS

Le schéma d'un circuit électronique est constitué de symboles représentant les résistances, transistors et autres composants, et de lignes indiquant les connexions entre ces composants. Si vous savez lire les symboles et suivre les connexions, vous êtes capable d'assembler le circuit représenté sur le schéma. Un schéma peut aussi vous aider à comprendre comment un circuit fonctionne, ce qui est bien utile lorsqu'il s'agit de le tester ou de le réparer.

Apprendre à lire des schémas électroniques est un peu comme apprendre une langue étrangère. Globalement, on s'aperçoit que la plupart des schémas suivent à peu près les mêmes conventions. Cependant, de même que l'on distingue souvent plusieurs dialectes, le langage de la schématique est loin d'être universel. Il peut varier en fonction de l'époque à laquelle le schéma a été réalisé, du pays d'origine, de la fantaisie du concepteur et d'autres facteurs encore.

# Un point de vue global

Il existe en électronique une règle tacite concernant l'orientation de certaines parties du schéma d'un circuit, surtout lorsqu'il s'agit d'un circuit complexe. Les piles et autres sources d'énergie électrique sont presque toujours orientées verticalement, la borne positive vers le haut. Sur les schémas complexes, les sources d'énergie sont représentées par deux symboles (comme on le verra plus loin), mais la borne positive est généralement à la partie supérieure du schéma (elle est parfois représentée par une ligne horizontale) et la borne négative à la partie inférieure (parfois également représentée par une ligne horizontale). Les entrées sont souvent représentées sur la partie gauche, et les sorties sur la partie droite.

TRUC

Un certain nombre de systèmes électroniques (comme par exemple le récepteur de radio dont il a été question au Chapitre 2) sont représentés sous forme de plusieurs schémas successifs (même lorsqu'il s'agit en réalité d'un unique circuit complexe). On représente alors les sous-circuits correspondant aux différents stades de traitement du signal selon une progression de gauche à droite (par exemple le tuner à gauche, le détecteur au centre et l'amplificateur à droite), la sortie du premier sous-circuit alimentant l'entrée du deuxième sous-circuit, et ainsi de suite. Ce genre de convention permet de rendre les circuits complexes plus faciles à comprendre.

## Tout est dans les connexions

Sur tout schéma de circuit, simple ou complexe, les composants sont disposés de la façon la plus claire possible et les connexions sont représentées par des lignes droites, éventuellement brisées par des angles à 90° (trajectoires courbes et gribouillis ne sont pas autorisés !). Il est absolument essentiel de comprendre la signification précise de tous ces traits – et cette signification n'est pas toujours évidente.

Plus un schéma est compliqué, plus il est probable que certaines liaisons se croiseront (espace à deux dimensions oblige). Il importe de savoir lesquels de ces croisements représentent des jonctions. Dans le meilleur des cas, la distinction entre liaisons qui se rencontrent et liaisons qui ne font que se croiser se fera de la façon suivante :

- Une interruption ou une déviation (pensez à un pont) d'un des deux traits, au niveau de l'intersection, signifie que les deux conducteurs *ne doivent pas* se rencontrer.
- Un point au niveau de l'intersection de deux traits signifie que les deux conducteurs *doivent* se rencontrer.

La Figure 10-1 représente les formes d'intersection les plus courantes.

ATTENTION !

La façon dont les connexions sont représentées n'est pas universelle. À vous de savoir quels fils doivent ou ne doivent pas être reliés, en identifiant la méthode de représentation utilisée pour tracer le schéma que vous étudiez. Si vous voyez un simple croisement de deux lignes sans point, vous ne pouvez pas savoir s'il s'agit ou non d'une connexion. Pour savoir comment vous devez interpréter cette intersection, le mieux est encore de consulter l'auteur du schéma.

TRUC

Pour réaliser physiquement les connexions représentées sur un schéma, vous utiliserez généralement des fils garnis d'une gaine isolante, ou bien de fins traçages métalliques sur une carte. La plupart du temps, il n'est pas fait de distinction concernant la façon de connecter les composants. Tout dépend de la méthode que vous avez choisie

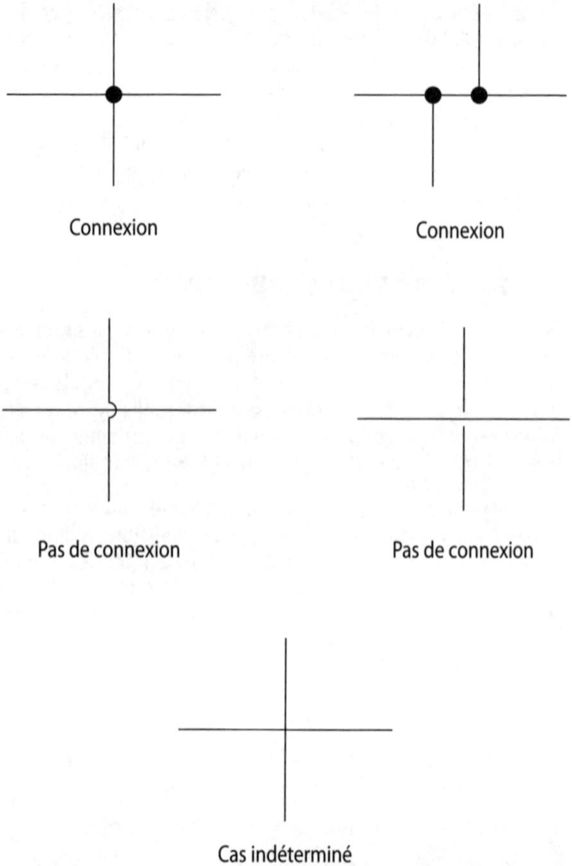


**Figure 10-1 :** Les croisements qui sont ou ne sont pas des connexions peuvent être représentés de différentes manières.

pour assembler votre circuit. Le schéma vous indique simplement quels composants doivent être reliés l'un à l'autre.

## Représenter le circuit le plus simple

La Figure 10-2 représente un circuit simple constitué d'une pile de 1,5 V alimentant en courant continu une résistance R1. La borne positive de la pile (+) est reliée à une borne de la résistance, la borne négative de la pile à l'autre borne de la résistance. Le courant circule de la borne positive à la borne négative de la pile en passant par la résistance.

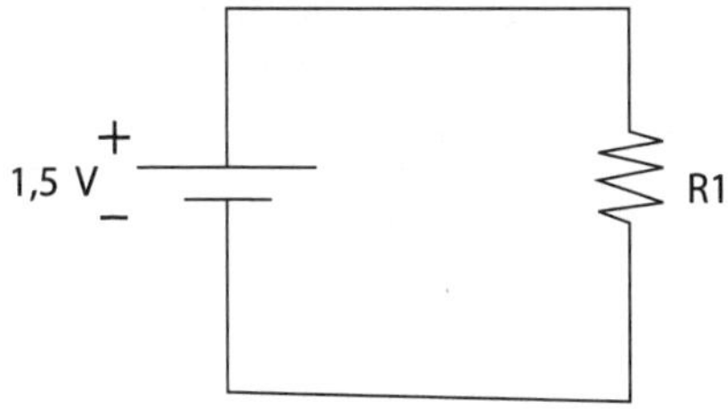


**Figure 10-2 :** Un schéma élémentaire représentant les connexions entre une pile et une résistance.

Sur un schéma de circuit, le « courant » représenté est le courant *conventionnel*, c'est-à-dire un flux de charges positives en sens inverse du flux réel des électrons (pour plus de détails, voir Chapitre 2).

# Pour être au courant des symboles courants

Un circuit peut être alimenté par une source de courant alternatif, comme le courant du « secteur », ou par une source de courant continu, c'est-à-dire une pile électrique ou un transformateur-redresseur. Dans un circuit alimenté en courant continu, par rapport à la référence 0 volt qui est la *masse*, l'alimentation peut être positive ou négative. Le Tableau 10-1 indique les divers symboles servant à représenter l'alimentation et les liaisons à la masse.

Sur un schéma complexe, distinguer les diverses connexions à une source est parfois déjà une tâche relativement difficile en soi. Le but de cette section est de clarifier ce point. Au cours de votre lecture, référez-vous au Tableau 10-1 pour bien comprendre quels sont les symboles utilisés.

Ces symboles sont expliqués plus en détail dans les deux sous-sections qui suivent.

## Savoir remonter à la source

Il existe parfois plus d'une façon de représenter une source d'alimentation en courant continu :

- **La symbolisation d'une pile ou d'une cellule photovoltaïque.** Chaque symbole de pile ou de batterie du Tableau 10-1 représente une source de courant continu avec deux bornes. Techniquement, le symbole comprenant deux traits parallèles représente une *pile* électrochimique simple, tandis que le sym-

**Tableau 10-1 : Symboles désignant les sources de courant et la masse**

| Nom | Symbole |
|---|---|
| Pile ou batterie | 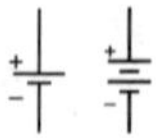 |
| Cellule photovoltaïque |  |
| Courant continu secteur |  |
| Courant alternatif secteur | 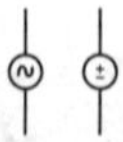 |
| Raccordement à la Terre |  |
| Masse châssis | 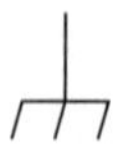 |
| Masse du signal |  |

bole comprenant plusieurs traits (le deuxième) représente une *batterie* (constituée de plusieurs piles).

Sur de nombreux schémas, on représente la batterie en utilisant le symbole de la pile simple.

Chaque symbole comporte une borne positive (le plus grand trait horizontal) et une borne négative (le plus petit trait). La polarité (+ et –) et la tension nominale figurent généralement à côté de ce symbole. La tension à la borne négative est souvent supposée égale à 0 volt, sauf si elle est clairement distinguée de la référence 0 volt (la *masse commune*, voir plus loin dans ce chapitre). Le courant conventionnel circule de la borne positive vers la borne négative de la pile quand celle-ci est reliée au reste du circuit, de manière à former un circuit complet.

- **La symbolisation « éclatée » d'une source de courant continu et de la masse.** Par souci de simplification, une source de courant continu est souvent représentée par deux symboles à la fois : un petit cercle à l'extrémité d'un trait pour représenter une terminaison de la source, avec ou sans indication de tension, et un symbole de masse (un trait vertical et trois traits horizontaux à l'extrémité inférieure) pour représenter l'autre terminaison, dont la valeur est 0 volt. Dans les circuits complexes comportant plusieurs connexions à la source, la terminaison positive de la source est parfois représentée par une barre horizontale sur toute la partie supérieure du schéma, avec l'indication +V. Une telle représentation « éclatée » de la source permet d'éliminer du schéma un grand nombre de connexions qui le rendraient illisible.

Le circuit de la Figure 10-2 peut aussi être représenté en utilisant des symboles distincts pour la source d'alimentation et la masse, comme sur la Figure 10-3. Remarquez bien que la Figure 10-3 représente en réalité un circuit complet (fermé).

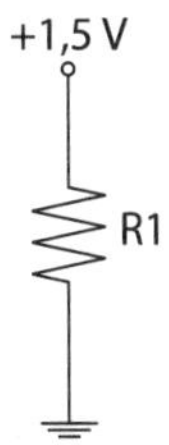


**Figure 10-3 :** Sur ce schéma, les connexions à la pile sont représentées par un symbole de source de courant continu à l'extrémité supérieure et par un symbole de masse à l'extrémité inférieure.

TRUC

Un circuit alimenté en courant continu utilise souvent plusieurs sources (+5 V, +12 V et même – 5 V ou – 2 V), c'est pourquoi les symboles de source de tension, sur les schémas, sont souvent accompagnés d'une mention de la tension nominale. Quand la tension n'est pas spécifiée, il s'agit souvent (mais pas toujours) d'une tension de 5 V. Enfin, n'oubliez pas que sauf mention contraire, le courant est presque toujours un courant continu, *et non pas* alternatif.

Certains circuits (par exemple des circuits d'amplification opérationnelle, voir Chapitre 7) nécessitent à la fois une source d'alimentation positive et une source négative. Vous verrez souvent la source positive représentée par un cercle ouvert accompagné de l'indication +V et la source négative représentée par un cercle ouvert avec l'indication –V. Si la tension n'est pas spécifiée, ce peut être +5 V ou –5 V continu. La Figure 10-4 est un exemple d'illustration de ces points de connexion à la source.

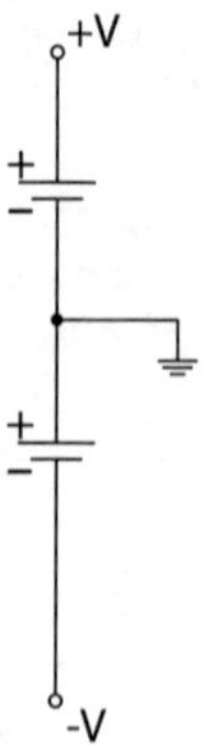


**Figure 10-4 :** Certains circuits nécessitent une source positive et une source négative.

Une source de courant alternatif est généralement symbolisée par un cercle avec deux terminaisons, avec ou sans forme d'onde et indications de polarité :

- **Un cercle avec une forme d'onde.** Une ligne brisée ou autre forme à l'intérieur d'un cercle ouvert représente un cycle de tension alternative produite par la source, qui est généralement une onde sinusoïdale mais qui peut aussi être une onde carrée, triangulaire ou autre.
- **Un cercle avec indication de polarité.** Sur certains schémas, un ou deux indicateurs de polarité sont tracés à l'intérieur ou à l'extérieur du cercle ouvert. Il ne s'agit que d'une indication, et vous pouvez assimiler le sens du courant au sens des variations de tension.

Un circuit peut être alimenté à partir d'une source de courant alternatif comme les prises de courant de votre habitation. En général, on utilise un transformateur-redresseur pour produire une tension réduite et continue. Le schéma des circuits d'un lecteur de DVD ou autre appareil électronique domestique indiquera souvent à la fois la source de courant alternatif et la source de courant continu.

## Être à la masse

L'ambiguïté vous fait-elle peur ? Dans la schématique des circuits, il est courant d'utiliser le symbole de la *terre* (le vrai raccordement à la terre) pour représenter la *masse commune* (le point de référence pour une tension de 0 volt – à propos de la terre et du point de référence, voir Chapitre 2). Le plus souvent, dans les circuits à basse tension, les points de raccordement à la « terre » ne sont pas réellement reliés à la terre : ils sont simplement reliés entre eux, d'où l'expression *masse commune*. Une tension définie pour un point donné du circuit est censée être déterminée par rapport à cette masse commune (ne pas oublier que la tension est une mesure différentielle entre deux points d'un circuit).

Par conséquent, quel symbole devrait-on *réellement* utiliser pour représenter les points de référence qui ne sont pas vraiment reliés à la terre ? Le symbole de *masse châssis*. La masse commune est parfois appelée « masse châssis » parce que dans les matériels plus anciens, le châssis métallique de l'appareil (ampli, poste de télévision ou autre) servait de masse commune. Il est devenu aujourd'hui moins courant d'utiliser un châssis métallique en guise de masse, mais le terme continue d'être utilisé.

Le symbole de *masse du signal* sert aussi, parfois, à représenter un point de référence 0 volt pour les signaux (formes d'onde porteuses d'informations, voir Chapitre 2) circulant à travers deux conducteurs. L'un est relié à ce point de référence, l'autre est soumis à une tension variable qui représente le signal. Là encore, sur les schémas, il n'est pas rare que l'on utilise plutôt le symbole du raccordement à la terre.

Dans ce livre, nous n'utilisons que le symbole de la terre, sachant que c'est celui que l'on retrouve aujourd'hui sur la plupart des schémas.

Comme le montre la Figure 10-5, il existe plusieurs façons de représenter les connexions à la masse :

- **Pas de symbole.** Parfois, le circuit est représenté avec simplement deux bornes d'alimentation. Quand le circuit est alimenté par une pile, on suppose que la masse commune est la borne négative de la pile.
- **Un seul symbole de masse.** Toutes les connexions à la masse sont reliées à un point unique. La ou les sources (par exemple la pile) ne sont pas toujours représentées de façon visible, mais on doit supposer que la masse est reliée à la borne positive ou négative des sources de courant continu (comme le montre la Figure 10-4).

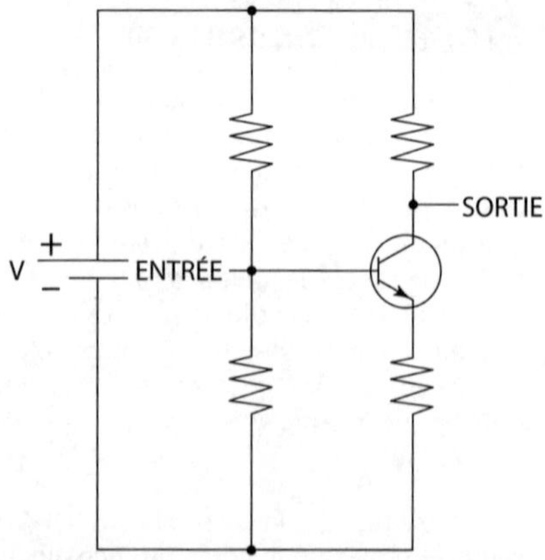


Représentation du circuit avec une source (pile)

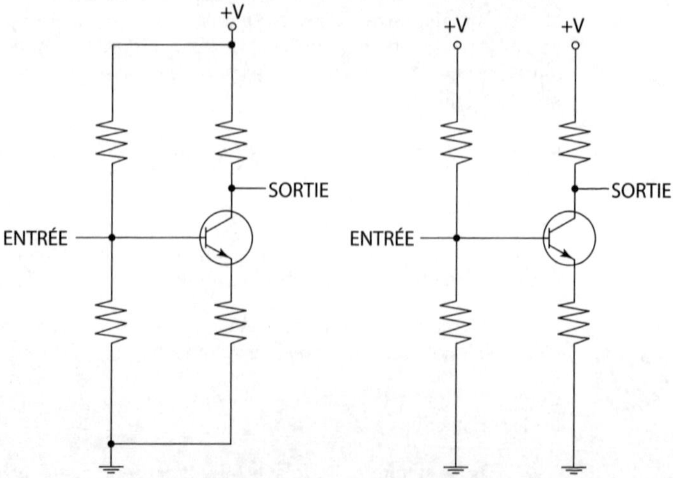


Représentation du circuit avec une seule masse

Représentation du circuit avec plusieurs masses

**Figure 10-5 :** Comment symboliser les connexions à la masse commune dans un circuit.

- **Plusieurs symboles de masse.** Sur les schémas plus complexes, il est généralement plus facile de représenter plusieurs points de masse. Dans le circuit réel, tous ces points sont reliés.

# La représentation des composants d'un circuit

Il existe littéralement des centaines de symboles de composants électroniques, car il existe des centaines de types de composants à représenter. Heureusement, sur les schémas des applications électroniques de loisir, on n'en utilise généralement qu'un petit nombre.

Le symbole d'un composant particulier peut s'accompagner d'une ou plusieurs indications permettant d'identifier ce composant de façon univoque :

- **Le code de référence.** C'est un identifiant, par exemple R1 ou Q3. Par convention, on utilise une ou plusieurs lettres pour représenter le type de composant et un suffixe numérique pour distinguer entre eux les composants du même type. Les codes les plus courants sont R pour une résistance, C pour un condensateur, D pour une diode, L pour un inducteur, T pour un transformateur, Q pour un transistor et U ou CI pour un circuit intégré.
- **Le numéro d'identifiant du composant.** Il s'agit d'un code de référence donné par le fabricant ou d'un identifiant standard. Par exemple 2N2222 (type de transistor couramment utilisé) ou 555 (type de CI utilisé dans des applications de minuterie).
- **La valeur.** La valeur d'un composant est parfois indiquée, s'il s'agit d'un composant passif (résistance ou condensateur) sans codification conventionnelle. Pour une résistance, par exemple, la valeur (en ohms) pourra être indiquée à côté du symbole de la résistance ou du numéro d'identifiant. Le plus souvent, vous verrez simplement la valeur, sans indication de l'unité de mesure (ohms, microfarads, *etc.*). La valeur d'une résistance est censée être en ohms, et la capacité d'un condensateur en microfarads.
- **Autre information.** Un schéma peut comporter des spécifications supplémentaires concernant un ou plusieurs composants, par exemple la puissance d'une résistance, si cette puissance est différente des valeurs habituelles de ¼ et 1/8 de watt. Si vous voyez l'indication « 10W » à côté de la valeur d'une résistance, vous savez qu'il vous faut une résistance de forte puissance.

TRUC

Souvent, les schémas n'indiquent que le code de référence et le symbole de chaque composant, mais ils sont assortis d'une liste séparée comportant des détails sur les différents composants.

## Les composants électroniques analogiques

Les composants analogiques contrôlent le flux des signaux électriques (analogiques) sous forme de courant continu. Le Tableau 10-2 indique les symboles servant à représenter les composants analogiques de base. La troisième colonne du tableau indique le chapitre de ce livre dans lequel vous trouverez des détails sur la fonction du composant concerné.

**Tableau 10-2 : Symboles des composants analogiques**

| Composant | Symbole | Chapitre de référence |
|---|---|---|
| Résistance |  | Chapitre 3 |
| Résistance variable (potentiomètre) | 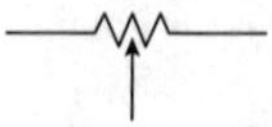 | Chapitre 3 |
| Cellule photoélectrique | 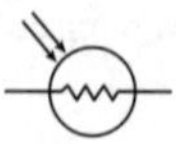 | Chapitre 8 |
| Condensateur |  | Chapitre 4 |
| Condensateur polarisé | 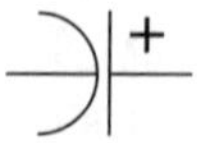 | Chapitre 4 |
| Condensateur variable | 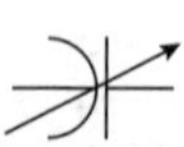 | Chapitre 4 |
| Inducteur |  | Chapitre 5 |
| Transformateur à air |  | Chapitre 5 |
| Transformateur à noyau solide |  | Chapitre 5 |
| Cristal |  | Chapitre 5 |

| Composant | Symbole | Chapitre de référence |
|---|---|---|
| Transistor (bipolaire) NPN | 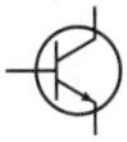 | Chapitre 6 |
| Transistor (bipolaire) PNP | 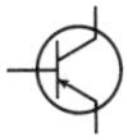 | Chapitre 6 |
| MOSFET de type N |  | Chapitre 6 |
| MOSFET de type P | 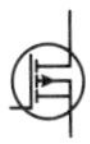 | Chapitre 6 |
| Phototransistor (NPN) |  | Chapitre 8 |
| Phototransistor (PNP) |  | Chapitre 8 |
| Diode standard | 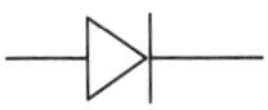 | Chapitre 6 |
| Diode Zener | 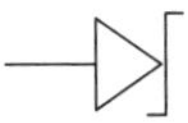 | Chapitre 6 |
| Diode électroluminescente (LED) | 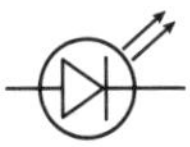 | Chapitre 6 |
| Photodiode | 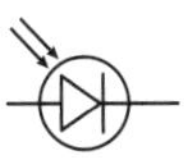 | Chapitre 8 |
| Amplificateur opérationnel (ampli op) | 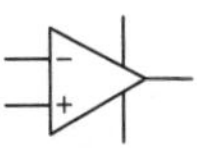 | Chapitre 7 |

TRUC

Le symbole de l'ampli op représente l'interconnexion de plusieurs dizaines de composants unitaires formant un circuit presque complet (l'alimentation étant extérieure). En schématique, on utilise toujours un symbole unique pour représenter ce circuit tout entier, qui prend la forme d'un circuit intégré (CI). Le symbole de l'ampli op est souvent utilisé pour représenter divers amplificateurs comme l'amplificateur de puissance audio LM386 dont il est question au Chapitre 15.

### La référence en termes de références

Sur un schéma de circuit électronique, les composants sont souvent identifiés par un code alphabétique, par exemple C pour condensateur, suivi d'un identifiant numérique (1, 2, 3, *etc.*) permettant de distinguer les différents composants de même type. Ces codes forment ensemble un *code de référence* qui sert d'identifiant univoque pour un condensateur ou autre composant donné. Si ce code ne figure pas à côté du symbole du composant, ne vous inquiétez pas : vous pourrez le trouver sur une liste. Les codes alphabétiques suivants sont sans doute les plus souvent utilisés :

| | |
|---|---|
| C | Condensateur |
| D | Diode |
| CI (ou IC ou U) | Circuit intégré |
| L | Inducteur |
| LED | Diode électroluminescente |
| Q | Transistor |
| R | Résistance |
| RLY | Relais |
| T | Transformateur |
| XTAL | Cristal |

## Les composants numériques logiques et les CI

Les composants électroniques numériques – notamment les portes logiques – traitent des signaux numériques, c'est-à-dire des signaux constitués de deux niveaux de tension seulement (haut et bas). Chaque composant numérique est lui-même un circuit pratiquement complet (ne comprenant pas l'alimentation qui est externe) constitué de transistors ou autres composants analogiques. Les symboles des composants numériques représentent l'interconnexion de plusieurs composants unitaires constituant la logique du circuit. Vous pouvez créer cette logique vous-même ou vous la procurer sous forme d'un circuit intégré. Les CI logiques comportent généralement plusieurs portes (qui ne sont pas nécessairement toutes du même type), dont l'alimentation est commune.

Le Tableau 10-3 indique les symboles des différentes portes logiques numériques. Pour plus de détails sur le rôle de chaque porte logique, voir Chapitre 7.

**Tableau 10-3 : Symboles des portes logiques**

| Composant | Symbole |
|---|---|
| ET (AND) | 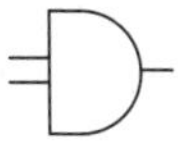 |
| NON-ET (NAND) | 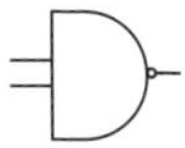 |
| OU (OR) | 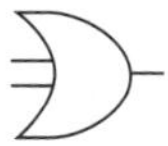 |
| NON-OU (NOR) | 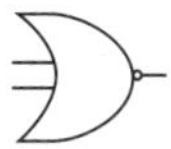 |
| OU exclusif (XOR) | 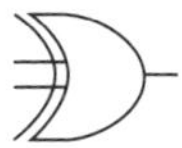 |
| NON-OU exclusif (XNOR) | 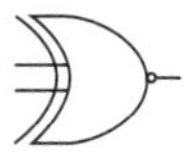 |
| NON inverseur | 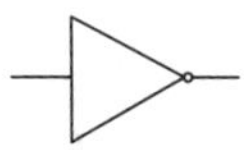 |

Sur certains schémas, chaque porte logique est représentée. Sur d'autres, on a les connexions au circuit intégré complet, lequel est représenté par un rectangle. La Figure 10-6 montre un exemple de chacune de ces deux méthodes. Le CI 74HC00 de la Figure 10-6 est une porte NON-ET quad cmOS à deux entrées. Sur le premier schéma, chacune des portes NON-ET porte l'indication « ¼ 74HC00 » car elle fait partie d'un ensemble de quatre portes NON-ET (ce type d'indication pour les portes logiques est courant dans la schématique des circuits numériques). À noter que la quatrième porte NON-ET ne sert pas dans ce circuit (raison pour laquelle les broches 11, 12 et 13 ne sont pas utilisées). Que le schéma représente les différentes portes ou le CI tout entier sous une forme synthétique, les connexions externes à l'alimen-

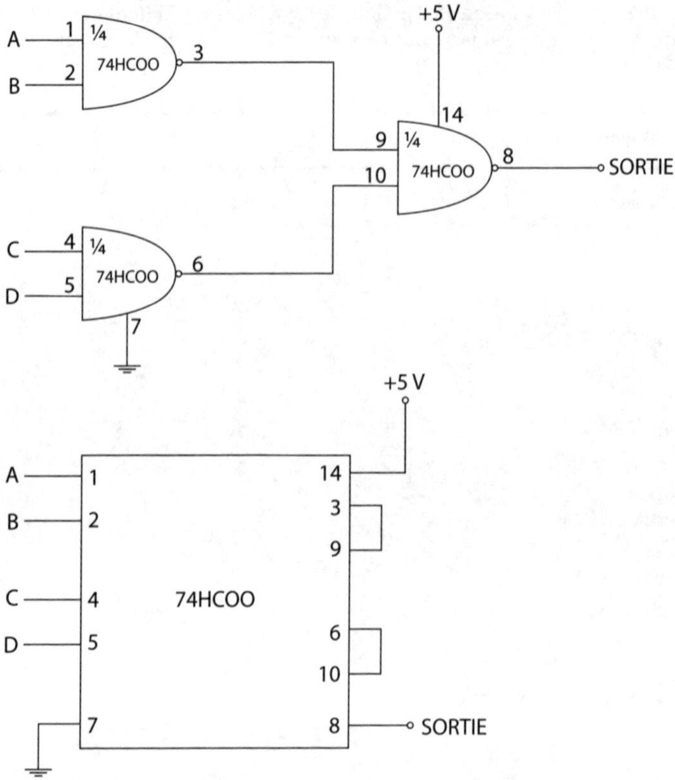


**Figure 10-6 :** Deux représentations différentes du même circuit.

tation sont généralement notées. Dans le cas contraire, il vous faut vous référer au brochage du composant, sur la documentation du CI, afin de savoir comment il convient de le brancher à l'alimentation (pour plus de détails concernant le brochage et la documentation, voir Chapitre 7).

Il existe bien d'autres CI numériques que ceux constitués uniquement de portes logiques. Il existe aussi des CI linéaires (analogiques) comportant des circuits analogiques et des CI à signal mixte comportant à la fois des circuits analogiques et des circuits numériques. La plupart des CI (les amplis op faisant exception) sont représentés de la même manière, sous la forme d'un rectangle portant le code de référence (par exemple CI1) ou le numéro de composant (par exemple 74CH00), avec des connexions de broches numérotées. La fonction d'un CI est généralement indiquée par le numéro de composant, à moins qu'elle soit précisée en toutes lettres.

## Composants divers

Le Tableau 10-4 présente les symboles des interrupteurs et des relais. Pour des informations détaillées sur ces composants, se référer au Chapitre 8.

**Tableau 10-4 : Symboles des interrupteurs et des relais**

| Composant | Symbole |
|---|---|
| Interrupteur SPST | 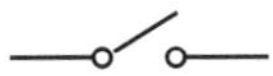 |
| Interrupteur SPDT |  |
| Interrupteur DPST | 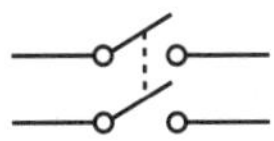 |
| Interrupteur DPDT | 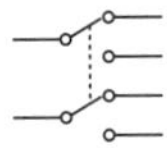 |
| Interrupteur normalement ouvert | 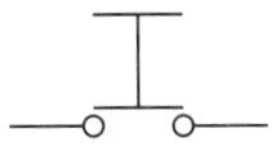 |
| Interrupteur normalement fermé |  |
| Relais | 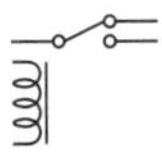 |

Le Tableau 10-5 présente les symboles de divers transducteurs d'entrée (capteurs) et de sortie (certains de ces symboles apparaissent également dans le Tableau 10-2). Pour plus de détails sur ces composants, voir Chapitre 8, et à propos des LED, voir Chapitre 6.

Certains circuits reçoivent des signaux d'entrée provenant d'autres circuits ou appareils et envoient des signaux de sortie à d'autres circuits ou appareils. Sur un schéma de circuit, les entrées et les sorties apparaissent souvent comme des extrémités reliées à rien du tout. Il est généralement écrit « signal d'entrée » ou « sortie », *etc.* Vous savez que vous êtes censé brancher cela quelque part (un des deux fils au point d'entrée, l'autre à la masse du signal). Certains schémas comportent un symbole représentant un connecteur particulier (voir Chapitre 8).

**Tableau 10-5 : Symboles des transducteurs d'entrée et de sortie**

| Désignation | Symbole |
|---|---|
| Microphone | 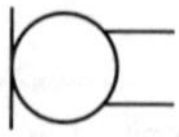 |
| Thermistor |  |
| Cellule photoélectrique | 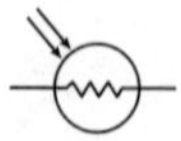 |
| Photodiode | 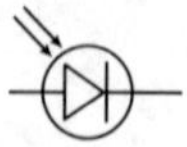 |
| Phototransistor (NPN) |  |
| Phototransistor (PNP) |  |
| Antenne |  |
| Lampe à incandescence |  |
| Diode électroluminescente (LED) | 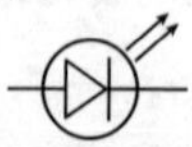 |
| Haut-parleur | 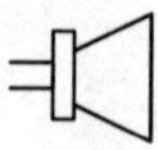 |
| Buzzer piézoélectrique | 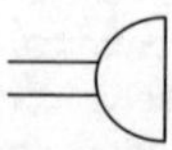 |

Le Tableau 10-6 présente des exemples de représentation des connexions d'entrées et de sorties sur les schémas de circuits. Les symboles peuvent ne pas être les mêmes d'un schéma à un autre. Ceux utilisés dans ce livre font partie des plus courants. Le style peut varier, mais l'idée est toujours la même : indiquer une connexion vers un élément externe.

**Tableau 10-6 : Symboles des connexions à d'autres circuits**

| Désignation | Symbole |
|---|---|
| Branchement jack | 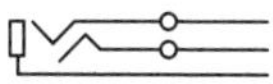 |
| Jack blindé |  |
| Entrée non spécifiée |  |
| Sortie non spécifiée |  |

# Savoir où prendre les mesures

Vous aurez peut-être l'occasion d'utiliser un schéma comportant le symbole d'un instrument de test, par exemple un voltmètre (qui mesure la tension) un ampèremètre (qui mesure l'intensité) ou un ohmmètre (qui mesure la résistance). Comme l'explique le Chapitre 12, un multimètre est un appareil qui remplit ces trois fonctions et d'autres encore. Ces symboles apparaissent généralement sur des schémas publiés sur des documents ou sites Internet à vocation éducative. Ils vous indiquent les points précis où vous devez placer les électrodes de votre appareil pour pouvoir effectuer une mesure correcte.

Quand vous reconnaîtrez, sur un schéma, un des symboles du Tableau 10-7, n'oubliez pas que ce symbole représente un instrument de test, et non pas quelque composant électronique mystérieux.

# Étude d'un schéma de circuit

Maintenant que vous connaissez le B.A BA de la schématique, il est temps de commencer à étudier les schémas de circuits. Le schéma de la Figure 10-7 représente la centrale clignotante étudiée au Chapitre 15. Ce circuit permet de faire clignoter une LED et de contrôler la vitesse

## Tableau 10-7 : Symboles des instruments de mesure les plus courants

| Désignation | Symbole |
|---|---|
| Voltmètre | —(V)— |
| Ampèremètre | —(A)— |
| Ohmmètre | —(Ω)— |

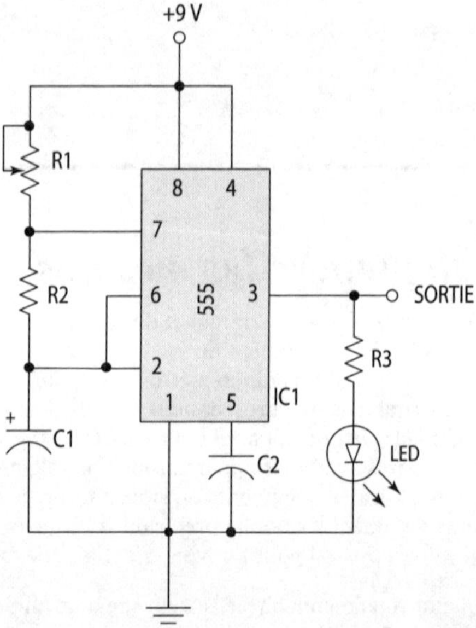


**Figure 10-7** : Le schéma et la liste des composants du projet de centrale clignotante expliqué au Chapitre 15.

**Liste des composants :**

IC1 : CI minuteur LM555

R1 : potentiomètre de 1 MΩ

R2 : résistance de 47 kΩ

R3 : résistance de 330 kΩ

C1 : condensateur au tantale de 1 µF

C2 : condensateur disque de 9,1 µF

LED : diode électroluminescente

du clignotement en tournant le bouton d'un potentiomètre (ou résistance variable).

L'interprétation de ce schéma est la suivante :

- Au cœur du circuit se trouve **IC1, un CI minuteur 555 à 8 broches** qui sont toutes reliées à d'autres éléments du circuit. Les broches 2 et 6 sont reliées l'une à l'autre.
- Le circuit est alimenté par une source de 9 volts, qui peut être par exemple une **pile de 9 V.**
  - La borne positive de cette source est connectée aux broches 4 et 8 d'IC1 et à une des deux bornes fixes de la résistance variable (potentiomètre) R1 ainsi qu'à son extrémité variable (le variateur).
  - La borne négative de cette source (représentée sous forme de connexion à la masse commune) est connectée à la broche 1 d'IC1, à la borne négative du condensateur C1, à celle du condensateur C2 et à la cathode (borne négative) de la LED.
- **R1 est un potentiomètre** dont la borne fixe est connectée à la broche 7 d'IC1 et à la résistance R2, tandis que l'autre borne fixe et la borne du variateur sont connectées à la borne positive de la pile (ainsi qu'aux broches 4 et 8 d'IC1).
- **R2 est une résistance fixe** dont une borne est connectée à la broche 7 d'IC1 et à une borne fixe de R1, l'autre borne étant connectée aux broches 2 et 6 d'IC1 ainsi qu'à la borne positive du condensateur C1.
- **C1 est un condensateur polarisé.** Sa borne positive est connectée à R2 et aux broches 2 et 6 d'IC1, et sa borne négative est connectée à la borne négative de la pile (ainsi qu'à la broche 1 d'IC1, au condensateur C2 et à la cathode de la LED).
- **C2 est un condensateur non polarisé** connecté d'un côté à la broche 5 d'IC1 et de l'autre côté à la borne négative de la pile (ainsi qu'à la borne négative du condensateur C1, à la broche 1 d'IC1 et à la cathode de la LED).
- L'anode de la **LED** est connectée à la résistance R3, et la cathode de cette LED est connectée à la borne négative de la pile (ainsi qu'à la borne négative du condensateur C1, à celle du condensateur C2 et à la broche 1 d'IC1).
- **R3 est une résistance fixe** branchée entre la broche 3 d'IC1 et l'anode de la LED.

- Enfin, la **sortie** représentée au niveau de la broche 3 d'IC1 peut servir de signal d'entrée à un circuit constituant le stade suivant du processus.

Dans la liste qui précède, chaque élément concerne un composant du circuit et ses connexions. La mention répétée des mêmes connexions est conforme au bon usage : il est bon de vérifier les connexions plutôt deux fois qu'une et de s'assurer que les branchements sont corrects au niveau de *chaque borne ou broche de chaque composant.* Quand il s'agit de brancher des composants en circuit, on n'est jamais trop prudent.

## Des variantes dans les symboles de composants

Les symboles de schématique qui apparaissent dans ce chapitre sont conformes à l'usage courant en Amérique du Nord (et plus particulièrement aux États-Unis) et au Japon. Cependant, les pays d'Europe et l'Australie utilisent dans certains cas des symboles différents. Selon l'origine des circuits et des schémas que vous étudierez, il vous faudra parfois traduire un symbole par un autre.

La Figure 10-8 présente quelques symboles communément utilisés en Europe. Notez les différences, surtout en ce qui concerne les résistances fixes et variables.

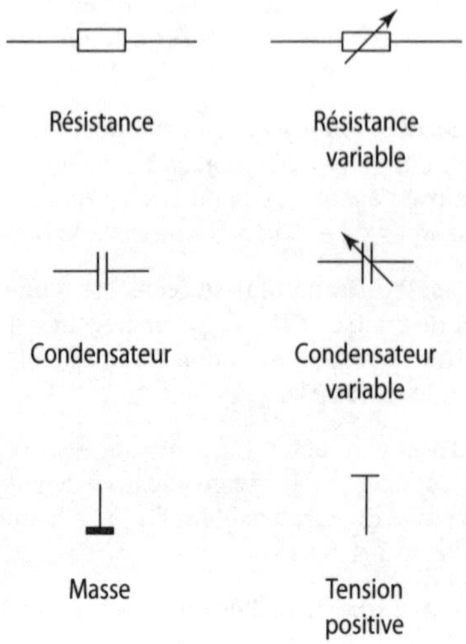


**Figure 10-8 :** Symboles utilisés en Europe.

Il existe aussi une différence dans la présentation des valeurs. Aux États-Unis, lorsque la valeur d'une résistance dépasse 1 000 Ω, on écrit par exemple 6.8k ou 10.2k. Dans certains pays d'Europe, notamment en Grande-Bretagne, on écrira souvent 6k8 ou 10k2 (le *k*, qui signifie *kilo-ohm*, sert de séparateur décimal).

Vous rencontrerez peut-être d'autres variantes, mais ces diverses conventions de représentation sont assez parlantes et ne diffèrent pas substantiellement les unes des autres. Quand on maîtrise un langage, les variantes deviennent faciles à comprendre.

# Chapitre 11

# Assembler des circuits

***Dans ce chapitre***

- Apprécier l'intérêt d'utiliser une plaque d'essais sans soudure
- Créer un circuit sans problème à l'aide d'une plaque d'essais sans soudure
- Souder – en toute sécurité – comme un pro
- Reconnaître et réparer ses erreurs (comme un pro)
- Inscrire ses circuits dans la durée avec une plaque à souder ou une plaque perforée
- Atteindre le nirvana de l'électronicien amateur : votre propre circuit imprimé

Vous vous êtes appliqué à installer votre plan de travail, votre matériel et vos nouveaux joujoux – pardon, vos *outils* –, histoire d'impressionner vos amis, vous avez dégoté des résistances et autres composants à des prix avantageux, et vous voilà prêt à mettre la main à la pâte et à assembler des circuits qui feront clignoter des petites lampes ou qui émettront des petits bruits. Il s'agit donc, à présent, de traduire un schéma bidimensionnel en circuit électronique bien réel, qui *fonctionne* (peut-être même avec du mouvement).

Dans ce chapitre, nous vous montrons plusieurs façons de relier entre eux des composants électroniques, pour obtenir des circuits qui vous obéissent. Il s'agira d'abord de construire des circuits temporaires et démontables, grâce aux plaques d'essais sans soudure qui permettent d'assembler et de brancher les éléments en un tournemain et constituent le support idéal pour tester et mettre au point vos applications. Ensuite, nous vous expliquons comment souder les composants en utilisant une substance toxique en fusion sans prendre de risque. Enfin, nous vous précisons les possibilités qui s'offrent à vous de créer des circuits permanents en soudant les éléments ou en enroulant les fils, et nous vous présentons quelques modèles de supports.

Armez-vous donc de vos tournevis, de vos pinces et de votre fer à souder, sans oublier vos lunettes protectrices et votre bracelet antistatique : vous êtes sur le point de pénétrer dans une zone de constructions électroniques !

## Essayer les plaques d'essais sans soudure

Les *plaques d'essais sans soudure* permettent de monter (et de démonter) des circuits temporaires avec une grande facilité. Ce sont des grilles en plastique réutilisables, de forme rectangulaire et qui comportent plusieurs centaines de petits trous de forme carrée, qui sont autant de points de connexion ou *trous de contact* dans lesquels vous pouvez enficher vos composants (résistances, condensateurs, diodes, transistors ou circuits intégrés). Ces trous sont reliés entre eux par rangées au moyen de bandes de métal flexibles qui courent sous la surface de la plaque. Il suffit d'introduire l'extrémité de chaque fil conducteur ou de chaque composant au bon endroit et de raccorder la plaque à une source d'énergie électrique au moyen d'une paire de fils pour assembler un circuit prêt à fonctionner, sans avoir besoin de réaliser des liaisons permanentes (en soudant par exemple).

Nous ne saurions trop vous recommander d'utiliser une ou deux plaques d'essais sans soudure lorsque vous débutez. Ainsi, vous pourrez tester votre circuit, vérifier qu'il fonctionne correctement et procéder aux corrections nécessaires. Souvent, il est possible d'améliorer le fonctionnement d'un circuit simplement en jouant sur les caractéristiques de certains composants. Ce sont des petits changements que vous pouvez facilement réaliser en retirant simplement un composant et en le remplaçant par un autre, sans avoir à dessouder ni à ressouder (à propos des soudures, voir la section « La soudure, premiers pas », plus loin dans ce chapitre). Une fois que vous êtes sûr que votre circuit fonctionne comme vous le vouliez, vous pouvez fabriquer un circuit permanent en utilisant un autre type de support (voir la section « Inscrire vos réalisations dans la durée », plus loin dans ce chapitre).

ATTENTION !

Les plaques sans soudure sont conçues pour supporter des circuits à basse tension. N'utilisez jamais une plaque sans soudure pour faire circuler un courant alternatif de 220 volts. Une tension excessive ou un courant excessif peut faire fondre le plastique ou provoquer un arc entre deux contacts. Votre plaque serait rapidement hors d'usage et vous risqueriez de vous retrouver en contact avec un courant dangereux.

## L'intérieur et l'extérieur d'une plaque sans soudure

La photo de la Figure 11-1 représente un modèle simple de plaque sans soudure, sur laquelle des lignes blanches ont été ajoutées pour vous permettre de visualiser les connexions entre les trous de contact. Au centre de la plaque, les trous sont reliés verticalement par cinq (par exemple, dans la colonne 30, A, B, C, D et E sont reliés ensemble et F, G, H, I et J sont reliés ensemble). Aucune connexion ne traverse l'espace qui est au centre pour relier les rangées E et F. Il est possible d'enficher un circuit intégré (CI) à cheval sur cet espace, et ses broches sont instantanément reliées à deux séries de connexions indépendantes.

À la partie supérieure et à la partie inférieure, les trous de contact sont reliés horizontalement, mais en observant la plaque, il n'est pas possible de savoir exactement combien de trous sont reliés entre eux. Dans la plaque de 400 trous de la Figure 11-1, les 25 contacts de chacune des deux rangées de la partie supérieure et des deux rangées de la partie inférieure sont connectés. Sur un certain nombre de plaques de plus grande dimension, comme la plaque de 840 trous de la Figure 11-2, les connexions de chaque rangée sont interrompues à mi-chemin. Entre les contacts voisins qui ne sont pas reliés, nous avons placé de petits morceaux de fil constituant ce que l'on appelle des *cavaliers*, afin de disposer d'une connexion sur 50 points dans chaque rangée. Sur certaines plaques, les deux rangées supérieures sont connectées, de même que les deux rangées inférieures.

TRUC

Vous pouvez vous servir d'un multimètre pour vérifier si deux points d'une rangée – ou deux points de deux rangées – sont reliés électriquement. Enfichez dans chaque trou l'extrémité d'un morceau de fil conducteur, puis mettez une des sondes du multimètre en contact avec un fil et l'autre sonde en contact avec l'autre fil. Si l'appareil indique une résistance faible, cela signifie qu'il existe une connexion entre ces deux points. S'il indique une résistance infinie, cela signifie qu'il n'y a pas de connexion (à propos de la façon de tester des éléments d'un circuit à l'aide d'un multimètre, voir Chapitre 12).

L'espace entre deux trous de contact est de 1/10 de pouce, juste ce qu'il faut pour les CI, pour la plupart des transistors et pour des composants discrets comme les condensateurs et les résistances. Pour créer votre circuit, il vous suffit d'enficher les CI, les résistances, les condensateurs, les transistors et des bouts de fil conducteur monobrin de calibre 20 ou 22 dans les bons trous de contact. En général, les deux parties centrales de la plaque servent à relier les composants,

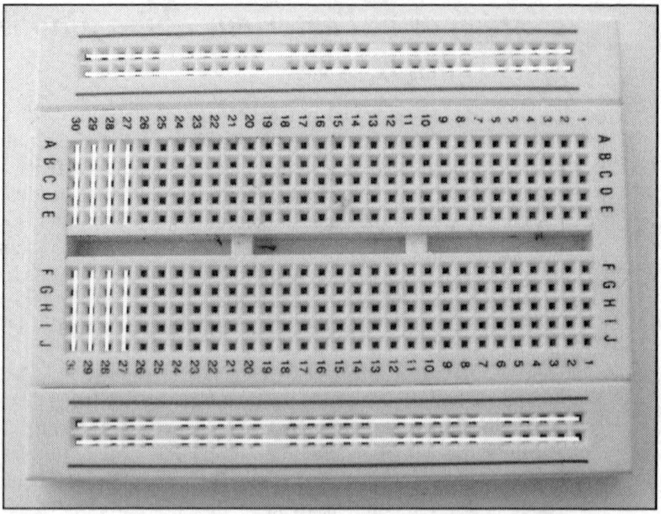

**Figure 11-1 :** Une plaque d'essais sans soudure est constituée de rangées de trous de contact reliés électriquement par petits groupes sous sa surface.

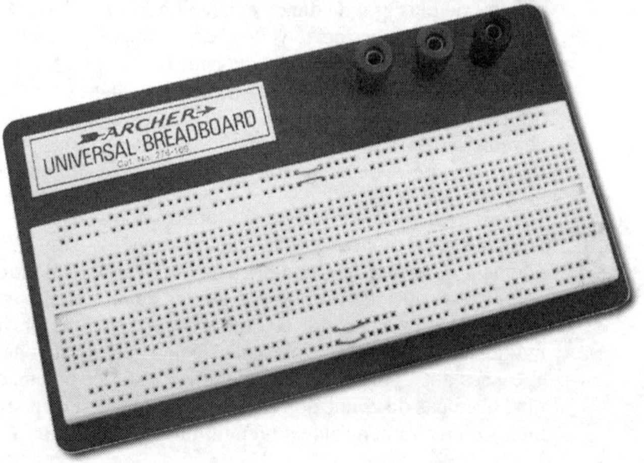


**Figure 11-2 :** Pour les circuits de plus grande dimension, vous pouvez utiliser une plaque d'essais sans soudure plus grande, comme ce modèle à 840 trous.

tandis que la partie supérieure et la partie inférieure servent à relier l'ensemble à l'alimentation.

ATTENTION !

Les bandes de contact des plaques d'essais sans soudure sont fabriquées dans un métal flexible recouvert d'une couche protectrice pour éviter que les contacts s'oxydent. La souplesse du métal vous permet d'enficher des broches et des extrémités de fil de différents diamètres sans risquer de trop déformer les contacts. Sachez cependant que vous risquez d'abîmer ces contacts si vous tentez d'utiliser des fils de calibre supérieur à 20 ou des composants dont les extrémités seraient trop épaisses. Si un conducteur est trop épais pour être enfiché dans un trou de la plaque, ne forcez pas.

Quand vous ne vous servez pas de votre plaque, rangez-la dans un sac en plastique avec fermeture à glissière, afin de la garder à l'abri de la poussière. Quand les contacts sont sales, les connexions sont mauvaises. Il est bien sûr possible de dépoussiérer et de nettoyer les contacts à l'aide d'un dégrippant, mais le mieux est de garder ses plaques propres.

## Différents modèles de plaques sans soudure

Il existe des modèles de plaques de différentes dimensions. Les plaques les plus petites (comportant entre 400 et 550 trous) permettent de monter des circuits comportant jusqu'à trois ou quatre CI et quelques composants discrets. Les plaques plus grandes, comme la plaque de 840 trous de la Figure 11-2, permettent de disposer d'un espace plus ample et accueillent facilement cinq CI, et même davantage. Si vous êtes sur le point de travailler réellement sur des applications élaborées, vous pouvez acheter des plaques de grande dimension, qui comportent entre 1 660 et 3 200 trous de contact et sur lesquelles vous pourrez monter une dizaine, une vingtaine voire même une trentaine de CI, sans compter les composants discrets.

Ne donnez pas dans la démesure ! Si c'est pour assembler des circuits de petite ou moyenne taille comme ceux du Chapitre 15, vous n'avez pas besoin d'une plaque sans soudure de la taille de la place de la Concorde. D'autre part, si, au milieu de votre assemblage, vous vous apercevez que la surface va vous manquer, vous pouvez toujours faire des connexions entre deux plaques. Certains modèles de plaques ont même des bords emboîtables, pour qu'il soit possible de réunir plusieurs plaques afin de former une plaque plus grande.

# Assembler des circuits sur des plaques d'essais sans soudure

Le principe d'utilisation des plaques d'essais sans soudure est d'y enficher des composants, de relier la plaque à une source d'énergie électrique et d'ajouter des connexions à l'aide de fils. Il existe toutefois des règles à respecter. Cette section vous indique quel type de fil vous devez utiliser, quelles sont les techniques les plus efficaces et comment assembler votre circuit de façon claire et logique.

## Préparer votre matériel et vos outils

Avant de commencer à planter des éléments sur votre plaque, assurez-vous d'avoir sous la main tout ce dont vous allez avoir besoin. Passez en revue la liste des éléments nécessaires, et préparez tous les composants. Rassemblez les principaux outils : pince coupante, pinces à dénuder, pinces plates. Vérifiez que les terminaisons de tous vos composants peuvent être insérées dans les trous de contact. Coupez les terminaisons en leur laissant une longueur suffisante pour qu'elles puissent être bien allongées juste sur la plaque (si vous risquez de ne pas pouvoir les réutiliser pour un autre circuit, peu importe : elles ne coûtent pas grand-chose). Certains composants, les potentiomètres par exemple, n'auront peut-être pas de terminaisons : vous devrez alors souder des fils monobrins à leurs bornes (pour savoir comment procéder, reportez-vous à la section « La soudure, premiers pas », plus loin dans ce chapitre). Familiarisez-vous aux polarités des transistors, des potentiomètres et des CI. Enfin, préparez le câblage d'interconnexion (voir la section qui suit).

## Gagner du temps grâce aux fils précoupés et dénudés

Une grande partie des connexions entre les composants installés sur votre plaque sont réalisées par la plaque elle-même, sous sa surface, mais lorsqu'il n'est pas possible de connecter directement deux éléments par la plaque, on utilise des fils d'interconnexion (ou ce qu'on appelle des *cavaliers*). Il convient d'utiliser du fil monobrin de calibre 20 à 22. Les fils plus épais ou plus fins ne seront pas satisfaisants sur une plaque sans soudure : des fils trop épais n'entreraient pas dans les trous, et avec des fils trop fins les contacts électriques seraient défectueux.

Sur une plaque sans soudure, n'utilisez pas de fil multibrin. Une partie des brins pourraient se briser et des morceaux pourraient rester coincés dans les contacts métalliques de la plaque.

Profitez de l'achat de votre plaque d'essais sans soudure pour vous procurer également un lot de fils précoupés et dénudés, comme nous l'avons suggéré au Chapitre 9 (ne lésinez pas là-dessus : ce n'est pas du tout un achat inutile). Vous en trouverez de différentes longueurs. Vous pouvez, par exemple, choisir un lot de 14 longueurs différentes, de 1/10 pouce à 5 pouces, avec 10 fils de chaque longueur. Un lot comportant entre 140 et 350 fils précoupés vous coûtera entre 5 et 12 euros, mais c'est une faible dépense comparée au temps que cela vous fera économiser. L'autre possibilité est d'acheter un paquet de câblage, d'en couper des segments de longueurs variées et d'en dénuder minutieusement une longueur de sept millimètres à chaque extrémité.

Même si vous vous êtes procuré une bonne quantité de fils précoupés et dénudés, vous serez sans doute amené un jour ou l'autre à devoir confectionner vous-même un ou deux fils de branchement. Coupez un fil de calibre 20 ou 22 à la longueur désirée. Utilisez de préférence un outil adapté au calibre du fil, afin d'éviter d'endommager le fil quand vous sectionnez la gaine isolante. Vous risqueriez de fragiliser le fil, qui pourrait se coincer dans le trou de contact et vous auriez... du fil à retordre.

Pour fabriquer vos propres fils de branchement, procédez comme suit :

1. **À l'aide d'une pince coupante adaptée, coupez le fil à la longueur désirée.**

2. **Dénudez le fil sur environ 7 mm à chaque extrémité.**

   Si vous utilisez un outil spécifique au calibre du fil, insérez une extrémité du fil dans l'outil, tenez l'autre extrémité à l'aide d'une pince demi-ronde et tirez le fil à travers l'outil à dénuder. Si vous utilisez un outil multi-usage, dosez bien la pression autour du fil. Si vous pressez trop, vous allez abîmer le fil. Si vous ne pressez pas assez, vous ne couperez pas complètement la gaine isolante.

3. **Tordez la partie dénudée à angle droit. Pour ce faire, vous pouvez vous servir de la pince demi-ronde.**

## Développer un circuit

Vous avez préparé votre matériel et vos outils, vous avez votre plaque sans soudure et votre schéma sous les yeux et vous êtes prêt à commencer l'assemblage du circuit, mais par quoi commencer ? Quel est le meilleur moyen de procéder ?

Bienvenue dans le monde de la réalisation des schémas de circuits. Nous abordons l'art d'assigner la place de chaque élément sur un support de telle sorte que tout corresponde et que tout soit propre et sans erreur. Attendez-vous à ce que votre circuit réel ne se présente pas exactement comme sur le schéma : ce serait non seulement difficile à réaliser, mais peu pratique. Vous pouvez cependant orienter les principaux éléments du circuit de telle sorte que celui-ci soit plus facile à comprendre et que les erreurs soient plus faciles à corriger.

N'OUBLIEZ PAS

Quand vous assemblez un circuit sur une plaque sans soudure, préoccupez-vous davantage des *connexions entre les composants* que de leur position sur le schéma.

Procédez de préférence comme suit :

- Utilisez une des bandes de contact de la partie supérieure (rangées longues) pour l'alimentation positive, et une des bandes de contact de la partie inférieure pour la masse (et pour l'alimentation négative le cas échéant). Ces bandes de contact sont constituées d'un assez grand nombre de trous de contact, pour que vous puissiez facilement relier les composants à l'alimentation électrique et à la masse.
- Orientez les entrées du côté gauche de la plaque et les sorties du côté droit. Organisez votre circuit de manière à réduire le nombre de fils de connexion nécessaires. Plus vous devrez utiliser du câblage, plus votre plaque sera encombrée et difficile à comprendre.
- Placez d'abord les CI, sur l'espace situé au centre. Disposez au moins trois colonnes de trous, et de préférence une dizaine, entre deux CI. Pour éviter de détériorer vos CI en les manipulant, vous pouvez utiliser un outil spécial d'insertion et d'extraction de circuits imprimés.

  N'OUBLIEZ PAS

  Si vous utilisez des puces cmOS, n'oubliez pas de relier votre outil à la masse pour éliminer l'électricité statique.
- Complétez l'installation de chaque CI en commençant par la broche 1 et en insérant les composants qui doivent être reliés à chaque broche. Ajoutez ensuite les composants supplémentaires pour compléter le circuit. Servez-vous d'une pince demi-ronde pour tordre les terminaisons et les fils à angle droit et pour les insérer dans les réceptacles. Les terminaisons et les fils doivent rester aussi près de la plaque que possible, afin d'éviter le risque de contacts indésirables.
- Si votre circuit nécessite des points de connexion communs, outre l'alimentation, et si vous ne disposez pas d'un nombre de points suffisant dans une colonne de trous, utilisez des morceaux de fil de plus grande longueur pour relier cette connexion à une autre partie de la plaque, là où il vous reste davantage d'espace. Vous pouvez établir le point de connexion commune sur une ou deux colonnes entre deux CI, par exemple.

La Figure 11-3 représente une résistance, un fil de connexion (ou fil de pontage) et une diode électroluminescente (LED) enfichés dans une plaque d'essais sans soudure.

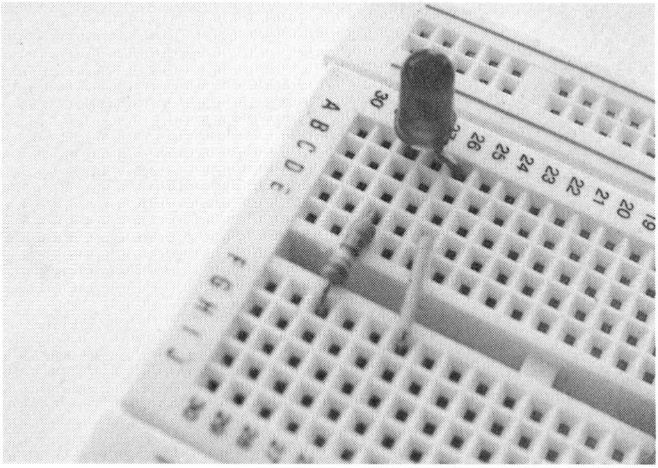

**Figure 11-3 :** Dénudez et tordez à angle droit les extrémités du fil de pontage, et enfichez les terminaisons des composants dans la plaque de telle sorte qu'ils soient bien fixés.

Ne vous inquiétez pas de l'étalement du circuit sur votre plaque. Mieux vaut espacer les composants que les mettre les uns sur les autres. Ménager de l'espace entre les CI et les autres composants facilite aussi la modification et la mise au point du circuit. Cela vous permet d'ajouter plus facilement des éléments sans devoir bousculer ce que vous avez déjà installé.

N'OUBLIEZ PAS

Un câblage désordonné rend le circuit difficile à corriger et accroît le risque d'erreur. Les fils ont aussi tendance à s'arracher au plus mauvais moment, ou bien leur prolifération favorise les dysfonctionnements. Pour éviter ce genre de désordre, prenez le temps de planifier et d'assembler minutieusement vos circuits. Cela vous demandera un effort supplémentaire, mais vous économiserez beaucoup de temps et vous éviterez bien des déceptions.

## Éviter d'endommager les circuits

Pour que vos circuits sur plaques sans soudure fonctionnent bien, respectez aussi les consignes suivantes :

- **Si votre circuit doit comporter une ou plusieurs puces cmOS, mettez ces éléments en dernier.** Au besoin, servez-vous d'un CI fictif de type TTL pour vérifier que vos branchements sont corrects. Les CI de type TTL sont bien moins fragiles que les cmOS et autres CI statiques. N'oubliez pas de prévoir des connexions à l'alimentation positive et négative et de relier toutes les entrées (celles que vous n'utilisez pas, reliez-les à la bande de contact d'alimentation positive ou négative). Une fois que vous n'avez plus qu'à tester votre circuit, retirez le CI fictif et remplacez-le par CI cmOS.

- **N'exposez jamais une plaque sans soudure à la chaleur, car vous risqueriez d'abîmer définitivement le plastique.** Des CI et autres composants qui chaufferaient beaucoup (par suite d'un court-circuit ou d'un excès de courant, par exemple) pourraient faire fondre le plastique de la plaque sur laquelle ils sont fixés. Après avoir mis votre circuit sous tension, touchez tous les composants pour vérifier qu'aucun ne chauffe excessivement.

## Mon circuit sans soudure ne fonctionne pas correctement !

En construisant des circuits sur des plaques d'essais sans soudure, vous risquez d'être confronté à un problème assez courant, la *capacité parasite*, c'est-à-dire un phénomène de stockage indésirable de la charge électrique dans un circuit. Tout circuit présente une capacité inhérente évitable, mais quand il est parcouru de fils dans tous les sens, cette capacité peut augmenter de façon imprévue, jusqu'à atteindre le point (différent d'un circuit à un autre) où elle entraîne des dysfonctionnements.

Les plaques d'essais sans soudure comportent des bandes de métal et nécessitent l'utilisation de terminaisons relativement longues pour les composants, c'est pourquoi elles ont tendance à favoriser la constitution d'une certaine capacité parasite, même dans les circuits les plus sûrs. L'utilisation d'une plaque sans soudure se traduit donc souvent par une altération des caractéristiques de certains composants, notamment les condensateurs et les inducteurs. Le comportement du circuit risque d'en être affecté. Sachez-le, surtout si vous travaillez sur des circuits de radiofréquences (RF), par exemple un circuit de réception ou de transmission radio, sur des circuits numériques qui traitent des signaux changeant très rapidement (de l'ordre de deux millions de hertz) ou sur des circuits sensibles de minuterie dont le fonctionnement dépend de l'exactitude de la valeur des composants.

Si vous travaillez sur ce genre de circuit dont le fonctionnement risque plus particulièrement d'être affecté par une capacité parasite, il vous faudra peut-être renoncer à assembler d'abord votre circuit sur une plaque d'essais sans soudure, et opter directement pour un autre type de support (voir la section « Inscrire vos réalisations dans la durée », plus loin dans ce chapitre).

- **N'utilisez jamais une plaque d'essais sans soudure pour un circuit branché sur le secteur (220 volts alternatif).** Des arcs risqueraient de se produire entre les contacts, ce qui endommagerait la plaque et constituerait un danger.
- **Si un petit morceau de métal se détache d'une terminaison ou d'un fil électrique et se coince dans un trou de contact, retirez-le délicatement à l'aide d'une pince demi-ronde – non sans avoir coupé le courant au préalable.**
- **Vous ne pourrez pas toujours commencer à assembler un circuit, le terminer et le tester en une seule séance de travail. Si vous devez laisser de côté votre assemblage pendant un certain laps de temps, tenez-le hors de portée des enfants, des animaux et des gens trop curieux.**

# La soudure, premiers pas

La *soudure* (ou soudage, mais ces deux termes désignent improprement ce que l'on devrait plutôt appeler *brasage*) est la méthode habituelle pour réaliser des connexions entre les composants et les fils électriques. À l'aide d'un *fer à souder*, on fait fondre un composé métallique appelé *soudure*, de telle sorte que cette matière se répande autour des deux extrémités métalliques qu'il s'agit de joindre. Quand on retire le fer à souder, la soudure refroidit et forme entre les deux fils ou terminaisons un joint conducteur de courant, qu'on appelle une *soudure* (eh oui, décidément…).

Quand vous prévoyez d'utiliser une plaque sans soudure, devez-vous tout de même envisager de pratiquer des soudures ? La réponse est oui. Dans pratiquement toute application électronique, la soudure s'impose. Il se peut, par exemple, que vous achetiez des composants (potentiomètres, interrupteurs, microphones, *etc.*) sans broches. Vous devrez alors souder des fils aux terminaisons de ces composants, afin de pouvoir les relier à votre plaque.

Bien sûr, vous emploierez aussi cette technique pour assembler des circuits permanents sur des plaques à souder, sur des *perfboards* (plaques d'expérimentation) ou sur des cartes à circuits imprimés (voir la section « Inscrire vos réalisations dans la durée », plus loin dans ce chapitre).

## Se préparer à souder

Pour pouvoir effectuer vos soudures, il vous faut un fer à souder (de 25 ou 30 watts), une certaine quantité de soudure standard pour calibre 16 ou 22 (60/40 à noyau en résine), un support fiable et une petite éponge (pour des conseils détaillés concernant le choix du matériel de soudure, voir Chapitre 9). Assurez-vous que votre fer à souder repose bien sur son support et que là où il se trouve installé, personne ne risque de le faire basculer. Rassemblez quelques autres accessoires utiles, comme des lunettes de protection (pour protéger vos yeux des éclats possibles de soudure), une pince crocodile (qui servira aussi de dissipateur de chaleur), d'un bracelet antistatique (voir Chapitre 9), d'alcool isopropylique, du papier et un crayon, et du ruban adhésif. Placez sur le papier tous les éléments que vous allez souder, et fixez-les à l'aide d'un peu de ruban adhésif. À proximité de chaque élément, écrivez sur le papier sa désignation telle qu'elle figure sur le schéma (par exemple, R1). Mettez vos lunettes de protection et votre bracelet antistatique, et assurez-vous que votre espace de travail est suffisamment aéré.

Mouillez l'éponge et pressez-la pour éliminer le surplus d'eau. Mettez le fer à souder sous tension, laissez-le chauffer une minute environ (à 370 °C à peu près), puis humidifiez l'extrémité du fer en le mettant en contact pendant *un instant* avec l'éponge. Si la panne est neuve, il importe de l'*étamer* au préalable, pour éviter qu'il se forme un amas adhésif sur son extrémité (une soudure poisseuse risquerait de former une sorte de bulle, qui pourrait faire des ravages si elle tombait sur votre circuit). Pour étamer la panne, appliquez dessus un peu de flux, puis enlevez l'excès de soudure à l'aide de l'éponge.

TRUC

Étamez périodiquement la panne de votre fer à souder, afin qu'elle reste propre. Si, malgré ce soin, votre panne s'encrasse, vous pouvez aussi acheter, par exemple, un nettoyeur de pannes.

## Souder comme un pro

Pour bien réussir vos soudures, il vous faut procéder comme suit et acquérir beaucoup d'expérience. N'oubliez pas que le temps joue un rôle fondamental quand on soude. En lisant les instructions qui suivent, accordez une grande attention aux termes relatifs au temps, comme « immédiatement » ou « quelques secondes », qui doivent être interprétés au premier degré :

1. **Nettoyez les surfaces métalliques à souder.**

Essuyez les terminaisons, les extrémités des fils et les plaques gravées (voir plus loin dans ce chapitre) avec de l'alcool isopropylique, pour que la soudure adhère mieux. Avant de souder, laissez ces surfaces sécher.

2. **Immobilisez bien les éléments à souder ensemble.**

   Vous pouvez vous servir d'une *troisième main* (voir Chapitre 9), d'un étau ou d'une pince crocodile pour immobiliser un composant discret le temps d'y souder un fil, ou bien vous pouvez maintenir un composant en place sur un circuit à l'aide d'une pince demi-ronde.

3. **Positionnez le fer à souder.**

   Tout en tenant le fer comme vous tiendriez un stylo, positionnez la panne de telle sorte qu'elle forme avec la surface de travail un angle de 30 à 45° (voir Figure 11-4).

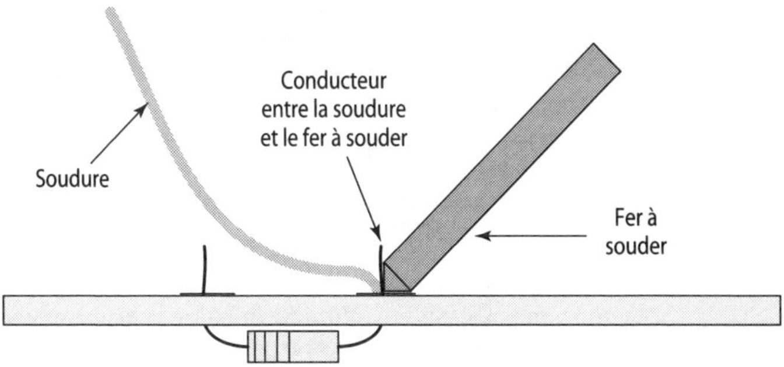


**Figure 11-4 :** Appliquez le fer à souder selon un certain angle pour chauffer les parties métalliques à souder, puis appliquez la soudure froide à l'endroit où le joint doit être réalisé.

4. **Appliquez l'extrémité de la panne au joint que vous voulez réaliser (Figure 11-4).**

   N'appliquez pas la chaleur directement à la soudure. Laissez d'abord le métal chauffer quelques secondes.

5. **Appliquez la soudure froide à la surface métallique chauffée.**

   La soudure fondra et coulera au bout d'une à deux secondes.

6. **Retirez immédiatement la soudure, puis retirez le fer.**

Maintenez en place les éléments jusqu'à ce que la soudure ait refroidi et que le joint se soit solidifié.

7. **Replacez le fer à souder sur son support.**

   Ne posez jamais un fer à souder chaud sur votre surface de travail.

Veillez à n'utiliser que la quantité de soudure nécessaire (vous devez donc n'appliquer le fer que pendant le bon laps de temps) : si vous en utilisez trop peu, votre connexion sera fragile, et si vous en utilisez trop, la soudure risque de former des paquets qui provoqueront des courts-circuits.

Si vous exposez des composants électroniques à une chaleur prolongée ou excessive, vous risquez de les endommager. Vous devez donc prendre soin de n'appliquer le fer à souder que le temps de chauffer suffisamment la terminaison pour pouvoir la souder correctement : ni plus, ni moins.

Pour éviter d'endommager des composants sensibles à la chaleur (comme les transistors), accrochez une pince crocodile à la terminaison entre le joint à réaliser et le corps du composant. Ainsi, tout excès de chaleur sera absorbé par la pince et n'endommagera pas le composant. Ensuite, avant de vous resservir de la pince, n'oubliez pas de la laisser refroidir.

## Vérifier le joint

Après avoir soudé, inspectez le joint pour vous assurer qu'il est solide et conducteur. La soudure refroidie doit être brillante et non pas terne, et elle doit pouvoir supporter une petite secousse. Si vous avez soudé une terminaison à une plaque de circuit imprimé, le joint doit former un *clin* (amas de soudure en forme de volcan). Si vous voyez de la soudure terne ou des pics dentelés, c'est que vous avez réalisé ce que l'on appelle une *soudure froide*. Les soudures froides sont plus fragiles que les soudures correctement réalisées, et elles ne conduisent pas le courant aussi bien.

Une soudure froide peut se former si vous faites bouger le composant alors que la soudure n'a pas fini de refroidir, si le joint est sale ou huileux, ou si vous n'avez pas chauffé correctement votre soudure. Quand on soude à nouveau sans avoir d'abord dessoudé, on obtient souvent une soudure froide, car la soudure initiale n'a pas été chauffée suffisamment.

En cas de soudure froide, le mieux est d'enlever complètement la soudure existante (voir section suivante, « Dessouder lorsque c'est nécessaire »), de nettoyer les surfaces avec de l'alcool isopropylique et de refaire une nouvelle soudure.

## Dessouder lorsque c'est nécessaire

Au cours de vos travaux d'électronique, vous serez tôt ou tard confronté à un incident : une soudure froide, un composant soudé à l'envers, *etc.* Pour corriger l'erreur, vous serez obligé de dessouder le joint et de le ressouder. Pour éliminer la soudure, vous pourrez utiliser une pompe à dessouder ou une tresse à dessouder.

La *tresse à dessouder* est une tresse plate en fil de cuivre, qui permet d'éliminer la soudure dans les endroits difficiles à atteindre. On la place sur la soudure à supprimer et on applique de la chaleur. Quand la soudure atteint la température de fusion, elle adhère au fil de cuivre. Il ne reste plus qu'à retirer la tresse et à la nettoyer.

ATTENTION !

Quand vous utilisez une tresse à dessouder, soyez prudent. En touchant la tresse chaude, vous risqueriez de vous brûler gravement : le cuivre conduit très bien la chaleur.

La *pompe à dessouder* aspire la soudure excédentaire que le fer fait fondre. Il en existe deux types :

- **La pompe à souder à piston.** Armez le piston et positionnez l'embout sur le joint à supprimer. Ensuite, positionnez avec précaution l'extrémité du fer à souder sur le joint pour faire chauffer la soudure, en évitant tout contact avec l'embout de la pompe. Au moment où la soudure commence à couler, relâchez le piston pour que la soudure soit aspirée. Enfin, expulsez la soudure (dans un réceptacle adéquat) en pressant à nouveau le piston. Répétez ce processus aussi souvent que nécessaire, pour enlever le plus de soudure possible.

  ATTENTION !

  Ne rangez pas votre pompe à dessouder en laissant le piston armé. Le joint en caoutchouc risquerait de se déformer et la pompe ne fonctionnerait plus.

- **La pompe à souder à poire.** Le fonctionnement est presque le même, sauf que vous pressez une poire pour faire le vide et vous la relâchez pour que la soudure soit aspirée. L'utilisation de cette pompe devient plus facile lorsque la poire est montée sur le fer à souder. Un *fer à dessouder* est un fer à souder muni d'un conduit terminé par une poire.

## Laisser refroidir ensuite

Prenez l'habitude de débrancher – et non pas simplement d'éteindre – votre matériel quand vous avez fini de souder. Essuyez l'extrémité de votre fer à souder encore tiède à l'aide d'une éponge humide pour éliminer les traces de soudure. Une fois le fer refroidi, vous pouvez éliminer les impuretés qui restent en utilisant un produit adéquat. Pour finir, prenez trois bonnes habitudes :

- Avant de ranger votre fer à souder, vérifiez qu'il est complètement refroidi.
- Rangez votre rouleau de soudure dans une pochette en plastique, pour éviter qu'il se salisse.
- Lavez-vous toujours les mains, car la soudure contient généralement du plomb, et le plomb est un poison.

## Souder en toute sécurité

Même pour une seule soudure, ne négligez jamais de prendre les précautions appropriées, afin de vous protéger et de protéger votre entourage. N'oubliez pas que votre fer à souder atteindra une température voisine de 370 °C et que la soudure contient généralement du plomb, qui est toxique. Toute bulle d'air accidentelle ou impureté est susceptible de provoquer des éclaboussures. Une seule petite éclaboussure de soudure dans un œil, ou un fer à souder mal accroché qui dégringole sur un pied, et voilà de quoi gâcher la journée, de quoi se retrouver à l'hôpital, ou de quoi briser une amitié.

Pensez toujours à votre sécurité et à celle des autres. Ne négligez pas l'aération, veillez à bien caler le fer à souder dans son support, disposez bien le câblage de manière à éviter tout risque d'accroc. Quand vous soudez, portez des chaussures (pas des mules ni des nu-pieds), des lunettes de protection et un bracelet antistatique. Évitez de trop approcher le visage de la soudure chaude, afin de ne pas risquer une irritation de vos voies respiratoires et une éclaboussure. Gardez le visage du même côté et utilisez, le cas échéant, une loupe, pour mieux voir ce que vous êtes en train de souder.

Ne pratiquez jamais une soudure sur un circuit alimenté en électricité ! Avant de vous servir de votre fer à souder, assurez-vous d'avoir bien débranché l'alimentation. Si votre fer à souder est muni d'un réglage de température, réglez-le en fonction de la soudure que vous utilisez. Si votre fer à souder se renverse accidentellement, *retirez-vous* et laissez-le tomber. Selon la loi de Murphy, si vous essayiez de le rattraper, vous le prendriez inévitablement par l'extrémité brûlante.

Enfin, dès que vous avez terminé, débranchez votre fer à souder et hâtez-vous de vous laver les mains.

## Inscrire vos réalisations dans la durée

Vous avez mis au point un circuit magnifique, et vous voulez le conserver. Il s'agit maintenant de savoir comment donner à ce circuit une forme durable, avec des connexions solides. Comme support d'un circuit permanent, vous pouvez opter pour la plaque à souder ou pour la *perfboard* (ou plaque d'expérimentation). Cette section traite des différentes méthodes possibles.

### Assembler des circuits avec des CI prêts à enficher

Quand vous assemblez sur une plaque un circuit comportant des circuits intégrés, au lieu de souder le CI directement sur la plaque, utilisez une embase. Soudez l'embase sur la plaque, puis enfichez le CI dans l'embase.

Il existe des embases de différents types et de différentes dimensions, selon les CI auxquels elles sont destinées. S'il s'agit d'un CI à 16 broches, par exemple, vous choisirez une embase conçue pour recevoir 16 broches.

Voici trois bonnes raisons d'utiliser des embases :

- **Une soudure pratiquée sur une carte peut être source d'électricité statique.** En soudant sur l'embase plutôt que sur le CI, vous évitez le risque d'endommager celui-ci, surtout s'il s'agit d'un cmOS ou autre CI particulièrement sensible.
- **Quand on fait des expériences avec l'électronique, c'est souvent au niveau des CI qu'il y a des problèmes.** Quand vous pouvez facilement retirer un CI dont vous soupçonnez qu'il est défectueux pour le remplacer par un autre, tout devient plus facile.
- **Si vous utilisez un CI qui coûte cher, par exemple un microcontrôleur, vous pouvez le partager entre plusieurs circuits.** Il vous suffit de le retirer d'une embase et de l'enficher sur une autre.

Vous trouverez facilement dans le commerce des embases de différentes dimensions, pour un prix dérisoire.

## Transférer un circuit sur une plaque à souder

Une *plaque à souder* ou *plaque d'essais* vous permet de créer un circuit permanent à partir de ce que vous avez mis au point sur votre plaque d'essais sans soudure. Le transfert d'une plaque à l'autre est facile, sachant que les trous et les branchements sont disposés exactement de la même manière sur les deux types de plaque.

Pour réaliser ce transfert, il vous suffit de retirer les éléments du circuit de votre plaque sans soudure, de les insérer dans la plaque à souder et de les souder dans leur emplacement respectif. Utilisez les fils de la même manière que sur la plaque sans soudure, pour relier les composants qui ne sont pas déjà connectés par les bandes de métal de la plaque.

TRUC

Si votre circuit est vraiment très réduit, vous pouvez vous contenter de la moitié d'une plaque. Avant de transférer les composants, sciez la plaque. Portez un masque, afin de ne pas respirer la poussière du sciage. Nettoyez la partie de la plaque que vous comptez utiliser.

Ménager de l'espace libre aux coins de la plaque pour pouvoir percer des trous en vue du montage. Ces trous vous serviront à fixer la plaque à l'intérieur d'un compartiment, d'un châssis, *etc.* Vous pouvez aussi fixer la plaque à un cadre par une bande adhésive double face épaisse. Cette bande amortit les secousses et évite que la plaque ne se brise. Elle permet aussi d'éviter que le dessous de la plaque soit en contact avec le châssis.

Le principal désavantage des plaques à souder est qu'elles ne permettent pas de bien rentabiliser l'espace. À moins de serrer les composants les uns contre les autres, vous ne pourrez y faire tenir que deux, trois ou peut-être quatre circuits intégrés et quelques composants discrets. Avec le temps, et non sans quelques erreurs et tâtonnements, vous finirez par savoir comment gérer au mieux votre espace sur ce type de support.

## Utiliser des supports perforés

Pour vos projets, vous pouvez aussi utiliser un autre type de support, les plaques d'expérimentation. Il en existe des modèles de différents styles et de différentes dimensions (voir Figure 11-5). Certaines plaques sont de simples supports garnis de trous, tandis que d'autres comportent des douilles en cuivre et des connexions. Tous les modèles sont conçus pour accueillir des CI et autres composants électroniques actuels, ce qui signifie que les trous sont espacés de 0,1 pouce

**Figure 11-5 :** Quelques modèles de plaques perforées, sur lesquelles vous n'avez plus qu'à fixer des composants électroniques (après un éventuel nettoyage).

(2,5 mmVous pouvez choisir le modèle de plaque le plus adapté au type de circuit que vous allez assembler. Pour notre part, nous avons une préférence pour la plaque universelle munie de conducteurs (ou *bus*) entrecroisés. Ce genre de modèle nous paraît plus facile à utiliser.

Il est facile de fixer des composants aux bus qui parcourent le dessous d'une plaque d'expérimentation. Ces plaques sont souvent munies d'au moins deux bus, un pour l'alimentation et l'autre pour la masse. Ces bus parcourent la plaque sur sa longueur et sur sa largeur, comme le montre la Figure 11-6. Ce système est idéal pour les circuits comportant plusieurs CI. L'alternance entre un bus pour l'alimentation et un bus pour la masse permet aussi de limiter les effets d'induction et de capacitance indésirables.

Si vous optez pour une plaque sans conducteurs, vous utiliserez la méthode consistant à enrouler des fils métalliques (voir section suivante). La plupart des plaques d'expérimentation comportent des douilles et des connexions. Vous pouvez donc soit y souder vos composants, soit réaliser les connexions en enroulant les fils. Vous pouvez vous servir de ces plaques comme on se sert d'une plaque sans soudure. Après avoir nettoyé la plaque, de telle sorte que les douilles et les connexions brillent de mille feux, enfichez les composants et soudez-les. Pour réaliser une connexion entre deux composants distants l'un de l'autre, utilisez du fil gainé.

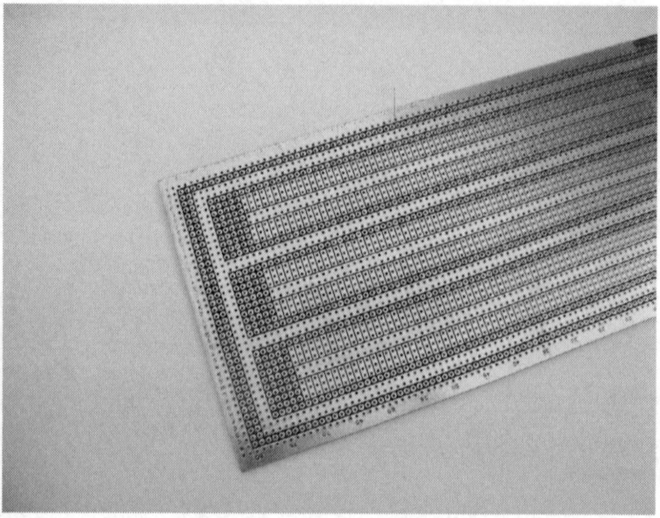

**Figure 11-6 :** Cette plaque perforée est parcourue par plusieurs bus.

## Enrouler les fils

La technique des fils enroulés se pratique à l'aide d'un outil spécial et de fil extra-fin de calibre 28 ou 30. Quand l'enroulement est fait correctement, les connexions sont aussi solides qu'avec des soudures. Vous avez, en plus, l'avantage de pouvoir faire des modifications et des corrections sans les complications de devoir dessouder et ressouder.

Réservez la technique des fils enroulés aux applications fonctionnant à basse tension et sur courant continu. En effet, les fils utilisés ne sont pas assez gros pour supporter une tension ou une intensité élevée.

Pour utiliser cette technique, il vous faut :

- **Une plaque d'expérimentation**, avec ou sans douilles et connexions (en cuivre), à laquelle vous fixerez les composants. Pour notre part, nous préférons le modèle avec douilles.
- **Des embases pour les CI et autres éléments**, munies de tiges métalliques assez longues pour que vous puissiez enrouler le fil conducteur autour.
- **Des tiges métalliques** pour les connexions multiples.
- **Du fil à enrouler** précoupé ou en bobine. Nous préférons le fil précoupé, mais à vous de vous faire votre propre opinion.

- **Un outil à enrouler le fil**, utilisable pour enrouler le fil autour des tiges et pour le retirer, et permettant aussi de dénuder le fil. Utilisez-le non pas pour dénuder les fils en général, mais pour enlever la gaine isolante des fils à enrouler.

Il est possible d'enrouler des fils directement aux bornes des résistances, condensateurs, diodes et autres composants, mais on préfère généralement utiliser des supports à tiges d'enroulement. La raison à cela est que les extrémités des composants sont le plus souvent rondes, tandis que la forme carrée des supports à tiges d'enroulement aide au maintien des fils en place. Si vous enroulez le fil directement autour des bornes des composants, vous devrez peut-être ajouter un peu de soudure pour que le fil tienne.

La technique des fils enroulés, ou *wrapping*, est très simple. Il suffit d'enficher toutes les embases dans la plaque, de relier les embases les unes aux autres à l'aide de l'outil à enrouler et d'enficher ensuite les CI et autres composants dans leurs embases (leur embase (au SG) s'il n'y en a qu'une par CI, à vérifier). Si votre plaque est munie de douilles, mieux vaut mettre un peu de soudure entre une des tiges et la douille dans laquelle elle est enfichée, afin d'éviter que l'embase remonte.

Un grand avantage de la technique des fils enroulés, par rapport à la soudure, est qu'elle permet de faire assez facilement des modifications. Il suffit de dérouler les fils et de les enrouler à nouveau ailleurs. Si le fil s'use, il suffit de le remplacer.

Concernant la technique des fils enroulés, il y aurait tant à dire que ce livre ne pourrait pas suffire. Si vous voulez en savoir davantage, faites une recherche sur Internet, à partir du mot *wrapping*. Vous trouverez un certain nombre de sites qui vous permettront de devenir un spécialiste dans ce domaine.

## Fabriquer un circuit maison

Quand vous aurez acquis de l'expérience en matière de conception et de réalisation d'applications électroniques, vous aurez peut-être envie de créer votre propre circuit, que vous destinerez à un usage particulier. Vous pouvez fabriquer, tout comme les fabricants de matériel électronique, votre propre *carte de circuit imprimé*, un support pour votre circuit avec des connexions sur toute la surface. Ce type de carte est fiable, supporte des circuits de haute densité et vous permet d'inclure des composants de taille non standard qui ne conviendraient pas à d'autres types de support.

Fabriquer une carte de circuit imprimé est assez compliqué, et dépasse le cadre de ce livre, mais voici un résumé du processus :

Vous commencez par coller ou plaquer une mince couche de cuivre sur une surface de plastique, d'époxy ou de résine phénolique, afin d'obtenir une sorte de carte vierge.

Vous préparez un masque de votre schéma de circuit, vous le transférez sur un film transparent, et vous vous en servez pour exposer une plaque de cuivre photosensible à un fort rayonnement ultraviolet.

Vous plongez cette plaque de cuivre dans un révélateur. Vous obtenez une gravure du circuit.

Vous éliminez les parties de cuivre non protégées contre les rayons ultraviolets. Il reste le circuit imprimé, constitué de points de contact et de connexions.

Vous percez un trou au centre de chaque point de contact, pour pouvoir ensuite monter les composants, dont les broches traverseront la plaque.

Enfin, vous soudez les broches de chaque composant aux points de contact correspondants.

Pour plus de précisions sur ce processus de fabrication, faites une recherche sur Internet à partir des mots *fabrication carte circuit imprimé*. Vous trouverez des instructions, des illustrations et même des vidéos qui vous expliqueront tout en détail.

## Chapitre 12

# Mesurer et analyser des circuits

### *Dans ce chapitre*

- Un nouvel ami précieux, le multimètre
- Utilisation du multimètre pour faire toutes sortes de mesures
- Initialiser et calibrer un multimètre
- Vérifier le bon fonctionnement des composants électroniques
- Tester les circuits
- Identifier la cause d'un problème dans un circuit

Alors que vous mettez la dernière main à votre circuit, vous êtes de plus en plus excité. Vos amis sont à vos côtés, curieux d'assister à vos premiers exploits. Tout en retenant votre respiration, vous actionnez l'interrupteur, et…

Rien ne se passe. Du moins, au début. Vos amis s'éloignent lentement, vous laissant à votre déception. Vous commencez à douter de vous-même.

Vous vous demandez ce qui peut clocher. C'est alors que vous remarquez de la fumée, émanant de ce qui fut une résistance. Vous vous apercevez que vous avez utilisé une résistance de 10 Ω au lieu de 10 kΩ. Une erreur de lecture ou d'inattention !

Dans ce chapitre, vous allez apprendre à utiliser un outil incroyablement polyvalent, le multimètre. Cet outil vous permettra de tester vos circuits et vos composants et d'éviter de mauvaises surprises. Vous pourrez vérifier que tout est au point avant de vous risquez à faire une démonstration à vos amis. Quand vous aurez lu ce chapitre, vous vous rendrez compte que vous avez autant besoin de votre multimètre qu'un plongeur a besoin de sa bouteille d'oxygène. Sans cet auxiliaire précieux, vous êtes sûr de ne pas tarder à souffrir et à avoir désespérément besoin d'aide.

## Le multimètre, un appareil multitâche

Vous ne pouvez pas suivre à l'œil nu le déplacement des électrons dans vos circuits, et vous préférez éviter de le suivre à main nue. C'est pourquoi vous avez besoin d'un multimètre, cet instrument électronique de test multi-usage.

Un *multimètre* est un appareil à main qui mesure la tension, l'intensité et la résistance. Certains modèles peuvent aussi tester les diodes, les condensateurs et les transistors. Avec cet unique instrument pratique et peu coûteux, vous pouvez vérifier si une tension est correcte, savoir s'il y a quelque part un court-circuit, ou bien un faux contact, et bien d'autres choses encore. Familiarisez-vous à votre multimètre, qui vous permettra de vous assurer du bon fonctionnement de vos circuits et qui vous sera précieux lorsqu'il s'agira de résoudre un problème.

La Figure 12-1 représente un modèle courant de multimètre. En tournant le gros bouton, vous sélectionnez (a) le type de mesure que vous voulez effectuer et (b) une échelle pour cette mesure. Ensuite, vous appliquez les deux sondes ou électrodes (une rouge et une noire) à un composant de votre circuit, et l'appareil indique la mesure.

TRUC

Les extrémités des électrodes du multimètre sont coniques. Vous pouvez acheter des grippe-fils à ressort spéciaux qui se branchent sur ces électrodes, afin de pouvoir plus facilement relier les deux pôles de l'appareil aux bornes d'un composant ou à des extrémités de câbles. Ces grippe-fils isolés assurent une bonne connexion entre les bornes du multimètre et ce que vous voulez tester, tout en évitant le risque de contact accidentel avec une autre partie du circuit.

### C'est un voltmètre !

Un multimètre peut mesurer une tension continue comme une tension alternative. Vous disposez de plusieurs échelles de mesure, généralement 0-0,25 V, 0-2,5 V, 0-10 V, 0-50 V et 0-250 V. Vous pouvez vous servir du multimètre comme d'un volt*mètre* pour mesurer la tension aux bornes d'une pile ou d'une batterie, en dehors d'un circuit ou *en charge* (c'est-à-dire au moment où elle alimente un circuit). Vous pouvez aussi tester la chute de tension aux bornes d'un élément de votre circuit et entre un point quelconque de votre circuit et la masse.

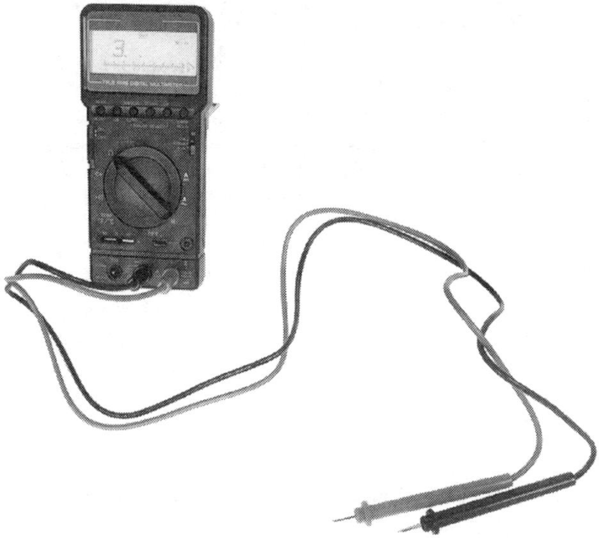

**Figure 12-1 :** Un multimètre mesure la tension, la résistance, l'intensité et la continuité.

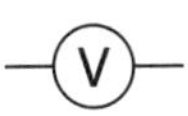

En électronique, l'importance du voltmètre est telle qu'il a son propre symbole. Sur un schéma de circuit, ce symbole vous invite à mesurer la tension entre les deux points indiqués.

Votre multimètre peut vous aider à localiser la source d'un problème dans votre circuit. Il vous permet de vérifier si la bonne tension atteint un composant, par exemple une diode électroluminescente (LED) ou un interrupteur. L'utilisation de cet appareil vous permet d'éliminer progressivement les suspects jusqu'à ce que vous trouviez le coupable, source de tous vos maux de tête.

## *C'est un ampèremètre !*

Votre multimètre fonctionne aussi comme un *ampèremètre*, un appareil mesurant l'intensité du courant qui parcourt un circuit. Cette fonction vous permet de déterminer si un circuit ou un composant tire trop de courant. Si votre circuit est parcouru par un courant plus fort que ce qu'il est censé supporter, ses composants risquent de surchauffer, et votre circuit risque d'être irrémédiablement endommagé.



Le symbole de l'ampèremètre dans un circuit est représenté ci-contre.

## *Mais c'est aussi un ohmmètre !*

À l'aide de votre multimètre, qui possède aussi une fonction *ohmmètre*, vous pouvez mesurer la résistance d'un composant ou d'un circuit tout entier (en ohms, voir Chapitre 3). Cela vous permet de vérifier les fils, les résistances, les moteurs et bien d'autres composants. Pour tester une résistance, il faut que le circuit soit *hors tension*. Autrement, le courant qui le parcourt risque d'invalider la mesure, et même, d'endommager votre multimètre.

Le symbole de l'ohmmètre dans un circuit est représenté ci-contre.

N'OUBLIEZ PAS

Si vous voulez mesurer la résistance d'un composant, mieux vaut le détacher d'abord du circuit. En testant une résistance branchée dans un circuit, vous obtiendriez la résistance équivalente entre deux points, et celle-ci ne serait pas nécessairement égale à la valeur de votre résistance (pour plus de détails sur les résistances équivalentes, voir Chapitre 3).

Sachant que la résistance, ou (en l'occurrence) l'absence de résistance peut être le signe d'un court-circuit ou d'un circuit ouvert, vous pouvez vous servir de la fonction ohmmètre pour résoudre des problèmes comme les ruptures de conductivité et les courts-circuits non visibles entre des composants. Un court-circuit entraîne l'indication d'une résistance nulle ou quasi nulle ; un circuit ouvert entraîne l'indication d'une résistance infinie. Si vous testez la résistance entre deux points d'un fil conducteur et si vous obtenez comme indication une résistance infinie, cela signifie qu'il doit y avoir une rupture de contact quelque part sur la longueur du fil. Ce type de test est appelé *test de continuité*.

En mesurant la résistance, vous pouvez savoir si les connexions et les éléments suivants d'un circuit fonctionnent correctement :

- **Les fusibles.** Si un fusible est grillé, cela donne un circuit ouvert, d'où l'indication d'une résistance infinie.
- **Les interrupteurs.** Un interrupteur en position « on » doit se traduire par une résistance nulle (ou faible), tandis qu'un interrupteur en position « off » doit se traduire par une résistance infinie.
- **Les traces sur le support du circuit.** Une trace de cuivre sur un circuit imprimé se comporte comme un fil rompu et sa résistance est infinie.
- **Les joints soudés.** Une mauvaise soudure peut se traduire par une résistance infinie.

Un certain nombre de modèles de multimètres comportent une fonction test de continuité assortie d'un signal audible. Quand le sélecteur est sur la position qui convient, on peut entendre un bip dès que l'appareil détecte une continuité dans un fil ou une connexion. S'il n'y a pas de continuité, le multimètre n'émet aucun son. Ce système est pratique pour vérifier tout un circuit sans avoir besoin de garder un œil sur l'affichage de l'appareil.

# Les multimètres vus de plus près

Il existe toute une gamme de multimètres, depuis des modèles simples aux alentours de 10 euros jusqu'aux modèles professionnels les plus sophistiqués qui peuvent coûter des milliers d'euros. Même un modèle de bas de gamme peut vous être réellement utile pour comprendre ce qui se passe dans un circuit à basse tension. Cependant, à moins que votre budget soit sévèrement limité, il vaut mieux dépenser un petit peu plus et avoir davantage de fonctionnalités : si vous persévérez dans l'électronique, soyez sûr qu'elles vous seront utiles.

## Analogique ou numérique : question de style

Aujourd'hui, la plupart des multimètres sont à affichage numérique, comme celui de la Figure 12-1, mais il existe encore des multimètres analogiques, sur lesquels une aiguille indique une valeur sur une échelle graduée (voir Figure 12-2).

Un multimètre analogique n'est pas toujours très simple à utiliser. Après avoir sélectionné la fonctionnalité (voltmètre, ampèremètre ou ohmmètre) et la plage de valeurs, vous devez effectuer une lecture correcte. On a vite fait de mal lire ce qu'indique l'aiguille : mauvaise interprétation des divisions de l'échelle, erreur de calcul mental ou vision erronée de la valeur indiquée. Par ailleurs, les mesures de résistance sont assez imprécises, sachant que l'échelle se resserre pour les valeurs élevées.

Sur un multimètre numérique, le résultat est un nombre précis qui s'affiche, ce qui élimine toute possibilité d'erreur de lecture. Pour un courant continu, la précision d'un multimètre numérique atteint ou dépasse généralement 0,8 %, mais les modèles haut de gamme sont cinquante fois plus précis. Les multimètres numériques comportent généralement un système d'ajustement automatique, et certains modèles permettent aussi de tester les diodes, les condensateurs et les transistors.

**Figure 12-2 :** Sur un multimètre analogique, c'est une aiguille qui indique la tension, l'intensité, etc.

En réalité, les multimètres analogiques savent détecter les variations en cours de lecture mieux que les multimètres numériques, mais si ce n'est pas pour vous un besoin, choisissez plutôt un appareil numérique, plus facile à utiliser et permettant une lecture plus précise.

## *Le multimètre numérique vu de plus près*

Tous les multimètres numériques sont dotés des fonctionnalités de base que sont la mesure de la tension, de la résistance et de l'intensité. La différence d'un modèle à un autre est dans la plage des valeurs mesurables, dans les autres types de mesure possibles, dans la précision et la sensibilité des mesures et dans les gadgets supplémentaires qu'ils offrent.

Avant de choisir un modèle de multimètre, jetez au moins un coup d'œil à son mode d'emploi. Vous y trouverez la liste de ses fonctionnalités et de ses caractéristiques, ainsi que d'importantes consignes de sécurité.

Faisons le tour d'un multimètre numérique. Nous y trouvons :

- **Un interrupteur**, qui connecte et déconnecte la pile alimentant l'appareil. Divers modèles de multimètres fonctionnent avec une pile standard de 9 volts ou avec des piles de type AA, mais les modèles de poche fonctionnent avec des piles boutons (n'utilisez pas de piles rechargeables : avec certains modèles de multimètres, elles produiraient des résultats faussés). La plupart des modèles comportent un fusible, destiné à protéger l'appareil contre un courant ou une tension excessive (si le multimètre que vous avez acheté n'était pas vendu avec un fusible de rechange, achetez-en un).
- **Un sélecteur de fonctions**, sous forme d'un bouton que vous tournez pour choisir le type de test à effectuer (tension, intensité, résistance, *etc.*) et, sur certains modèles, la plage de valeurs que vous voulez utiliser. Certains multimètres sont plus « multi » que d'autres et comportent une ou plusieurs des catégories suivantes : intensité d'un courant alternatif, capacitance, gain d'un transistor ($h_{FE}$) et test de diode. Sur certains modèles, les mesures sont aussi divisées en 3 à 6 plages différentes. Plus la plage de valeurs est réduite, plus la lecture est précise. La Figure 12-3 est un gros plan sur le sélecteur d'un multimètre.
- **Des pointes de test et des prises de branchement**. Les modèles bon marché sont munis de pointes de test de base de gamme, mais vous pouvez acheter des câbles spiralés de qualité, qui seront extensibles à plus d'un mètre et se contracteront sur une longueur suffisamment réduite quand vous ne vous en servez pas. Vous pouvez vous procurer également des grippe-fils à ressort, qui restent en place et qui sont isolés pour éviter que les extrémités métalliques entrent en contact avec d'autres parties de votre circuit. Certains modèles à pointes de test amovibles comportent plus de deux prises de branchement. On branche le câble noir dans la prise GROUND (masse) ou COM, mais le câble rouge doit être branché dans une prise différente selon la fonctionnalité et la plage de valeurs choisies. La plupart du temps, l'appareil est muni d'autres prises d'entrée pour les tests de condensateurs et de transistors, comme dans le coin supérieur droit de la Figure 12-3. Pour plus de détails, consultez le manuel de votre multimètre.
- **Un affichage numérique**, dans une unité qui est fonction de la plage de valeurs que vous avez sélectionnée. La valeur 15,2, par exemple, signifie 15,2 volts si vous avez choisi la plage de 20 volts,

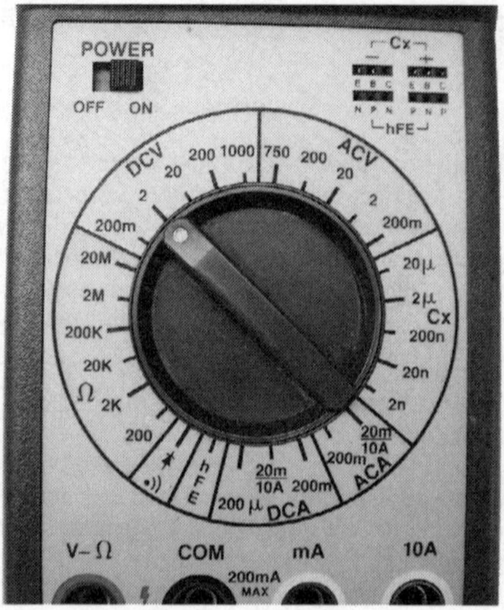


**Figure 12-3 :** Un multimètre numérique offre diverses possibilités de mesure.

ou 15,2 millivolts (mV) si vous avez choisi la plage de 200 mV. La plupart des multimètres numériques destinés aux amateurs affichent *3½ chiffres*, ce qui signifie que le résultat est affiché sur trois ou quatre chiffres, sachant que chacun des trois chiffres les plus à droite peut prendre des valeurs de 0 à 9, mais que le quatrième chiffre éventuel ne peut être que 0 ou 1. Ainsi, par exemple, sur une plage de 200 V, les résultats affichés seront compris entre 00,0 V et 199,9 V.

## Attardons-nous sur la plage

Sur un grand nombre de modèles de multimètres numériques (et sur la plupart des multimètres analogiques), vous devez sélectionner la plage de valeurs pour pouvoir obtenir une mesure appropriée. Ainsi, par exemple, si vous mesurez la tension aux bornes d'une pile de 9 V, vous choisirez la plage dont la valeur maximale est la plus proche, tout en restant supérieure, de 9 volts. Sur la plupart des modèles, ce sera 20 V ou 50 V.

Si vous avez choisi une échelle trop grande, le résultat obtenu ne sera pas précis (par exemple, avec une plage de 0 à 20 V, la tension indiquée pour votre pile de 9 V sera de 8,27 V, tandis qu'avec une plage de 0 à 200 V, le résultat lu sera 8,3 V. Or, vous aurez souvent besoin d'avoir un résultat le plus précis possible).

Si vous avez choisi une échelle trop petite, votre multimètre numérique affichera un 1 clignotant (ou OL), tandis que l'aiguille d'un multimètre analogique sortira de la graduation, au risque de détériorer le système de précision (assurez-vous plutôt de commencer avec une plage de valeurs étendue, quitte à la réduire dans un second temps le cas échéant). Si vous avez une indication *hors limite* en testant la continuité, cela signifie que la résistance est si forte que l'appareil ne peut pas la mesurer : dans ce cas, vous pouvez être sûr qu'il s'agit d'un circuit ouvert.

Un certain nombre de modèles sont autoréglables, ce qui en facilite l'utilisation. Pour mesurer une tension, par exemple, vous choisissez la fonctionnalité correspondante (courant continu ou alternatif) et lorsque vous procédez à la mesure, l'appareil sélectionne automatiquement la plage de valeurs permettant la lecture la plus précise. Si l'appareil vous indique un dépassement (1 ou OL, avec clignotement), cela signifie que la valeur est trop élevée pour pouvoir être mesurée.

## Et si vous avez besoin de tester des courants plus forts ?

Sur la plupart des multimètres numériques, les mesures d'intensité sont limitées à moins d'un ampère. La plage maximale est généralement de 200 milliampères. Si vous tentez de mesurer un courant nettement plus fort, vous risquez de faire sauter le fusible de l'appareil. Un certain nombre de multimètres analogiques, surtout les plus anciens, ne peuvent mesurer une intensité supérieure à 5 ampères, parfois 10.

Si vous testez des moteurs ou des circuits qui nécessitent un courant important, vous pouvez trouver un multimètre analogique acceptant une intensité plus élevée. Si vous ne disposez que d'un appareil de mesure limité à un certain nombre de milliampères, vous pouvez tout de même mesurer des courants plus forts de façon indirecte, en utilisant une résistance faible à forte puissance. Branchez une résistance de 1 Ω et de 10 watts en série avec votre circuit, de telle sorte que le courant à mesurer traverse cette résistance. Ensuite, servez-vous de votre appareil comme d'un voltmètre et mesurez la tension aux bornes de la résistance de 1 Ω. Enfin, à l'aide de la loi d'Ohm, calculez l'intensité du courant traversant la résistance :

$$I = U/R = U/1\ \Omega$$

La valeur nominale de la résistance étant de 1 Ω, l'intensité du courant qui la traverse aura à peu près la même valeur (en ampères) que la tension (en volts) mesurée à ses bornes. Notez qu'en réalité, la valeur de la résistance ne sera pas exactement égale à 1 Ω. Prévoyez donc une marge d'erreur de 5 à 10 %, selon la tolérance de la résistance et la précision du multimètre (à propos de la loi d'Ohm, voir Chapitre 3).

N'OUBLIEZ PAS

Il existe une limite à ce que peut tester un multimètre. Cette limite s'appelle sa *plage maximale*. Les plages maximales pour la tension, pour l'intensité et pour la résistance sont généralement les mêmes sur les différents modèles destinés au grand public. Pour vos applications, n'importe quel appareil devrait faire l'affaire si ses plages maximales sont (au moins) égales à celles-ci :

- Tension continue : 1 000 V
- Tension alternative : 500 V
- Courant continu : 200 mA (milliampères)
- Résistance : 2 MΩ (deux mégaohms, soit 2 millions d'ohms)

# Initialiser le multimètre

Avant de tester vos circuits, assurez-vous que votre multimètre fonctionne correctement. Tout dysfonctionnement se traduirait par des résultats incorrects, sans que vous en ayez nécessairement conscience. Pour tester votre multimètre, procédez comme suit :

1. **Vérifiez la propreté des sondes, à l'extrémité des cordons de test.**

   Si les sondes sont sales ou corrodées, cela peut se traduire par des résultats faux. À l'aide d'un nettoyeur de contacts électroniques, nettoyez les deux extrémités, et si nécessaire les connecteurs de l'appareil.

2. **Allumez l'appareil et réglez-le sur la fonction ohmmètre.**

   Si l'appareil n'est pas autoréglable, sélectionnez une plage de valeurs en ohms peu élevée.

3. **Branchez les deux cordons de test dans les prises appropriées de l'appareil, puis mettez leurs deux extrémités métalliques en contact (voir Figure 12-4).**

   Évitez de toucher ces extrémités avec les doigts. La résistance naturelle de votre corps fausserait la précision de l'appareil.

4. **Le multimètre doit indiquer 0 (zéro) ohm, ou quasiment.**

   Si l'appareil n'est pas équipé d'une remise à zéro automatique, appuyez sur le bouton de réglage (« Adjust » ou « Zero Adjust »). Sur un multimètre analogique, tournez le bouton de réglage jusqu'à ce que l'aiguille indique 0 (zéro). Maintenez le contact

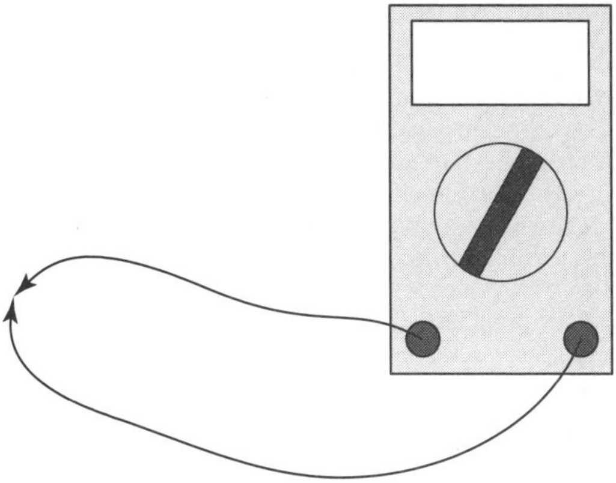

**Figure 12-4 :** Pour être sûr que votre multimètre fonctionne correctement, joignez les deux sondes et vérifiez qu'il indique zéro ohm.

entre les deux sondes et attendez une seconde ou deux que l'appareil indique le zéro.

5. **Si vous n'obtenez aucune réaction de l'appareil quand vous établissez le contact entre les deux sondes, vérifiez à nouveau le réglage de l'appareil.**

   Rien ne se produit si l'appareil est réglé sur la position voltmètre ou ampèremètre. Si vous avez bien vérifié les réglages et si l'appareil ne réagit toujours pas, les cordons de test sont peut-être défectueux. Le cas échéant, réparez-les ou remplacez-les.

Si le multimètre indique zéro ohm lorsque les deux sondes se touchent, vous pouvez considérer que votre multimètre est *étalonné*. Faites ce test chaque fois que vous devez l'utiliser, surtout si vous l'éteignez entre deux utilisations.

Si votre multimètre est doté de la fonction de test de continuité, n'utilisez pas cette fonction pour étalonner l'appareil. Il produirait un son dès qu'il détecterait une résistance de quelques ohms, et vous n'obtiendriez pas la précision voulue. Utilisez bien la fonctionnalité d'ohmmètre.

# Utiliser le multimètre

Quand vous vous servez de votre multimètre, il faut que vous sachiez quelle fonctionnalité vous devez utiliser, si vous allez tester des composants un par un ou bien telle ou telle partie d'un circuit, si le circuit doit être alimenté ou non, et où vous devez placer les sondes (en série ou en parallèle avec ce que vous allez tester).

Considérez votre multimètre comme un composant électronique de votre circuit (ce qu'il est, d'une certaine façon). Si vous voulez mesurer une tension, il faut que votre multimètre soit branché *en parallèle* avec la section du circuit concernée, sachant que la tension aux extrémités de deux branches parallèles d'un circuit est toujours la même. Pour mesurer l'intensité d'un courant, il faut que le multimètre soit branché *en série* avec la section du circuit concernée, sachant que des composants branchés en série sont parcourus par le même courant (pour plus de détails sur les branchements en série et en parallèle, voir Chapitre 2).

Les sections qui suivent expliquent en détail comment mesurer la tension, l'intensité et la résistance à l'aide d'un multimètre.

## Mesurer une tension

Si vous voulez examiner les niveaux de tension dans un circuit, c'est-à-dire la chute de tension entre un point du circuit et la masse, il faut que votre circuit soit alimenté. Vous pouvez tester la tension en pratiquement n'importe quel point du circuit, et non pas simplement aux bornes de la pile :

1. **Initialisez votre multimètre comme indiqué dans la section « Initialiser le multimètre », précédemment dans ce chapitre.**
2. **Réglez l'appareil sur le bon type de voltage (AC = alternatif ou DC = continu).**
3. **Sélectionnez la plage de valeurs qui vous donnera le résultat le plus précis.**
4. **Mettez le cordon de test noir de l'appareil en contact avec la connexion du circuit à la masse.**
5. **Mettez le cordon de test rouge de l'appareil en contact avec le point du circuit auquel vous voulez mesurer la tension.**

   Votre multimètre se trouve ainsi branché en parallèle avec la chute de tension à mesurer.

La Figure 12-5 illustre un exemple d'utilisation d'un multimètre pour mesurer la tension entre deux points d'un circuit astable 555 simple (étudié au Chapitre 7), ce circuit produisant une série d'impulsions électriques faisant automatiquement alterner une basse tension (0 V) et une tension élevée (la tension positive de l'alimentation). Le multimètre est réglé pour mesurer une tension continue sur une plage de 0 à 20 V. Sur la première image, le multimètre mesure la tension alimentant tout le circuit et indique une tension de 9 V. Sur la seconde image, le multimètre mesure la tension à la sortie du CI de minuterie 555. Sachant que cette tension alterne entre une valeur basse et une valeur haute, l'indication de l'appareil alterne entre 0 V et 9 V (la tension positive d'alimentation).

Selon la résistance et la capacité des circuits de minuterie 555 de la Figure 12-5, il se peut que la tension de sortie change trop rapidement pour que le multimètre puisse suivre les oscillations (voir Chapitre 7). Pour tester un signal qui change rapidement, vous avez besoin d'un analyseur logique (pour signaux numériques seulement) ou d'un oscilloscope (pour plus de détails sur ces instruments de test, voir Chapitre 13).

## Mesurer l'intensité du courant

Quand vous utilisez votre multimètre comme un ampèremètre, pour mesurer l'intensité du courant traversant un composant, vous le branchez *en série* avec ce composant, afin que le même courant le traverse. Vous obtenez une configuration très différente de celle du voltmètre (voir Figure 12-6) :

1. **Initialisez votre multimètre comme indiqué dans la section « Initialiser le multimètre », précédemment dans ce chapitre.**

2. **Réglez l'appareil sur le bon type de courant (AC = alternatif ou DC = continu).**

3. **Sélectionnez la plage de valeurs qui vous donnera le résultat le plus précis.**

4. **Interrompez le circuit là où vous voulez mesurer l'intensité : mettez le cordon de test noir de l'appareil en contact avec la connexion de valeur la plus faible du circuit, et mettez le cordon de test rouge de l'appareil en contact avec la connexion de valeur la plus forte du circuit.**

   Votre multimètre se trouve ainsi branché en série avec le composant au niveau duquel vous voulez mesurer l'intensité du courant.

N'oubliez pas d'alimenter le circuit. Si vous n'obtenez aucun résultat, inversez les connexions au multimètre.

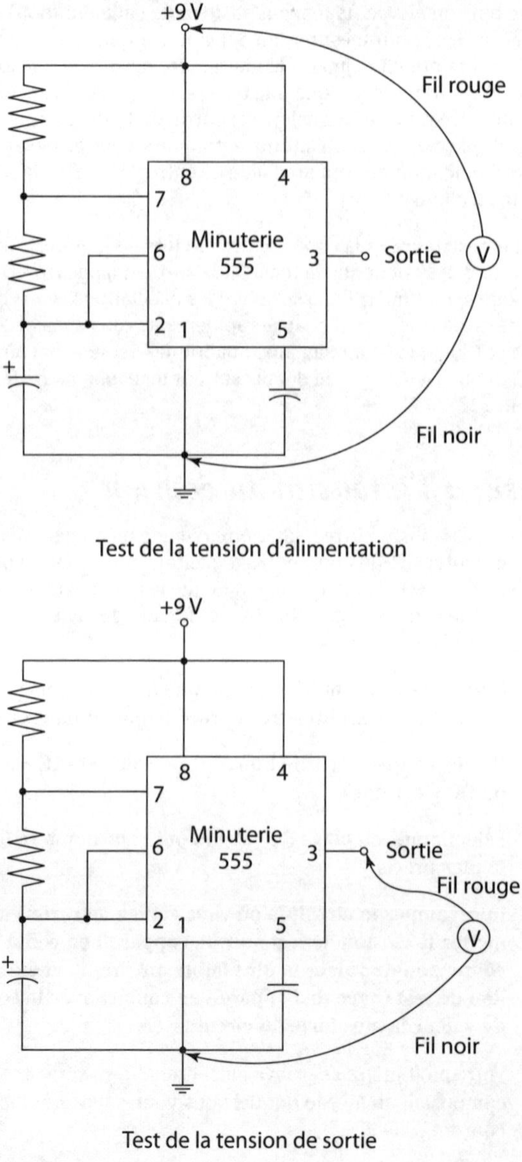


**Figure 12-5 :** Mesure de deux tensions différentes sur un circuit intégré de minuterie 555.

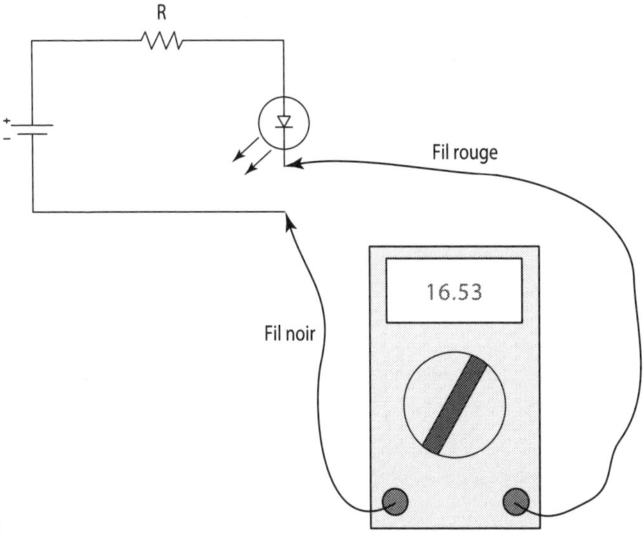


**Figure 12-6 :** Pour mesurer l'intensité du courant parcourant un composant ou un circuit, on branche l'appareil de mesure en série avec le composant ou le circuit.

Pour mesurer le courant parcourant l'ensemble d'un circuit, branchez votre multimètre en série avec l'alimentation électrique positive. N'oubliez pas, cependant, que les multimètres numériques ne peuvent souvent pas tester un courant supérieur à 200 mA. Soyez prudent : ne testez pas un courant plus fort que ce que votre appareil peut tester.

Après avoir mesuré l'intensité d'un courant, ne laissez jamais votre multimètre sur la position ampèremètre. Vous risqueriez de l'endommager. Prenez l'habitude de l'éteindre immédiatement après.

## Ne faites pas sauter le fusible !

Les multimètres analogiques et numériques sont souvent dotés d'une entrée séparée pour tester l'intensité. Cette entrée porte généralement l'indication d'unité A (ampères) ou mA (milliampères). Sur certains modèles, il existe une autre entrée pour tester les courants plus forts, supérieurs à 10 ampères. Le multimètre de la Figure 12-3 possède deux entrées pour tester l'intensité, ces entrées étant désignées respectivement mA et 10A.

Prenez soin de choisir la bonne entrée *avant* de mesurer une intensité. Faute de quoi, vous risquez soit de faire sauter un fusible (dans le meilleur des cas), soit d'endommager votre appareil (ce qui serait bien plus ennuyeux).

## Mesurer la résistance

Avec la fonction ohmmètre, vous pouvez effectuer toutes sortes de tests de résistance. Vous pouvez bien entendu tester des résistances, pour vérifier leur valeur ou pour savoir si elles ont subi une dégradation, mais vous pouvez aussi tester des condensateurs, des transistors, des diodes, des interrupteurs, des fils électriques et d'autres composants encore. Toutefois, au préalable, prenez soin d'initialiser votre ohmmètre (voir section précédente « Initialiser le multimètre »).

Si votre multimètre est doté de fonctionnalités spécifiques pour tester des condensateurs, des diodes ou des transistors, nous vous recommandons de vous en servir plutôt que d'appliquer les méthodes présentées dans les sections qui suivent. Au contraire, si vous possédez un multimètre dépourvu de ces options, ce qui suit vous sera sans doute très utile.

### Tester des résistances

Une *résistance* est un composant qui réduit le courant traversant un circuit (pour plus de détails, voir Chapitre 3). Il est parfois nécessaire de vérifier que la valeur nominale inscrite sur la résistance est correcte. Il se peut aussi que vous vouliez savoir si une résistance qui a gonflé ou qui porte des traces de brûlure est encore bonne.

Pour tester une résistance à l'aide d'un multimètre, procédez comme suit :

1. **Coupez le courant avant de toucher au circuit, puis débranchez la résistance que vous voulez tester.**

2. **Réglez votre multimètre sur la position ohmmètre.**

   Si votre multimètre n'est pas autoréglable, commencez par une plage de valeurs élevée et réduisez ensuite au besoin.

3. **Placez les électrodes de test aux deux extrémités de la résistance.**

Prenez garde de ne pas toucher les extrémités métalliques des sondes, ni les terminaisons de la résistance. En les touchant, vous ajouteriez la résistance de votre corps et vous obtiendriez un résultat erroné.

La résistance indiquée par l'appareil doit être une valeur comprise dans la marge de tolérance de la valeur nominale inscrite sur le composant. Si vous testez une résistance dont la valeur nominale est de 1 kΩ avec une tolérance de 10 %, par exemple, le test doit donner un résultat compris entre 900 et 1 100 Ω. Une mauvaise résistance, c'est soit une résistance complètement ouverte à l'intérieur (auquel cas le multimètre indiquera une résistance infinie), soit une résistance court-circuitée (auquel cas l'appareil indiquera 0 Ω).

## Tester des potentiomètres

Avec la fonction ohmmètre, vous pouvez aussi tester un *potentiomètre*, qui n'est autre qu'une résistance variable (à propos des potentiomètres, voir Chapitre 3) :

1. **Coupez le courant avant de toucher au circuit, puis retirez le potentiomètre.**

2. **Placez les électrodes de test sur deux des bornes du potentiomètre. Selon les bornes que vous choisirez, vous obtiendrez un des résultats suivants :**

   Si vous appliquez une électrode à une borne fixe (point 1) et l'autre au *curseur*, ou borne variable (point 2 – voir Figure 12-7), la résistance augmentera quand vous tournerez le bouton du potentiomètre dans un sens, et elle diminuera quand vous le tournerez dans l'autre sens.

   Si vous appliquez une électrode au curseur (point 2) et l'autre électrode à l'autre borne fixe (point 3), la résistance variera en sens inverse.

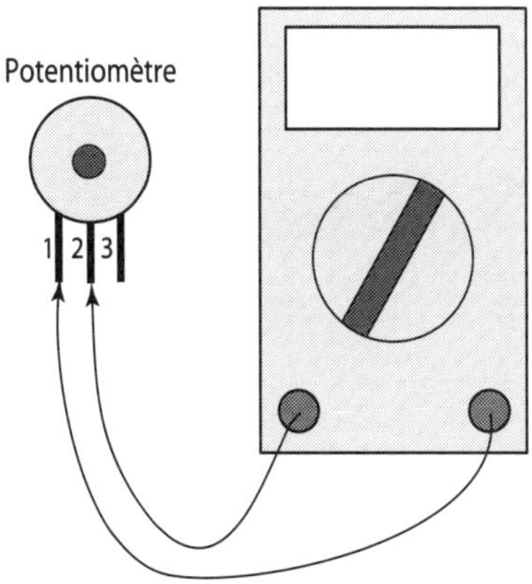


**Figure 12-7 :** Branchez les électrodes de test à la première borne et à la borne centrale, puis à la borne centrale et à la troisième borne, puis à la première et à la troisième borne du potentiomètre.

Si vous branchez les électrodes du multimètre aux deux bornes fixes (points 1 et 3), l'appareil indiquera la résistance maximale du potentiomètre, quel que soit le réglage de celui-ci.

TRUC

Tout en tournant le bouton du potentiomètre, ne manquez pas de remarquer une éventuelle variation soudaine de la résistance, qui serait le signe d'un défaut. Si cela se produisait, il faudrait remplacer le potentiomètre.

## Tester des condensateurs

Un *condensateur* sert à stocker l'énergie électrique pendant un laps de temps court (à propos des condensateurs, voir Chapitre 4). Si votre multimètre ne possède pas de fonction spécifique pour tester les condensateurs, vous pouvez toujours vous servir de la fonction ohmmètre :

1. **Avant de tester un condensateur, n'omettez pas de le décharger complètement.**

N'OUBLIEZ PAS

Un condensateur de grande dimension peut conserver une charge électrique pendant une période prolongée, même une fois le courant coupé.

Pour décharger un condensateur, reliez ses deux bornes à un dispositif constitué tout simplement d'une forte résistance (de 1 ou 2 MW) et d'un long fil, comme l'illustre la Figure 12-8.

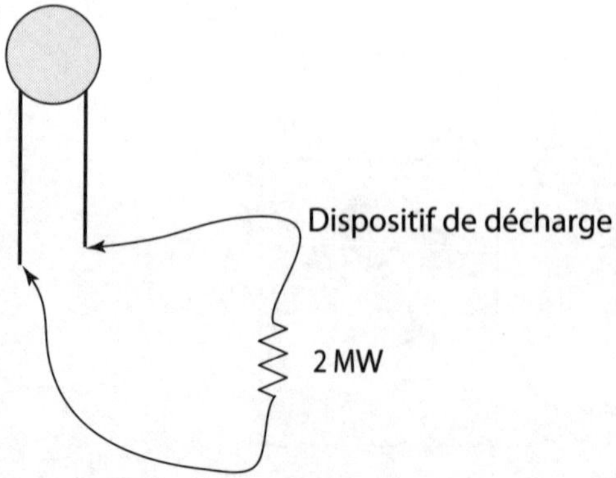


**Figure 12-8 :** Vous pouvez acheter ou fabriquer un dispositif de décharge, qui vous servira à éliminer le surplus de charge d'un condensateur.

2. **Après avoir déchargé le condensateur et enlevé la résistance, sélectionnez la fonction ohmmètre et mettez les extrémités des électrodes de test en contact avec les bornes du condensateur.**

Tant que le condensateur n'est pas polarisé, peu importe dans quel sens vous branchez les connexions. En revanche, si vous testez un condensateur polarisé, connectez le cordon noir à sa borne négative et le cordon rouge à sa borne positive (le Chapitre 4 explique comment déterminer la polarité d'un condensateur).

3. **Attendez une seconde ou deux, puis notez le résultat.**

   Vous obtiendrez un des résultats suivants :

   - Une valeur infinie pour un bon condensateur.
   - Un zéro si le condensateur est en court-circuit.
   - Une valeur entre zéro et l'infini peut être le signe d'un condensateur défectueux ou ayant perdu sa capacité de retenir une charge.

ATTENTION !

Ce test ne vous permet pas de savoir si le condensateur est ouvert, ce qui peut se produire si ce composant est endommagé ou si son *diélectrique* (partie isolante) est desséché ou s'il fuit. Dans le cas d'un condensateur ouvert, l'ohmmètre indique une valeur infinie, comme dans le cas d'un bon condensateur. Pour un test probant, utilisez un multimètre doté de la fonction de test de condensateurs.

## Tester des diodes

Une *diode* est un composant semi-conducteur laissant le courant circuler dans un seul sens (pour plus de détails sur les diodes, voir Chapitre 6). Si votre multimètre n'est pas doté d'une fonctionnalité particulière concernant les diodes, vous pouvez cependant tester la plupart des diodes en vous servant de sa fonction d'ohmmètre :

1. **Réglez votre appareil sur une plage de valeurs de résistance réduite.**
2. **Reliez le cordon noir à la cathode (borne négative, repérée par une bande) et le cordon rouge à l'anode (borne positive).**

   Le multimètre doit alors indiquer une faible résistance.

3. **Ensuite, inversez les contacts, et vous devez obtenir l'indication d'une résistance infinie.**

TRUC

Si vous n'êtes pas sûr de l'orientation de votre diode, vous pouvez vous servir de votre multimètre pour identifier l'anode et la cathode. Testez la résistance de la diode avec les branchements réalisés dans un sens, puis dans l'autre. Quand vous lisez le résultat le plus petit, le cordon rouge est relié à l'anode et le cordon noir à la cathode.

## Tester des transistors

Un *transistor bipolaire* est essentiellement constitué de deux diodes réunies, comme l'illustre la Figure 12-9 (pour former un transistor PNP, on inverse les deux diodes). Si votre multimètre ne possède pas de fonctionnalité spécifique pour tester les transistors ni les diodes, vous pouvez vous servir de sa fonctionnalité d'ohmmètre pour tester la plupart des transistors bipolaires, à peu près de la même manière que pour les diodes : sélectionnez une plage de valeurs réduites, puis testez chacune des diodes de votre transistor.

Pour tester un transistor NPN (comme celui de la Figure 12-9), procédez comme suit :

1. **Réglez votre appareil sur une plage de valeurs de résistance réduite.**

2. **Reliez le cordon noir au collecteur du transistor et le cordon rouge à la base.**

   Le multimètre doit alors indiquer une faible résistance.

3. **Inversez les contacts.**

   Le multimètre doit indiquer une résistance infinie.

4. **Branchez le cordon noir sur l'émetteur et le cordon rouge sur la base.**

   Le multimètre doit indiquer une faible résistance.

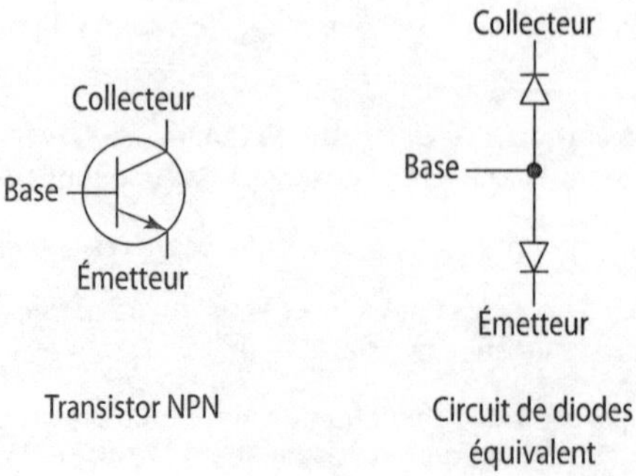


**Figure 12-9 :** Un transistor bipolaire est l'équivalent d'un montage de deux diodes.

5. **Inversez les contacts.**

   Le multimètre doit indiquer une résistance infinie.

Pour un transistor PNP, les mesures sont à l'opposé de ce qu'elles sont pour un transistor NPN.

N'utilisez cette procédure de test qu'avec les transistors bipolaires. L'utilisation d'un multimètre peut causer des dommages irréversibles à certains types de transistors, en particulier les transistors à effet de champ (TEF). Si vous n'êtes pas sûr du type de transistor que vous avez entre les mains, vérifiez-le dans une documentation avant de procéder au moindre test. Pour trouver la documentation appropriée, faites une recherche sur Internet, à partir du numéro d'identification du composant (saisissez par exemple « 2n3906 datasheet »).

### Même un fil conducteur oppose une résistance à la circulation des électrons

Pourquoi n'obtient-on pas *toujours* 0 Ω quand on teste la résistance d'un fil électrique, et surtout d'un fil long ? Tout circuit électrique présente une certaine résistance à la circulation des électrons. Même un fil court a une résistance, mais qui est généralement bien inférieure à 1 Ω. Cela n'empêche pas de tester la continuité ni de détecter un court-circuit.

Cependant, plus un fil est long, plus grande est sa résistance, surtout si c'est un fil de petit diamètre. Généralement, plus le fil est épais et plus sa résistance par unité de longueur est faible. Même si l'appareil n'indique pas 0 exactement, vous pouvez supposer que la continuité est correcte tant que la valeur indiquée est très faible.

## *Tester des fils et des câbles*

Vous pouvez utiliser la fonction ohmmètre de votre multimètre pour effectuer des tests de continuité sur des fils et des câbles, pour détecter des ruptures, des faux contacts et des *courts-circuits*, ou une continuité indésirable entre deux fils dans un câble.

Pour tester la continuité dans un fil unique, mettez les électrodes du multimètre en contact avec les deux extrémités du fil et sélectionnez une plage de valeurs réduite. Vous devez obtenir comme résultat 0 Ω, ou une valeur très faible. Un résultat supérieur à quelques ohms serait le signe d'une rupture quelque part sur le fil, avec pour conséquence un *circuit ouvert.*

Pour détecter un court-circuit, c'est-à-dire un contact électrique indésirable entre deux fils, sélectionnez la fonction ohmmètre, mettez une des deux électrodes de test en contact avec une extrémité dénudée d'un des deux fils et l'autre électrode avec une extrémité de l'autre fil. Si vous obtenez comme résultat 0 Ω, ou une valeur très faible, il y a sans doute un court-circuit. Un résultat plus élevé indique généralement qu'il n'y a pas de contact entre les deux fils. À noter que vous obtiendrez peut-être autre chose qu'une valeur infinie si les fils sont toujours branchés à votre circuit au moment du test.

## Tester des interrupteurs

Un interrupteur mécanique peut s'encrasser ou s'user, parfois même se casser, et donc ne plus être fiable ou même ne plus laisser passer le courant. Le Chapitre 8 décrit quatre types d'interrupteurs classiques : l'interrupteur simple (SPST), l'inverseur simple (SPDT), l'interrupteur simple à deux pôles et l'interrupteur double (DPST). Selon le type d'interrupteur, il y aura zéro, une ou deux positions « off », et il peut y avoir une ou deux positions « on ».

Pour tester ces types d'interrupteurs, vous pouvez vous servir de la fonction ohmmètre de votre multimètre. Ne manquez pas de vous familiariser avec les positions et avec les bornes de l'interrupteur que vous voulez tester, et faites un test pour chaque cas de figure. Pour chaque combinaison entrée/sortie en position « off », mettez les sondes en contact avec les bornes de l'interrupteur. La valeur affichée doit être l'infini. Avec l'interrupteur en position « on », vous devez obtenir comme résultat 0 Ω.

Pour plus de facilité, retirez l'interrupteur du circuit avant de le tester. Sinon, le multimètre n'indiquera peut-être pas une valeur infinie quand l'interrupteur sera en position « off ». Si vous obtenez comme résultat une certaine valeur, autre que 0, vous pouvez considérer que l'interrupteur fonctionne correctement et qu'en position « off », vous avez bien un circuit ouvert.

## Tester des fusibles

Le rôle d'un *fusible* est de protéger un circuit contre les dégâts que pourrait provoquer un courant excessif et, plus important, d'éviter le risque d'incendie en cas de surchauffe. Quand un fusible saute, cela donne un circuit ouvert. Le fusible ne peut plus jouer son rôle protecteur et doit être remplacé. Pour tester un fusible, utilisez la fonction ohmmètre de votre multimètre et mettez une des deux électrodes de test en contact avec une des deux extrémités du fusible. Si l'appareil indique une valeur infinie, cela signifie que votre fusible n'est plus bon.

## Effectuer d'autres tests avec votre multimètre

Les multimètres numériques comportent souvent des fonctionnalités supplémentaires permettant de tester des composants tels que condensateurs, diodes et transistors. Vous obtenez alors des résultats plus fiables qu'avec les mesures de résistance dont il était question dans la section précédente.

Si votre multimètre comporte une fonctionnalité de test de condensateur, il affichera la valeur du composant, c'est-à-dire sa capacité. Cela peut bel et bien servir, sachant que tous les condensateurs ne sont pas conformes aux normes d'identification de l'industrie. Les spécifications varient d'un modèle à un autre. Pour connaître la procédure exacte, reportez-vous au manuel d'utilisation de votre multimètre. En reliant le condensateur aux pointes de test, prenez garde de bien respecter la polarité.

Si votre multimètre comporte une fonctionnalité de vérification des diodes, vous pouvez tester une diode en mettant le cordon de test rouge en contact avec son anode (borne positive) et le cordon noir en contact avec la cathode (borne négative). Vous devez obtenir comme résultat une valeur assez réduite, mais non nulle (par exemple 0,5). Inversez ensuite les électrodes, et vous devriez obtenir une valeur dépassant la plage maximale. Si vous obtenez deux valeurs nulles ou deux valeurs hors limite, votre diode est sans doute défectueuse (court-circuitée ou ouverte).

TRUC

Vous pouvez vous servir de la fonctionnalité de vérification des diodes pour tester des transistors bipolaires à jonction, un transistor de ce type pouvant être assimilé à une paire de diodes (voir Figure 12-9).

Si votre multimètre comporte une fonctionnalité de vérification des transistors, suivez la procédure indiquée dans le manuel d'utilisation. En effet, cette procédure peut varier d'un modèle à un autre.

## Utiliser un multimètre pour vérifier vos circuits

Un des principaux avantages du multimètre est qu'il peut vous permettre d'analyser les forces et les faiblesses de vos circuits. À l'aide de ses différentes fonctionnalités de test, vous pouvez vérifier le bon fonctionnement des composants et vous assurer d'avoir la tension et l'intensité du courant que vous devez normalement obtenir. Tôt ou tard, de façon inévitable, un de vos circuits ne fonctionnera pas dès le début, mais votre multimètre vous permettra de cerner le problème.

Pour résoudre un problème de dysfonctionnement dans un circuit, notez d'abord sur le schéma du circuit la valeur de chaque composant, ainsi que les niveaux de tension calculés en divers points du circuit et l'intensité théorique du courant dans chaque branche du circuit (souvent, cette étape de marquage permet déjà de corriger une ou deux erreurs de calcul). Ensuite, servez-vous de votre multimètre pour vérifier ces valeurs.

TRUC

En premier lieu, vérifiez :

- le voltage de l'alimentation électrique ;
- le rôle et la valeur réelle de chaque composant (hors du circuit) ;
- la continuité du câblage ;
- les niveaux de tension en divers points du circuit ;
- les niveaux d'intensité du courant traversant les différentes parties du circuit (sans dépasser les niveaux d'intensité tolérés par votre multimètre).

En procédant pas à pas, vous testez les différents composants et parties de votre circuit et vous réduisez progressivement l'ensemble des sources possibles du problème, jusqu'à pouvoir en identifier la cause ou conclure à la nécessité de requérir l'aide d'un professionnel (de préférence, l'aide de votre bien aimé gourou de l'électronique).

# Chapitre 13

# Analyseurs logiques et oscilloscopes

***Dans ce chapitre***

- Tester des circuits numériques à l'aide d'un analyseur logique
- Jouer avec les ondes d'un signal, grâce à un oscilloscope
- Savoir dans quels cas vous avez besoin d'un oscilloscope
- Régler l'oscilloscope pour voir les signaux traversant votre circuit
- Mesurer à l'aide d'un oscilloscope la fréquence d'un signal

Le Chapitre 12 vous explique comment vous servir d'un multimètre pour effectuer toutes sortes de tests dans vos circuits électroniques. Votre multimètre est bien le plus important de vos instruments, mais ne croyez pas qu'il soit le seul outil possible pour faire des tests. Si vous voulez vraiment, vraiment faire de l'électronique de façon sérieuse, vous vous équiperez de plusieurs instruments de test.

Ce chapitre vous présente deux autres instruments, l'analyseur logique et l'oscilloscope, et vous explique en quoi ils vous aideront à résoudre les problèmes et les pannes. Ni l'un ni l'autre ne sont indispensables quand on débute, mais si vous comptez atteindre un certain niveau de connaissance et de compétence en électronique, peut-être devriez-vous envisager leur acquisition.

## Être logique, jusqu'où ?

Un *analyseur logique* comme celui de la Figure 13-1 – un instrument assez abordable – est spécifiquement conçu pour tester des circuits numériques, caractérisés par un traitement du signal limité à la gestion de deux niveaux de tension :

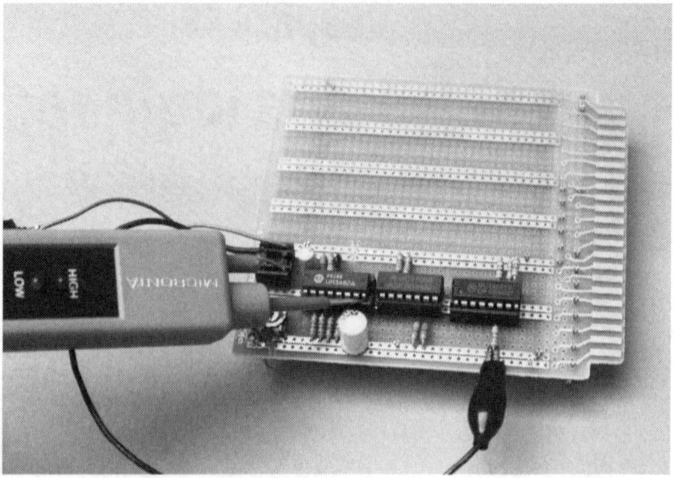


**Figure 13-1 :** L'analyseur logique est utile pour résoudre les problèmes de dysfonctionnement sur les circuits numériques.

- **Bas** (zéro volt ou pratiquement), indiquant le 0 (zéro) logique.
- **Haut** (pas plus de 12 V, mais souvent 5 V), indiquant le 1 (un) logique.

La logique numérique est étudiée au Chapitre 7. L'analyseur logique perçoit simplement les signaux « haut » et « bas », et indique l'un et l'autre par l'allumage d'une diode différente. Une troisième LED s'allume quand l'analyseur logique détecte une *pulsation*, c'est-à-dire une alternance très rapide entre signal haut et signal bas. La plupart des analyseurs logiques comportent aussi un indicateur sonore, qui vous permet d'entendre le résultat tout en continuant à observer votre circuit.

TRUC

Naturellement, vous pouvez toujours utiliser votre multimètre pour tester des circuits numériques – il vous suffit d'interpréter les tensions lues comme des états logiques – mais l'analyseur logique présente un avantage notable. Si votre circuit ne fonctionne pas et s'il n'y a pas de signal au point testé, votre multimètre indiquera zéro volt, et vous risquez d'interpréter ce résultat comme un signal bas (comme le 0 logique). En revanche, si vous utilisez un analyseur logique, vous saurez qu'il n'y a pas de signal car aucune diode ne s'allumera et l'appareil n'émettra aucun son (sauf que ce peut être aussi le signe que votre analyseur n'est pas bien connecté).

Un analyseur logique est alimenté en énergie électrique par le circuit qu'il teste. La plupart des modèles fonctionnent avec une tension minimale d'environ 3 V, la tension maximale supportée étant souvent de

15 V (parfois plus, parfois moins). Pour connaître la plage de tension exacte de votre analyseur, consultez le mode d'emploi, et ne manquez pas de déterminer si la tension d'alimentation de votre circuit se situe bien dans la plage acceptée par l'appareil, qui ne résisterait pas à une tension trop élevée.

Soyez extrêmement prudent en utilisant un analyseur logique. Il s'agit d'un testeur de circuits actifs, conçu pour fonctionner sur des circuits alimentés en électricité. Tenez vos doigts à l'écart des extrémités métalliques de l'appareil et des cordons de test. Soyez particulièrement prudent si vous testez un circuit fonctionnant avec un courant alternatif (comme par exemple celui d'un lecteur de DVD) et si vous avez besoin d'ouvrir le bloc d'alimentation pour effectuer les tests. Quand vous ouvrez le boîtier d'un appareil fonctionnant sur courant alternatif, quel qu'il soit, n'oubliez jamais que vous risquez d'être exposé à un niveau de tension dangereux : recouvrez l'appareil d'un plastique isolant pour éviter le risque de choc électrique accidentel.

Un analyseur logique est muni de quatre connexions, comme le montre la Figure 13-2. Trois de ces connexions sont des cordons terminés par des pinces crocodile et la quatrième est la pointe de l'analyseur. Pour l'utiliser, vous devez établir quatre contacts :

1. **Accrocher la terminaison du cordon noir à la masse du circuit.**

2. **Accrocher la terminaison du cordon rouge à l'alimentation du circuit.**

   Veillez à ce que cette alimentation ne dépasse pas la tension maximale spécifiée pour votre analyseur logique (en général, autour de 15 V), faute de quoi vous risqueriez de l'endommager.

3. **Accrocher la seconde terminaison noire (la masse) à la masse du circuit.**

   Cette masse distincte de l'autre est importante : si vous ne connectez pas l'analyseur à la masse du circuit, l'analyseur risque de fournir des résultats faux – ou de ne pas fonctionner du tout.

4. **Mettre la pointe de l'analyseur logique en contact avec le point du circuit à tester.**

Pour vérifier que vous avez connecté l'analyseur logique correctement, vous pouvez mettre la pointe de l'appareil en contact avec l'alimentation du circuit. L'analyseur doit alors indiquer une valeur élevée. Ensuite, mettez la pointe en contact avec la masse du circuit : l'analy-

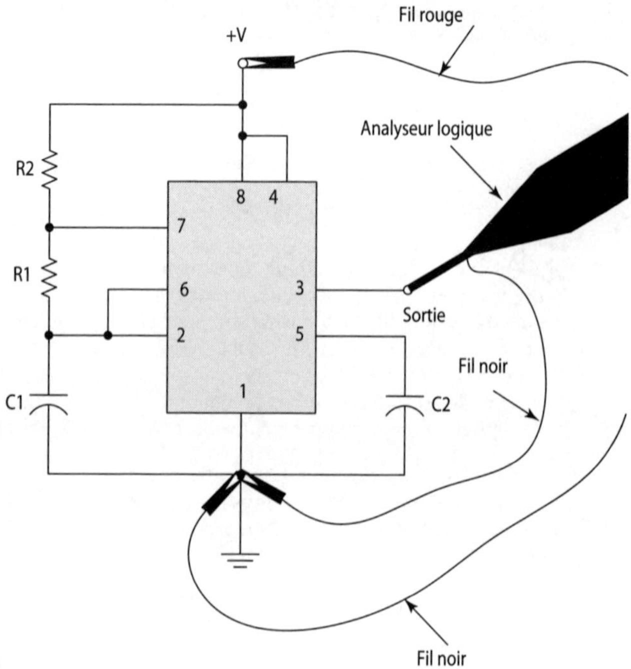


**Figure 13-2 :** L'analyseur logique nécessite quatre connexions au circuit à tester.

seur doit indiquer une valeur basse. Si un de ces deux tests au moins ne donne pas le bon résultat, examinez la connexion entre l'analyseur et le circuit et procédez aux corrections éventuelles.

Une fois que vous avez effectué les connexions, les témoins lumineux et (sur la plupart des modèles) l'indicateur sonore vous permettent de déterminer la valeur logique du point testé :

- **Un indicateur de valeur basse** (et un son faible) vous indique que cette valeur logique est basse (0 V ou presque).
- **Un indicateur de valeur haute** (et un son fort) vous indique que cette valeur logique est haute (en général, autour de 5 V).
- **Une alternance rapide des indicateurs de valeur basse et haute** signifie que le signal est une pulsation (alternance rapide entre valeur basse et valeur haute). La plupart des modèles sont munis d'un indicateur distinct signalant les pulsations, et certains produisent aussi un signal sonore intermittent.

- **Pas d'indicateur** signifie qu'aucun signal bas, haut ni intermittent n'est détectable au point testé.

TRUC

Outre les signaux de sortie bas et haut, certains circuits logiques intégrés présentent un troisième état appelé *hi-Z* ou *haute impédance* (ou « flottant »). Pour simplifier, ce troisième état vous permet de relier ensemble un certain nombre de sorties dont une seule est active (ou activée) à un moment donné. Les autres sorties sont à l'état hi-Z, en attendant d'être activées le moment venu.

### Pourquoi tous les circuits n'aiment pas les analyseurs logiques

Bien évidemment, quand on teste un circuit, il n'est pas souhaitable que l'instrument de test influe sur le comportement du circuit testé. Cela fausserait les résultats. C'est pourquoi les instruments de test, notamment le multimètre et l'oscilloscope, sont conçus pour tirer extrêmement peu de courant du circuit.

Or, l'analyseur logique est alimenté par le circuit testé. De surcroît, il est susceptible de surcharger la ligne et de faire chuter la tension des signaux numériques les plus faibles, au point que le résultat ne soit pas correct.

Cette situation ne se produit pas très souvent, mais elle illustre tout de même la nécessité de connaître assez bien le circuit que l'on veut tester. Sachez surtout que si vous utilisez un analyseur logique pour explorer un terrain inconnu, vous devez vous attendre à des résultats imprédictibles.

Ne manquez pas d'étudier le manuel d'utilisation qui accompagne votre analyseur logique. Ne passez pas à côté des conseils, avertissements et autres mises en garde. Bien que la plupart des analyseurs logiques se ressemblent, de légères différences peuvent influer sur les types de circuits qu'un modèle pourra le mieux tester.

## Voir les signaux à l'oscilloscope

Pour les passionnés d'électronique, l'oscilloscope est un bien bel instrument, mais qui n'est pas absolument nécessaire. L'*oscilloscope* est un appareil de test (assez coûteux) qui fait apparaître les variations de tension sous forme de *trace* sur un tube cathodique ou autre dispositif d'affichage.

Un vrai passionné peut envisager d'acquérir un oscilloscope comme celui de la Figure 13-3, mais vous pouvez vous procurer un modèle

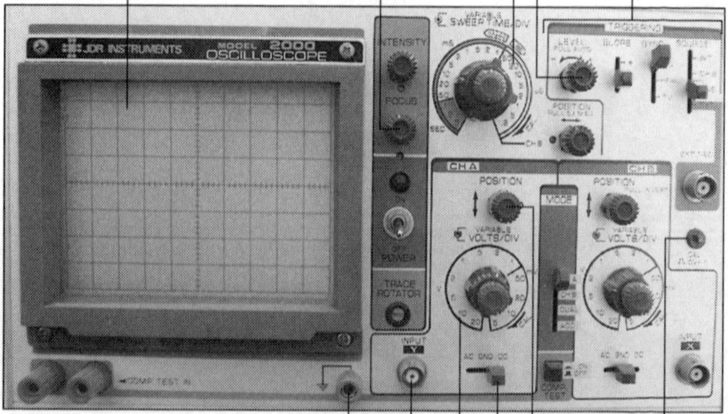


**Figure 13-3 :** Un oscilloscope de laboratoire, avec ses boutons de contrôle.

portable à piles avec affichage à cristaux liquides pour 200 euros environ. L'appareil ne sera pas aussi sophistiqué que les modèles de laboratoire, mais il vous permettra tout de même de visualiser les variations du signal dans le temps, ce dont votre multimètre n'est pas capable. Une autre possibilité est d'investir quelques centaines d'euros dans un oscilloscope sur PC, c'est-à-dire dans un appareil qui utilise votre ordinateur pour stocker et afficher les signaux électriques que vous étudiez. Il s'agit généralement d'un petit boîtier externe qui se branche sur le port parallèle, sur le port série ou sur le port USB de votre ordinateur portable ou de bureau.

TRUC

Vous pourrez peut-être faire une bonne affaire en achetant un oscilloscope d'occasion sur eBay, à condition d'accepter de prendre un risque. Nous avons vu des modèles se vendre aux alentours de 100/150 euros.

## Observer les pics de tension

Un oscilloscope permet d'avoir une représentation visuelle d'un signal électrique. L'axe vertical indique la tension mesurée (aussi appelée *amplitude*) et l'axe horizontal représente le temps (vous vous souvenez des graphes de fonctions, dans vos cours de mathématiques ?).

Un oscilloscope balaie toujours de gauche à droite, par conséquent la lecture du temps, comme celle d'un texte en français, se fait de gauche à droite.

Le signal affiché par l'oscilloscope est une *forme d'onde*. Certaines formes d'onde sont simples, d'autres sont plus complexes (la notion de forme d'onde est abordée au Chapitre 2). La Figure 13-4 représente les quatre formes d'onde les plus courantes en électronique :

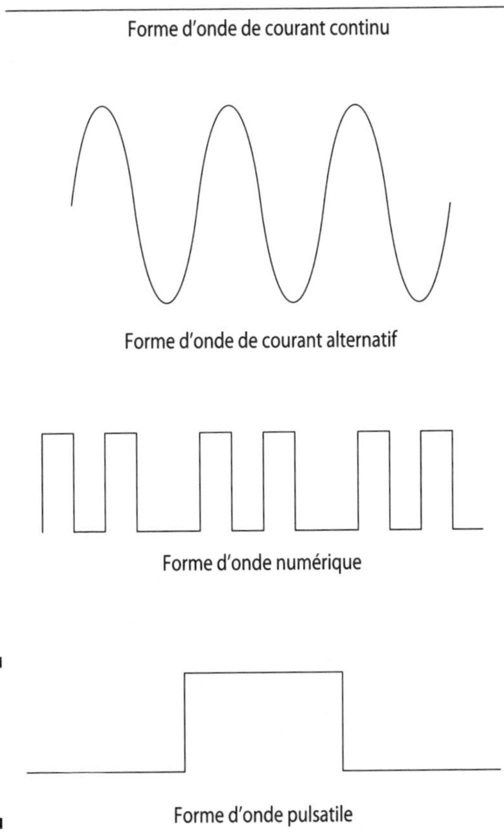


**Figure 13-4 :** Quatre formes d'onde courantes.

- **La forme d'onde de courant continu** est une ligne droite horizontale (voir Figure 13-4).
- **La forme d'onde de courant alternatif** est généralement sinusoïdale (pour plus de détails sur les ondes sinusoïdales, voir

Chapitre 2), mais il existe aussi des formes en triangle, en dents de scie, *etc.*

- **La forme d'onde numérique** est celle d'un signal de courant continu alternant 0 V (valeur faible, ou basse, indiquant le 0 logique) et une tension prédéterminée (forte, ou haute, indiquant le 1 logique). Le circuit numérique interprète l'étalement dans le temps et l'espacement entre valeur forte et valeur faible (pour plus de détails sur les signaux numériques, voir Chapitre 7).
- **La forme d'onde pulsatile** est la représentation du passage soudain de l'état bas à l'état haut, et inversement. Ces formes d'onde sont généralement numériques et servent d'indicateur de temps, comme le signal le départ d'une course. Le CI de minuterie 555 décrit au Chapitre 7 peut être configuré pour fonctionner en *multivibrateur monostable*, il produit alors une pulsation unique qui donne l'ordre à d'autres parties du circuit de produire à leur tour d'autres signaux.

La Figure 13-5 montre à quoi ressemble la forme d'onde d'un courant alternatif sur l'écran d'un oscilloscope. L'écran est pourvu d'une grille intégrée, pour que l'on puisse plus facilement mesurer le temps sur l'axe des X (horizontal) et la tension sur l'axe des Y (vertical). À l'aide des boutons disposés en façade, on sélectionne la plage de tensions (par exemple, 5 V/division) et la *durée du balayage* (par exemple, 10 ms/division, ms signifiant millisecondes). Tout en effectuant ces réglages, on voit l'affichage changer en fonction des valeurs choisies. Vous pouvez lire un niveau de tension à un moment donné en déterminant la position de cette tension sur la grille et en multipliant la valeur lue par l'unité choisie.

La position verticale (amplitude) d'une forme d'onde de courant continu donne la tension. Pour les signaux des courants alternatifs, l'affichage de l'oscilloscope vous permet de déterminer les niveaux de tension ainsi que la fréquence (le nombre de cycles par seconde). En comptant le nombre de divisions horizontales sur lesquelles s'affiche un cycle complet, et si vous multipliez ce nombre par l'unité de temps sélectionnée (par exemple 10 ms/division), vous obtenez la *période* du signal, $T$ (c'est-à-dire la durée d'un cycle complet). La fréquence $f$ est la fonction inverse de la période : $f = 1/T$ (pour plus de détails, voir la section « Tester la fréquence d'un circuit alimenté en courant alternatif », plus loin dans ce chapitre).

## Bande passante et résolution

Une des caractéristiques les plus importantes des oscilloscopes est la *bande passante*, qui se mesure en mégahertz (MHz) et qui est la

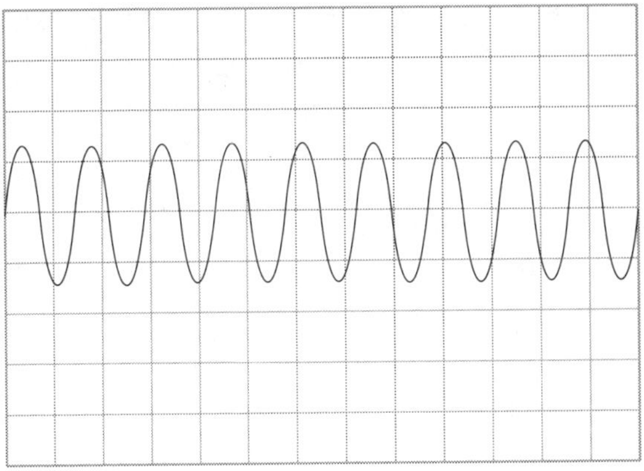

**Figure 13-5 :** L'oscilloscope affiche une représentation graphique des variations du signal électrique.

plus grande plage de fréquences que l'appareil soit capable de tester avec précision. La bande passante d'un oscilloscope de laboratoire de bas de gamme avoisine généralement les 20 ou 35 MHz, ce qui est suffisant, sauf pour les applications les plus exigeantes. Pour les travaux spécialisés de détection de pannes et de réparation, sur les ordinateurs ou sur les appareils de radio à ultra haute fréquence par exemple, une bande passante supérieure à 100 MHz peut être nécessaire. La bande passante des oscilloscopes sur PC est généralement inférieure à celle des autres types d'oscilloscopes : elle est généralement de 5 à 10 MHz. Cela convient pour un certain nombre d'applications, depuis les circuits des applications non professionnelles jusqu'aux réparations d'appareils audio.

La plupart des oscilloscopes ont une *résolution* (ou précision) de 0,5 µs (microsecondes, c'est-à-dire millionièmes de seconde), ou meilleure encore. Vous pouvez régler la durée du balayage de manière à pouvoir tester des signaux sur une période plus étendue, généralement jusqu'à une demi-seconde voire une seconde. À noter que même si la rapidité d'affichage de l'écran peut dépasser 0,5 µs, un signal aussi bref apparaîtra comme un défaut fugace ou comme un pic de tension.

La sensibilité de l'oscilloscope est la tension par division sur l'axe des Y. La sensibilité aux basses tensions de la plupart des appareils de milieu de gamme varie de 5 mV (millivolts) à 5 V. Pour régler la sensibilité, vous tournez un bouton. Quand la sensibilité est réglée sur 5 mV, chaque division de la grille représente une différence de 5 mV. Les niveaux de tension inférieurs à ce chiffre apparaîtront peut-être, mais vous ne pourrez pas les mesurer avec précision. Sur la plupart des appareils, un niveau de tension très faible (de l'ordre du microvolt) apparaît comme un léger tressaillement.

### Quelques fonctionnalités supplémentaires que vous devriez connaître

Avec le temps, les oscilloscopes ont connu de grandes améliorations. Ils présentent aujourd'hui davantage de fonctionnalités. Même si vous n'avez pas absolument besoin des fonctionnalités et caractéristiques qui suivent pour vos tests habituels, vous les trouverez peut-être utiles par la suite, quand vous aurez davantage d'expérience :

- **Le balayage différé.** Cette fonctionnalité permet de s'intéresser à une petite partie d'un signal long et complexe. Elle est idéale pour qui doit analyser des signaux de télévision.
- **Le stockage numérique.** Cette fonctionnalité consiste à enregistrer le signal en mémoire, pour l'utiliser plus tard. Le signal stocké en mémoire peut être élargi pour en analyser telle ou telle partie. Là encore, une telle fonctionnalité est utile dans le domaine de la télévision. Elle vous permet aussi de comparer les signaux, même si vos mesures sont espacées dans le temps.

Comme on peut s'y attendre, ces fonctionnalités entraînent généralement un coût supplémentaire. Il s'agit de mettre en balance le surcoût de l'appareil et l'utilité de ces fonctionnalités.

## Savoir quand utiliser un oscilloscope

Pour tester des niveaux de tension, il est souvent possible d'utiliser aussi bien un multimètre qu'un oscilloscope. C'est à vous de choisir, encore que pour les procédures de test répétitives, vous trouverez probablement le multimètre un peu plus pratique. De façon générale, vous choisirez d'utiliser un oscilloscope :

- **Pour déterminer visuellement si un signal alternatif ou numérique est correctement réglé dans le temps.** On a souvent besoin d'effectuer ce type de test, par exemple, quand il s'agit de réparer un récepteur de radio ou de télévision. La documentation technique de ces appareils comporte souvent des images de la forme d'onde visualisée sur un oscilloscope à divers points du circuit, afin de permettre des comparaisons. C'est bien pratique !
- **Pour tester des signaux pulsatiles qui varient trop rapidement pour pouvoir être détectés par un analyseur logique**, c'est-à-

dire, de façon générale, des signaux de fréquence supérieure à 5 MHz (qui changent plus de cinq millions de fois par seconde).

- **Pour tester visuellement la relation entre deux signaux**, à l'aide d'un *oscilloscope à deux voies*. Ce genre de test peut être nécessaire quand on travaille sur des circuits numériques, par exemple. Souvent, un signal sert de déclencheur pour en produire un autre. Visualiser les deux signaux en même temps permet de savoir si le circuit fonctionne normalement.
- **Pour tester des tensions**, lorsque les circonstances s'y prêtent : mais pour cela, il est toujours possible d'utiliser plutôt le multimètre.

Plutôt que de sortir votre oscilloscope chaque fois que vous devez effectuer un test, utilisez votre multimètre dans les situations suivantes :

- pour tester la résistance d'un circuit ;
- pour déterminer si un fil ou une partie d'un circuit présente un court-circuit (résistance nulle) ou forme un circuit ouvert (résistance infinie) ;
- pour mesurer l'intensité d'un courant ;
- pour tester des tensions et pour tester des composants tels que condensateurs et transistors.

# Quand l'oscilloscope prend du service

L'oscilloscope est un appareil assez compliqué. Pour bien comprendre la façon dont il doit être utilisé, lisez son mode d'emploi ou le manuel qui lui est consacré. Cette section ne constitue qu'une vue d'ensemble à titre d'initiation. Vous pouvez aussi visiter un des sites mentionnés en annexe : divers sites présentent des explications détaillées et illustrées concernant l'utilisation d'un oscilloscope.

## Réglages de base

Avant d'effectuer des tests avec votre oscilloscope, réglez-le sur des valeurs normales ou neutres. Ensuite, procédez à un calibrage de l'appareil grâce à une fonction de test intégrée, afin d'être sûr qu'il fonctionne correctement.

Référez-vous à la Figure 13-3, précédemment dans ce chapitre, pour reconnaître les divers boutons et autres commandes. Sur la façade de votre oscilloscope, leur présentation peut cependant être un peu différente, leur désignation également. Procédez comme suit :

1. **Mettez l'appareil en marche.**

   S'il s'agit d'un modèle à tube cathodique, attendez que le tube chauffe.
   Il se peut qu'un point ou une ligne apparaisse sur l'écran.

2. **Réglez le bouton de durée du balayage (Sweep Time/Division) sur 1 ms.**

   C'est une bonne valeur moyenne pour un calibrage initial.

3. **Réglez le bouton volts/division sur 0,5 V.**

   Ce réglage est aussi une bonne valeur moyenne à utiliser pour un calibrage initial, quand on teste des circuits basse tension à courant continu.

4. **Réglez le déclenchement du balayage sur la position automatique (ou à mi-course s'il n'y a pas de position automatique). Sélectionnez AC Sync et balayage interne.**

5. **Sélectionnez le réglage Auto des positions horizontale et verticale.**

   En l'absence de réglage Auto, positionnez les boutons à mi-course.

6. **Branchez une sonde de test en entrée.**

   Si votre appareil possède plusieurs canaux d'entrée, utilisez le premier (canal A).

7. **Réglez le commutateur de signal, s'il existe, sur la masse (Gnd) ou sur 0.**

   Sur certains modèles, cette fonction s'appelle couplage d'entrée.

8. **Branchez le cordon de masse sur la connexion à la masse prévue sur l'appareil (voir Figure 13-6).**

   Si votre oscilloscope ne comporte pas de connexion désignée à la masse, fixez l'extrémité du cordon à une aspérité métallique quelconque, par exemple à une tête de vis.

9. **Si votre oscilloscope est équipé d'un commutateur de signal, fixez le centre de la sonde au point de test de calibrage.**

**Figure 13-6 :** Branchez le cordon de masse sur la prise masse de l'oscilloscope.

Sinon, fixez-le à la masse.

10. **Réglez la position verticale de telle sorte que le faisceau soit sur la première division de l'écran (voir Figure 13-7).**

11. **Réglez la position horizontale de telle sorte que le faisceau soit à peu près centré sur l'écran.**

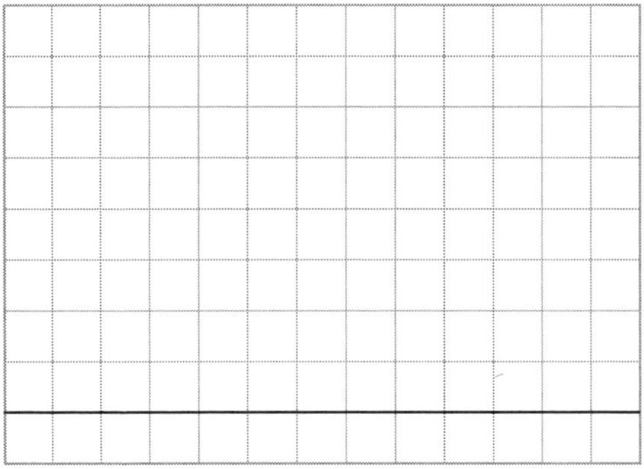

**Figure 13-7 :** Réglez la position verticale de telle sorte que le faisceau soit sur la première division de la grille.

Ne vous inquiétez pas si ce réglage n'est pas exact.

12. **Si votre oscilloscope est équipé d'un commutateur de signal, positionnez-le sur DC (courant continu). Sinon, débranchez la sonde de sa connexion à la masse et branchez-la sur le point de test de calibrage.**

Sur un certain nombre de modèles, un signal de test apparaît sous forme d'une onde carrée à fréquence relativement basse. Il s'agit d'une forme d'onde numérique qui oscille de façon uniforme entre tension d'état bas et tension d'état haut. Pour savoir quelle tension et quelle fréquence produit la fonction de test intégrée de votre appareil, consultez le manuel d'utilisation.

Supposons, par exemple, que l'amplitude du signal soit de 0,5 V à 1 000 Hz. Si vous avez réglé le bouton volts/division sur 0,5 V, la forme d'onde s'étendra à l'écran, en hauteur, sur une division.

En diminuant le nombre de volts par division, on agrandit la forme d'onde. Faites cette correction quand vous avez besoin d'une précision plus grande. Si vous réglez par exemple le nombre de volts par division à 0,1 V, un signal de test de 0,5 V couvrira cinq divisions.

## Afficher et mesurer des signaux

Une fois que vous avez réglé et testé votre oscilloscope, vous n'avez plus qu'à vous en servir pour vérifier visuellement le fonctionnement de vos circuits.

Ne vous servez pas d'un oscilloscope pour tester la tension de votre prise de courant, à moins d'avoir pris des précautions particulières. Ces précautions doivent normalement être mises en exergue dans le mode d'emploi de l'appareil. Vous êtes censé utiliser votre oscilloscope *uniquement* pour tester des circuits à basse tension fonctionnant sur courant continu et des signaux alternatifs à basse tension comme celui d'un microphone. Brancher votre oscilloscope directement sur une prise de 220 V serait dangereux, pour vous comme pour l'appareil !

Pour mesurer des signaux de tension avec un oscilloscope, procédez comme suit :

1. **Branchez une électrode de test sur l'entrée de l'oscilloscope.**

   Certains modèles d'oscilloscopes comportent plusieurs entrées ou *canaux*. On suppose ici qu'il n'y a qu'une entrée.

2. **À l'aide du bouton volts/division, réglez l'amplitude ou la plage de tension.**

   Si la tension que vous voulez tester est comprise entre 0 et 5 V, par exemple, réglez sur 1 V par division. Avec ce réglage, un volt correspond à une division sur l'écran de l'oscilloscope.

3. **Réglez la durée du balayage pour déterminer la tranche de temps à afficher.**

   La *tranche de temps* est la durée de la partie du signal affichée sur l'oscilloscope. Une tranche réduite ne permet de visualiser qu'une petite partie du signal, tandis qu'une tranche plus longue permet d'en afficher une partie plus importante. Vous pouvez faire des essais de réglage jusqu'à obtenir l'affichage désiré.

   Si vous testez un courant alternatif à basse tension ou un signal numérique pulsatile, réglez cette fonction de manière à pouvoir visualiser les cycles comme il convient. Si vous testez un signal continu et stable, ce contrôle aura moins d'importance, puisque le signal ne varie pas (beaucoup). Choisissez un réglage moyen, par exemple 1 ms par division, pour une lecture appropriée.

4. **Sélectionnez le type de signal (AC ou DC) et le canal d'entrée.**

   Nombreux sont les modèles (comme celui de la Figure 13-3) qui comportent deux canaux d'entrée, appelés A et B, et qui permettent ainsi de mesurer et de comparer des signaux de façon simultanée. Si votre appareil ne comporte qu'un canal, il n'y a pas de sélecteur d'entrée.

5. **Réglez la position verticale pour définir le niveau de référence à 0 V.**

   Si vous voulez voir à la fois les tensions positives et les tensions négatives, réglez la position verticale au milieu de l'écran (à la cinquième division verticale) ; si vous voulez voir simplement les tensions positives, réglez la position verticale au bas de l'écran (à la première division verticale). À ce stade, en l'absence de signal d'entrée, ce réglage définit la position du niveau de référence 0 V sur l'écran de l'appareil.

6. **Si votre oscilloscope est muni (comme la plupart des modèles) d'un sélecteur de déclenchement du balayage, positionnez-le sur Auto.**

7. **Une fois que vous avez paramétré correctement votre oscilloscope, connectez l'électrode de test au signal que vous voulez tester.**

   Branchez le cordon de masse de la sonde à la masse du circuit. Mettez la sonde elle-même en contact avec le point du circuit que vous voulez tester (voir Figure 13-8).

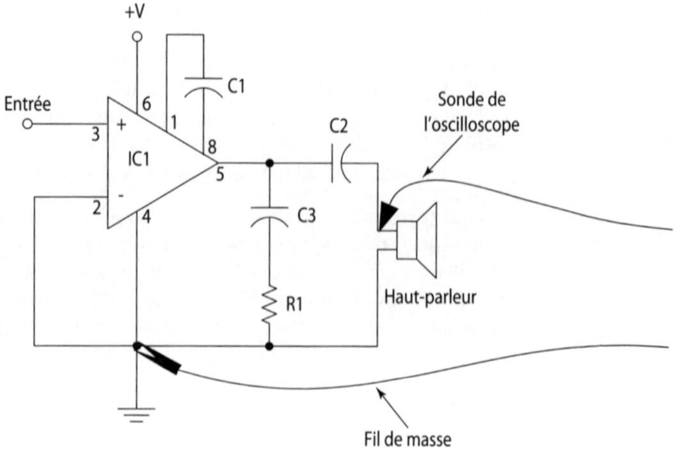


**Figure 13-8 :** Mettez l'extrémité de la sonde de l'oscilloscope en contact avec le point du circuit que vous voulez tester.

8. **Observez la forme d'onde affichée à l'écran.**

   À moins que votre oscilloscope comporte une fonction de lecture directe affichant les tensions sous forme de chiffres, vous aurez besoin d'établir une relation entre ce que vous voyez sur l'écran et les réglages de l'oscilloscope. Pour visualiser un niveau de tension, déterminez la position verticale d'un point sur la forme d'onde par rapport à la position de la référence de 0 V définie à l'étape 5, puis vous multipliez cette valeur par l'échelle de tension (nombre de volts/division) sélectionnée.

   Supposons, par exemple, que vous ayez défini la position de référence 0 V au milieu de l'écran (à la cinquième division verticale) et la plage de tension à 2 V par division. Un point de la forme d'onde situé à 3,2 divisions au-dessus du milieu de l'écran représente une tension de 6,4 V (3,2 divisions × 2 V/division). Un point situé à 1,5 division *au-dessous* du milieu de l'écran représente une tension de –3,0 V (–1,5 × 2 V).

Si vous disposez d'un oscilloscope à deux voies, vous pouvez afficher deux signaux simultanément. Ce type d'oscilloscope comporte deux jeux de branchement : un pour le canal A et un autre pour le canal B. vous pouvez déplacer verticalement chacune des deux traces de façon indépendante, si bien que vous pouvez afficher les deux signaux l'un au-dessus de l'autre ou les superposer. Supposons que vous vouliez vérifier le gain d'un circuit d'amplification. Vous allez brancher le canal A sur l'entrée de l'amplificateur et le canal B sur sa sortie. En réglant l'affichage de telle sorte que les deux traces soient l'une au-dessus de l'autre, vous pourrez facilement comparer les signaux et calculer le gain. Cette fonctionnalité est très utile pour analyser les circuits.

# Et maintenant, on teste !

Si vous avez lu tout ce qui précède, vous en savez maintenant un peu plus sur l'utilité de l'oscilloscope, sur ce qu'il permet de faire et sur la façon de l'utiliser pour visualiser un signal. Les sections qui suivent vous indiquent comment effectuer deux tests rapides, à titre d'illustration des possibilités d'utilisation de l'oscilloscope. Quand vous aurez pratiqué ces tests, vous serez déjà bien parti pour devenir un maître en la matière.

## Votre pile est-elle encore bonne ?

Ce test simple, qui vous permettra de vous familiariser avec l'oscilloscope, consiste à mesurer la tension d'une pile. Une pile délivre un courant continu et constant, aussi le réglage du balayage est-il ici sans objet. Il s'agit simplement de lire une tension affichée sur l'écran.

Pour cette démonstration, prenez dans votre tiroir une pile de 9 V. Suivez la procédure décrite dans la section « Réglages de base », précédemment dans ce chapitre, puis procédez comme suit pour tester votre pile :

1. **Réglez le bouton volts/division sur 2 V.**
2. **Réglez la position verticale de telle sorte qu'elle soit au bas de l'écran (première division verticale).**

   Ce sera la position de la référence 0 V.
3. **Fixez la pince du cordon de masse de la sonde de test à la borne négative de la pile.**

4. **Mettez la pointe de la sonde de test en contact avec la borne positive de la pile.**

Si la pile est complètement chargée, la ligne affichée à l'écran doit se trouver approximativement à mi-chemin entre la quatrième et la cinquième division verticale. Compte tenu du réglage que vous avez fait, vous pouvez alors en conclure que la tension aux bornes de la pile est de 9 V (4,5 divisions × 2 V/division). En revanche, si la ligne s'affiche bien au-dessous de la quatrième division verticale, cela signifie qu'il est temps de remplacer la pile.

## Démonter un poste de radio pour voir une forme d'onde audio

Un oscilloscope peut représenter graphiquement des formes d'onde de courant alternatif comme celle du signal électrique envoyé vers un haut-parleur. Les signaux audio sont des signaux complexes. En effet, le discours, le chant, la musique de divers instruments, tout cela est traduit sous forme de fréquences qui changent sans arrêt.

Pour pouvoir observer le signal dirigé vers le haut-parleur de votre poste de radio à piles, démontez le boîtier, de façon à avoir accès aux deux terminaisons du haut-parleur. Suivez la procédure décrite dans la section « Réglages de base », précédemment dans ce chapitre, puis procédez comme suit :

1. **Réglez la position verticale de telle sorte que le faisceau apparaisse au milieu de l'écran (à la cinquième division verticale).**

   Ainsi, vous verrez la tension osciller de part et d'autre de la valeur nulle.

2. **Réglez le nombre de volts par division sur 1 V.**

3. **Réglez la durée du balayage sur 0,1 milliseconde (0,1 ms).**

4. **Reliez la pince du cordon de masse de la sonde de test à l'une des deux bornes du haut-parleur.**

5. **Reliez l'extrémité de la sonde de test à l'autre borne du haut-parleur.**

6. **Allumez la radio, et observez l'écran.**

7. **Si vous n'obtenez aucun graphe au début, essayez encore en diminuant le réglage volts/division.**

Quand vous effectuez ce test, voici ce que vous devez remarquer :

- **L'amplitude de la forme d'onde augmente et diminue quand vous faites varier le volume de la radio.** En effet, le potentiomètre qui contrôle le volume modifie la tension du signal envoyé vers le haut-parleur.
- **En tournant le bouton de réglage de la tranche de temps par division, vous pouvez mieux observer les détails du signal.**

Si vous avez accès à un *générateur de fonctions* pouvant produire divers signaux, vous pouvez utiliser la même technique pour observer les formes d'onde. Vous verrez non pas un micmac de lignes qui ondulent, mais une onde sinusoïdale bien distincte, et vous pourrez observer la façon dont l'affichage change quand vous faites varier la fréquence. Vous pourrez aussi observer d'autres types de formes d'onde, par exemple les ondes carrées et les signaux triangulaires.

Tester la fréquence d'un circuit alimenté en courant alternatifVous pouvez déterminer la fréquence d'un signal de courant alternatif et afficher le graphe du courant alternatif de 50 Hz (60 Hz en Amérique du Nord) de votre prise murale. Toutefois, avant de brancher quoi que ce soit où que ce soit, prenez note de ce qui suit :

Même s'il est techniquement *possible* de brancher la sonde d'un oscilloscope directement dans une prise de courant, NE LE FAITES PAS. Jamais. Ne l'oubliez pas, ce serait réellement dangereux.

Vous pouvez plutôt tester la fréquence du courant du secteur de façon indirecte – et sans prendre de risque – à l'aide d'un phototransistor.

Oui, pour ce test, il vous faut un *phototransistor* (c'est-à-dire un transistor dont le fonctionnement dépend de la lumière, voir Chapitre 8) et une résistance de 10 kΩ (pour plus de détails sur les résistances, voir Chapitre 3). Branchez le phototransistor et la résistance sur une pile de 9 V selon le schéma de la Figure 13-9. Ensuite, prenez une lampe munie d'une ampoule à incandescence, et vous voilà prêt !

Après avoir suivi la procédure d'initialisation et de test exposée dans la section « Réglages de base », précédemment dans ce chapitre, effectuez votre test comme suit :

1. **Réglez la position verticale de telle sorte que le faisceau se situe au milieu de l'écran (à la cinquième division verticale).**
2. **Réglez le nombre de volts par division sur 1 V.**
3. **Réglez la plage de temps par division sur 10 ms.**

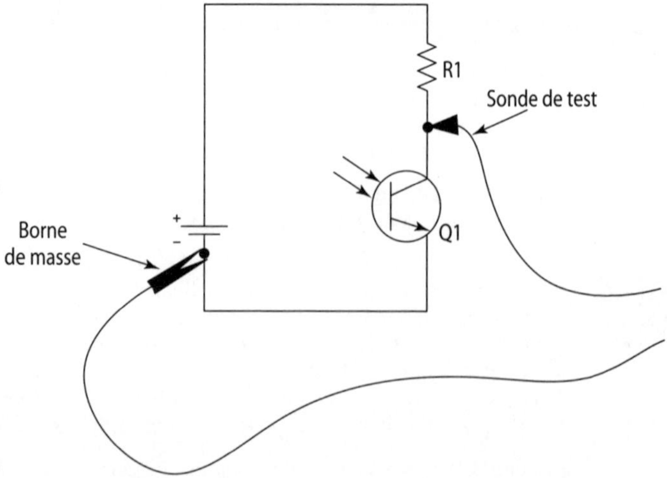


**Figure 13-9 :** Ce circuit simple vous permet de tester la fréquence du courant électrique de votre maison.

4. **Fixez la borne de masse de la sonde à la borne négative de la pile.**

5. **Fixez la sonde de test au point auquel vous avez relié le phototransistor et la résistance.**

6. **Allumez la lumière et observez les fluctuations de la forme d'onde.**

   Pour de meilleurs résultats, n'orientez pas la lampe directement sur le phototransistor. Modifiez plutôt son orientation jusqu'à voir apparaître une onde sinusoïdale. Si la lampe est trop proche du phototransistor, le transistor risque d'être saturé (ce qui équivaut à une surcharge) et vous ne verrez aucune variation de signal. Réglez le nombre de volts par division de manière à obtenir l'image la plus lisible.

Le phototransistor peut détecter les variations lumineuses très rapides, qui apparaissent sous forme de pics et de creux sur le graphe du signal, le système réagissant bien plus rapidement que vos yeux. Vous ne pourrez jamais voir la lampe éclairer plus ou moins sous l'effet des variations du courant, compte tenu du phénomène de *persistance de la vision* (votre cerveau préfère voir la continuité du mouvement). Cependant, grâce à la magie de l'électronique, vous pouvez « voir » les pulsations du signal lumineux !

TRUC

Pour effectuer ce test, il vous faut une ampoule à incandescence. En effet, le tube fluorescent compact, rempli d'un gaz, comporte un circuit électronique conçu pour stabiliser le courant qui le traverse.

Les ondulations sur l'écran de l'oscilloscope représentent les pulsations du courant alternatif à travers la lampe à incandescence. Cependant, le phototransistor enregistre un éclat de lumière à chaque fois que le courant alternatif devient positif ou négatif, si bien que l'ondulation à l'écran change *deux fois plus souvent* que le courant du secteur qui parcourt la lampe. La fréquence de la forme d'onde affichée est dont le double de la fréquence du courant du secteur, soit environ 100 Hz (ou 120 Hz en Amérique du Nord).

Pour le moment, oubliez ce que vous savez déjà concernant la fréquence du signal. Pour déterminer cette fréquence à la lecture de l'oscilloscope, vous devez d'abord calculer la période de la forme d'onde, c'est-à-dire le temps nécessaire à la réalisation d'un cycle complet, puis convertir cette valeur en fréquence en utilisant la fonction inverse. Pour ce faire, mesurez la distance de crête à crête : en l'occurrence, elle devrait représenter environ 100 % d'une division. Ensuite, multipliez cette distance par la durée de balayage sélectionnée (10 ms, soit 0,01 s). Vous obtenez la période :

Période (en secondes) = 1 division × 0,01 seconde/division = 0,01 s.

L'inverse de la période donne la fréquence :

Fréquence (en Hertz) = 1/Période (en secondes)
= 1/0,01
= 100 Hz

Sachant que la fréquence de la forme d'onde affichée est le double de la fréquence du courant domestique alimentant la lampe, vous divisez 100 Hz par deux pour obtenir votre estimation de cette dernière : 50 Hz.

TRUC

L'oscilloscope vous permet de calculer une *approximation* de la fréquence du signal. Si vous avez besoin d'un résultat plus précis, il vous faut un *compteur de fréquence*. Il s'agit d'un appareil à affichage numérique de la fréquence du signal. La précision est de l'ordre de un hertz pour plusieurs centaines de hertz.

# Troisième partie

# De la théorie à la pratique

« Cette fois, je crois que c'est bon, j'ai réparé l'interphone. Simplement, quand on sonne à la porte, n'oublie pas que tu dois parler près du ventilateur ! »

## *Dans cette partie...*

Comprendre l'influence des composants électroniques sur le courant électrique n'est pas inutile, mais l'électronique ne devient vraiment passionnante que lorsqu'on en voit l'application concrète. Dans cette partie, vous allez apprendre à construire des circuits simples illustrant les grands principes de l'électronique. Nous allons vous montrer comment utiliser votre multimètre – à l'aide d'une petite dose de mathématiques – afin de constater par vous-même que les composants électroniques tiennent vraiment leurs promesses. Vous pourrez même faire briller quelques LED et voir où et à quel moment le courant électrique parcourt vos circuits expérimentaux.

Nous allons aussi nous pencher sur les schémas de plusieurs applications électroniques intéressantes, qu'il vous sera possible de construire en moins d'une demi-heure, et sans avoir besoin de casser votre tirelire. À l'aide de capteurs, d'ampoules et de ronfleurs, vous allez pouvoir créer divers circuits pratiques, et parfois amusants. Cela vous donnera peut-être des idées d'autres circuits à fabriquer pour impressionner vos proches.

# Chapitre 14

# Découvrir quelques circuits didactiques

### *Dans ce chapitre*

- Illustrer la loi d'Ohm avec des circuits de résistances simples
- Observer les variations de tension d'un condensateur
- Voir la lumière grâce aux LED
- Voir ce que génère la diode Zener
- Commuter et amplifier grâce aux transistors
- Utiliser logiquement les portes NON-ET

Peut-être vous demandez-vous à présent si tout ce fatras théorique présenté dans les chapitres 1 à 6 peut déboucher véritablement sur des résultats tangibles, dans votre petit laboratoire électronique privé. Vos résistances résisteront-elles vraiment ? Quand vous chargerez un condensateur, saura-t-il se contenir jusqu'à ce que vous lui donniez le feu vert ? Vos semi-conducteurs seront-ils réellement conducteurs quand vous voudrez qu'ils le soient ? Les portes logiques seront-elles aussi logiques qu'on le dit ?

Si vous voulez une démonstration concrète des principes de l'électronique, vous êtes au bon chapitre.

Ici, nous vous présentons des circuits simples qui vous permettront de vérifier le fonctionnement des divers composants et les lois auxquelles ils sont soumis. Vous pouvez assembler n'importe lequel de ces circuits en moins de dix minutes, et observer directement la manière dont un composant électronique modifie le courant électrique. En vous guidant de votre multimètre et de quelques indices visuels, grâce à quelques LED placées en des points stratégiques, vous pourrez vous faire une véritable idée de ce qui se passe dans n'importe quel circuit.

## Se préparer pour l'aventure

Avant de songer à assembler les circuits proposés dans ce chapitre, assurez-vous d'avoir un peu de matériel sous la main. Pour pouvoir assembler et tester ces circuits, il vous faut au minimum :

- **Une plaque d'essais sans soudure.** Vous devez disposer d'au moins une plaque pour pouvoir assembler, modifier, défaire et refaire les circuits proposés. Plutôt que de commencer à y fixer des composants un peu au hasard, révisez, si nécessaire, les techniques d'assemblage du Chapitre 11, afin de savoir quelles connexions existent entre les trous.
- **Des piles.** Tous les circuits de ce chapitre fonctionnent avec une ou deux piles de 9 V. Il n'est jamais inutile d'en avoir quelques-unes en réserve, au cas où vous auriez besoin de laisser un circuit branché pendant un certain temps. Pour faciliter le montage des circuits, achetez deux clips de piles de 9 V et soudez des fils monobrins de calibre 22 aux bornes de ces clips, ce qui vous permettra de brancher et de débrancher vos piles plus facilement. Cela vous évitera aussi d'avoir besoin d'un commutateur (pour plus de détails sur la soudure, voir Chapitre 11).
- **Un multimètre.** Si vous êtes en train de lire ce chapitre, c'est sans doute que vous avez l'intention d'étudier quelques circuits. Il vous faut donc un multimètre, pour pouvoir mesurer la tension, la résistance et l'intensité du courant. Ainsi, vous saurez comment se comportent les électrons dans le circuit sur lequel vous travaillez. Pour un rappel concernant l'utilisation du multimètre, reportez-vous au Chapitre 12.
- **Une calculette.** À moins que vous n'accordiez une confiance totale à vos méninges pour effectuer des calculs justes, munissez-vous de votre calculette électronique.

Vérifiez bien vos unités de mesure. Avant tout calcul, convertissez vos valeurs en ohms, en ampères et en volts.

N'OUBLIEZ PAS

Histoire de vous faciliter la tâche au moment de vos achats, voici une liste de tous les composants électroniques utilisés dans ce chapitre pour assembler ces circuits didactiques :

- **Des résistances fixes.** À part une exception, dûment mentionnée, des résistances de 1/4 W ou de 1/8 W avec une tolérance de 10 à 20 % conviennent. Prévoyez une résistance de 220 Ω, une de 330 Ω, deux de 470 Ω et de 1/2 W, deux de 1 kΩ, deux de 10 kΩ et une de 100 kΩ.
- **Des potentiomètres.** Un de 10 kΩ, un de 100 kΩ et un de 1 MΩ. Avant de placer un potentiomètre sur une plaque sans soudure, soudez un fil de 7,5 cm à chacune de ses trois bornes. N'oubliez pas que la borne du milieu est reliée au curseur, tandis que les deux autres bornes sont fixées aux extrémités.
- **Un condensateur.** Un condensateur électrolytique de 470 µF, de tension nominale au moins égale à 25 V.
- **Des transistors.** Deux transistors bipolaires NPN multi-usages, par exemple de type 2N3904 ou BC548.
- **Des LED.** Deux LED standard de 5 mm, peu importe la couleur (la même ou non).
- **Une diode.** Une diode Zener de type 1N4731 de 4,3 V et de 1 W.
- **Un CI.** Une porte NON-ET quad 4011 à deux entrées.

Concernant le premier circuit, nous vous guidons tout au long du processus d'assemblage sur la plaque d'essais sans soudure. Pour les autres circuits, nous vous présentons simplement la schématique, et c'est à vous de les réaliser. À chaque fois, utilisez une rangée de la partie supérieure de la plaque pour les connexions à la borne positive de l'alimentation électrique et une rangée de la partie inférieure pour les connexions à la masse (à la borne négative), comme cela est expliqué et illustré à propos du premier circuit.

## Le voir, c'est le croire : la loi d'Ohm se vérifie vraiment !

Le Chapitre 3 traite d'une des lois les plus importantes de l'électronique, la loi d'Ohm, selon laquelle la tension U aux bornes d'un composant dont la résistance R est constante est égale au produit de cette résistance par l'intensité I du courant qui traverse le composant. Cette loi est valable pour tout composant résistif :

$$U = R \times I$$

Cette équation peut aussi s'écrire de deux autres manières :

$$I = \frac{U}{R}$$

et

$$R = \frac{U}{I}$$

La loi d'Ohm est utilisée pour analyser les circuits, des plus simples aux plus complexes, qu'il s'agisse de montages en série ou en parallèle. Dans cette section, vous allez pouvoir vérifier cette loi tout en faisant vos premiers pas dans l'analyse des circuits.

En étudiant ces circuits, ne perdez pas de vue une autre loi impor tante, la loi de Kirchhoff, qui reste toujours valable : *la somme des variations de tension sur un circuit est toujours nulle*. Sur des circuits alimentés en courant continu comme ceux de cette section, une autre façon d'exprimer la même chose consiste à dire que la somme des chutes de tension au niveau de *tous* les composants du circuit est égale à la tension de la source (pour un rappel de ces notions, voir Chapitre 2).

# Analyser un montage en série

La Figure 14-1 représente un montage simple en série comportant une pile de 9 V, une résistance (R1) de 470 Ω et un potentiomètre, ou résistance variable (R2), de 10 kΩ. La chute de tension sur R1 et sur R2 est aussi représentée. Pour réaliser ce circuit, vous allez relier ensemble la borne intermédiaire (celle du curseur) et une des deux autres bornes (fixes) du potentiomètre, comme cela se pratique souvent quand on utilise un potentiomètre sous forme de résistance variable à deux pôles. Ainsi, R2 est la résistance entre la réunion de ces deux bornes et l'autre borne extérieure (ou fixe). Le variateur vous permet de faire varier R2 de 0 Ω à 10 kΩ.

Avant de mettre un potentiomètre dans votre circuit, servez-vous de votre multimètre – en sélectionnant la fonction ohmmètre – pour mesurer sa résistance (entre la borne du curseur et la borne fixe qui ne lui est pas reliée). Réglez le potentiomètre en bout de course de telle sorte que le multimètre affiche 0 (zéro) Ω.

## Réaliser un montage en série simple

Pour les connexions sur la plaque d'essais sans soudure, référez-vous à la Figure 14-2. Procédez étape par étape, et ne branchez la pile qu'à la fin :

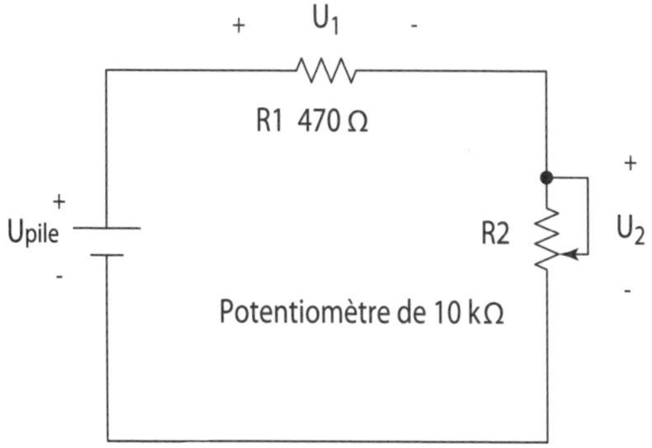


**Figure 14-1 :** Ce simple montage en série vous permet de vérifier concrètement la loi d'Ohm.

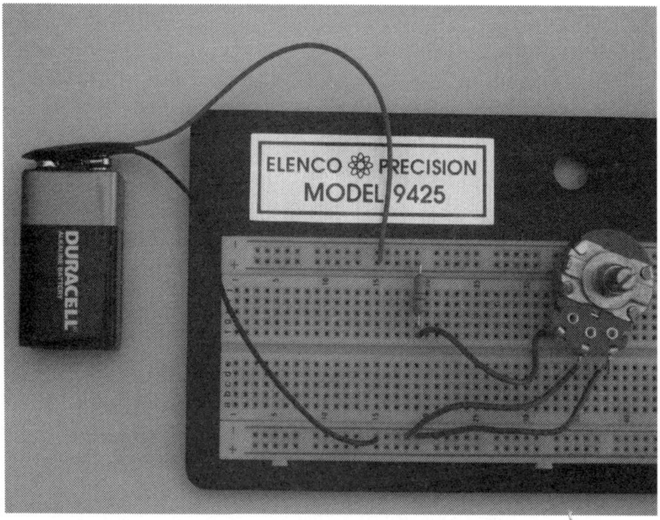


**Figure 14-2 :** Réaliser un montage simple en série sur une plaque d'essais sans soudure est un jeu d'enfant.

1. **Enfichez la résistance fixe (R1).** Introduisez n'importe laquelle de ses deux terminaisons dans un trou de la rangée supérieure de la plaque, et l'autre dans un trou de la partie centrale.

2. **Ajoutez le potentiomètre (R2).** Enfichez la borne fixe (celle qui n'est pas reliée à la borne du curseur) dans un trou de la partie centrale, dans la même colonne que la borne de la résistance R1, et enfichez les deux autres terminaisons dans des trous de la rangée inférieure.

3. **Ajoutez la pile.** Reliez la borne négative de la pile à un trou de la rangée inférieure, puis reliez la borne positive à un trou de la partie supérieure pour fermer le circuit.

Il est temps, à présent, de tester ce circuit à l'aide du multimètre.

## *Un peu de tension dans le circuit*

Vous pouvez tester d'abord des niveaux de tension. Sur votre multimètre, sélectionnez la fonction voltmètre, le courant continu (DC) et une plage de tension de 10 V, et procédez comme suit :

1. **Commencez par un test simple pour déterminer la tension exacte de votre pile : mettez l'électrode noire du voltmètre en contact avec la borne négative de la pile et l'électrode rouge en contact avec la borne positive.**

   Pour ce faire, vous pouvez insérer doucement la pointe de chaque électrode de test dans un trou de la plaque relié au point du circuit à mesurer.

2. **Testez la tension aux bornes du potentiomètre (R2). Pour ce faire, placez l'électrode noire du voltmètre au point de connexion de R2 avec la borne négative de la pile, et placez la pointe de l'électrode rouge au point de connexion entre R1 et R2.**

   Quel résultat lisez-vous sur l'appareil ? Quel résultat devriez-vous obtenir, et pourquoi ? (un indice : le potentiomètre est réglé sur zéro ohm).

3. **Testez la tension aux bornes de R1. Ayez soin d'orienter les électrodes du voltmètre de manière à obtenir une tension positive, c'est-à-dire de mettre l'électrode noire en contact avec le point de liaison entre R1 et R2 et l'électrode rouge en contact avec le point de connexion entre R1 et la pile.**

   Quel résultat obtenez-vous ? Pourquoi ? Si vous additionnez les deux tensions mesurées, vous devez obtenir la tension de la pile :

   $U_1 + U_2 = U_{pile}$

Réglez de différentes manières le potentiomètre et mesurez à chaque fois $U_1$ et $U_2$. Leur somme est-elle toujours égale à $U_{pile}$ ?

## Vérifier la loi d'Ohm

Pour tester la loi d'Ohm, mettez à nouveau le potentiomètre à zéro et demandez-vous quelle intensité de courant vous devriez observer. Ensuite, les électrodes n'étant pas branchées au circuit, sélectionnez la fonction ampèremètre du multimètre, avec la position courant continu (DC) et une plage de 200 mA (vous pourriez choisir 20 mA, mais mieux vaut commencer avec une plage plus grande et la réduire ensuite, plutôt que commencer par une plage trop réduite).

N'oubliez pas que vous devez brancher votre appareil en série avec la partie du circuit sur laquelle vous voulez effectuer votre mesure de l'intensité du courant. Cependant, avant d'ouvrir le circuit, débranchez la pile. Pour cela, il vous suffit de débrancher une de ses deux bornes de la plaque d'essais. Il est souhaitable que vous preniez l'habitude de débrancher l'alimentation avant toute opération sur le circuit.

Pour tester la loi d'Ohm, procédez comme suit :

1. **L'alimentation étant débranchée, retirez la terminaison du potentiomètre (R2) de sa connexion avec R1 et branchez-la sur une autre colonne de la plaque.**

   Ainsi, le circuit est ouvert.

2. **Branchez l'électrode rouge du multimètre sur la terminaison déconnectée de R1 et l'électrode noire sur la terminaison déconnectée de R2. Ensuite, branchez la pile.**

   L'appareil doit indiquer une certaine intensité. Si cette intensité est inférieure à 20 mA, vous pouvez régler la plage d'intensité sur 20 mA pour obtenir une lecture plus précise. Le résultat est-il ce que vous attendiez ? La loi d'Ohm s'applique-t-elle bien à votre circuit ?

3. **Le multimètre étant toujours branché entre R1 et R2, modifiez lentement le réglage du potentiomètre et observez la variation d'intensité.**

   Le résultat varie-t-il dans la bonne direction ?

4. **Tournez complètement le bouton ou la tige du potentiomètre.**

   La valeur que vous lisez correspond-elle à ce que vous pensiez lire ? N'oubliez pas que le courant qui parcourt un montage en série est limité par toutes les résistances, lesquelles s'additionnent (et le multimètre ajoute au circuit une certaine résistance, quoique infime).

5. **Tournez le bouton du potentiomètre dans l'autre sens jusqu'à ce que l'intensité affichée soit d'environ 10 mA, puis calculez la valeur de R2.**

6. **Débranchez la pile, puis retirez le potentiomètre du circuit.**

7. **Sur votre multimètre, sélectionnez la fonction ohmmètre et une plage de 2 kΩ. Ensuite, mesurez la résistance aux bornes du potentiomètre.**

   Que pensez-vous du résultat ?

Vous pouvez effectuer tous les tests que vous voulez, faire varier le potentiomètre et mesurer l'intensité et la tension pour constater que la loi d'Ohm se vérifie. Vous constaterez aussi que la chute de tension aux bornes de R1 et de R2 varie avec le réglage du potentiomètre, et que la somme de ces tensions est toujours égale au voltage de la pile. À mesure que vous effectuez vos tests, remplissez le tableau suivant. Ajoutez des lignes le cas échéant.

| **R2** | **Intensité** | **U2** | **U1** |
|---|---|---|---|
| 0 Ω | | | |
| | 10 mA | | |
| | | 5 V | |
| 10 kΩ | | | |

## Diviser le voltage

À l'aide du même montage en série (le circuit de la Figure 14-1), vous pouvez tester le principe du diviseur de tension présenté au Chapitre 3. Supposons que vous deviez alimenter un circuit avec une tension de 5 V, par exemple, mais que vous ne disposiez que d'une pile de 9 V. Vous pouvez diviser le voltage de la pile en le répartissant sur deux ou plusieurs composants résistifs, choisis et branchés de telle sorte que l'une des tensions soit de 5 V.

En vertu de la loi d'Ohm, la tension aux bornes de R2 est égale au produit de l'intensité I par la valeur de R2. Vous savez aussi que cette intensité I est égale au voltage de la pile divisé par la résistance totale du circuit, laquelle est égale à R1 + R2. À partir de ces deux équations, vous pouvez exprimer la tension aux bornes de R2 :

$$
\begin{aligned}
U_2 &= I \times R2 \\
&= \frac{U_{pile}}{R1+R2} \times R2 \\
&= \frac{R2}{R1+R2} \times U_{pile}
\end{aligned}
$$

Vous pouvez remarquer que le terme de droite de l'équation est ce que vous obtenez en multipliant un rapport de résistances par le voltage de l'alimentation. En dehors du circuit, réglez le potentiomètre sur un certain niveau et mesurez sa résistance. Que devrait être la tension à ses bornes ? Mettez le potentiomètre dans le circuit, branchez l'alimentation et mesurez cette tension. Est-elle proche de la valeur que vous aviez calculée ?

Utilisez le tableau suivant pour tester votre diviseur de tension. Notez les résultats pour une série de valeurs de R2. Que remarquez-vous concernant la valeur de U2, par rapport au voltage de la pile quand R2 est bien plus grande que R1 ? Qu'en pensez-vous ?

| **R2** | **Estimation de** $U_2 = \frac{R2}{R1+R2} \times U_{pile}$ | $U_2$ **mesurée** |
|---|---|---|
| 50 Ω | | |
| 100 Ω | | |
| 470 Ω | | |
| 1 kΩ | | |
| 5 kΩ | | |
| 8 kΩ | | |
| 10 kΩ | | |

À présent, supposons que vous vouliez concevoir un circuit diviseur de tension pour obtenir une tension de 5 V aux bornes de R2. Pour cela, vous calculez la valeur de R2 qui vous permettrait d'obtenir cette tension. Il faut donc remplacer $U_2$ par 5 V dans l'équation du diviseur de tension du cas précédent (à noter que pour pouvoir déterminer le diviseur de tension, vous n'avez pas besoin de déterminer l'intensité du courant qui parcourt le circuit). Nous n'entrerons pas ici dans le détail du calcul, car ce livre n'est pas un manuel de mathématiques. Avec une pile délivrant effectivement une tension de 9 V, vous obtenez l'équation suivante :

$$R2 = 5/4 \times R1 = 1{,}25 \times R1$$

Sachant que R1 = 470 Ω (au moins en théorie), la résistance du potentiomètre devrait être d'environ 588 Ω (soit 1,25 × 470 Ω).

Voici comment tester ce calcul :

1. **Réglez votre multimètre sur la fonction voltmètre et sur DC avec une plage de 10 V, et mesurez la tension aux bornes du potentiomètre.**

2. **Réglez le potentiomètre de telle sorte que la tension lue soit à peu près 5 V.**

3. **Retirez le potentiomètre du circuit et mesurez sa résistance.**

Vous devriez obtenir une valeur au voisinage de 588 Ω.

Vous pouvez tester à votre guise la loi du diviseur de tension. Choisissez une valeur pour R2 et réglez le potentiomètre sur cette valeur. Calculez la tension aux bornes de R2, puis mesurez cette tension en branchant le potentiomètre dans le circuit.

## Tester le parallélisme

Vous voulez voir de vos propres yeux comment le courant se partage entre deux résistances ? Montez le circuit de la Figure 14-3 et mesurez l'intensité dans chaque branche, en procédant comme suit :

1. **Réglez votre multimètre sur la fonction ampèremètre, sur DC et sur 20 mA.**

2. **Pour mesurer l'intensité $I_1$ du courant d'alimentation,**

   a. Ouvrez le circuit entre la pile et R1.

   b. Branchez le multimètre en série avec la pile et R1, l'électrode rouge reliée à la borne positive de la pile et l'électrode noire reliée à la terminaison débranchée de la résistance.

   c. Notez l'intensité affichée par l'appareil.

3. **Retirez le multimètre, puis rebranchez la pile et la résistance.**

4. **Pour mesurer l'intensité $I_2$ du courant parcourant la branche,**

   a. Débranchez une des deux terminaisons de la résistance R2.

   b. Branchez le multimètre en série avec R2, dans le bon sens.

   c. Notez l'intensité affichée par l'appareil.

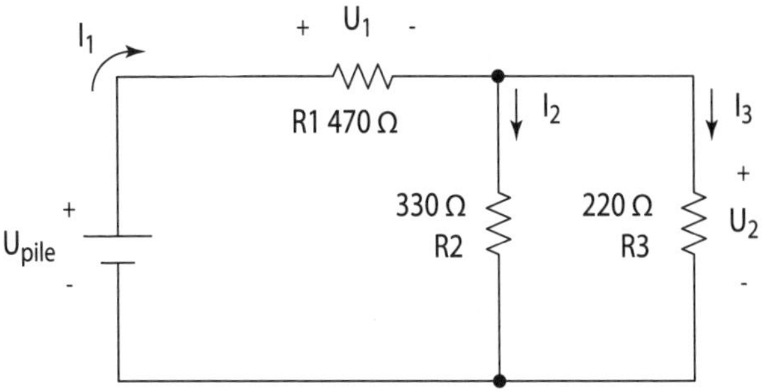


**Figure 14-3 :** L'intensité du courant d'alimentation se partage entre les deux branches du circuit.

5. **Retirez le multimètre, puis rebranchez R2 dans le circuit.**

6. **Pour mesurer l'intensité $I_3$ du courant parcourant l'autre branche,**

   a. Débranchez une des deux terminaisons de la résistance R3.

   b. Branchez le multimètre en série avec R3, dans le bon sens.

   c. Notez l'intensité affichée par l'appareil.

7. **Débranchez le multimètre et éteignez-le. Ensuite, rebranchez R3 dans le circuit.**

À moins que les lois de la physique aient subitement changé (ou que votre multimètre soit devenu facétieux), la somme des intensités que vous avez relevées au niveau des deux branches doit être égale à l'intensité du courant d'alimentation, telle que vous l'avez mesurée.

Vous pouvez calculer ces intensités en vous référant à la loi d'Ohm et aux règles relatives aux branchements de résistances en série et en parallèle. Pour calculer l'intensité du courant d'alimentation $I_1$, déterminez la résistance totale du circuit, $R_{total}$, puis appliquez la loi d'Ohm en utilisant le voltage de la pile.

N'OUBLIEZ PAS

Au Chapitre 3, nous vous expliquons comment calculer la résistance équivalente $R_{total}$ d'un circuit associant branchement en série et branchement en parallèle comme celui de la Figure 14-3 :

$$R_{total} = R1 + \left(R2 \| R3\right) = R1 + \frac{R2 \times R3}{R2 + R3}$$

Avec les valeurs des résistances de cet exemple, vous devez trouver $R_{total} = 602\ \Omega$.

Ensuite, vous pouvez calculer l'intensité du courant d'alimentation comme suit :

$$I_1 = \frac{U_{pile}}{602}$$

En supposant $U_{pile}$ = 9 V, on obtient :

$$I_1 = \frac{9\ V}{602\ \Omega} \approx 0{,}015\ A = 15\ mA$$

Connaissant $I_1$, vous pouvez à présent calculer la tension $U_1$ aux bornes de la résistance R1 :

$$U_1 = I_1 \times R1 = 0{,}015\ A \times 470\ \Omega \approx 7\ V$$

Si la tension aux bornes de R1 est de 7 V, alors $U_2$, la tension aux bornes des résistances parallèles, doit être égale à 9 V – 7 V, soit 2 V. En appliquant la loi d'Ohm pour chacune des résistances montées en parallèle, vous pouvez alors calculer les intensités respectives :

$$I_2 = U_2 /R2 = 2\ V/330\ \Omega \approx 0{,}006\ A = 6\ mA$$

$$I_3 = U_3 /R2 = 2\ V/220\ \Omega \approx 0{,}009\ A = 9\ mA$$

Surprise, la somme de ces intensités est égale à l'intensité du courant de l'alimentation !

TRUC

Utilisez votre multimètre comme un voltmètre et vérifiez vos calculs de tensions. Ensuite, pour rendre l'exercice plus intéressant, remplacez la résistance fixe R3 par un potentiomètre de 10 kΩ. Faites varier la résistance et observez la façon dont varient l'intensité et la tension. Vous n'allez pas tarder à devenir un spécialiste de la loi d'Ohm !

## Charger et décharger un condensateur

Cette expérience est l'occasion de voir comment un condensateur se charge, conserve sa charge, puis se décharge. Vous allez aussi pouvoir faire varier le temps de la charge et de la décharge. Pour un rappel sur le fonctionnement du condensateur et sur la manière dont on peut le contrôler, reportez-vous au Chapitre 4.

# *On charge et on décharge*

Le circuit de la figure 14-4 représente bien deux circuits en un. Un commutateur, constitué d'un fil de pontage, alterne une position « charge » et une position « décharge », ce qui donne deux possibilités de circuit :

- **Le circuit de charge.** Quand le commutateur est dans la position « charge », le circuit est constitué d'une pile, d'une résistance R1 et d'un condensateur C. La résistance R2 ne fait pas partie du circuit.
- **Le circuit de décharge.** Quand le commutateur est dans la position « décharge », le condensateur C et la résistance R2 forment un circuit complet. La pile et la résistance R1 ne font pas partie de ce circuit (elles forment un circuit ouvert).

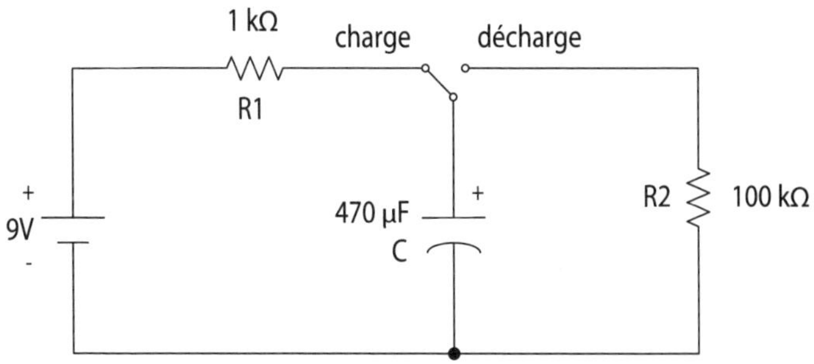


**Figure 14-4 :** Avec ce montage, vous pouvez charger et décharger le condensateur, selon la position du commutateur.

TRUC

En guise de commutateur, utilisez un petit morceau de fil électrique. Enfichez une extrémité de ce fil dans la plaque de telle sorte qu'elle soit reliée à la borne positive du condensateur. Avec l'autre extrémité, vous pouvez relier le condensateur soit à R1, soit à R2. Vous pouvez aussi laisser la seconde extrémité libre, ce que nous vous proposerons de faire plus tard dans cette section. Vous verrez bientôt pourquoi.

Réalisez ce montage avec une pile de 9 V, mais sans relier à rien l'extrémité mobile du fil de pontage pour le moment. Ne vous trompez pas dans l'orientation du condensateur électrolytique : reliez la borne négative du condensateur à la borne négative de la pile (sinon, il risquerait d'éclater).

Pour voir le condensateur se charger, conserver sa charge, puis se décharger, procédez comme suit :

1. **Réglez votre multimètre sur la fonction voltmètre et sur DC avec une plage de 10 V, et reliez-le au condensateur (le cordon**

**rouge branché sur la borne positive et le cordon noir sur la borne négative).**

2. **Pour charger le condensateur, branchez le commutateur dans la position « charge » (relié à R1) et lisez la tension affichée par le multimètre.**

   Cette tension devrait atteindre à peu près 9 V, mais pas immédiatement. Il faut environ deux secondes, le temps que le condensateur se charge à travers la résistance R1.

3. **Mettez le condensateur en situation d'attente : débranchez l'extrémité du fil de pontage, et lisez ce qu'indique votre voltmètre.**

   L'appareil doit toujours indiquer 9 V, ou peu s'en faut. Vous verrez peut-être la tension décroître légèrement, le condensateur laissant échapper un peu de charge, mais il conserve véritablement cette énergie électrique même lorsque la pile est débranchée.

4. **Branchez maintenant l'extrémité mobile du fil de pontage en position « décharge » (sur R2) et observez l'indication de votre multimètre.**

   La valeur indiquée devrait décroître assez lentement, à mesure que le condensateur se décharge sur la résistance R2. Cela devrait durer quelques minutes.

Au Chapitre 4, il est expliqué que le temps de charge d'un condensateur, dans un circuit RC simple, est à peu près égal à cinq fois la constante de temps RC, notée *T*. Il s'agit simplement de la valeur de la résistance (en ohms) multipliée par la capacité du condensateur (en farads). Vous pouvez donc calculer le temps nécessaire au condensateur pour se charger et pour se décharger, comme suit :

$$\text{Temps de charge} = 5 \times R1 \times C$$

$$= 5 \times 1\,000\ \Omega \times 0{,}000470\ \text{F}$$

$$= 2{,}35\ \text{s}$$

$$\text{Temps de charge} = 5 \times R2 \times C$$

$$= 5 \times 100\,000\ \Omega \times 0{,}000470\ \text{F}$$

$$= 235\ \text{s} \approx 3{,}9\ \text{min}$$

Ces résultats sont-ils ceux que vous avez lus sur l'appareil ? Recommencez l'expérience de charge et de décharge, et vérifiez si vos calculs sont justes.

# Faire varier la constante de temps RC

Si vous ajoutez deux potentiomètres dans votre circuit de charge et de décharge, vous pourrez observer des constantes de temps RC différentes et voir votre condensateur se charger et se décharger à des intervalles de temps différents. Pour cela, procédez comme suit :

1. **Montez le circuit de la Figure 14-5, en laissant le commutateur ouvert (une extrémité du fil de pontage débranchée de la plaque d'essais).**

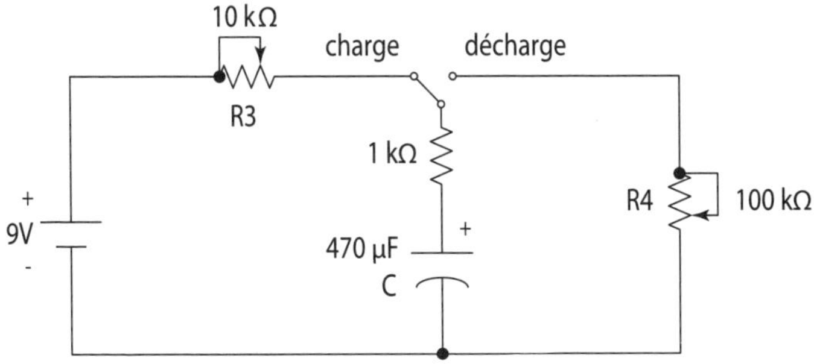


**Figure 14-5 :** En réglant les potentiomètres, vous faites varier le temps de charge et de décharge du condensateur.

À noter qu'une résistance de 1 kW est branchée en série avec le condensateur. Elle sert à le protéger en limitant le courant, quel que soit le réglage du potentiomètre.

La constante de temps RC du circuit de charge est obtenue en multipliant la résistance totale de celui-ci par la capacité du condensateur. La résistance totale est la somme de la résistance fixe (1 kW) et de la résistance variable du potentiomètre R1. Vous pouvez alors calculer le temps de charge du condensateur grâce à l'équation :

Temps de charge = 5 × (R3 + 1 000) × C

Si vous réglez R3 sur 0 W, la résistance totale sera tout simplement égale à 1 000 W et le condensateur mettra environ 2,35 secondes pour se charger, tout comme dans la section précédente (« On charge et on décharge »).

2. **Branchez le fil de pontage pour former le circuit de charge, et lisez ce qu'indique votre voltmètre.**

   La constante de temps RC de votre circuit de décharge est le produit de la résistance totale du circuit de décharge par la capacité du condensateur. La résistance totale du circuit de décharge est la somme de la résistance fixe (1 kW) et de la résistance variable du potentiomètre R4. Vous pouvez donc calculer le temps de décharge du condensateur :

   Temps de décharge = 5 × (R4 + 1 000) × C

   Si vous réglez R4 sur sa valeur maximale 100 kW, le temps de décharge sera d'environ 237 secondes, soit 4 minutes (à peu près le même que dans la section « On charge et on décharge »).

3. **Changez le branchement du fil de pontage pour former le circuit de décharge, et lisez ce qu'indique votre voltmètre.**

4. **Une fois le condensateur déchargé, retirez le fil de pontage.**

5. **Réglez R3 sur sa valeur maximale, 10 kΩ.**

6. **Changez le branchement du fil de pontage pour former le circuit de charge, et lisez ce qu'indique votre voltmètre.**

   Avez-vous remarqué que le condensateur met bien plus de temps à se charger ? N'a-t-il pas semblé se charger rapidement au début, puis moins vite ensuite ?

   Au Chapitre 4, vous pouvez voir la forme d'onde d'un condensateur qui se charge et se décharge. On constate que le condensateur se charge rapidement dans un premier temps, et qu'il se charge moins vite ensuite. Il en est de même quand il se décharge : il se décharge d'abord rapidement, puis plus lentement.

7. **Retirez le fil de pontage.**

8. **Réglez R4 sur 0 Ω.**

9. **Fermez le circuit de décharge, et observez ce qu'indique votre voltmètre.**

   Le condensateur ne s'est-il pas déchargé rapidement ? Le temps de décharge devrait être voisin de 2,5 secondes.

   Essayez différents réglages de chaque potentiomètre, en chargeant et en déchargeant le condensateur. Si vous voulez vraiment vous amuser, chronométrez les cycles de charge et de décharge. Ensuite, retirez les deux potentiomètres, mesurez chaque résistance et calculez 5RC. Vos résultats correspondent-ils à peu près à vos observations ?

# Faire chuter la tension sur les diodes

Les diodes, auxquelles le Chapitre 6 est consacré, sont au courant électrique ce que les valves sont au courant hydraulique. Quand on applique une faible tension entre l'anode et la cathode, le courant circule dans un sens et la chute de tension aux bornes de la diode reste constante, même si l'intensité du courant augmente.

Dans cette section, vous allez voir de façon très concrète comment on utilise des diodes dans les circuits électroniques. Vous allez aussi pouvoir utiliser votre multimètre pour étudier les tensions et l'intensité du courant dans les circuits comportant des diodes.

## Allumer une LED

Une tension d'environ 2 volts dirigée dans le bon sens permet au courant de parcourir une diode électroluminescente (LED) rouge, jaune ou verte, de telle sorte qu'elle s'allume. Une LED peut supporter un courant d'environ 20 mA (vérifiez les caractéristique de la LED que vous allez utiliser).

Le circuit de la Figure 14-6 sert à illustrer le fonctionnement d'une LED. Il vous permet de voir comment une LED s'allume, s'éteint et brille davantage quand le courant devient plus fort. Procédez comme suit :

1. **Réglez un potentiomètre de 10 kΩ sur sa résistance maximale.**

2. **Réalisez le montage de la Figure 14-6, avec une LED standard rouge, jaune ou verte.**

   Prenez soin d'orienter correctement la diode, en reliant la cathode (borne négative) à la borne négative de la pile. En général, la cathode est plus courte que l'anode.

3. **Réglez votre multimètre sur la position voltmètre, sur DC et sur une plage de 10 V, et branchez les électrodes de test aux bornes de la LED.**

   La LED s'allume-t-elle ? Quelle tension l'appareil affiche-t-il ? La tension aux bornes de la LED devrait être inférieure à 1 V, valeur insuffisante pour que celle-ci s'allume.

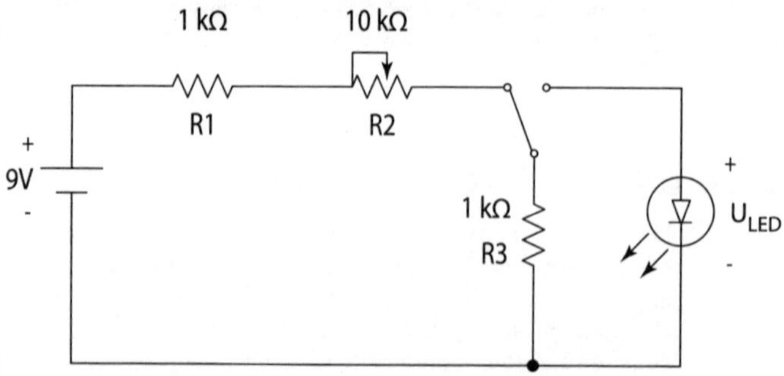


**Figure 14-6 :** Utilisez ce circuit pour allumer et éteindre une LED et pour faire varier l'intensité de sa lumière.

4. **Tournez lentement le variateur du potentiomètre en observant la LED. Dès qu'elle s'allume, cessez de tourner.**

   Lisez ce qu'indique le multimètre. La tension est-elle proche de 2 V ?

5. **Continuez de faire varier le potentiomètre tout en observant la LED.**

   Que se passe-t-il ?

6. **Faites varier le potentiomètre jusqu'à 0 Ω et observez l'intensité de la LED. Notez la tension affichée par le multimètre.**

   La tension aux bornes de la LED a-t-elle notablement changé quand l'intensité lumineuse a augmenté ?

NOTE TECHNIQUE

Afin de comprendre pourquoi la LED était éteinte alors que le potentiomètre était réglé sur 10 kΩ et pourquoi elle s'est allumée ensuite, quand vous avez réduit la résistance du potentiomètre, supposons que vous retiriez la LED. Le circuit est un diviseur de tension, et la tension aux bornes de la résistance R3 (qui est la même qu'aux bornes de la LED) peut être calculée en multipliant le rapport des résistances par la tension d'alimentation :

$$U_{LED} = \frac{R3}{R1+R2+R3} \times 9\ V$$

$$= \frac{1\ 000}{1\ 000+R2+1\ 000} \times 9\ V$$

$$= \frac{1\ 000}{2\ 000+R2} \times 9\ V$$

Si la résistance du potentiomètre est forte (par exemple 10 kΩ), la tension aux bornes de la LED est plutôt faible (autour de 0,75 V). Quand la résistance du potentiomètre est suffisamment réduite, la tension aux bornes de la LED devient suffisante pour que celle-ci s'allume. $U_{LED}$ atteint à peu près 2 V quand R2 descend à 2,5 kΩ environ (dans l'équation qui précède, remplacez R2 par 2 500, pour voir !). Il se peut, bien entendu, que la LED dont vous disposez s'allume à un niveau de tension légèrement différent de 2 mais compris entre 1,7 et 2,2 V. En mesurant la résistance du potentiomètre au point où la LED s'allume, vous pouvez obtenir une valeur de résistance un peu plus faible ou plus forte que 2,5 kΩ.

Pour voir quel courant traverse la LED, vous pouvez aussi procéder comme suit :

1. **Ouvrez le circuit entre la cathode (borne négative) de la LED et la borne négative de la pile.**

2. **Branchez votre multimètre en série avec la LED en l'insérant là où vous avez ouvert le circuit, et réglez-le de telle sorte qu'il mesure l'intensité d'un courant continu (DC).**

3. **Commencez avec un potentiomètre réglé sur 10 kΩ, c'est-à-dire sur la valeur maximale. À mesure que vous réduisez cette valeur, observez la valeur affichée. Notez l'intensité affichée au moment où la LED s'allume pour la première fois. Ensuite, continuez de réduire la résistance du potentiomètre et observez ce qu'affiche le multimètre.**

   Vous devriez voir l'intensité du courant augmenter jusqu'à plus de 5 mA, à mesure que la lumière devient plus vive.

De manière générale, vous devez remarquer que la LED s'allume quand la tension à ses bornes avoisine les 2 V et que le courant qui la traverse est alors très faible. À mesure que vous augmentez ce courant, la lumière devient plus vive mais la tension reste à peu près constante.

## Partager la tension

Quand une tension assez importante est appliquée en polarisation inverse à une diode Zener, celle-ci conserve une chute de tension stable même si le courant qui la traverse augmente dans une certaine proportion (pour plus de détails sur les diodes Zener, voir Chapitre 6). Pour tester la chute de tension, procédez comme suit :

1. **Assemblez le circuit diviseur de tension élémentaire de la Figure 14-7, en branchant deux piles de 9 V en série afin d'obtenir une source de courant continu de 18 V.**

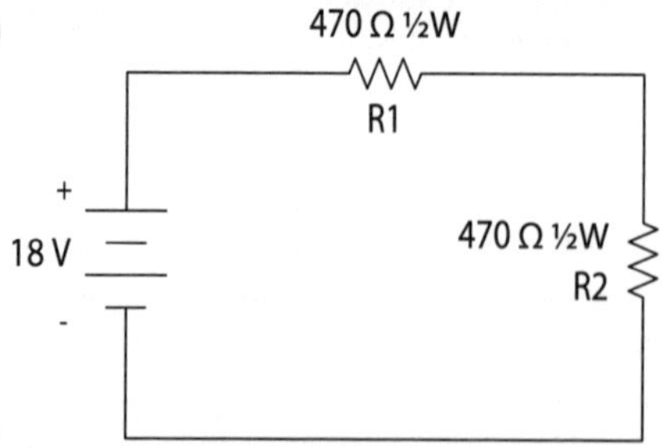


**Figure 14-7 :** Ce diviseur de tension simple partage la tension à égalité entre deux résistances.

Utilisez bien des résistances de puissance nominale ½ W.

2. **Mesurez la tension totale d'alimentation, puis mesurez la tension aux bornes de R2.**

   La tension aux bornes de R2 devrait être à peu près égale à la moitié de la tension d'alimentation, soit autour de 9 V.

3. **Mesurez la tension aux bornes de R1.**

   Vous devriez trouver une valeur proche de 9 V. La tension est partagée de façon égale entre les deux résistances.

4. **À présent, modifiez le circuit comme l'indique la Figure 14-8, en plaçant une diode Zener de 4,3 V et de 1 W (1N4731) en parallèle avec R2, l'anode (borne positive) reliée à la borne négative de la pile.**

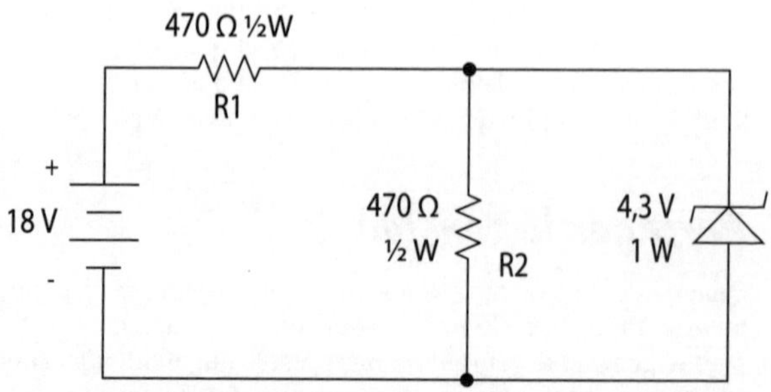


**Figure 14-8 :** L'ajout d'une diode Zener régule la tension aux bornes de R2.

5. **Mesurez la tension aux bornes de R2 et de la diode Zener.**

   Trouvez-vous toujours à peu près 9 V ? Ou autour de 4,3 V ? (la tolérance d'une diode Zener peut être de ±10 %, si bien que la tension peut varier de 3,9 V à 4,7 V).

La diode Zener régule la tension aux bornes de R2. Mais alors, où passe le reste de la tension d'alimentation ?

6. **Mesurez la tension aux bornes de la résistance R1.**

   A-t-elle augmenté depuis que vous avez ajouté la diode Zener ? (elle devrait être voisine de 13,7 V).

7. **À présent, débranchez l'alimentation, puis remplacez la résistance R2 par un potentiomètre de 10 kΩ (voir Figure 14-9).**

**Figure 14-9 :** Même lorsque la résistance du récepteur varie, la diode Zener maintient la tension de sortie à un niveau stable.

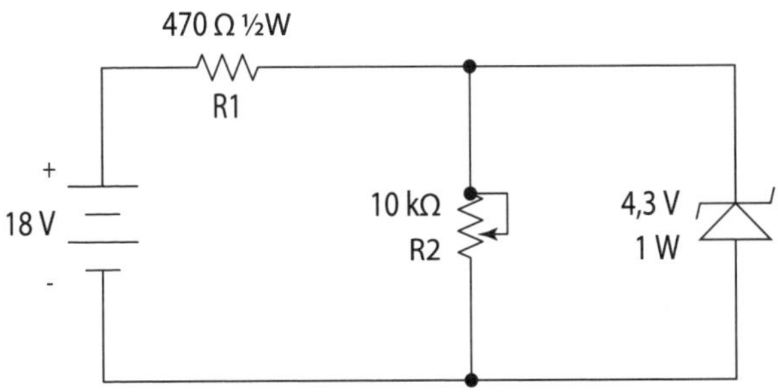


8. **Rebranchez l'alimentation et mesurez la tension aux bornes de R2.**

9. **Faites varier le potentiomètre de 0 à 10 kΩ et observez la tension affichée par le multimètre.**

   Avez-vous vu la tension s'élever progressivement de 0 V jusqu'à la tension aux bornes de la diode de Zener, puis se stabiliser à ce niveau alors que vous continuiez d'augmenter la résistance de R2 ? La diode Zener stabilise la tension de sortie, même lorsque la résistance du récepteur (représentée ici par le potentiomètre) varie.

# Un gain d'expérience avec les transistors

Dans les sections qui suivent, vous allez voir de quelle manière de tout petits transistors permettent de moduler le courant dans un circuit (en sortie) à l'aide de composants électroniques faisant partie d'un autre circuit (en entrée).

## Amplifier le courant

Vous pouvez vous servir du circuit de la figure 14-10 pour voir comment un transistor peut amplifier le courant. Procédez comme suit :

1. **Assemblez le circuit en utilisant un transistor bipolaire NPN à usages multiples, par exemple un 2N3904 ou un BC548.**

   Faites attention de bien connecter les bornes de la base, du collecteur et de l'émetteur comme il se doit.

2. **Réglez le potentiomètre sur la valeur maximale, pour obtenir une résistance de 1 MΩ.**

   Vous verrez probablement une légère lueur émaner de LED2, mais sans doute aucune lumière émaner de LED1, bien qu'un léger courant la parcoure.

3. **À présent, réduisez lentement la valeur du potentiomètre et observez les LED.**

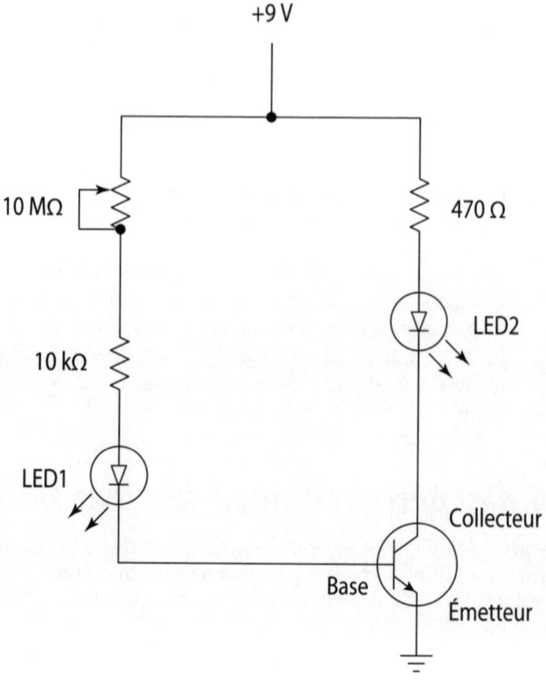


**Figure 14-10 :** Une paire de LED vous permet de visualiser les capacités d'amplification d'un transistor.

## Mesurer des courants infimes

Le courant de base du transistor bipolaire de la Figure 14-10, qui traverse LED1, est très réduit, surtout quand le potentiomètre est réglé sur sa résistance maximale. Vous pouvez mesurer ce courant de plusieurs façons :

Vous pouvez effectuer la mesure directement, en ouvrant le circuit d'un côté de LED1, en y insérant votre multimètre et en sélectionnant la fonction ampèremètre et DC (le courant est si faible que l'appareil ne le mesurera peut-être pas).

Vous pouvez mesurer le courant de façon indirecte, en utilisant la loi d'Ohm. Le courant qui parcourt LED1 et la base du transistor parcourt aussi deux résistances : celle de 10 kΩ et le potentiomètre. Vous pouvez mesurer la chute de tension aux bornes de chacune de ces deux résistances et diviser le résultat par la résistance (l'intensité étant égale à la tension divisée par la résistance).

Si vous voulez vraiment obtenir une mesure exacte, mettez le circuit hors tension, retirez la résistance et mesurez sa valeur exacte à l'aide de votre multimètre. Ensuite, calculez l'intensité du courant. En utilisant cette méthode, nous avons calculé pour notre part une intensité du courant de base de 6,1 ΩA (soit 0,0000061 A).

Vous devriez voir LED2 devenir de plus en plus lumineuse. À un certain moment, la lumière de LED1 deviendra visible également. À mesure que vous continuerez de réduire la résistance du potentiomètre, les deux LED deviendront plus lumineuses, mais LED2 restera bien plus lumineuse que LED1.

Vous pouvez ainsi constater le fonctionnement du transistor : l'infime courant de base qui traverse LED1 et qui y crée une légère lueur est amplifié par le transistor, si bien qu'un courant bien plus important traverse LED2 et la fait briller. Pour savoir comment mesurer la très faible intensité au niveau de LED2, voir l'encadré « Mesurer des courants infimes ».

Le potentiomètre étant réglé sur 1 MΩ, nous avons trouvé une intensité de 6,1 μA au niveau de la base et de 0,8 mA au niveau du collecteur. En divisant l'une par l'autre, nous avons trouvé un gain de 131. Avec un potentiomètre réglé sur 0 Ω, nous avons mesuré une intensité de 0,61 mA au niveau de la base et de 14 mA au niveau du collecteur, pour un gain de courant voisin de 23. Ce n'est pas négligeable !

## Contact !

Le circuit de la Figure 14-11 est celui d'un interrupteur à effleurement (dit aussi à touche). Une paire de transistors NPN amplifie un courant de base très infime, suffisamment pour allumer une LED. Ce type de montage reliant les collecteurs de deux transistors bipolaires, l'émetteur d'un des deux transistors alimentant la base de l'autre, est ce que l'on appelle une *paire Darlington*.

Pour tester ce circuit, assemblez-le en utilisant deux transistors NPN à usages multiples (par exemple 2N3904 ou BC548). Fermez le circuit en plaçant votre doigt sur l'ouverture visible sur le schéma (ne vous inquiétez pas, vous ne risquez rien). La LED s'est-elle allumée ? L'infime courant qui passe à travers votre peau (de quelques microampères) est amplifié par la paire de transistors, si bien que la LED s'allume (tout est dans la douceur du contact !)

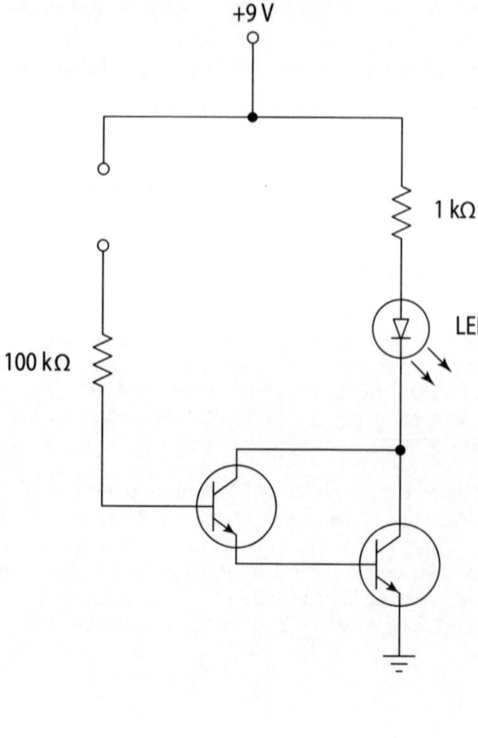


**Figure 14-11 :** Une paire Darlington peut servir de commutateur à effleurement.

## Faire preuve de logique

Une *porte logique* est un minuscule circuit numérique qui reçoit en entrée un ou plusieurs bits (chiffres binaires) et produit en sortie un bit dont la valeur est fonction de son type particulier (pour plus de détails, voir Chapitre 7). Les portes logiques sont les constituants de base de systèmes numériques élaborés, comme le microprocesseur qui est le cerveau de votre ordinateur.

Une porte logique est constituée d'un ensemble de composants électroniques assemblés de telle manière que l'ensemble accomplisse une fonction logique. Les portes logiques sont incluses dans des circuits intégrés munis de broches qui vous permettent d'accéder aux entrées, aux sorties et aux connexions d'alimentation du circuit numérique contenu dans la puce.

Dans cette section, nous vous montrons comment réaliser les bonnes connexions à un CI de porte logique NON-ET (en anglais NAND). Les diverses manières de combiner les entrées vous permettent d'observer des changements en sortie. Ensuite, nous vous indiquons le moyen de créer un autre type de porte logique, une porte OU, grâce à la combinaison appropriée de portes NON-ET.

## Quand une porte NON-ET débouche sur la lumière

Dans le circuit de la Figure 14-12, une LED sert à indiquer l'état (haut ou bas) de la sortie double d'une porte NON-ET. Montez ce circuit en utilisant une des quatre portes NON-ET du CI 4011 quad NAND à deux entrées (une puce cmOS qui craint l'électricité statique, prenez donc les précautions nécessaires comme indiqué au Chapitre 9). Pour les interrupteurs, vous pouvez utiliser simplement des bouts de fil, en insérer une extrémité dans la plaque d'essais sans soudure et déplacer l'autre extrémité pour fermer ou ouvrir le circuit.

N'OUBLIEZ PAS

N'oubliez pas que la sortie d'une porte NON-ET est à l'état haut quand une au moins des deux entrées est à l'état bas, et qu'elle n'est à l'état bas que lorsque les deux entrées sont à l'état haut (pour un rappel concernant les portes logiques, voir Chapitre 7). L'état « haut » est celui qui correspond au niveau d'alimentation positive (9 V) et l'état « bas » est 0 V.

Quand on ferme un des interrupteurs (SW = *switch* en anglais), l'entrée passe à l'état haut puisqu'elle est alors reliée à l'alimentation positive. Quand on ouvre un des interrupteurs, elle passe à l'état bas puisqu'elle est connectée à la masse (0 V) *via* une résistance.

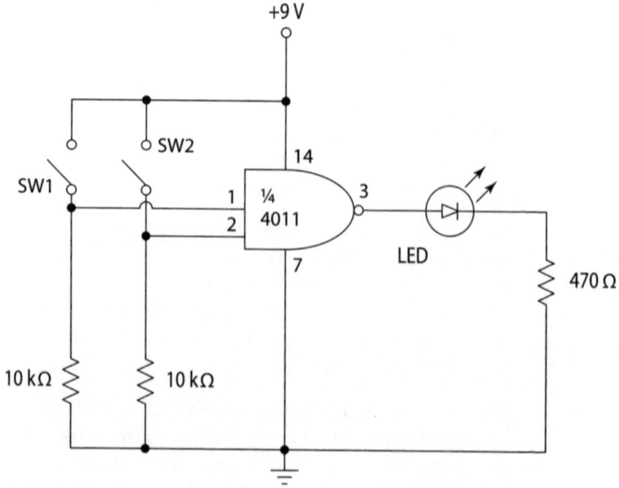


**Figure 14-12 :** Utilisation d'une LED pour étudier la sortie d'une porte logique NON-ET.

Testez la porte NON-ET en essayant les quatre combinaisons possibles d'interrupteurs ouverts et fermés, et remplissez le tableau suivant (qui n'est, somme toute, qu'une table de vérité).

| **Entrée 1** | **Entrée 2** | **Sortie (Haut = LED allumée, Bas = LED éteinte)** |
|---|---|---|
| Bas (SW1 ouvert) | Bas (SW2 ouvert) | |
| Bas (SW1 ouvert) | Haut (SW2 fermé) | |
| Haut (SW1 fermé) | Bas (SW2 ouvert) | |
| Haut (SW1 fermé) | Haut (SW2 fermé) | |

Avez-vous vu la LED s'allumer quand au moins un des deux interrupteurs était ouvert ? La LED ne s'est-elle pas éteinte quand les deux interrupteurs ont été fermés ? Dites la vérité !

## Trois portes NON-ET pour faire une porte OU

En combinant plusieurs portes NON-ET, vous pouvez créer n'importe quelle fonction logique. Dans le circuit de la Figure 14-13, trois portes NON-ET permettent de créer une porte OU. Les entrées de la porte OU sont contrôlées par les interrupteurs SW3 et SW4. L'état de la sortie est indiqué par l'état de la LED, allumée ou éteinte.

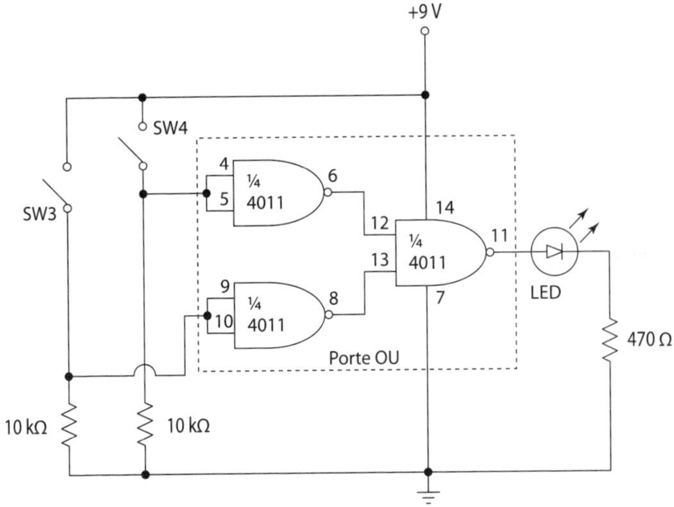


**Figure 14-13 :** Trois portes NON-ET dans une configuration permettant de créer une porte OU.

Chacune des deux portes NON-ET de la partie gauche fonctionne comme une porte NON (ou inverseur). Chaque porte NON-ET associe les entrées de telle sorte qu'une entrée à l'état bas produise une sortie à l'état haut et qu'une entrée à l'état haut produise une sortie à l'état bas. La porte NON-ET de la partie droite produit une sortie à l'état haut lorsque au moins une des entrées est à l'état bas, ce qui se produit lorsque au moins un des deux interrupteurs (SW3 et SW4) est fermé. En fin de compte, si l'un au moins des deux interrupteurs est fermé, la sortie du circuit est à l'état haut. C'est bien la règle de la porte OU !

En montant le circuit de la Figure 14-13, prenez les précautions nécessaires pour éviter l'électricité statique. Pour assembler le circuit de la Figure 14-12, vous pouvez utiliser les trois portes NON-ET qui restent sur le CI 4011 utilisé. Testez leur fonctionnement en ouvrant et en fermant les interrupteurs. La LED doit s'allumer quand au moins un des deux interrupteurs est fermé.

## Chapitre 15

# De formidables applications à réaliser en moins d'une demi-heure

***Dans ce chapitre***

- Créer des clignoteurs et des clignotants
- Tirer parti de la piézoélectricité
- Voir comme les chats grâce à un capteur à infrarouges
- Bricoler une alarme ou deux
- Trouver votre chemin à l'aide de votre propre boussole électronique portable
- Produire du son avec votre propre amplificateur
- Mettre en lumière la présence d'humidité

Vos efforts pour maîtriser l'électronique sont vraiment payants, dès lors que vous êtes capable de réaliser une ou deux applications. Dans ce chapitre, vous allez étudier des gadgets électroniques intéressants et éducatifs qu'il vous sera possible de fabriquer en l'espace d'une demi-heure à peine. Nous avons choisi ces applications pour leur côté attractif et pour leur simplicité. Nous nous sommes préoccupés du prix des composants, si bien que même l'application la plus chère coûte moins de 15 euros à fabriquer.

Nous vous conseillons de commencer par le premier projet, pour lequel les procédures sont plus détaillées. Ensuite, vous devriez être capable de réaliser le reste vous-même, d'après les schémas. Si vous avez besoin d'un rappel sur la schématique, reportez-vous au

Chapitre 10. Pour les notions essentielles relatives aux circuits, voir Chapitre 2. Enfin, si vos applications ne fonctionnent pas comme prévu (cela arrive même aux meilleurs d'entre nous), référez-vous au Chapitre 12, armez-vous d'un multimètre et partez à la chasse aux dysfonctionnements !

# Pour avoir tout de suite ce qu'il vous faut

Toutes les applications de ce chapitre, à l'exception du compas électronique, peuvent être réalisées sur une plaque d'essais sans soudure. Bien entendu, vous pouvez tout aussi bien les réaliser sur une plaque normale avec des soudures, si vous voulez les conserver. Pour plus de détails sur les supports d'assemblage des circuits, ou si vous avez des difficultés avec une application, reportez-vous au Chapitre 11.

TRUC

Sauf précision contraire, conformez-vous aux règles qui suivent pour choisir vos composants :

- Toutes les résistances seront de 1/4 W ou de 1/8 W et leur tolérance sera de 5 % ou de 10 %.
- Tous les condensateurs auront une tension nominale d'au moins 25 V. Pour chaque application, le type de condensateur nécessaire (disque, électrolytique ou au tantale) est indiqué dans la liste des éléments.

N'OUBLIEZ PAS

Pour des éclaircissements concernant les composants à utiliser dans ces applications, reportez-vous aux chapitres 3 à 4 et 6 à 8. Vous trouverez des précisions sur les résistances dans le Chapitre 3 et un cours sur les condensateurs au Chapitre 4. Le Chapitre 6 présente les diodes et les transistors. Deux des circuits intégrés (CI) utilisés dans ces applications sont traités au Chapitre 7. Les fils, sources d'alimentation et autres éléments tels que capteurs, haut-parleurs, ronfleurs sont étudiés au Chapitre 8.

# Faire clignoter des lumières

Votre première mission – si vous l'acceptez – consistera à réaliser un circuit comportant une diode électroluminescente (LED) qui clignote. Cela peut sembler facile (et c'est effectivement facile, grâce au CI de minuterie 555), mais encore faut-il que vous réussissiez à assembler un circuit complet, à en limiter le courant pour que la LED ne grille pas, et à régler une base de temps pour que le courant circule par intermittence de telle sorte que la lumière clignote. Tout de même, pour un premier projet, c'est déjà beaucoup !

La Figure 15-1 est le schéma de ce projet (si vous avez besoin d'un bref rappel sur la méthode pour lire un schéma de circuit électronique, reportez-vous au Chapitre 10). Ce schéma vous montre comment brancher un CI de minuterie 555 à une LED et comment alimenter le circuit, comment limiter le courant et comment contrôler le clignotement. Avant d'assembler ce circuit, peut-être commencerez-vous par une rapide analyse afin de bien comprendre son fonctionnement.

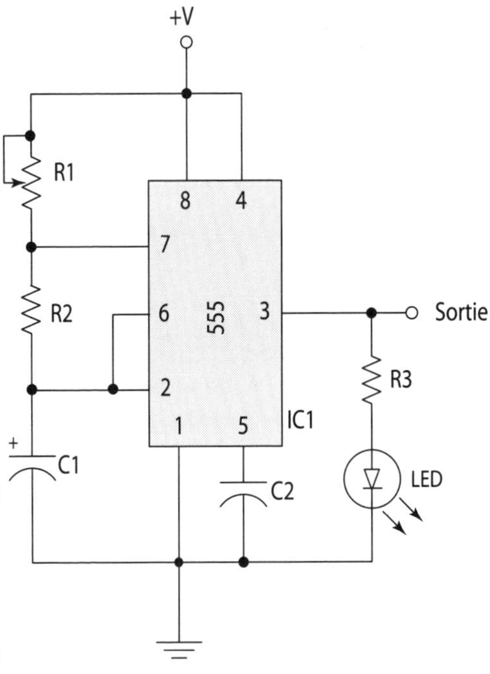


**Figure 15-1 :** Schéma du circuit d'une LED clignotante.

# *Le circuit de clignotement 555 examiné de plus près*

L'élément essentiel de ce projet de lumière clignotante (et de plusieurs autres projets de ce chapitre) est le CI de minuterie 555. Vous pouvez trouver plusieurs utilisations à cet élément polyvalent, comme l'explique le Chapitre 7. Pour la présente application, la minuterie 555 est configurée comme un *multivibrateur astable* produisant une série continue de pulsations à intervalles réguliers, comme un métronome électronique. La sortie du CI de minuterie 555, sur la broche 3, va servir à transmettre à la LED un courant intermittent.

## Limiter le courant traversant la LED

La petite résistance R3 joue un rôle important, elle limite le courant pour éviter que votre LED grille. La tension de sortie sur la broche 3 de la minuterie 555 oscille entre 9 V (la tension d'alimentation positive) durant la pulsation et 0 (zéro) V entre deux pulsations. En supposant que la tension directe aux bornes de la LED est d'environ 2 V (valeur type), on sait que durant la pulsation, la chute de tension aux bornes de la résistance R3 est voisine de 7 V. On obtient ce résultat en retranchant aux 9 V de la broche 3 la chute de tension de 2 V aux bornes de la LED. On peut ensuite utiliser la loi d'Ohm (voir Chapitre 3) pour calculer l'intensité du courant traversant R3, laquelle est égale à l'intensité du courant traversant la LED :

$$\text{Intensité} = \text{tension/résistance} = 7\ \text{V}/330\ \Omega \approx 0{,}021\ \text{A} = 21\ \text{mA}$$

Voilà un courant qui ne fera pas de mal à votre LED !

## Contrôler le rythme de la pulsation

Comme l'explique le Chapitre 7, la période de la pulsation produite par le CI de minuterie 555 ainsi que l'intervalle de temps pendant lequel la diode est allumée et éteinte sont contrôlés par deux résistances (R1 et R2) et un condensateur (C1) branchés au CI de minuterie 555. Dans cette application, un potentiomètre vous permet de faire varier R1, et donc le rythme du clignotement. Vous pouvez donc passer à volonté d'un rythme de valse lente à un rythme rapide de samba.

TRUC

Si vous voulez étudier et comprendre vraiment ce circuit, révisez les équations du Chapitre 7, écrivez-les avec les valeurs que vous utilisez pour R1 (après avoir mesuré la résistance variable du potentiomètre à l'aide de votre multimètre), pour R2 et pour C1. Vérifiez que la lumière clignote au rythme auquel elle devrait clignoter d'après vos calculs.

TRUC

Ce circuit peut aussi constituer un accessoire de test bien pratique, si l'on branche la sortie du 555 (broche 3) sur une autre application pour utiliser ce circuit comme source de signal. Vous pourrez voir comment cela fonctionne dans plusieurs autres applications de ce chapitre faisant appel à la puce 555.

## Monter un circuit de lumière clignotante

Réaliser un circuit de LED clignotante est facile. Aidez-vous de la Figure 15-2. Remarquez que les connexions à la borne positive de la source d'alimentation sont faites sur la partie supérieure de la plaque d'essais, et que les connexions à la masse (à la borne négative de la source d'alimentation) sont faites sur la partie inférieure de la plaque.

TRUC

Nous avons laissé de l'espace entre les composants pour que les connexions soient plus faciles à voir. En général, pour des raisons de visibilité, il est préférable d'étaler un peu les composants plutôt que de les serrer les uns contre les autres.

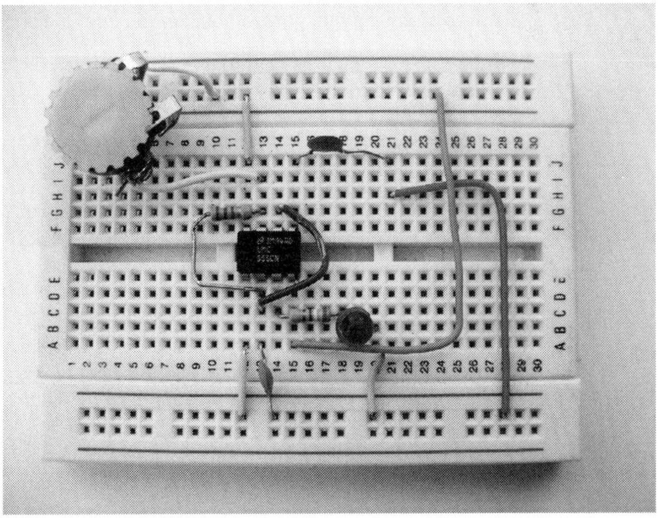

**Figure 15-2 :** Un circuit de LED clignotante monté sur une plaque d'essais sans soudure.

### La liste des éléments du circuit de LED clignotante

Pour pouvoir assembler ce circuit, vous avez besoin des éléments suivants :

- **Pile de 9 V** (avec éventuellement une attache de pile)
- **CI1 :** minuterie LM555
- **R1 :** potentiomètre de 1 MΩ
- **R2 :** résistance de 47 kΩ
- **R3 :** résistance de 330 Ω

- **C1 :** condensateur au tantale (polarisé) de 1 μF
- **C2 :** condensateur disque (polarisé) de 0,1 μF
- **LED :** diode électroluminescente (de n'importe quelle couleur)

## *Assemblage du circuit de LED clignotante*

Pour réaliser ce circuit, procédez comme suit :

1. **Réunissez à l'avance tous les éléments dont vous allez avoir besoin.**

   Rien n'est pire que de commencer un projet et de devoir l'interrompre à mi-chemin parce qu'il manque quelque chose !

2. **Introduisez avec précaution la puce de minuterie 555 au milieu de la plaque.**

   En général, on place un CI à cheval sur l'espace vide du milieu de la plaque, l'encoche orientée vers la gauche.

3. **Introduisez les deux résistances fixes R2 et R3 sur la plaque, en vous conformant au schéma et à la Figure 15-2.**

   Comme cela a été mentionné au Chapitre 7, les broches des CI sont numérotées dans le sens contraire des aiguilles d'une montre à partir de l'encoche. Si vous avez placé le CI de minuterie 555 en orientant l'encoche du côté gauche, les connexions des broches se présentent donc comme sur la Figure 15-3.

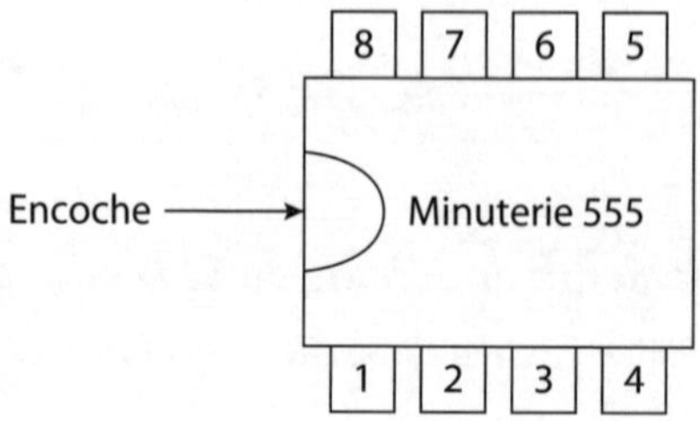


**Figure 15-3 :** Les connexions des broches d'une minuterie 555.

4. **Ajoutez deux condensateurs C1 et C2 sur la plaque, en vous conformant au schéma et à la Figure 15-2.**

   Ne vous trompez pas dans l'orientation du condensateur polarisé. La borne négative doit être raccordée à la masse.

5. **Soudez des fils au potentiomètre (R1) pour pouvoir le relier à la plaque.**

   Utilisez du fil monobrin de calibre 22. Peu importe la couleur. À noter que le potentiomètre a trois connexions. L'une (à l'une ou l'autre des extrémités) va à la broche 7 du 555, les deux autres sont réunies et raccordées à la borne positive de la source d'alimentation.

6. **Connectez la LED comme l'indiquent le schéma et la photo.**

   En implantant la LED, respectez la bonne orientation : raccordez la cathode (la borne négative, la plus courte) à la masse. Vérifiez sur l'emballage. Si vous branchez la LED dans le mauvais sens, il ne se passera rien de dommageable mais elle ne s'allumera pas. Dans ce cas, débranchez-la et rebranchez-la dans l'autre sens, tout simplement).

7. **Utilisez du fil monobrin de calibre 22, de préférence précoupé et dénudé, pour terminer les connexions.**

   Aidez-vous de la Figure 15-2 pour brancher ces fils de liaison.

8. ***Avant* de mettre le circuit sous tension, vérifiez votre montage, plutôt deux fois qu'une. Comparez soigneusement chaque branchement de fil au schéma.**

9. **Enfin, branchez la pile de 9 V à la traverse d'alimentation positive et à la traverse de masse de la plaque d'essais.**

   Le branchement est plus facile à faire si vous utilisez une attache de pile (double cosse) comportant deux fils déjà dénudés. Si vous soudez des fils monobrins de calibre 22 à l'extrémité de ces deux fils, vous pourrez plus facilement établir le contact avec la plaque. N'oubliez pas que le fil rouge de l'attache de pile est la borne positive, et que le fil noir est la borne négative ou la masse.

## Tout vérifier

Lorsque vous mettez le circuit sous tension, la LED doit s'allumer. Pour modifier la vitesse du clignotement, tournez le bouton du potentiomètre R1. Si le circuit ne fonctionne pas, débranchez la pile et vérifiez une nouvelle fois vos branchements.

Vérifiez que vous n'avez pas fait une des erreurs suivantes :

- **CI 555 branché dans le mauvais sens :** ce qui peut l'endommager, et il faudrait alors essayer avec un autre 555.
- **LED branchée dans le mauvais sens :** retirez-la et inversez les branchements.
- **Fils et terminaisons insuffisamment enfoncés dans les embases de la plaque d'essais :** vérifiez que chaque extrémité de fil est bien enfichée dans la plaque et qu'il n'y a pas de faux contact.
- **Valeur incorrecte d'un composant :** vérifiez plutôt deux fois qu'une, pour être bien sûr !
- **Pile morte :** essayez avec une autre pile.
- **Circuit mal câblé :** demandez à un ami de vérifier. Un autre œil voit parfois les erreurs que nous ne voyons pas nous-mêmes.

À l'aide de votre multimètre, vous pouvez tester dans votre circuit les tensions, l'intensité et les résistances. Comme l'explique le Chapitre 2, ces tests vous permettent de trouver la cause des problèmes que vous rencontrez sur un circuit, de savoir si votre pile n'est pas trop déchargée, si votre diode n'est pas hors d'état de fonctionner, etc.

TRUC

Si vous devez fabriquer un circuit que vous ne connaissiez pas encore, prenez la bonne habitude de l'assembler d'abord sur une plaque d'essais sans soudure. Souvent, avant que votre circuit fonctionne correctement, vous serez obligé de tâtonner. Une fois que le circuit fonctionne comme vous le voulez, vous pouvez faire en sorte qu'il dure, mais prenez votre temps et n'oubliez pas de vérifier à deux, voire même à trois reprises tout ce que vous venez de faire. Ne vous inquiétez pas, vous serez vite rompu à ces techniques.

## Faire jaillir la lumière grâce à la piézoélectricité

Tous les circuits électroniques ne sont pas nécessairement constitués de piles, de résistances, de condensateurs, de transistors ou autres composants habituels. Ici, nous allons nous intéresser à une lampe au néon qui s'illumine quand vous pressez un disque piézoélectrique, celui-ci générant sa propre énergie. Ce sera une belle démonstration de ce que l'on appelle la piézoélectricité.

## Piézo... quoi ?

Le préfixe *piezo* vient du grec et signifie presser. Il y a longtemps déjà, des curieux qui ne savaient pas quoi faire de leur temps se sont aperçus qu'il était possible de produire de l'électricité en pressant très fort certains cristaux. Il se trouve que ces mêmes cristaux se déforment – très légèrement – quand on leur applique de l'électricité. Cette découverte s'est révélée importante, puisque nous exploitons aujourd'hui la piézoélectricité avec toutes sortes d'appareils et de gadgets tels que montres à quartz, systèmes d'alarme, guitares électriques, allume-feu, *etc.*

## Faire la lumière sur la piézoélectricité

La Figure 15-4 représente un circuit rudimentaire constitué d'un banal disque piézoélectrique et d'une vulgaire lampe au néon. Pour créer ce circuit et observer l'effet de la piézoélectricité, il vous suffit des éléments suivants :

- un **disque piézoélectrique** (du type de ceux que l'on utilise dans les ronfleurs, de préférence avec deux fils soudés) ;
- une **ampoule au néon** ;
- deux **pinces crocodile** ;
- un objet pas trop lourd pour taper sur le disque, par exemple un **tournevis** à manche en plastique ou une **baguette de tambour** (mais pas un marteau, ni une batte de baseball).

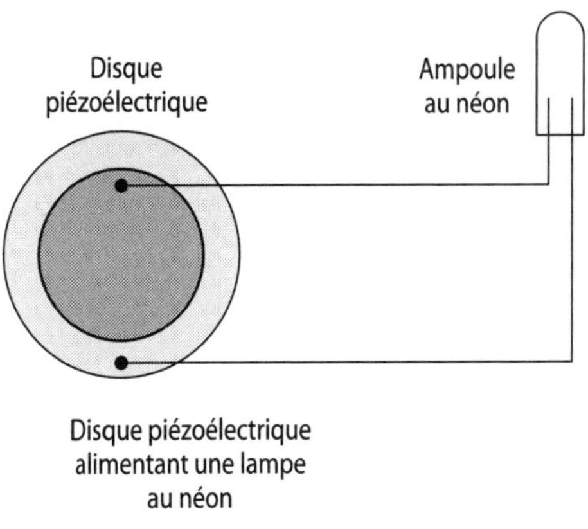


**Figure 15-4 :** Montez ce circuit rudimentaire pour illustrer les propriétés de la piézoélectricité.

Vous pouvez vous procurer des disques piézoélectriques dans des boutiques d'électronique en ligne. Le prix est très raisonnable (pas plus d'un euro pièce) et il y a parfois déjà deux fils soudés. S'il n'y en a qu'un, il vous suffit d'accrocher un autre fil au bord métallique du disque pour le relier à la masse. La lampe au néon, que vous pouvez vous procurer dans une boutique d'électronique ou au rayon électricité d'un magasin, a ceci de particulier qu'elle ne s'allume que lorsqu'elle reçoit une tension d'au moins 90 V. Ce n'est pas rien ! Mais le disque piézoélectrique produit facilement une telle tension.

Pour réaliser le circuit de la Figure 15-4, procédez comme suit :

1. **Placez le disque sur une surface isolée.**

   Un dessus de table en bois ou en plastique convient très bien. N'utilisez surtout pas une surface métallique.

2. **À l'aide de deux pinces crocodile, raccordez l'ampoule au néon au disque, comme l'indique la Figure 15-5.**

   Branchez le fil rouge du disque sur n'importe laquelle des deux connexions de l'ampoule au néon, et le fil noir sur l'autre.

3. **Placez le disque à plat sur la table.**

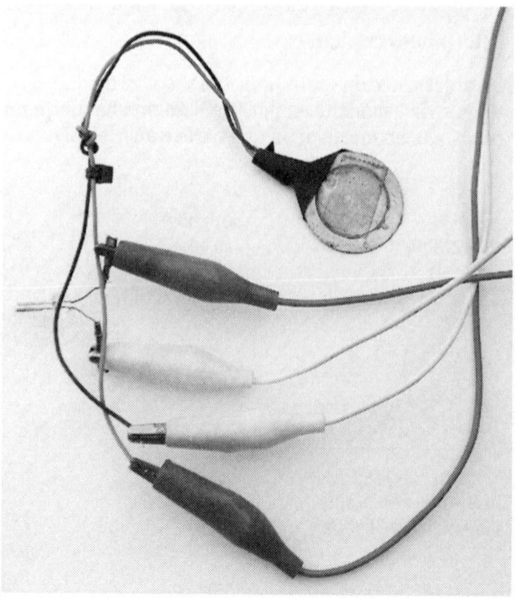

**Figure 15-5 :** Raccordez l'ampoule au néon au disque à l'aide de pinces crocodile.

4. **À l'aide du manche en plastique du tournevis ou de la baguette de tambour, frappez bien fort sur le disque.**

Évitez de toucher les deux fils du disque. Le choc électrique que vous recevriez, à défaut d'être dangereux, serait certainement très désagréable !

## Créer de lumineuses percussions

Grâce à la piézoélectricité, vous pouvez ainsi créer votre propre tambour lumineux. Voici comment procéder pour étonner vos amis :

1. **Branchez tout un lot d'ampoules au néon sur des disques piézoélectriques.**

2. **Fixez ces montages sur un support en plastique.**

3. **Prenez une paire de baguettes de tambour, éteignez les lumières, puis tapez sur les disques selon le rythme de votre musique d'ambiance préférée.**

# Voir dans l'obscurité grâce à un détecteur à infrarouges

N'avez-vous jamais rêvé de voir dans l'obscurité, comme les chats ? Eh bien, c'est à votre portée désormais, grâce au détecteur à infrarouges de la Figure 15-6, que vous allez pouvoir fabriquer très simplement. Ce circuit ne comporte que trois éléments (sans compter la pile). Vous pouvez l'améliorer un peu en ajoutant un interrupteur de type SPST (un seul contact d'entrée et un seul contact de sortie) entre la borne positive de la pile et le phototransistor, afin de pouvoir mettre le détecteur en marche ou à l'arrêt. Vous pouvez aussi vous contenter de débrancher simplement la pile dès que vous avez fini de vous en servir.

## De quoi sera constitué le détecteur à infrarouges ?

Voici la liste, réduite et simple, de ce qu'il vous faut pour réaliser ce projet :

- **Une pile de 9 V** (avec éventuellement une double cosse) ;

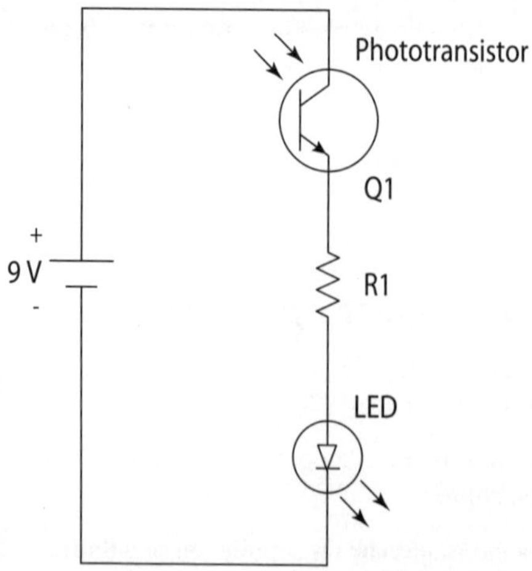


**Figure 15-6 :** Schéma d'un détecteur à infrarouges.

- **Q1 :** phototransistor à infrarouges (dans notre exemple, il s'agit d'un RadioShack 2760145, mais pratiquement n'importe quel modèle fera l'affaire) ;
- **R1 :** résistance de 330 Ω ;
- **LED :** diode électroluminescente (peu importe la couleur).

Dans ce circuit, utilisez bien un phototransistor, et non pas une photodiode. Ces deux types de composant ayant le même aspect extérieur, il est préférable de bien vérifier l'emballage. Ne vous trompez pas non plus dans l'orientation du phototransistor et de la LED. Si l'un des deux est mal orienté, le circuit ne fonctionnera pas.

## Trouver les sources de rayons infrarouges

À l'aide de votre détecteur à infrarouges, vous pouvez tester le rayonnement d'un certain nombre de sources. Voici juste deux exemples :

- **Résoudre les pannes de télécommande :** Les boîtiers de télécommande sans fil fonctionnent grâce aux rayons infrarouges, qui sont invisibles. Dans ces conditions, il est parfois difficile de savoir pourquoi une télécommande ne fonctionne plus. Problème de circuit dans le boîtier ? Dans le récepteur de TV ? Ailleurs ? Pour tester votre boîtier de télécommande, mettez-le tout contre le phototransistor. Pressez un bouton de la télécommande, n'importe lequel. Si la LED s'allume, c'est que le boîtier de télécommande fonctionne bien.

- **Faire de la contre-surveillance :** Vous voulez savoir si la salle dans laquelle vous vous trouvez comporte une caméra cachée ? Il existe aujourd'hui des caméras (comme celle de la Figure 15-7) qui « voient » dans l'obscurité grâce à une source de rayons infrarouges intégrée. À l'aide de votre détecteur, vous pouvez repérer une telle source, même sans la voir. Éteignez les lumières, et inspectez la pièce en déplaçant votre détecteur de part et d'autre. Si la lampe s'allume, même si vous ne voyez rien, c'est que vous venez de détecter les rayons infrarouges d'une caméra cachée !

**Figure 15-7 :** Cette caméra miniature peut voir dans l'obscurité, grâce à ses six diodes émettrices de rayons infrarouges (IR LED).

## Une sirène pour tenir les indésirables à distance

À moins d'être de la police, vous ne pourrez pas arrêter un cambrioleur, mais le système d'alarme que vous allez monter dans le cadre de ce projet, à l'aide de la Figure 15-8, vous avertira dès qu'un intrus s'intéressera à vos affaires personnelles.

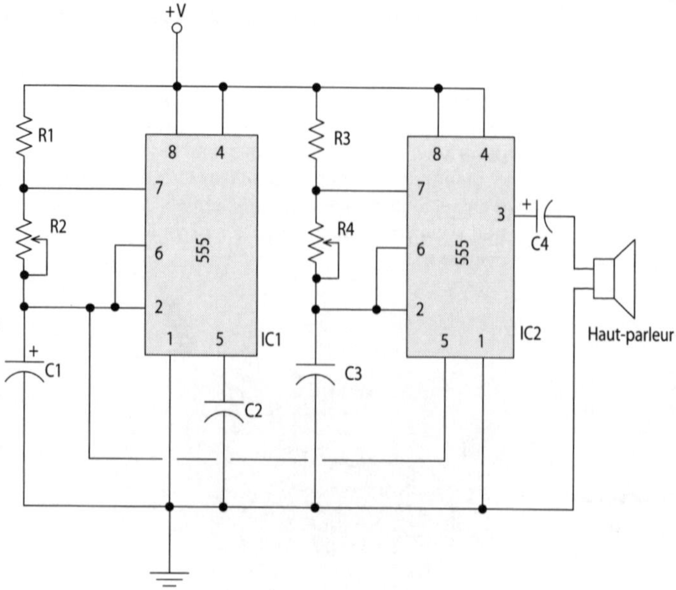


**Figure 15-8 :** Une sirène un peu comme celle de la police, constituée de deux CI de minuterie 555.

## La liste des éléments constituant votre système d'alarme

Vous voulez faire du bruit et impressionner vos amis ? Commencez par réunir les éléments suivants :

- **une pile de 9 V** (avec éventuellement une attache de pile) ;
- **CI1, CI2 :** minuteries LM555 ;
- **R1, R3 :** résistances de 2,2 kΩ ;
- **R2 :** potentiomètre de 50 kΩ ;
- **R4 :** potentiomètre de 100 kΩ ;
- **C1 :** condensateur électrolytique (polarisé) de 47 µF ;
- **C2 :** condensateur disque (non polarisé) de 0,01 µF ;
- **C4 :** condensateur électrolytique ou au tantale (polarisé) de 1 µF ;
- **un haut-parleur :** de 8 Ω et de 1 W.

## Pour que votre oiseau fasse cui-cui

Le circuit de la Figure 15-8 est constitué de deux CI de minuterie 555. Ces deux puces sont utilisées comme *multivibrateurs* astables, ce qui signifie qu'elles délivrent un signal qui oscille continuellement entre deux positions, haute et basse. Les deux minuteries ne fonctionnent pas à la même fréquence. Celle de droite est configurée en *générateur de son*, elle produit une fréquence audible (en sortie sur la broche 3). Si on branche un haut-parleur sur sa sortie, cela donne un son constant, dans le registre des médiums.

La minuterie de gauche délivre une fréquence plus basse et sert à moduler le signal produit par la minuterie de droite. Le signal sortant sur sa broche 2 est caractérisé par une tension qui croît et décroît lentement. Cette sortie doit être raccordée à la broche 5 de la minuterie 555 de droite.

NOTE TECHNIQUE

Normalement, le signal sur la broche 3 de la puce 555 de gauche devrait alimenter la puce 555 de droite. Comme on l'a vu au Chapitre 7, c'est sur la broche 3 que le CI de minuterie 555 délivre le signal oscillant qui fait la réputation de ce type de puce. Ici, cependant, on peut obtenir un son plus intéressant en alimentant la seconde puce 555 avec un signal différent, celui de la broche 2. Il s'agit d'un signal qui croît et décroît lentement à mesure que le condensateur C1 se charge et se décharge (à propos de la façon dont un condensateur se charge et se décharge, voir Chapitre 4 ; cette tension oscillante produite par le condensateur déclenche la forme d'onde oscillante qui sort sur la broche 3 et qui ne sera pas utilisée ici). En alimentant la broche de contrôle (broche 5) de la puce de droite avec la tension de ce condensateur (par la broche 2), on neutralise le circuit interne de déclenchement de cette puce pour utiliser à la place un signal de déclenchement variable. C'est ce qui permet d'obtenir un signal qui monte et qui descend.

En réglant les deux potentiomètres R2 et R4, vous changez la hauteur de son et le rythme de la sirène. Vous pouvez ainsi produire toutes sortes d'effets sonores. Ce circuit peut fonctionner avec une tension quelconque comprise entre 5 V et 15 V environ. Utilisez de préférence une pile de 9 V (incluse dans la liste des éléments qui figure dans la section précédente).

## Progresser dans le bon sens avec une boussole électronique

Grâce à cette boussole électronique, vous saurez où vous êtes ! Ce dispositif magnétique repose sur cette même technologie de guidage que l'on implante maintenant dans les autos, celle du GPS. Quatre LED s'allument pour vous montrer les quatre points cardinaux : nord (N), sud (S), est (E) et ouest (O). Des LED adjacentes s'allument pour vous indiquer les directions intermédiaires SO, SE, NO et NE. La Figure 15-9 représente le schéma de cette boussole électronique.

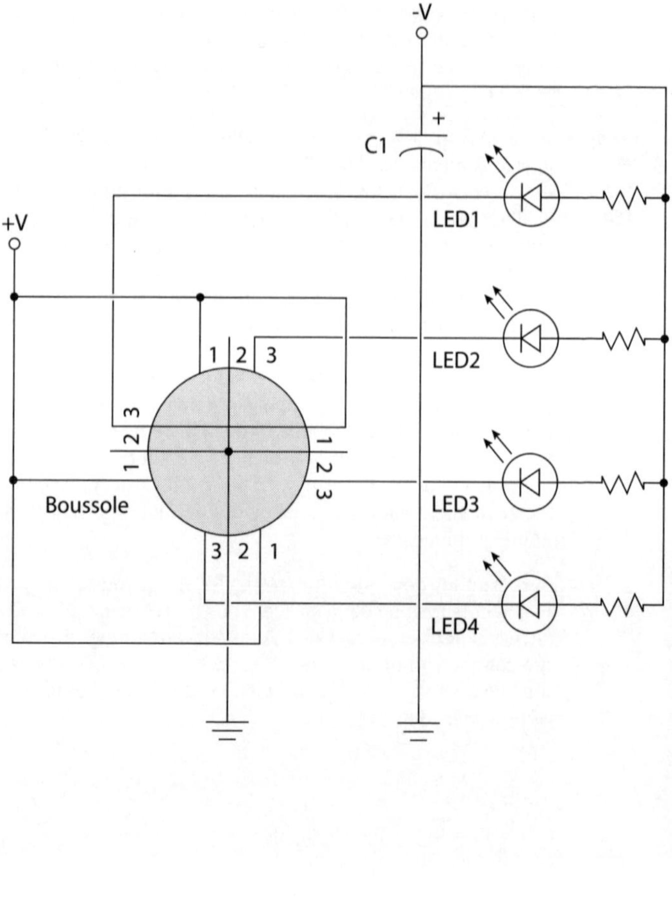


**Figure 15-9 :** Schéma d'une boussole électronique portable.

## La liste des éléments pour fabriquer votre boussole électronique

Pour ne pas perdre le nord, commencez par rassembler les éléments suivants :

- **une pile de 9 V** ;
- **une boussole :** compas électronique magnétique Dinsmore 1490 (pour plus de détails, voir section suivante, « Qu'y a-t-il dans une boussole électronique ? ») ;
- **R1, R2, R3, R4 :** résistances de 1 kΩ ;
- **C1 :** condensateur électrolytique (polarisé) de 10 µF ;
- **LED1, LED2, LED3, LED4 :** diodes électroluminescentes (peu importe la couleur) ;
- **divers :** boîtier, interrupteur, attache-pile (facultatifs).

## Qu'y a-t-il dans une boussole électronique ?

Le cœur de cette application est un module très particulier, le Dinsmore 1490, qu'il vous faut commander spécialement. Cela dit, ce projet peut vous apporter bien des satisfactions, et cela vaut bien les quelque 10 à 15 euros à débourser. Consultez le site du fabricant, www.robsonco.com, et ne manquez pas de rechercher aussi d'autres sources à l'aide de Google ou de Yahoo!

Le module de compas 1490 est à peu près de la taille d'un petit dé à coudre. Le dessous comporte 12 minuscules broches, comme l'indique le schéma de brochage de la Figure 15-10. Ces broches sont regroupées par trois et assurent les types de connexion suivants :

- alimentation ;
- masse ;
- sortie (ou signal).

En effectuant quelques soudures avec minutie, vous pouvez fabriquer une belle petite boussole électronique qui vous suivra partout. Fixez le circuit dans un petit boîtier, en disposant les LED selon l'ordre circulaire logique N, E, S, O. Vous trouverez des boîtiers de différentes tailles dans les magasins d'électronique. Votre boîtier doit pouvoir contenir le support du circuit et les piles.

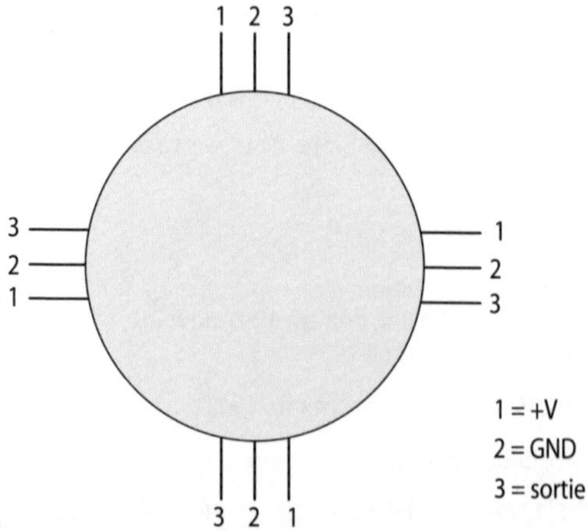


**Figure 15-10 :** Schéma de brochage du module de compas Dinsmore.

Vous pouvez alimenter votre circuit avec une pile de 9 V. Ajoutez un interrupteur qui vous permettra de déconnecter la borne positive de la pile. Vous pouvez aussi simplement retirer la pile de ses cosses.

# Pour entendre un bruit quand il y a de la lumière

La Figure 15-11 représente le schéma d'une alarme qui se déclenche lorsqu'un capteur perçoit de la lumière. Le circuit repose sur un CI de minuterie 555 qui sert de générateur de son. Quand la photorésistance reçoit de la lumière, la variation de résistance sert de déclencheur pour le transistor Q1. Le CI 555 réagit alors en produisant un son. Vous pouvez régler la sensibilité de l'alarme à l'aide du potentiomètre (résistance variable) R1.

## Liste des éléments pour une alarme sensible à la lumière

Pour ce projet, voici votre liste de courses :

- **une pile de 9 V** (avec éventuellement une attache de pile) ;
- **CI1 :** minuterie LM555 ;
- **Q1 :** transistor PNP 2N3906 ;

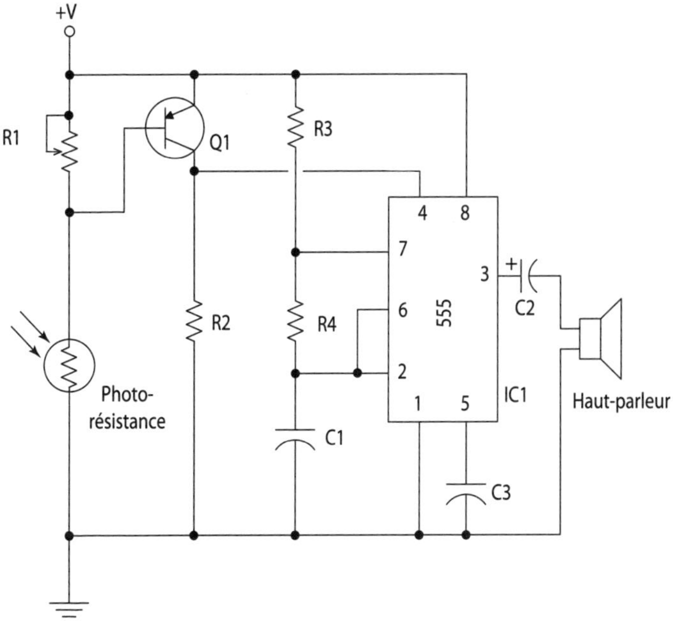


**Figure 15-11 :** Schéma d'une alarme sensible à la lumière.

- **R1 :** potentiomètre de 100 kΩ ;
- **R2 :** résistance de 3,9 kΩ ;
- **R3 :** résistance de 10 kΩ ;
- **R4 :** résistance de 47 kΩ ;
- **C1, C3 :** condensateurs disque (non polarisés) de 0,01 μF ;
- **C2 :** condensateur électrolytique ou au tantale (polarisé) de 1,0 μF ;
- **un haut-parleur :** de 8 Ω et de 0,5 W ;
- **photorésistance :** essayez plusieurs tailles, sachant qu'un modèle plus gros, par exemple, rendra le circuit un peu plus sensible.

## *Une alarme à votre service*

Voici quelques exemples parmi d'autres d'utilisation de ce système d'alarme pratique :

- Placez votre système dans un placard, de telle sorte que l'alarme se déclenche dès que quelqu'un veut faire main basse sur les cookies au chocolat. C'est le moyen de réfréner les appétits de votre conjoint, ou de vous imposer à vous-même un régime ! À l'ouverture de la porte, le capteur reçoit de la lumière et l'alarme retentit.
- Vous avez dans votre garage un circuit électronique complexe en cours de fabrication, et vous ne voulez pas qu'on y touche ? Placez l'alarme près de la porte. Si quelqu'un l'ouvre pendant la journée, il y aura de la lumière et l'alarme se déclenchera.
- Vous voulez être réveillé dès qu'il fait jour ? Facile ! (qui a besoin d'un radioréveil ?)

# Petit ampli, grand bruit

Donnez de la voix à vos projets électroniques, grâce à ce petit amplificateur constitué d'éléments bon marché et faciles à trouver dans les magasins, comme le CI amplificateur de tension LM386 qui permet d'augmenter le volume d'un signal reçu d'un micro, d'un générateur de son ou d'une autre source.

La Figure 15-12 présente le schéma de ce projet, constitué de six éléments seulement (haut-parleur compris) et d'une source d'alimentation. L'amplificateur peut fonctionner avec une tension comprise entre 5 V et 15 V. Une pile de 9 V fait l'affaire.

## Les petites emplettes pour le petit ampli

Pour la réalisation de ce projet, rassemblez les éléments suivants :

- **une pile de 9 V** (avec éventuellement une attache de pile) ;
- **CI1 :** amplificateur LM386 ;
- **R1 :** résistance de 10 Ω ;
- **C1 :** condensateur électrolytique (polarisé) de 10 µF ;
- **C2 :** condensateur électrolytique (polarisé) de 220 µF ;
- **C3 :** condensateur disque (non polarisé) de 0,047 µF ;
- **un haut-parleur :** 8 Ω, 0,5 W.

TRUC

La qualité du son dépend de la qualité du micro et du haut-parleur !

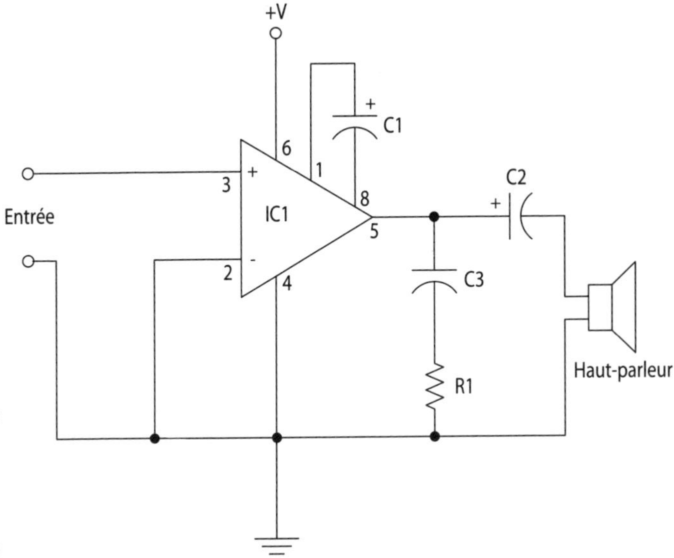


**Figure 15-12 :** Schéma d'un petit amplificateur.

## Ce qui entre et ce qui sort du petit ampli

Pour que cet amplificateur puisse fonctionner, branchez une source de signal, par exemple un microphone, à la broche 3 du LM386. N'oubliez pas de raccorder l'autre pôle de la source à la masse commune du circuit d'amplification.

Selon la source de signal, il se peut que le son soit de meilleure qualité si un condensateur de capacité comprise entre 0,1 et 10 μF est intercalé entre la source et la broche 3 du LM386. Pour une capacité faible (moins de 0,47 μF), utilisez un condensateur disque. Pour une capacité plus importante (à partir de 1 μF), utilisez un condensateur au tantale. Lorsque vous utilisez un condensateur polarisé, la borne positive doit être dirigée vers la source du signal.

Ce petit amplificateur n'a pas de contrôle du volume, et la qualité du son vous rappellera peut-être la piètre installation stéréo du collège. Mais ce circuit simple produira tout de même un son puissant, bien qu'il puisse tenir dans un volume réduit.

## Fabriquer un testeur d'humidité

Le circuit de la Figure 15-13 ne vous permettra peut-être pas de détecter des nappes phréatiques, mais vous pourrez vous en servir pour détecter l'humidité dans les plantes ou pour repérer de l'eau piégée sous la moquette.

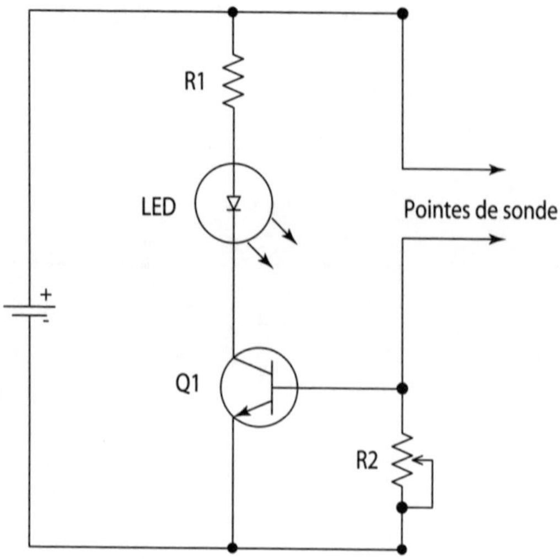


**Figure 15-13 :** Schéma d'un testeur d'humidité.

### Les éléments du testeur d'humidité

Il vous faudra pour cette application :

- **une pile de 9 V** (avec éventuellement une double cosse) ;
- **Q1 :** transistor NPN 2N2222 ;
- **R1 :** résistance de 470 Ω ;
- **R2 :** potentiomètre de 50 kΩ ;
- **LED :** diode électroluminescente (peu importe la couleur) ;
- **pointes de test :** deux petites pointes métalliques (clous 4d).

### Comment fonctionne le testeur d'humidité ?

Ce testeur d'humidité est d'une simplicité enfantine. Il s'agit d'exploiter le principe de la conductivité de l'eau (ce principe même en vertu duquel vous ne devez pas prendre un bain avec un grille-pain allumé sur les genoux). Le testeur comporte deux petites sondes métalliques. Quand les extrémités des sondes sont dans l'eau, la conductivité de l'eau complète le circuit et le courant traverse le transistor, si bien que la LED s'allume. Au contraire, quand les sondes ne sont pas en contact avec l'eau (ni avec un autre corps conducteur), le circuit du testeur est un circuit ouvert et la LED reste éteinte.

Les deux sondes sont constituées de petits clous, fixés à un morceau de plastique (pas de bois ni de métal), parallèles et espacés de 10 à 15 mm. Aiguisez les pointes. Elles doivent pénétrer profondément dans le matériau testé. Vous pourrez, par exemple, les enfoncer dans la moquette, pour savoir si de l'eau est restée dessous depuis votre dernière fuite.

Vous pouvez régler la sensibilité du testeur à l'aide du potentiomètre R2. Commencez par une position intermédiaire, puis tournez dans un sens ou dans l'autre, selon l'humidité de ce que vous testez.

Nous vous suggérons d'utiliser une pile de 9 V, mais vous pouvez alimenter ce testeur avec n'importe quel voltage compris entre 5 et 12 V.

## Fabriquer un générateur d'effets lumineux super cool

Si vous aviez aimé la série *K 2000* (*Knight Rider*), dans les années 1980, vous devez vous souvenir du scanner lumineux à l'avant de la fameuse voiture de sport noire. Vous pouvez facilement fabriquer votre propre scanner lumineux, et cela ne devrait pas vous prendre plus d'une heure. Pour cela, vous n'avez besoin que de deux CI bon marché et de quelques autres éléments (voir schéma, Figure 15-14).

### Les éléments de votre scanner lumineux

- **une pile de 9 V** (avec éventuellement une double cosse) ;
- **CI1 :** minuterie LM555 ;
- **CI2 :** compteur décimal cmOS 4017 ;

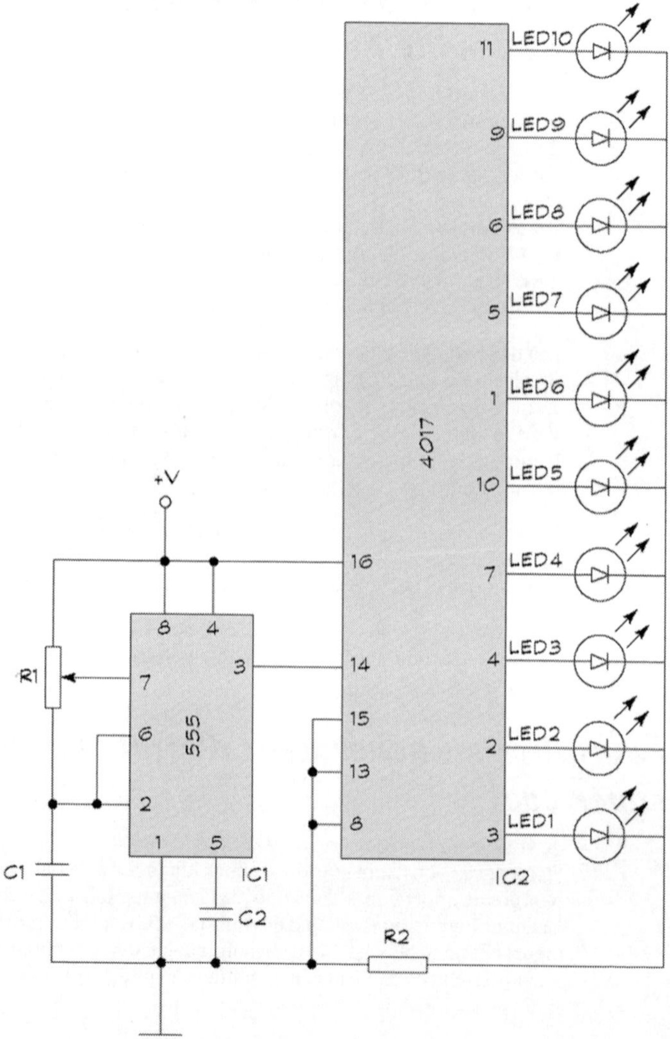


**Figure 15-14 :** Schéma d'un générateur d'effets lumineux.

- **R1 :** potentiomètre de 1 MΩ ;
- **R2 :** résistance de 47 kΩ ;
- **R3 :** résistance de 330 Ω ;

- **C1 :** condensateur disque (non polarisé) de 0,47 µF ;
- **C2 :** condensateur disque (non polarisé) de 0,1 µF ;
- **LED1 à LED10 :** dix diodes électroluminescentes (peu importe la couleur).

Le compteur décimal 4017, comme les autres puces cmOS, est très sensible à l'électricité statique, et vous risquez de le faire griller si vous ne prenez pas suffisamment de précautions. N'oubliez pas de mettre votre bracelet antistatique (voir Chapitre 9) avant de manipuler le CI 4017.

## Contrôler les lumières

Le circuit du scanner lumineux de la Figure 15-14 comporte deux sections :

- **Le cerveau.** La première section, sur la partie gauche du schéma, est constituée d'un CI de minuterie 555 configuré pour fonctionner comme un multivibrateur astable (il s'agit du même circuit de base que pour la LED clignotante de la section « Faire clignoter des lumières », précédemment dans ce chapitre). Le CI 555 produit une série d'impulsions, dont vous réglez le rythme à l'aide du potentiomètre R1.
- **Le corps.** La seconde section (partie droite du schéma) comporte un compteur décimal cmOS 4017. Son rôle est d'allumer et d'éteindre les LED l'une après l'autre. Le courant est envoyé quand le CI 4017 reçoit une impulsion du 555. Le CI 4017 doit être configuré de telle sorte qu'il répète la séquence de 1 à 10, encore et toujours, tant que le circuit est alimenté.

## Synchroniser les LED

Vous pouvez assembler ce générateur d'effets lumineux sur une plaque d'essais sans soudure. Si vous comptez en faire un circuit permanent, réfléchissez à la meilleure manière de régler la synchronisation des dix LED. Vous pouvez essayer différents effets, par exemple :

- **allumer les LED l'une après l'autre, toujours dans le même ordre ;**
- **allumer les LED l'une après l'autre, mais tantôt de gauche à droite, tantôt de droite à gauche ;**

- **disposer les LED en cercle, de telle sorte que l'allumage se fasse de façon circulaire, dans un sens ou dans l'autre ;**
- **disposer les LED selon la forme d'un cœur :** une idée originale pour offrir un cadeau de la Saint-Valentin.

# Glossaire

**Ampère :** unité de mesure normalisée de l'intensité du courant électrique. Un ampère (1 A) est l'intensité d'un courant lorsque $6{,}24 \times 10^{18}$ particules chargées franchissent un point donné en une seconde. Voir aussi *intensité*.

**Amplificateur opérationnel :** en abrégé ampli op, circuit intégré comportant plusieurs transistors et autres composants. Un amplificateur opérationnel est bien plus performant qu'un amplificateur constitué d'un transistor unique. Ainsi, par exemple, il peut effectuer une amplification uniforme sur une plage de fréquences bien plus large.

**Amplitude :** plage de variation d'un signal électrique en termes de tension, d'intensité de courant ou de fréquence.

**Anode :** terminaison d'un élément ou d'un appareil traversé par le courant conventionnel (charges considérées comme positives). L'anode d'un élément consommant du courant, comme la diode, est la borne positive ; l'anode d'un élément produisant du courant, comme la pile, est la borne négative. Voir aussi *cathode*.

**AWG (*American Wire Gauge*) :** voir *Wire gauge*.

**Bande passante :** sur un oscilloscope, la fréquence de signal la plus élevée que l'on puisse tester de façon fiable, mesurée en mégahertz (MHz).

**Borne :** terminaison d'un élément, constituée d'un morceau de métal sur lequel on branche un fil.

**Bus :** connexion électrique entre plusieurs points d'un circuit.

**Câble :** regroupement de deux ou plusieurs fils conducteurs protégés par une gaine isolante, comme par exemple un cordon d'alimentation électrique.

**Calibre :** diamètre d'un fil, souvent exprimé dans une unité dont les valeurs augmentent quand il diminue. Voir aussi *Wire gauge*.

**Capacité :** faculté de stocker de l'énergie dans un champ électrique, mesurée en farads. Voir aussi *condensateur*.

**Capacité parasite :** terme utilisé pour désigner l'énergie stockée dans un circuit de façon fortuite quand des champs électriques se forment entre des conducteurs placés trop près l'un de l'autre.

**Capteur :** composant électronique sensible à une situation ou à un effet, comme la chaleur ou la lumière, et qui transforme cet effet en signal électrique.

**Capteur de température à infrarouges :** type de capteur mesurant la température électriquement.

**Cathode :** terminaison d'un élément ou d'un appareil traversé par le courant conventionnel (charges considérées comme positives). La cathode d'un élément consommant du courant, comme la diode, est la borne négative ; la cathode d'un élément produisant du courant, comme la pile, est la borne positive. Voir aussi *anode.*

**Cellule photovoltaïque :** type de semi-conducteur produisant un courant lorsqu'il est exposé à la lumière.

**Chute de tension :** réduction de tension résultant du passage des électrons à travers une résistance (ou un autre composant) absorbant une partie de l'énergie électrique.

**CI :** voir *circuit intégré.*

**Circuit :** chemin complet par lequel le courant électrique circule.

**Circuit fermé :** circuit non interrompu à travers lequel le courant peut circuler.

**Circuit intégré (CI) :** aussi appelé puce. Composant lui-même constitué de plusieurs composants miniaturisés tels que résistances, transistors et diodes, le tout formant un circuit destiné à remplir une fonction particulière.

**Circuit ouvert :** circuit dans lequel un fil est débranché, si bien que le courant ne circule pas.

**Commutateur :** dispositif permettant de changer le sens du courant électrique alimentant un moteur ou provenant d'un générateur.

**Composant :** élément matériel d'une application électronique (pile, transistor, diode, *etc.*)

**Condensateur :** composant électronique ayant la capacité de stocker de l'énergie dans un champ électrique. Voir aussi *capacité.*

**Conducteur :** matière ou substance que le courant électrique peut librement traverser.

**Connecteur :** réceptacle en métal ou en matière plastique recevant les extrémités d'un câble (syn. fiche de branchement).

**Constante de temps RC :** produit de la résistance et de la capacité, définissant le temps nécessaire à un condensateur pour accumuler une charge représentant les deux tiers de son voltage maximal ou pour se décharger jusqu'à atteindre un tiers de son voltage maximal.

**Continuité :** type de test effectué à l'aide d'un multimètre afin de vérifier le bon état d'un circuit entre deux points donnés.

**Courant :** flux de particules chargées électriquement. Voir aussi *ampère, intensité.*

**Courant alternatif (AC) :** courant électrique caractérisé par une alternance rapide du sens de circulation des électrons.

**Courant continu (DC) :** type de courant caractérisé par le mouvement des électrons dans un seul sens, comme c'est le cas du courant électrique produit par une pile.

**Courant conventionnel :** flux de charges considérées comme positives d'un pôle positif à un pôle négatif, l'opposé du courant réel.

**Courant réel :** flux d'électrons de la borne négative à la borne positive d'une source d'alimentation électrique.

**Court-circuit :** terme désignant une connexion accidentelle entre deux fils ou entre deux composants, permettant au courant de les traverser au lieu de suivre le circuit prévu.

**Cycle :** partie répétée de la forme d'onde, par exemple celle dans laquelle la tension part de son point le plus bas pour atteindre son point le plus élevé puis revient à son point le plus bas.

**Décharge électrostatique :** voir *électricité statique.*

**Diode :** composant électronique semi-conducteur constitué d'une jonction P-N permettant au courant électrique de circuler plus facilement dans un sens que dans l'autre. Les diodes sont souvent utilisées pour transformer le courant alternatif en courant continu en limitant à un seul sens le flux d'électrons.

**Dissipateur :** masse de métal fixée à un composant pour absorber la chaleur qu'il dégage et éviter ainsi qu'il chauffe jusqu'à fondre ou griller.

**Diviseur de tension :** circuit utilisant le principe de la chute de tension pour produire en des points spécifiques une tension inférieure à la tension de l'alimentation.

**Double inverseur (DPDT, *double-pole double-throw*) :** type d'interrupteur comportant deux contacts d'entrée et deux contacts de sortie.

**Électricité :** déplacement des électrons à travers un conducteur.

**Électricité statique :** forme d'énergie électrique restant piégée dans un corps isolant, même après suppression de la source d'énergie. Les éclairs sont une forme d'électricité statique.

**Électroaimant :** aimant temporaire constitué d'une bobine de fil métallique enroulé autour d'un morceau de métal (généralement une barre de fer). Quand un courant parcourt le fil, le morceau de métal est magnétisé. Quand le courant est coupé, le morceau de métal perd cette propriété.

**Électron :** particule subatomique porteuse d'une charge négative. Voir aussi *proton.*

**Fil :** longueur de métal (cuivre le plus souvent) utilisée dans les applications électroniques pour conduire le courant électrique.

**Fil monobrin :** fil conducteur constitué d'un seul brin de métal.

**Fil multibrin :** fil conducteur constitué de plusieurs brins de métal.

**Fils enroulés :** technique de connexion des composants sur une plaque.

**Flux :** substance proche de la cire, servant à rendre la soudure plus malléable autour des composants et des fils et à permettre de réaliser une bonne connexion.

**Forme d'onde :** forme des fluctuations de tension ou d'intensité dans le temps, pouvant être visualisée au moyen d'un oscilloscope. Voir aussi *oscilloscope*.

**Fréquence :** vitesse de répétition d'un signal alternatif, exprimée en cycles par seconde ou hertz (Hz) et notée *f*. voir aussi *hertz.*

**Gain :** mesure de l'amplification d'un signal (rapport tension du signal sortant/tension du signal entrant).

**Générateur de balayage :** type de générateur de fonction produisant un signal dont la fréquence varie continuellement dans une certaine plage de valeurs autour d'une fréquence moyenne donnée.

**Hertz (Hz) :** unité de mesure du nombre de cycles par seconde d'un courant alternatif. Voir aussi *fréquence.*

**I :** symbole de l'intensité du courant. Voir aussi *courant, intensité.*

**Impédance :** mesure de l'opposition d'un circuit à un courant variable.

**Inductance :** faculté de stocker de l'énergie dans un champ magnétique (mesurée en henrys).

**Inducteur :** composant doté de la propriété d'inductance.

**Intensité :** mesure en ampères (A) du courant conventionnel, notée I. Voir aussi *ampère, courant.*

**Interrupteur à glissière :** type d'interrupteur permettant de faire circuler et d'arrêter le courant en faisant glisser un dispositif dans un sens et dans un autre.

**Interrupteur DPST (*double-pole single-throw*) :** type d'interrupteur comportant deux contacts d'entrée et un contact de sortie.

**Interrupteur simple (SPST, *single-pole single-throw*) :** type d'interrupteur comportant un seul contact d'entrée et un seul contact de sortie.

**Inverseur :** aussi appelé porte NON. Porte logique à une entrée qui inverse le signal. Un signal bas en entrée est transformé en signal haut et un signal haut est transformé en signal bas. Voir aussi *porte logique.*

**Inverseur simple (SPDT, *single-pole double-throw*) :** type d'interrupteur comportant un seul contact d'entrée et deux contacts de sortie.

**Isolant :** matière ou substance que le courant électrique ne peut pas traverser librement.

**Jack :** type de fiche de branchement ou connecteur. Voir aussi *connecteur.*

**Jonction P-N :** point de contact entre un semi-conducteur de type P, par exemple du silicium dopé au bore, et un semi-conducteur de type N, par exemple du silicium dopé au phosphore. C'est sur le principe de la jonction P-N que sont conçus les diodes et les transistors bipolaires. Voir aussi *diode, transistor bipolaire.*

**Joule :** unité de mesure de l'énergie.

**Loi d'Ohm :** équation définissant la relation entre tension, intensité et résistance dans un circuit électrique.

**Masse :** raccordement électrique direct à la terre ou à une masse métallique. Voir aussi *neutre*.

**Microcontrôleur :** circuit intégré programmable.

**Multimètre :** appareil de test permettant de mesurer la tension, l'intensité et la résistance.

**Neutre :** dans un circuit, connexion utilisée comme référence (zéro volt). Voir aussi *masse*.

**Ohm :** unité de mesure de la résistance d'un composant, notée Ω. Voir aussi *résistance*.

**Onde carrée :** signal répétitif constitué d'une alternance instantanée entre deux niveaux.

**Onde sinusoïdale :** signal oscillant continu défini par la fonction sinus. Voir aussi *oscillateur*.

**Oscillateur :** circuit produisant un signal électronique répétitif. Voir aussi *onde sinusoïdale, onde carrée*.

**Oscilloscope :** appareil électronique mesurant la tension, la fréquence et divers autres paramètres pour des formes d'onde qui varient.

**Pic de tension :** élévation de tension momentanée.

**Piézoélectricité :** l'effet piézoélectrique est la capacité de certains cristaux, comme le cristal de quartz et le cristal de topaze, de se dilater et de se contracter quand ils sont soumis à une tension électrique.

**Pile :** source de courant électrique produisant une tension positive sur une de ses deux bornes et une tension négative sur l'autre, grâce à une réaction électrochimique produite par une substance particulière dans laquelle baignent deux métaux différents.

**Pile alcaline :** type de pile non rechargeable.

**Pile au lithium :** type de pile produisant une tension plus élevée que les autres types de piles, plus performante qu'une pile alcaline.

**Pile nickel-cadmium (NiCd) :** le type de pile rechargeable le plus courant. Certaines de ces piles présentent un « effet mémoire », si bien qu'il est nécessaire de les décharger complètement avant de pouvoir les recharger à pleine capacité.

**Pile nickel-Métal-hydrure (NiMH) :** type de pile rechargeable caractérisé par une plus grande densité énergétique que celle des piles rechargeables NiCd.

**Pile saline carbone-zinc :** pile non rechargeable de bas de gamme.

**Plaque à souder :** support sur lequel on fixe les composants d'un circuit en les soudant.

**Plaque d'essais sans soudure :** plaque rectangulaire en matière plastique (existant dans différentes tailles) munie de séries de trous reliés par des petites connexions métalliques, dans lesquels on enfiche les composants (résistances, condensateurs, diodes, transistors et circuits intégrés, *etc.*) avant d'ajouter des liaisons filaires pour constituer un circuit.

**Polarisation :** Application d'une tension faible à une diode ou à la base d'un transistor pour obtenir une différence de potentiel.

**Pompe à dessouder :** outil muni d'un ressort et permettant d'aspirer la soudure en excès.

**Porte logique :** circuit numérique produisant une valeur en sortie en fonction d'une série de règles appliquées à des valeurs en entrée.

**Position fermé :** position d'un interrupteur permettant au courant de circuler.

**Position ouvert :** position d'un interrupteur empêchant le courant de circuler.

**Potentiomètre :** résistance variable pouvant être réglée à tout moment sur une valeur comprise entre pratiquement zéro ohm et une valeur maximale déterminée.

**Proton :** particule subatomique porteuse d'une charge positive. Voir aussi *électron.*

**Puissance :** mesure de la quantité de travail effectué par un courant électrique traversant un composant, exprimée en watts.

**Pulsation :** signal alternant rapidement entre un état haut et un état bas.

**R :** symbole de la résistance. Voir aussi *ohm, résistance.*

**Relais :** dispositif agissant comme un interrupteur, c'est-à-dire ouvrant ou fermant un circuit, mais en fonction de la tension à laquelle il est soumis.

**Résistance :** mesure, exprimée en ohms, de l'opposition d'un composant à la circulation du courant électrique ; composant doté d'une résistance déterminée et pouvant être ajouté à un circuit pour réduire la circulation du courant. Voir aussi *ohm, R.*

**Résistance de précision :** type de résistance à faible tolérance (écart possible par rapport à sa valeur théorique ou valeur nominale). Voir aussi *tolérance, valeur nominale.*

**Résistance variable :** voir *potentiomètre.*

**Schématique :** représentation graphique montrant les composants d'un circuit et la façon dont ils sont connectés.

**Semi-conducteur :** matière possédant à la fois les propriétés des conducteurs et des isolants, par exemple le silicium.

**Semi-conducteur de type N :** un semi-conducteur dopé avec des impuretés de telle sorte qu'il comporte davantage d'électrons libres qu'un semi-conducteur pur.

**Semi-conducteur de type P :** semi-conducteur dopé avec des impuretés de telle sorte qu'il comporte moins d'électrons libres qu'un semi-conducteur pur.

**Série :** type de montage dans lequel le courant traverse les composants l'un après l'autre.

**Signal bas :** en électronique numérique, un signal égal ou proche de zéro volt.

**Signal haut :** en électronique numérique, signal de valeur supérieure à zéro volt.

**Soudure :** méthode utilisée pour assembler des composants sur une plaque ou sur une carte afin de disposer d'un circuit permanent. Au lieu de coller les éléments pour les fixer les uns aux autres, on se sert de petites boules de métal fondu. Ce terme désigne également l'alliage de métal que l'on chauffe, que l'on applique à deux extrémités de fil ou à deux terminaisons métalliques puis qu'on laisse refroidir pour former un joint conducteur. On utilise généralement de la soudure 60/40 à noyau en résine.

**Soudure froide :** joint défectueux, résultant d'une mauvaise répartition de la soudure entre les parties métalliques.

**SPDT :** voir *inverseur simple.*

**Tension :** force attractive entre charges positives et charges négatives.

**Thermistance :** résistance dont la valeur varie en fonction de la température.

**Thermistance à coefficient de température négatif (CTN) :** élément dont la résistance diminue quand la température augmente. Voir aussi *résistance, thermistance.*

**Thermistance à coefficient de température positif (CTP) :** élément dont la résistance augmente quand la température augmente. Voir aussi *résistance, thermistance.*

**Tolérance :** écart possible, exprimé en pourcentage, entre la valeur réelle d'un composant et sa valeur nominale, compte tenu du processus de fabrication. Voir aussi *valeur nominale.*

**Transistor :** élément semi-conducteur couramment utilisé pour interrompre et pour amplifier les signaux électriques.

**Transistor bipolaire :** type répandu de transistor constitué de deux jonctions P-N fusionnées.

**Tresse à dessouder :** accessoire utilisé pour retirer des soudures difficiles à atteindre. Il s'agit d'une tresse plate en fils de cuivre, dont l'efficacité tient au fait que le cuivre absorbe la soudure plus facilement que le revêtement métallique des composants et des cartes de circuits imprimés.

**Troisième main :** pince réglable permettant d'immobiliser un petit élément pendant que vos deux mains sont occupées.

**Valeur nominale :** valeur théorique d'une résistance ou d'un autre composant. Sa valeur réelle peut différer de sa valeur nominale, selon sa tolérance. Voir aussi *tolérance.*

**Watt :** unité de mesure de puissance (W en abrégé). Voir aussi *puissance.*

**Wire gauge :** système de mesure du diamètre d'un fil conducteur, dans une unité dont les valeurs augmentent quand ce diamètre diminue.

# Index